Fragen und Antworten zur Existenzgründung

Stefan Georg

Stefan Georg

Fragen und Antworten zur Existenzgründung

Alle Rechte, auch das des auszugsweisen Nachdrucks, der auszugsweisen oder vollständigen Wiedergabe, der Speicherung in Datenverarbeitungsanlagen und der Übersetzung, vorbehalten.

Herzlichen Dank dafür, dass Sie einen Blick in dieses Buch werfen. Es gibt inzwischen so viel Literatur zum Thema Existenzgründung bzw. zur Unternehmensgründung. Bei meinen Recherchen habe ich festgestellt, dass es Bücher zur Existenzgründung und Bücher zur Erstellung des Business Plans gibt. Nur relativ wenige Werke verbinden jedoch beide Aspekte. Dabei hängt die Erstellung des Business Plans maßgeblich mit dem Prozess der Existenzgründung oder Unternehmensgründung zusammen, weshalb diese beiden Themen auch in diesem Buch nicht getrennt werden.

Im Grunde ist der Business Plan im Zuge eines Gründungsvorhabens nichts Anderes als die strukturierte Dokumentation der wesentlichen Überlegungen zum Aufbau eines neuen Unternehmens. Das sollte anhand der Fragen und Antworten in diesem Buch recht deutlich werden. Dass es gerade 155 Fragen geworden sind, ist purer Zufall.

Wer daran denkt, selbständig tätig zu werden, kann sich in diesem Buch zunächst einmal allgemein zur Gründungslandschaft in Deutschland informieren. Doch schon nach wenigen Fragen geht es um den eigenen, individuellen Gründungsplan. Dessen Ausgangspunkt ist die Idee. Und die persönliche Eignung zum Unternehmer. Da eine Idee ohne Markt in der Praxis aber nicht funktionieren wird, folgen einige Fragen und Antworten zum Marktgeschehen.

Sehr umfangreich wird das Themenfeld der Finanzierung besprochen, da viele Studien zu dem Ergebnis kommen, dass Finanzierungsmängel häufig die Ursache gescheiterter Unternehmensgründen darstellen. Aber auch Fragen zur Organisation des geplanten Unternehmens, zum Leistungs- und Absatzprogramm und natürlich zur Rentabilität und Liquidität dürfen nicht fehlen.

Abschließend werden Tipps zur Umsetzung des Unternehmens und zu den ersten Schritten in die berufliche Selbstständigkeit gegeben. Gerade die Verpflichtungen gegenüber Ämtern und Behörden (auch gegenüber dem Finanzamt) kommen nicht zu kurz.

Auch wenn dieses Buch garantiert nicht vollständig sein wird, so hoffe ich doch, Ihnen einige Ihrer Fragen beantworten zu können. Wenn Sie das Buch vollständig lesen, werden Sie auch auf einige Redundanzen treffen. Diese sind jedoch bewusst gewählt, da ich weiß, dass Existenzgründer häufig wenig Zeit haben und ich deshalb davon ausgehen muss, dass Sie nur einzelne Fragen und Antworten betrachten werden. Auch dann soll Ihnen dieses Buch eine Hilfe sein. Und möglicherweise gelingt es Ihnen sogar, mit Hilfe meiner Anmerkungen einen gelungenen Business Plan zu erstellen.

Stefan Georg

Inhalt

Abbildungsverzeichnis 12

Tabellenverzeichnis 13

Die Informationsphase 14

1. Unterscheiden sich Existenzgründungen von Unternehmensgründungen? 15
2. Kennen Sie die Voraussetzungen einer Unternehmensgründung? 16
3. Welche Wege gibt es in die Selbständigkeit? 17
4. Wie viele Unternehmensgründer gibt es in Deutschland? 18
5. Welche Risiken und Gefahren bringt die unternehmerische Selbständigkeit mit sich? 18
6. Kommt für Sie die Selbstständigkeit in Teilzeit in Frage? 19
7. Wie lässt sich das Gründungsgeschehen in Deutschland beschreiben? 20
8. Wo kann ich mich zum Gründungsgeschehen in Deutschland detailliert informieren? 22
9. Gibt es unterschiedliche Gründungsentwicklungen in den einzelnen Bundesländern? 25
10. Wie entwickeln sich die Gründungsaktivitäten im Saarland? 26
11. Woran scheitern Existenzgründungen? 27
12. Welche Probleme haben insbesondere Freiberufler? 28

Die Vorplanungsphase 29

13. Welche Gründe haben Sie, sich selbständig machen zu wollen? 29
14. Haben Sie eine gute Geschäftsidee? 31
15. Erfüllen Sie die persönlichen Voraussetzungen für eine selbstständige Tätigkeit? 31
16. Haben Sie die fachliche und branchenspezifische Eignung für eine selbständige Tätigkeit? 34
17. Besitzen Sie die Qualifikationen zur Existenzgründung? 36
18. Können Sie Ihre persönliche Eignung zur selbständigen Tätigkeit einschätzen? 36
19. An welche Form der Selbständigkeit haben Sie gedacht? 37
20. Kennen Sie die Abgrenzung von Freiberuflern und Gewerbetreibenden? 39
21. Sind Sie Freiberufler? 40
22. Sind Sie Kleingewerbetreibender? 41
23. Kennen Sie das Konzept des Franchising? 42

Der Einstieg in die Gründungsplanung 44

24. Gibt es einen roten Faden zur Gründungsplanung? 44
25. Gibt es einen allgemeinen Gründungsprozess? 46
26. Wie verläuft die Vorgründungsphase eines Unternehmens? 46
27. Wie verläuft die Gründungsphase eines Unternehmens? 50
28. Gibt es einen Fahrplan zur Existenzgründung? 51

29.	Warum benötige ich als Existenzgründer einen Business Plan?	52
30.	Welche inhaltlichen Bestandteile weist ein Geschäftsplan auf?	52
31.	Welche formalen Aspekte sind bei einem Business Plan zu berücksichtigen?	53
32.	Wo finde ich Hilfen zum Schreiben eines Business Plans?	54

Die erste Planungsphase: das Gründungsvorhaben 55

33.	Welche Informationen zu Ihrer Persönlichkeit gehören in den Business Plan?	56
34.	Benötige ich eine Executive Summary in meinem Business Plan?	56
35.	Können Sie Ihr Gründungsvorhaben beschreiben?	57
36.	Ist in Deutschland jede Geschäftsidee erlaubt?	58
37.	Welche Aspekte sollte Ihr Geschäftsmodell beinhalten?	59
38.	Welche Beratungsmöglichkeiten gibt es vor der Unternehmensgründung?	59

Die zweite Planungsphase: Die Analyse des Marktgeschehens 61

39.	Kennen Sie die wichtigsten Typisierungsmerkmale Ihres Marktes?	61
40.	Welche Zielgruppe sprechen Sie an?	62
41.	Mit welchen Konkurrenten müssen Sie rechnen?	63
42.	Haben Sie an einen bestimmten Standort für Ihre Existenzgründung gedacht?	64

Die dritte Planungsphase: Die Organisation ihres Unternehmens 65

43.	Kennen Sie die möglichen betrieblichen Rechtsformen?	65
44.	Welchen Namen darf Ihr Unternehmen haben?	68
45.	Benötigen Sie eine Eintragung ins Handelsregister?	68
46.	Haben Sie eine Vorstellung davon, ob und wie viel Personal Sie benötigen?	69
47.	Wissen Sie, was zu tun ist, wenn Sie Mitarbeiter und Mitarbeiterinnen einstellen wollen?	70

Die vierte Planungsphase: Können Sie sich überhaupt die Unternehmensgründung leisten? 72

48.	Welche Teilrechnungen weist der Zahlenteil Ihres Business Plans auf?	73
49.	Wie kalkulieren Sie die Wertansätze innerhalb des Zahlenteils des Business Plans?	74
50.	Wie rechnen Sie aus, wie viel Kapital Sie benötigen?	74
51.	Welche Betriebsmittelausstattung benötigen Sie?	75
52.	Wie erstellen Sie einen Investitionsplan?	77
53.	Welche Gründungskosten werden entstehen?	78
54.	Welche Finanzierungsphasen sind bei einer Existenzgründung zu unterscheiden?	79
55.	Welche grundsätzlichen Finanzierungsmöglichkeiten gibt es?	81
56.	Welche Kapitalgeber sind in den einzelnen Gründungs- und Finanzierungsphasen wichtig?	82
57.	Welche Finanzierungsquellen sind in der Gründungsphase besonders wichtig?	83
58.	Wie können Sie Ihren Eigenkapitaleinsatz planen?	85
59.	Wie können Sie Ihre Eigenkapitalbasis stärken?	86

60.	Wer kommt als Eigenkapitalgeber in Frage?	87
61.	Was versteht man unter Bootstrapping?	87
62.	Wie können Inkubatoren bei der Eigenkapitalbeschaffung helfen?	89
63.	Welche Rolle spielen Business Angels für die Finanzierung (und darüber hinaus)?	91
64.	Kommt für die Finanzierung auch Venture Capital in Frage?	92
65.	Wie kann der Venture Capital Markt in Deutschland beschrieben werden?	94
66.	Welche Typen von Venture Capital Gebern gibt es?	95
67.	Wie funktioniert Crowdinvesting zur Beschaffung von Eigenkapital?	96
68.	Welche kurzfristigen Möglichkeiten gibt es zur Beschaffung von Fremdkapital?	98
69.	Welche mittel- und langfristigen Möglichkeiten gibt es zur Beschaffung von Fremdkapital?	99
70.	Was ist bei der Aufnahme eines Bankkredits zu beachten?	100
71.	Was ist bei einer Kreditverhandlung zu beachten?	101
72.	Welche Rolle spielen öffentliche Förderprogramme bei der Finanzierung?	102
73.	Welche Fördermöglichkeiten gibt es für Existenzgründer?	103
74.	Welche Informationen gibt es zur ERP-Gründerkredit-StartGeld?	105
75.	Wie funktioniert ein ERP-Gründerkredit-Universell?	109
76.	Wie funktioniert das ERP-Kapital für Gründung?	113
77.	Wie funktioniert das Startkapitalprogramm des Saarlandes?	118
78.	Wie funktioniert das Programm zur Gründungs- und Wachstumsfinanzierung des Saarlandes?	120
79.	Welche Rolle spielt die Hausbank im Rahmen der Gründungsfinanzierung?	123
80.	Wie können Sie sich auf das Bankgespräch vorbereiten?	125
81.	Wie läuft ein Bankengespräch häufig ab?	127
82.	Gibt es Beispiele für Finanzierungspläne?	128
83.	Welche Beteiligungsformen gibt es?	129
84.	Welche typischen Finanzierungsfehler machen Existenzgründer häufig?	131
85.	Welche besonderen Förderungen gibt es für Existenzgründer?	131
86.	Gibt es spezielle Fördermöglichkeiten für Arbeitslose?	133
87.	Wie werden Gründungsberatungen gefördert?	133
Die fünfte Planungsphase: Lohnt sich die Unternehmensgründung?		134
88.	Was ist bei der Umsatzplanung zu berücksichtigen?	134
89.	Welche Bestandteile umfasst eine Kostenplanung?	135
90.	Was müssen Sie bei einer Personalplanung beachten?	135
91.	Was ist bei der Berechnung der Personalkosten zu beachten?	136
92.	Wie kann die Höhe der jeweiligen Personalkosten berechnet werden?	137
93.	Welche Pflichten haben Sie als Arbeitgeber zu erfüllen?	139

94.	Welche Pflichten hat der Arbeitgeber hinsichtlich der Entgeltzahlung zu beachten?	140
95.	Wie berechnen sich die zu berücksichtigenden Steuern bei der Gehaltsabrechnung?	141
96.	Wie berechnen sich die zu berücksichtigenden Sozialabgaben bei der Entgeltabrechnung?	143
97.	Was kostet ein Minijobber?	145
98.	Wie unterscheiden sich die Personalkosten pro Stunde von einem Stundenverrechnungssatz?	145
99.	Mit welchen Privatentnahmen sollten Sie rechnen?	146
100.	Wie kann ein Beispiel für einen Umsatz- und Kostenplan aussehen?	147
101.	Was versteht man unter einer Rentabilitätsvorschau?	148
102.	Was versteht man unter einer Liquiditätsplanung?	149
103.	Was können Sie tun, wenn Ihrem Unternehmen (laut Plan) die Zahlungsunfähigkeit droht?	151

Die ersten Schritte in den Markt ... 152

104.	Was gehört alles zur Marketingplanung?	152
105.	Was ist bzgl. der Preispolitik zu beachten?	153
106.	Was ist bzgl. der Vertriebspolitik zu beachten?	154
107.	Was ist bzgl. der Kommunikationspolitik zu beachten?	154
108.	Was ist bzgl. der Produktpolitik zu beachten?	156
109.	Benötigt ein Unternehmen eine Corporate Identity?	158
110.	Was muss ein Existenzgründer über Werbung wissen?	158

Die Umsetzung Ihrer Unternehmensidee ... 160

111.	Was ist bei der endgültige Wahl der Rechtsform zu beachten?	160
112.	Wie läuft eine Gewerbeanmeldung ab?	162
113.	Wie erfolgt eine Eintragung ins Handelsregister?	164
114.	Welche öffentlichen Institutionen unterstützen Existenzgründer?	165
115.	Welche Rolle spielen die Berufsgenossenschaften?	166
116.	Welche Rolle spielen die Kammern?	167
117.	Welche Aufgaben übernimmt die Agentur für Arbeit?	170
118.	Welche Unterstützung bietet die Kreditanstalt für Wiederaufbau?	170
119.	Welche Unterstützungen für Existenzgründer bieten Kreditinstitute?	172
120.	Wie können Existenzgründer die richtige Hausbank finden?	173
121.	Was ist beim Abschluss von Mietverträgen zu beachten?	174
122.	Welche behördlichen Anmeldungen muss ein Existenzgründer vornehmen?	174
123.	Welche steuerlichen Pflichten bestehen gegenüber dem Finanzamt?	176
124.	Wann müssen Sie die Steuern an das Finanzamt zahlen?	178
125.	Welchen Risiken sind Unternehmen ausgesetzt?	179
126.	Wie können die Risiken klassifiziert werden, und wie können Sie den Risiken begegnen?	182

127. Gibt es eine Versicherungspflicht für Unternehmen? 183
128. Welche Kosten entstehen für die Mitgliedschaft in der Berufsgenossenschaft? 184
129. Was kostet eine Produkthaftpflichtversicherung bzw. eine Maschinenversicherung? 185
130. Welche wichtigen persönlichen Versicherungen gibt es? 186
131. Was kostet eine Berufsunfähigkeitsversicherung? 186
132. Was kostet eine private Unfallversicherung? 187
133. Was kosten Kranken- und Rentenversicherung für Selbständige? 188
134. Welche Versicherungen halten Selbstständige für besonders wichtig? 189
135. Welche wichtigen geschäftlichen Versicherungen gibt es? 189
136. Welche freiwilligen Versicherungen können wichtig sein? 191
137. Was kostet eine Betriebsunterbrechungsversicherung? 192
138. Was sollten Sie hinsichtlich Ihrer privaten Vorsorge beachten? 193
139. Welche Formalitäten sind bei Behörden zu erledigen? 194
140. Was will das Finanzamt von Ihnen wissen? 196
Der laufende Geschäftsbetrieb 197
141. Welche Archivierungspflichten sind einzuhalten? 197
142. Wann ist eine Rechnung korrekt? 198
143. Müssen Existenzgründer Kundenmanagement betreiben? 198
144. Was gehört in die Allgemeinen Geschäftsbedingungen? 199
145. Was sollten Sie in Ihrer geschäftlichen Zukunft wissen? 199
146. Sind Sie buchführungspflichtig? 199
147. Wie funktioniert ein einfaches Forderungsmanagement? 200
148. Wie funktioniert ein Mahnwesen? 201
149. Was sagt die Gewinn- und Verlustrechnung aus? 202
150. Welche Informationen liefert die Bilanz? 203
151. Welche Steuern müssen Sie zahlen? 204
152. Wann sind Sie insolvent? 204
Der Abschluss dieses Buches 205
153. Welche Business Plan Wettbewerbe gibt es in Deutschland? 205
154. Brauchen Sie eine Unternehmensberatung? 211
155. Suchen Sie das passende Existenzgründungsseminar? 211
Quellenverzeichnis 212

Abbildungsverzeichnis

Abbildung 1: Gründungsgeschehen nach Sektoren 20
Abbildung 2: Beständigkeit der Existenzgründungen 21
Abbildung 3: Unternehmensgründungen und Unternehmensschließungen 22
Abbildung 4: Entwicklung des Gründungsgeschehens in Deutschland im Zeitraum 2002 bis 2012 23
Abbildung 5: Anteil der realisierten Produkt- bzw. Dienstleistungsneuheiten 2012 24
Abbildung 6: Gründerquoten nach Bundesländern (Durchschnittswert von 2007-2012) 25
Abbildung 7: Entwicklung der Unternehmensgründungen im Saarland im Zeitraum von 2008-2012 26
Abbildung 8: Unternehmens -bzw. Finanzierungsphasen 81
Abbildung 9: Finanzierungsbedarfe von Gründern (in % aller Gründungen im Jahr 2012) 84
Abbildung 10: Finanzierungsquellen im Rahmen von Unternehmensgründungen 2012 85
Abbildung 11: Kumulierte Investitionssummen im Rahmen von Crowd-Investing 98
Abbildung 12: Anteile externer Finanzierungsquellen an der Gesamtgründungsfinanzierung ... 124
Abbildung 13: Formular zur Gewerbeanmeldung 163
Abbildung 14: Die wichtigsten Geschäftsrisiken für Unternehmen 180
Abbildung 15: Gründe für Schäden bei mittelständischen Unternehmen 181
Abbildung 16: Versicherungssumme in der Berufsunfähigkeits-Versicherung 187
Abbildung 17: Wichtige Versicherungen bei einem Schadensfall 189

Tabellenverzeichnis

Tabelle 1: Vergleich zwischen Existenz- und Unternehmensgründung 15
Tabelle 2: Gründerquoten (Anteil der Gründer an der Bevölkerung zwischen 18 und 65 Jahren) 18
Tabelle 3: Risiken und Gefahren der beruflichen Selbstständigkeit 19
Tabelle 4: Fragebogen zur Selbsteinschätzung 33
Tabelle 5: Ermittlung des Betriebsmittelbedarfs 76
Tabelle 6: Investitionsplan 78
Tabelle 7: Potentielle Finanzierungsarten im Rahmen einer Unternehmensgründung 81
Tabelle 8: Kapitalgeber in unterschiedlichen Gründungs- bzw. Finanzierungsphasen 83
Tabelle 9: Berechnung des verfügbaren Eigenkapitals 86
Tabelle 10: Berechnung der zur Besicherung einsetzbaren Eigenmittel 87
Tabelle 11: Typen von Inkubatoren 90
Tabelle 12: Vergleich der beiden Eigenkapitalfinanzierungsmöglichkeiten Business Angels und VC 93
Tabelle 13: Höhe der Venture Capital Investitionen in Deutschland aufgelistet nach dem 94
Tabelle 14: Bonitätsklasseneinteilung entsprechend den Vorgaben der KfW 111
Tabelle 15: Besicherungsklasseneinteilung entsprechend den Vorgaben der KfW 112
Tabelle 16: Preisklasseneinteilung entsprechend der Bonitäts- und Sicherheitenbeurteilung 112
Tabelle 17: Preisklassen mit den maximalen Zinssätzen für den ERP-Gründerkredit Universell 112
Tabelle 18: Personalkostenplan 137
Tabelle 19: Nettogehaltberechnung 140
Tabelle 20: Steuerklassen 141
Tabelle 21: Gültigkeit der Lohnsteuertabellen 142
Tabelle 22: Beispielrechnung zu den Steuerabzügen 143
Tabelle 23: Beispiel zur Nettolohnberechnung 144
Tabelle 24: Berechnung der Privatentnahmen 146
Tabelle 25: Umsatz- und Kostenplan 147
Tabelle 26: Rentabilitätsvorschau 148
Tabelle 27: Planung der Einzahlungen im Liquiditätsplan 150
Tabelle 28: Planung der Auszahlungen im Liquiditätsplan 150
Tabelle 29: Gegenüberstellung von Einzahlungen und Auszahlungen im Liquiditätsplan 151
Tabelle 30: Vor- und Nachteile der Einzelunternehmung 161
Tabelle 31: Vor- und Nachteile der GbR 161
Tabelle 32: Vor- und Nachteile der GmbH 161
Tabelle 33: Vor- und Nachteile der OHG 161
Tabelle 34: Vor- und Nachteile der KG 162
Tabelle 35: Vor- und Nachteile der Partnerschaftsgesellschaft 162
Tabelle 36: Checkliste zur Risikoidentifikation 182
Tabelle 37: Risikoanalyse für das Unternehmen 182

Die Informationsphase

Existenzgründer und Unternehmensgründer haben einen riesigen Informationsbedarf, wenn Sie die Gründung Ihres Unternehmens planen. Die Informationsbereiche gestalten sich sehr vielfältig und sind deshalb auch nur schwierig zu überschauen. Hebig strukturiert die betriebswirtschaftlichen Problemfelder wie folgt:[1]

- **Themenfeld Beschaffung und Produktion**: Planung der betrieblichen Strukturen, Verhandlungen mit Lieferanten, Erwerb oder Anmeldung von Patenten und Lizenzen, Materialbedarfsplanung, Standortanalyse
- **Themenfeld Finanzierung**: Eigenkapitalausstattung, Nutzung staatlicher Förderprogramme, Bankdarlehen und Verwandtendarlehen
- **Themenfeld Absatz**: Absatzsystem und Absatzwege, Verhandlungen mit Kunden, Konkurrenzanalyse, Bedarfsanalysen, Standortanalysen
- **Themenfeld Recht und Steuern**: Sozialversicherungsrecht, Arbeitsrecht, Steuerrecht, Gewerbe- und Gesellschaftsrecht

Die Themen sind also sehr vielfältig. Dieses Buch beantwortet eine ganze Reihe von Fragen im Umfeld der Existenzgründung. Vollständigkeit lässt sich nicht erreichen, dennoch sollen viele wichtige Fragen angesprochen werden. Es handelt sich dabei weder um ein Buch zur Allgemeinen Betriebswirtschaftlehre, noch um ein Buch zur Einführung in das Privat- und Gesellschaftsrecht. Vielmehr orientiert sich der Fragenkatalog dieses Buches an **gründungspraktischen Problemstellungen**, die rechtlichen oder betriebswirtschaftlichen Bezug haben (können).

Im Kapitel *Die Informationsphase* wird das Themenfeld der Existenzgründung bzw. Unternehmensgründung erst einmal grundsätzlich beleuchtet: Was ist eigentlich der Unterschied zwischen Existenzgründungen und Unternehmensgründungen? Wie sieht das Gründungsgeschehen in Deutschland aus? Welche Besonderheiten gibt es in einzelnen Bundesländern? Die ersten Fragen drehen sich also nicht um konkrete Geschäftsideen und die Probleme, diese umzusetzen, sondern sie helfen, den gesamtwirtschaftlichen Zusammenhang des Themas Existenzgründung bzw. Unternehmensgründung zu verstehen.

1. Unterscheiden sich Existenzgründungen von Unternehmensgründungen?

Allgemein bezeichnet der Begriff **Gründer**[2] im Kontext des Gründungsgeschehens eine natürliche Person, welche eine neue Institution oder Einrichtung erschafft. Diese natürliche Person ist dabei Träger von Rechten und Pflichten des deutschen Rechtes und beschäftigt sich mit der erfolgreichen Konzeption einer Gründung.[3]

Der Begriff des **Unternehmertums** stammt von dem englischen **Entrepreneurship**. Dieser Ausdruck beschreibt den gesamten Prozess, beginnend mit der eigentlichen Unternehmensgründung bis hin zum unternehmerischen Handeln des Gründers. Diese fachwissenschaftliche Disziplin legt ihren Fokus somit auf die betriebswirtschaftliche Betrachtungsweise von Gründungen im Wirtschaftsgeschehen.[4]

Bei Existenz- und Unternehmensgründung handelt es sich daher allgemein um Unternehmungen.[5] Jedoch ergeben sich zwischen den Begriffen Existenz- und Unternehmensgründung erhebliche Unterschiede:

Unterscheidungs-merkmal	Existenzgründung	Unternehmensgründung
Ausgangspunkt	Geschäftsidee wurde schon mehrfach realisiert; der Gründer ist ständig präsent	Eigenständige Produkt-Markt-Kombination, Gründer ist unabhängig
Beispiele	Handwerk, Einzelhandel, Kontaktdienstleister	technische Produzenten, innovative Dienstleister
Wettbewerbsart	Verdrängungswettbewerb	Innovationswettbewerb
Zeitliche Ausrichtung	kein Produktlebenszyklus	Markt-Produktphasen sind existent
Wachstums und Beschäftigung	begrenzt und oftmals familienbezogen	Keine Begrenzung

Tabelle 1: Vergleich zwischen Existenz- und Unternehmensgründung[6]

Grundlegend beschreiben Existenzgründungen (häufig auch als **Start Up** bezeichnet) Kleingewerbe wie das Handwerk oder den Einzelhandel. Unternehmensgründungen basieren auf innovativen Geschäftsideen. Beide Begriffe lassen sich somit aufgrund ihrer unterschiedlichen Komplexität und Entwicklungsperspektiven differenzieren. Aus betriebswirtschaftlicher Sicht führen jedoch beide Neugründungen zu einem Unternehmen. Allerdings macht bei der Existenzgründung die extreme Verbindung zwischen Gründer und Betrieb die eigentliche Existenz eines Unternehmers aus. Innerhalb der Unternehmensgründung ist der Unternehmer an sich dagegen eher unabhängig. Ohne den Gründer bspw. im Handwerk bestehen kaum Chancen, den Betrieb zu führen. Zudem werden meist Mitarbeiter des Unternehmens aus dem direkten Umfeld beschäftigt, da das gesamte Unternehmen auf den Gründer zugeschnitten ist. Der Verdrängungswettbewerb ist hierbei vorherrschend, da es sich bei den Produkten und Dienstleistungen lediglich um Replikate handelt.[7]

Im Vergleich dazu sind Unternehmensgründungen auf langfristige Geschäftsideen aufgebaut. Diese Unternehmen sind auf spezifische Produkt-Markt-Kombinationen ausgerichtet, welche sich langfristig auf einem Markt etablieren und einen eigenständigen Wert ausbilden sollen. Große Bedeutung kommt in diesem Fall dem Innovationswettbewerb zu sowie der unbegrenzten Wachstums- und Beschäftigungszahl.[8]

2. Kennen Sie die Voraussetzungen einer Unternehmensgründung?

Viele Menschen hegen den Wunsch nach Selbstständigkeit. Allerdings wagen nur wenige diesen Schritt. Gründe für eine selbstständige Existenz bedingen sich aber nicht nur durch Veränderungen im Arbeitsmarkt und in der Politik, sondern auch durch das Streben nach **Selbstverwirklichung**, **Entscheidungsfreiheit** und einer **selbstbestimmten Lebensplanung**. Denn viele Arbeitnehmer finden keine zufriedenstellende Erfüllung in ihrem Beruf.[9]

Bevor man sich jedoch für eine selbstständige Existenz entscheidet, sollte man sich über die **notwendigen Voraussetzungen** zur erfolgreichen Gründung und Leitung eines eigenen Unternehmens bewusst werden. Um erfolgreich ein Unternehmen zu gründen, sind ausreichend Kenntnisse über die jeweilige Branche von großer Bedeutung. Ohne das entsprechende Know-how und Basiswissen gibt es keine Möglichkeit, gegen Konkurrenten zu bestehen. Ohne einen innovativen Wettbewerbsvorteil basierend auf den eigenen Kenntnissen besteht kaum Erfolg, sich am neuen Markt zu etablieren. Fachliche Qualifikationen für Existenzgründer bieten hierbei Berufsausbildungen, Hochschulstudien oder fundierte in der beruflichen Praxis erworbene Kenntnisse.[10]

Ein erfolgreicher Markteintritt kann mit einem innovativen Produkt, einem erweiterten Produkt oder einer Dienstleistung gewährleistet sein. Wichtig ist allerdings, dass das Produkt oder die Dienstleistung ein **Alleinstellungsmerkmal** aufweisen kann, d.h. dass das Produkt einen bestimmten Nutzen hat, der für den Kunden anderweitig nicht zu erfüllen ist. So entsteht eine Kundennachfrage, welche unumgänglich für eine Existenzgründung ist. Dieses Alleinstellungsmerkmal muss nicht zwingend mit dem Produkt an sich verbunden sein, es kann sich auch um ein Servicemerkmal handeln. Betrachten Sie dazu folgendes Beispiel: Um als selbständiger Bäckermeister erfolgreich zu sein, müssen Sie keine Brötchen backen, die nur Sie backen können. Sie dürfen hier durchaus mit Standardware agieren, allerdings: wenn Sie der einzige Bäcker im Ort sind, haben Sie sehr gute Chancen, einen erfolgreichen Bäckereibetrieb zu gründen. Ihr Alleinstellungsmerkmal ist in diesem Fall Ihr Unternehmensstandort.

Weitere Grundvoraussetzungen für eine erfolgreiche Selbstständigkeit sind finanzielle und materielle Werte. Darunter fallen Zahlungsverpflichtungen, Gebäude, Büromaterial, Rohstoffe, Maschinen, Patente oder Kundenlisten, um das Produkt zu erstellen und auch zu vertreiben. In diesem Kontext sollte die optimale Ressourcenverwendung betrachtet werden.[11]

Um langfristig erfolgreich zu sein, benötigen die Gründer noch weitere Eigenschaften (neben den guten Branchenkenntnissen und dem Fachwissen), wie bspw. ein seriöses und selbstbewusstes Auftreten sowie Durchsetzungsvermögen und

Verhandlungsgeschick. Diese „weichen" Anforderungen an das Persönlichkeitsprofil eines Unternehmers sind z.B.

- analytisches Verständnis,
- Sozialkompetenz,
- Flexibilität,
- Organisationstalent,
- Kommunikationsbereitschaft
- und Kundenorientierung.[12]

Neben den aufgezählten Fähigkeiten sollte sich der Unternehmer auch über **seine psychische und physische Belastbarkeit** im Klaren sein. Denn im Falle einer Selbstständigkeit muss auch mit finanzieller, zeitlicher und emotionaler Belastung gerechnet werden. Um solchen Problematiken zu entgehen, empfiehlt es sich eine strukturierte Arbeitsorganisation und ein gutes Zeitmanagement zu haben.[13]

3. Welche Wege gibt es in die Selbständigkeit?

Grundsätzlich gibt es verschiedene Möglichkeiten, den Weg in die Selbständigkeit zu wagen. Wahrscheinlich denken Sie in erster Linie an eine **Betriebsneugründung**. In diesem Fall starten Sie von Null an. Eine erste Alternative zur Neugründung ist die **Betriebsübernahme**. Dabei ist das Management by out vom Management by in zu unterscheiden. Vom **Management by out** wird gesprochen, wenn bisherige Mitarbeiter sich in das Unternehmen einkaufen und es schließlich übernehmen. **Management by in** bedeutet hingegen, dass Sie als Außenstehender sich in einen (fremden) Betrieb einkaufen. Als weitere Möglichkeit bietet sich Ihnen an, dass Sie sich lediglich an einem Unternehmen **beteiligen**, ohne dieses ganz zu übernehmen. Auch dann können Sie (in Abhängigkeit von der Rechtsform) die Rolle der selbständigen Tätigkeit übernehmen. Und schließlich können Sie sich auch als **Franchise-Nehmer** selbständig machen und eine bereits bewährte Geschäftsidee in Lizenz übernehmen.[14] Checklisten zu den verschiedenen Wegen der Selbständigkeit finden Sie auf der Website des Bundesministeriums für Wirtschaft und Energie.[15]

Die Aufgaben, die auf Sie zukommen, unterscheiden sich bei den jeweiligen Wegen grundlegend. Während Sie bei der Neugründung die Chance (und das Risiko) haben, alles komplett nach Ihren Vorstellungen gestalten zu können, werden Sie bei einer Beteiligung oder einer Betriebsübernahme auf gewachsene Strukturen treffen. Und beim Franchising müssen Sie ein bestimmtes Geschäftskonzept übernehmen und können dies nur in engen Grenzen an Ihre Vorstellungen anpassen. In diesem Buch stehen Fragen zur Neugründung eines Unternehmens im Vordergrund.

4. Wie viele Unternehmensgründer gibt es in Deutschland?

Im Jahr 2012 wurden in Deutschland etwa 346.400 Unternehmen gegründet, das entspricht einem Rückgang der Gründungszahlen um knapp 14% zum Jahr 2011.[16] Es lässt sich in Deutschland allgemein ein rückläufiger Trend an Unternehmensgründungen erkennen. Dies bestätigt auch der KFW-Gründungsreport 2013, der die Ergebnisse einer jährlich durchgeführten Bevölkerungsbefragung zum Thema Gründungsgeschehen in Deutschland darstellt.[17] Die Befragung verzeichnet einen Tiefststand seit Beginn der Erhebung im Jahre 2000.

Jahr	2002	2003	2004	2005	2006	2007	2008	2009	2010	2011	2012
Alle Gründer	2,76	2,84	2,59	2,47	2,10	1,66	1,54	1,69	1,83	1,62	1,60
Nebenerwerb	1,49	1,60	1,34	1,30	1,24	1,05	0,90	0,92	1,05	0,88	0,89
Vollerwerb	1,26	1,24	1,24	1,17	0,86	0,61	0,64	0,78	0,78	0,74	0,61

Tabelle 2: Gründerquoten (Anteil der Gründer an der Bevölkerung zwischen 18 und 65 Jahren)[18]

Diese Entwicklung wirft die Frage auf, woran dieser signifikante Rückgang in den letzten Jahren liegen könnte. Neben bürokratischer Hürden und Verzögerungen werden im Gründungsreport hohe Belastungen im Hinblick auf die Familie, hohe finanzielle Risiken sowie Finanzierungsschwierigkeiten als die größten Hemmnisse in Bezug auf Unternehmensgründungen genannt.[19] Doch glaubt man vergleichenden Studien, so sind gerade in Deutschland die Rahmenbedingungen für eine Unternehmensgründung besonders gut.[20]

5. Welche Risiken und Gefahren bringt die unternehmerische Selbständigkeit mit sich?

Der Wechsel in die unternehmerische Selbstständigkeit ist nicht immer einfach. Viele Gründer sehen sich einer Vielzahl von Ungewissheiten und Risiken gegenüber. Technische, soziale und wirtschaftliche Veränderungen schaffen oftmals Situationen, in denen sich der Gründer anpassen muss. Hilfreich sind hierbei die notwendigen Qualifikationen. Ohne diese Fähigkeiten steht der Gründer schnell auf einem verlorenen Posten.[21] Trotzdem haben in den letzten Jahren viele Menschen die Vorzüge einer Selbstständigkeit erkannt. Die Existenzgründung wird attraktiver. Als Selbstständiger ist man sein eigener Herr und hat völlige Entscheidungsfreiheiten. Neue Ideen lassen sich schneller integrieren, und durch die eigene Leistung und Initiative ergeben sich die Erfolgsergebnisse. Beurteilungen von Arbeitgebern und Kündigungen gibt es nicht mehr.[22]

Andererseits bieten Existenzgründungen auch viele Risiken und Gefahren für das Unternehmen. Der Unternehmensgründer ist meist auf sich allein gestellt und muss versuchen, etwaige Planungsfehler zu vermeiden. Er hat zwar keinen Ärger mit

Vorgesetzten, muss sich allerdings mit anderen Beteiligten wie bspw. Lieferanten, Mitarbeitern, Kunden usw. auseinander setzen. Selbstständigkeit kann ein höheres Einkommen erbringen, aber es muss auch mit einem hohen Arbeitspensum gerechnet werden.[23]

Darüber hinaus ergeben sich Gefahren mit dem Start der Existenz. Viele Unternehmen überstehen kaum die ersten fünf Jahre. Ursachen liegen meist an mangelnder Vorbereitung oder äußeren Einflüssen.[24] Die folgende Tabelle gibt einen Überblick über die Risiken und Gefahren einer Existenzgründung, wie sie von Collrepp gesehen werden:

Risiken	Gefahren
• Scheitern der Existenzgründung • Einkommensrisiko • Keine soziale Sicherheit • Hohes Arbeitspensum • Ärger mit Share- und Stakeholdern	• Mangelnde Qualifikation • Schlechtes Konzept • Planungsmängel • Finanzierungsmängel • Rezession • Sinkende Nachfrage

Tabelle 3: Risiken und Gefahren der beruflichen Selbstständigkeit[25]

6. Kommt für Sie die Selbstständigkeit in Teilzeit in Frage?

Die Mehrheit aller Gründer, und zwar fast 450.000 Menschen, machen sich pro Jahr mit einem Mini-Vorhaben selbstständig.[26] Diese Selbstständigkeit dient nicht dem Vollerwerb, sondern als Möglichkeit, Geld **dazu** zu verdienen. Lutz und Luck führen sieben Gründe an, die für eine Teilzeit-Selbstständigkeit sprechen:[27]

- Die Teilzeit-Selbstständigkeit bietet in der Regel mehr Flexibilität, um das Arbeits- und das Berufsleben unter einen Hut zu bekommen.
- Sie gehen ein geringeres unternehmerisches Risiko ein.
- Sie können die Teilzeit-Selbstständigkeit als Testlauf für Ihre Geschäftsidee sehen.
- Sie benötigen weniger Startkapital.
- Sie können sich eine zusätzliche Verdienstmöglichkeit aufbauen.
- Sie können sich selbstverwirklichen.
- Sie gewinnen an (finanzieller) Sicherheit, weil Sie sich ein zusätzliches Standbein aufbauen.

Selbstverständlich muss sich Ihre unternehmerische Tätigkeit auch dafür eignen, in Teilzeit ausgeübt werden zu können. So ist dies einfach möglich, wenn Sie einen Zusatzverdienst als Gitarrenlehrer anstreben. Wenn Sie dagegen ein Produkt industriell fertig wollen, geht das in der Regel nur im Vollerwerb. Gemäß des Gründungsmonitors 2012 der KfW-Bank stehen folgende Branchen bei Gründern in Teilzeit besonders hoch im Kurs:[28]

- Erziehung & Unterricht
- Gesundheits-, Veterinär- und Sozialwesen
- Kultur, Sport & Unterhaltung

- Einzelhandel
- Erneuerbare Energien (aufgrund der vielen Photovoltaik-Anlagenbetreiber, die zumindest einen Teil des erzeugten Stroms ins Netz einspeisen)
- Direktvertrieb und Networkmarketing
- Gastgewerbe
- Rechts-, Steuer- Unternehmens- und sonstige Wirtschaftsberatungen

Die meisten Gründer in Teilzeit fallen in die Sammel-Rubrik Sonstige wirtschaftliche Dienstleistungen, zu der eine Vielzahl einzelner Tätigkeiten gehört.

7. Wie lässt sich das Gründungsgeschehen in Deutschland beschreiben?

Die Veranschaulichung des Gründungsgeschehens kann aus verschiedenen Blickwinkeln vorgenommen werden. In diesem Fall erfolgt die Betrachtung im Kontext der Wirtschaftssektoren, der Beständigkeit am Markt sowie der Gründungs- und Schließungsrate der Unternehmen in Deutschland.

Die nachfolgende Abbildung veranschaulicht das Gründungsverhalten nach Sektoren.

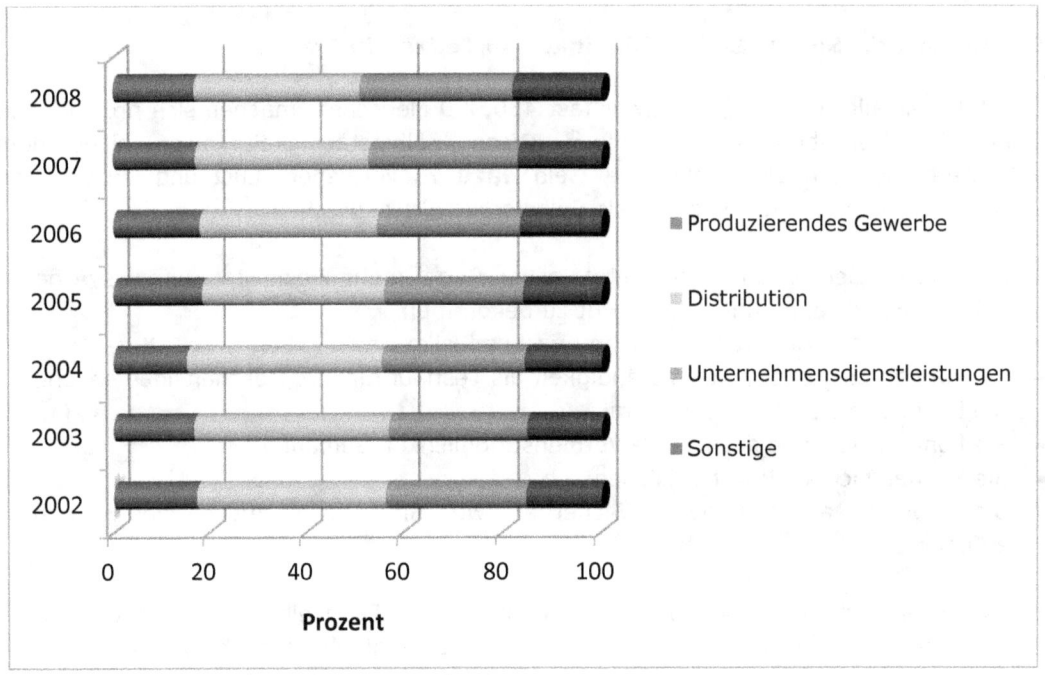

Abbildung 1: Gründungsgeschehen nach Sektoren[29]

Als Sektoren werden das produzierende Gewerbe, der distributive Sektor, die Unternehmensdienstleistungen und die sonstigen Dienstleistungen unterschieden. Im zeitlichen Verlauf ist das Gründungsgeschehen stark im distributiven Sektor vertreten. Weitere strukturelle Veränderungen sind im Dienstleistungssektor zu verzeichnen. Während Unternehmensdienstleistungen weitestgehend abnehmen, scheinen sonstige

Dienstleistungen ein leichtes Wachstum aufzuweisen. Das produzierende Gewerbe folgt scheinbar keinem Trend. Die Werte schwanken immer in einem bestimmten Bereich.[30]

Von großer Bedeutung für erfolgreiche Neugründungen ist auch die Beständigkeit am Markt. Nach dem ersten Gründungsjahr existieren immer noch 75 Prozent aller Unternehmen. Nach etwa vier bis fünf Jahren reduziert sich die Ausgangszahl an neuen Betrieben um fast die Hälfte. Somit lässt sich sagen, dass mit fortschreitender Gründungsdauer die Beständigkeit, sich am Markt zu halten, für die Unternehmen erwartungsgemäß sinkt. Ab dem fünften Jahr stagniert die Anzahl der Ausstiege. Unternehmen, die dieses Alter erreichen, müssen im Anschluss nur noch in knapp 10 Prozent der Fälle aufgeben.[31] Die Beständigkeit der Existenzgründungen erläutert auch die folgende Abbildung:

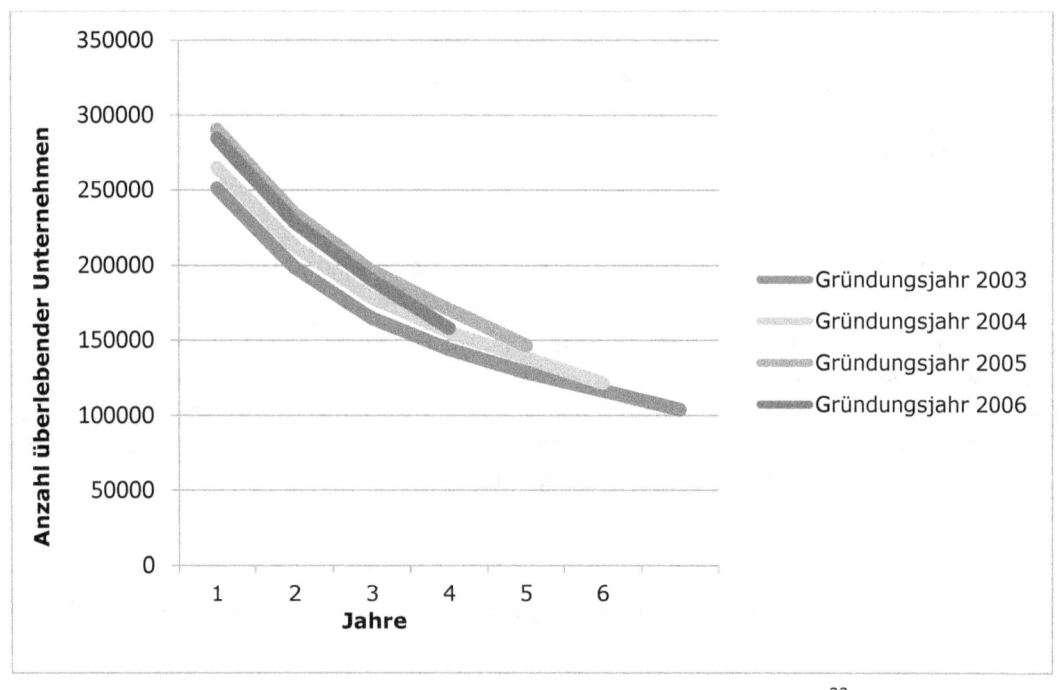

Abbildung 2: Beständigkeit der Existenzgründungen[32]

Abschließend sollen noch die Gründungs- und die Schließungsrate gegenüber gestellt werden. Der grafische Verlauf beginnt im Jahr 2005 und endet im Jahr 2010. 309.000 neue Betriebe wurden im Jahr 2010 gegründet. Das entspricht einer Gründungsrate von 8,6 Prozent (Zahl neuer Betriebe im Verhältnis zur Gesamtzahl aller Betriebe). Demgegenüber stehen 281.000 Betriebsschließungen (Zahl der Betriebsschließungen im Verhältnis zur Gesamtzahl der Betriebe) und damit eine Schließungsrate von 7,8%.[33]
Die Differenz aus Gründungsrate und Schließungsrate ist nicht konstant. Im Jahr 2005 lag die Gründungsrate deutlich über der Schließungsrate. In beiden nachfolgenden Jahren lag die Anzahl der Gründungen nur knapp über der Summe Schließungen. Ab 2007 lassen sich die Folgen der Finanz- und Wirtschaftskrise erkennen. 2009 übersteigen erstmals die Schließungen die Neugründungen. Eine positive Bilanz kann im Jahr 2010 verzeichnet werden.[34]

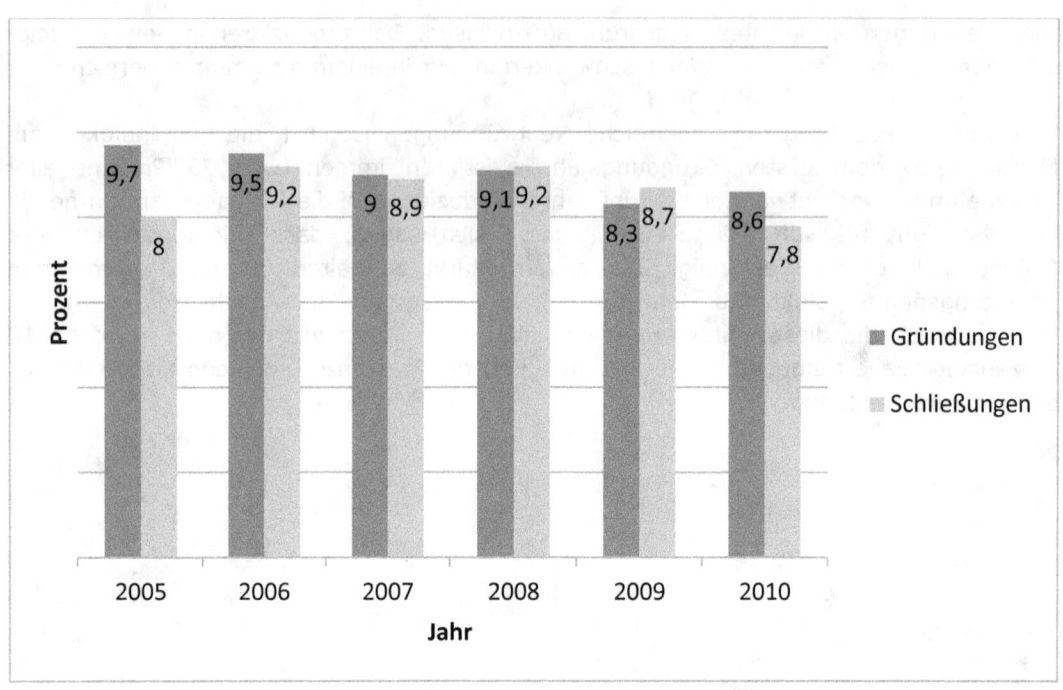

Abbildung 3: Unternehmensgründungen und Unternehmensschließungen[35]

Zusammengefasst lässt sich sagen, dass die Anzahl an Neugründungen im Bereich Dienstleistungen steigt. 80 Prozent aller Existenzgründungen sind zudem im Haupterwerb zu verzeichnen.[36] Demgegenüber steht die sinkende Beständigkeit neuer Unternehmen im Zeitverlauf in den ersten fünf Jahren. Auch wirtschaftliche Einflüsse veränderten die Gründungs- und Schließungsraten.

8. Wo kann ich mich zum Gründungsgeschehen in Deutschland detailliert informieren?

Als Datenquelle für die folgenden Ausführungen dient der KfW-Gründungsmonitor 2013, der hinsichtlich der Analyse des Gründungsgeschehens in Deutschland zu den vier relevantesten Gründungsstatistiken zählt. Die vier Gründungsstatistiken dokumentieren teilweise unterschiedliche Gründungszahlen und abweichende Entwicklungen. Dieser Umstand ist auf verschiedene Datenerhebungsmethoden und ein differentes Gründungsverständnis zurückzuführen. Im Gegensatz zu den Gründungsstatistiken des **Mannheimer Unternehmenspanels** und des **IfM Bonn**, die Vollerhebungen durchführen, beruht der **KfW-Gründungsmonitor** auf einer „repräsentative(n) Bevölkerungsstichprobe von jährlich rund 50.000 zufällig ausgewählten Personen, die in Deutschland wohnen. Existenzgründer werden in einer computerunterstützten telefonischen (CATI) Erhebung durch die Frage identifiziert, ob die Person innerhalb der letzten zwölf Monate eine gewerbliche oder freiberufliche Selbstständigkeit im Voll- oder Nebenerwerb begonnen hat. Gründern wird anschließend ein ausführliches Frageprogramm zu ihrer Person und ihrem Gründungsprojekt vorgelegt".[37] Im Rahmen des KfW-Gründungsmonitors wird als Grundlage für die Untersuchung des

Gründungsgeschehens in Deutschland von einem umfassendem Gründungsbegriff ausgegangen, „der gewerbliche und freiberufliche Gründungen, Neugründungen, Übernahmen und Beteiligungen, Gründungen im Voll- und im Nebenerwerb"[38] beinhaltet.

Grundsätzlich ist zu verzeichnen, dass sich die **Anzahl jährlich neu gründender Unternehmen** seit dem Gründungsboom Anfang der 2000er Jahren **rückläufig** entwickelt. Der bisherige Tiefststand wurde im Jahr 2012 erreicht. Nach Angaben des KfW-Gründungsmonitors 2013 sind 2012 lediglich 775.000 Gründungen erfasst worden. Dies entspricht lediglich einer Gründerquote[39] von 1,5 Prozent und einem Rückgang von 60.000 Unternehmensgründungen im Vergleich zum Vorjahr 2011. Dieser Rückgang basiert insbesondere auf einer geringeren Gründungtätigkeit im Vollerwerb (Rückgang um 17 Prozent auf 315.000 Vollerwerbsgründungen im Vergleich zum Vorjahr), wohingegen die Anzahl im Bereich der Nebenerwerbsgründungen mit 460.000 annähernd gleichbleibend war.

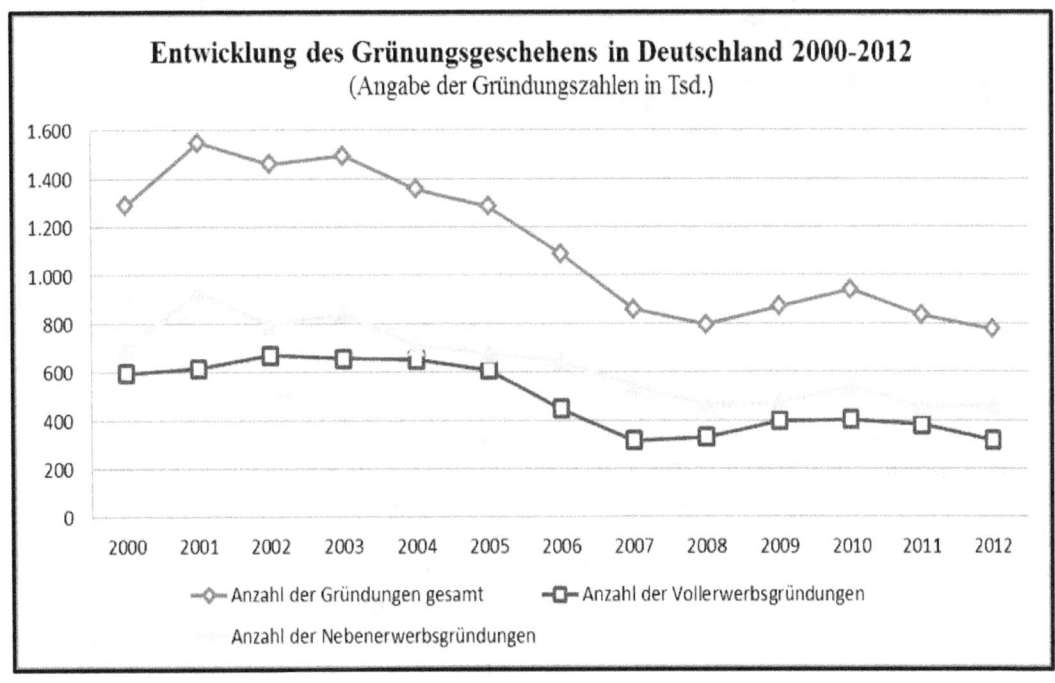

Abbildung 4: Entwicklung des Gründungsgeschehens in Deutschland im Zeitraum 2002 bis 2012[40]

Eine positive Entwicklung ist im Vergleich zum Jahr 2011 in dem Bereich der Chancengründer (Anstieg um 24 Prozent auf 361.000 Chancengründer im Jahr 2012) zu verzeichnen. Hierbei handelt es nach Definition des KfW-Gründungsmonitors um Gründer, die eine konkrete **Umsetzung einer Geschäftsidee** als Motiv für eine Unternehmensgründung anstreben.[41] Diese Gruppe der Unternehmensgründer zeichnet sich dadurch aus, dass ihr Geschäftsmodell oftmals auf innovativen Produkten und Dienstleistungen beruht, die Marktneuheiten darstellen. Insbesondere Unternehmensgründungen aus dem Hightech-Sektor (Softwarebranche, Internet- und Kommunikationstechnologie, Biotechnologie, Maschinenbau, etc.), also aus der forschungsintensiven Industrie und dem Bereich der technologieorientierten

Dienstleistungen, sind als Chancengründungen aufzufassen.[42] Die Zunahme an Chancengründungen ist auch in der nachfolgenden Abbildung erkennbar, wobei sich die positive Entwicklung im Zeitraum von 2010 bis 2012 u.a. auf den wachsenden Anteil innovativer Produkte und Dienstleistungen zurückführen lässt, die im Rahmen einer Unternehmensneugründung als Marktneuheit eingeführt wurden.

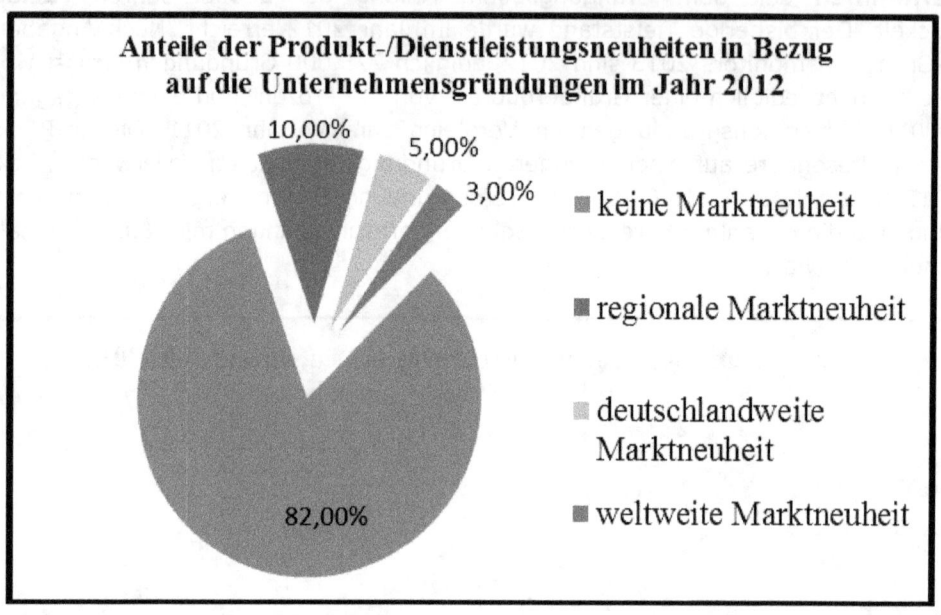

Abbildung 5: Anteil der realisierten Produkt- bzw. Dienstleistungsneuheiten 2012[43]

Ein wesentlicher Grund für die rückläufige Entwicklung hinsichtlich der Gesamtanzahl an Unternehmensgründungen ist die aufgrund der weiterhin stabilen gesamtwirtschaftlichen Situation positiv zu wertende Arbeitsmarktsituation, die sich auch in der zurückgehenden Erwerbslosenquote widerspiegelt. Dieser Sachverhalt liegt darin begründet, dass sich die Intensität von Gründungsaktivitäten allgemein antizyklisch gegenüber der konjunkturellen Situation und dem Niveau der Arbeitslosigkeit verhält, d.h. die Anzahl neu gegründeter Unternehmen steigt tendenziell im Zuge einer Rezessionsphase und sinkt in Phasen des wirtschaftlichen Aufschwungs.[44] Der Rückgang von Unternehmensgründungen in den letzten Jahren ist folglich auf die positive Arbeitsmarktlage zurückzuführen, wodurch insbesondere die folgenden Motive für eine Unternehmensgründung, nämlich selbstbestimmtes Arbeiten im Rahmen einer Selbstständigkeit und der Ausweg aus einer bevorstehenden Arbeitslosigkeit, zunehmend an Bedeutung verloren haben. Nach der Auswertung des KfW-Gründungsmonitors 2013 zufolge hat sich der Anteil derjenigen Gründer, die vor einer Unternehmensgründung arbeitslos gemeldet waren, von 22 Prozent im Jahr 2005 auf 10 Prozent im Jahr 2012 verringert.

Des Weiteren hat die Attraktivität einer abhängigen Beschäftigung aufgrund der zunehmenden Beschäftigungssicherheit und der höheren wirtschaftlichen Anreize (insbesondere durch finanzielle Anreize seitens der Arbeitgeber infolge des Fachkräftemangels) in den letzten Jahren zugenommen, sodass abhängige Beschäftige, die eine Unternehmensgründung planen, vergleichsweise viel auf-geben müssen, um den

Schritt in eine eigene unternehmerische Existenz zu riskieren.[45] Darüber hinaus ist der Rückgang der Gründungsaktivitäten auch auf Änderungen im Rahmen der Existenzgründungsförderung der Bundesagentur für Arbeit und auf weiterhin bestehende Gründungshemmnisse (beispielsweise bürokratische Hürden und Verzögerungen, das finanzielle Risiko, Finanzierungsschwierigkeiten sowie der Verzicht auf Vorteile aus abhängiger Beschäftigung wie Sicherheitsaspekte oder begrenzte Arbeitszeiten) zurückzuführen.[46]

9. Gibt es unterschiedliche Gründungsentwicklungen in den einzelnen Bundesländern?

Die nachfolgende Abbildung gibt einen Überblick über die Situation in den einzelnen Bundesländern.

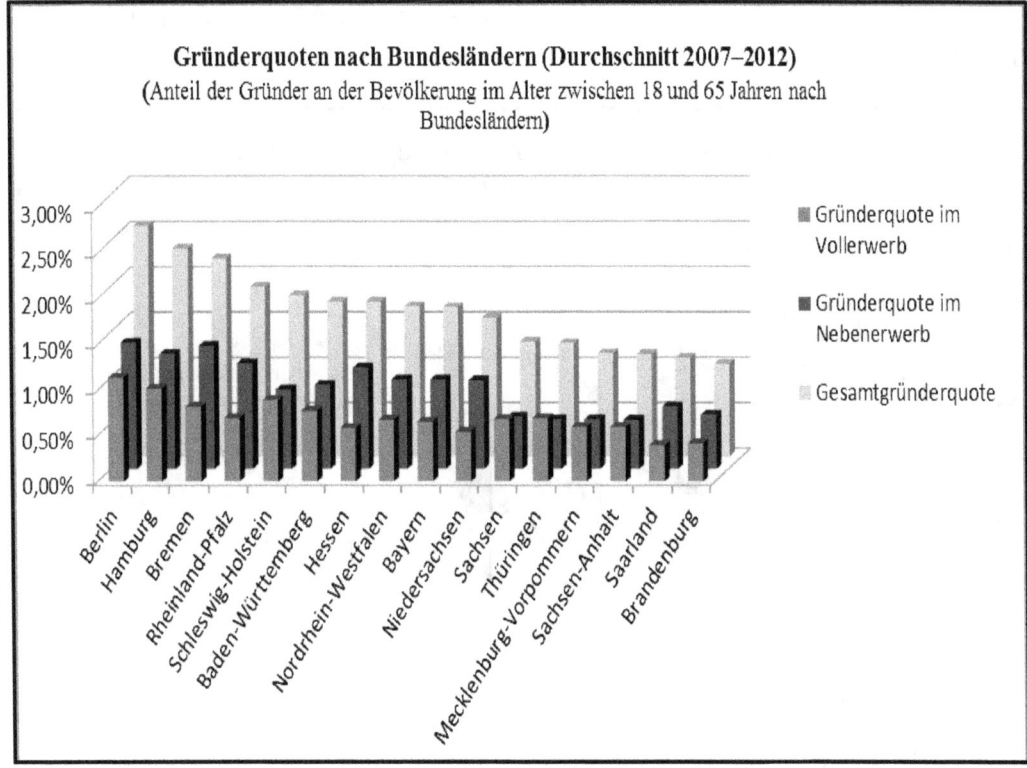

Abbildung 6: Gründerquoten nach Bundesländern (Durchschnittswert von 2007-2012[47])[48]

Betrachtet man die Entwicklung der Gründungsaktivitäten in den verschiedenen Bundesländern, stellt man fest, dass insbesondere die Staatstaaten Berlin, Hamburg und Bremen bundesweit die höchsten Gründerquoten aufweisen. Die hohe Gründerquote in diesen Ballungsräumen ergibt sich vor allem aufgrund günstiger struktureller Rahmenbedingungen. Zu diesen Agglomerationsvorteilen bzw. -effekten zählen unter anderem die Existenz eines großen lokalen Marktes, das große Arbeitskräftepotenzial (hohe Verfügbarkeit an potenziellen Mitarbeiter mit unternehmensspezifischen

Qualifikationen) und der vereinfachte Wissensaustausch und -transfer zwischen Gründern und relevanten Unternehmensbranchen angesichts der räumlichen Konzentration von Unternehmen. Entsprechend der Gründungsstatistik folgen auf die Stadtstaaten die westdeutschen Bundesländer. **Das Schlusslicht im Hinblick auf die Gründungsaktivitäten bilden die ostdeutschen Bundesländer und das Saarland.** Die niedrigeren Unternehmensgründungen in Ostdeutschland lassen sich im Vergleich zu Westdeutschland vor allem aus der geringeren Wirtschaftsleistung und den entsprechend ungünstigeren Nachfragebedingungen ableiten.[49]

10. Wie entwickeln sich die Gründungsaktivitäten im Saarland?

Nachdem die Unternehmensgründungen im Jahr 2009 ihren bisherigen Höchststand erreicht hatten, sanken sie seitdem stetig. Dies liegt im Wesentlichen in der verbesserten Arbeitsmarktsituation im Saarland begründet. Bei Rückgang der Arbeitslosigkeit und gestiegener Arbeitsplatzsicherheit geht erfahrungsgemäß die Neigung, ein Unternehmen zu gründen, zurück.

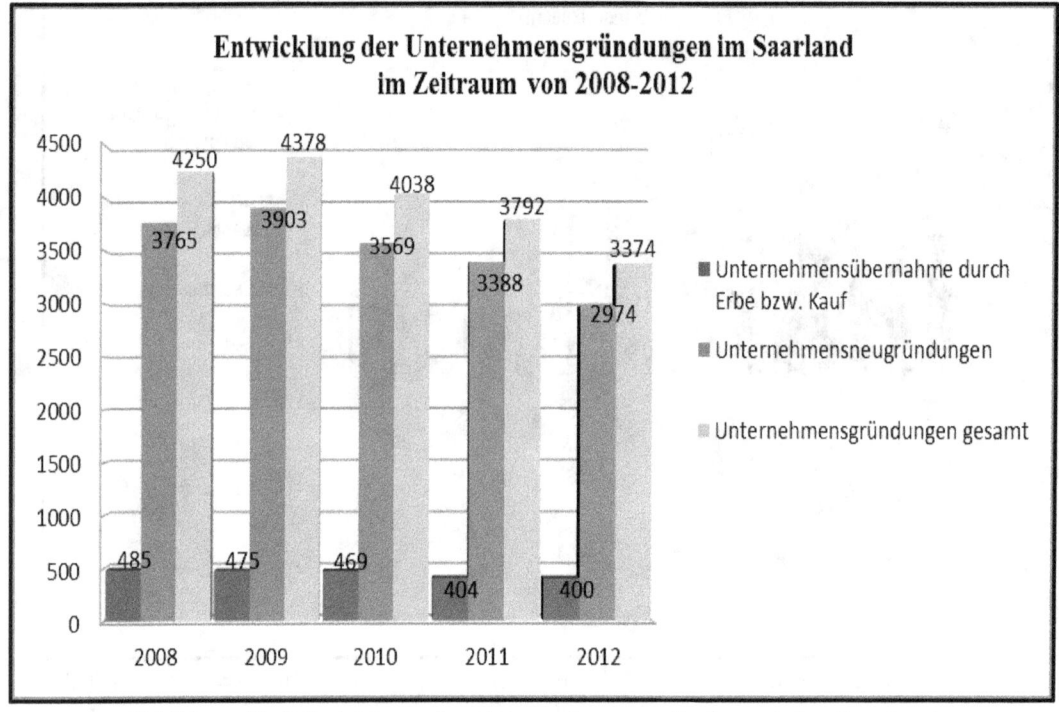

Abbildung 7: Entwicklung der Unternehmensgründungen im Saarland im Zeitraum von 2008-2012[50]

Diese Entwicklung ist vor allem auch deshalb besorgniserregend, da das Saarland ohnehin in der Gründungsstatistik der Bundesländer zusammen mit Brandenburg am Ende liegt.

11. Woran scheitern Existenzgründungen?

Es gibt eine ganze Reihe von Untersuchungen, die der Frage nach gehen, woran Existenzgründungen letztlich gescheitert sind. Die Kenntnis dieser Faktoren ist wichtig, denn sie kann davor schützen, die gleichen Fehler zu machen. Deshalb sollen an dieser Stelle die wichtigsten Gründe für ein Scheitern von Existenzgründungen zusammengestellt werden:[51]

- **Finanzierungsmängel** spielen eine große Rolle: Viele Existenzgründer unterschätzen ihren Kapitalbedarf.
- **Informationsdefizite**: Insbesondere das Marktgeschehen wird häufig falsch eingeschätzt. Zu viele Existenzgründer kennen die Nachfrage nach den eigenen Produkten nicht oder planen sie falsch ein. Auch die Konkurrenz wird häufig unterschätzt. Grundsätzlich sollten Existenzgründer immer Markterfahrung mitbringen.
- **Qualifikationsmängel**: Zwar ist die fachliche Qualifikation meist gegeben, aber strategische, kaufmännische oder unternehmerische Qualifikationen fehlen häufig. Nicht jeder ist zum Unternehmer geeignet.
- **Planungsmängel** sind die Folge von fehlenden strategischen Fähigkeiten. Einen umfassenden Business Plan sollte man auch dann erstellen, wenn es keinen Fremdkapitalbedarf gibt.
- Häufig werden **familiäre Probleme** übersehen. Sich selbständig zu machen, ist in der Regel mit einem großen zeitlichen Arbeitseinsatz verbunden. Diese Zeit fehlt dann für die Familie. Hält das die Familie aus?
- Viele Existenzgründer **überschätzen auch die Betriebsleistung**; sehr häufig ist der tatsächliche Umsatz deutlich geringer als in den Planungen vorgesehen. Genügt auch dann die Kapitaldecke?

Im Auftrag der Seghorn Inkasso GmbH wurden in einer Umfrage die **Geschäftsführer insolventer Unternehmen** nach den Gründen des Scheiterns befragt. Als häufigste Ursachen wurden dabei u.a. genannt:[52]

- Eigenkapitalmangel und Finanzierungsschwierigkeiten
- Zahlungsrückstände oder –ausfälle von Kunden, woraus sich Liquiditätsprobleme ergeben
- konjunkturelle Entwicklungen und Strukturwandel
- zu hohe Lohn- und Verwaltungskosten
- staatliche Steuer-, Wirtschafts- und Sozialpolitik
- persönlicher Bereich des Unternehmens und Teilhaberprobleme
- falsche Markteinschätzung und zu geringe Wettbewerbsfähigkeit des Unternehmens
- Führungsprobleme

Die vollständige Liste können Sie bei Hebig, Michael: Existenzgründungsberatung, 6. Auflage, Berlin 2014, S. 20 einsehen.

12. Welche Probleme haben insbesondere Freiberufler?

Freiberufler haben auf der Basis einer besonderen beruflichen Qualifikation oder schöpferischer Begabung eine persönliche, eigenverantwortliche und fachlich unabhängige Erbringung einer Leistung zum Inhalt. So ähnlich heißt es in § 1 Abs. 2 S. 1 PartGG. Zur genauen Abgrenzung der Freiberufler von den Gewerbetreibenden gibt es noch einen eigenen Gliederungspunkt in diesem Buch. In einer Umfrage unter 687 Freiberuflern in Deutschland wurden die Probleme deutlich, die auf viele Freiberufler zukommen. Diese dürften sich grundsätzlich auch auf Gewerbetreibende übertragen lassen, weshalb an dieser Stelle auf die Angabe von Prozentwerten (der Nennungen) verzichtet wird:[53]

- Schwierigkeiten ergeben sich bei der Kundenakquise.
- Das Honorar (der Preis der eigenen Leistung) ist schwirig zu kalkulieren.
- Die Kenntnisse in Buchhaltung und Steuererklärung sind unzureichend.
- Die Einnahmen bleiben aus oder sind geringer als erwartet.
- Der Austausch mit Kollegen und Kolleginnen fehlt.
- Es gibt viele ungeklärte rechtliche Fragestellungen (z.B. zu AGB).
- Die Formalitäten der Existenzgründung sind unzureichend bekannt.
- Selbständige verspüren einen erhöhten Leistungsdruck.
- Die Gestaltung der Geschäftsunterlagen oder des Internetauftritts gestaltet sich schwierig.

Die Vorplanungsphase

Bevor Sie mit der konkreten Umsetzung einer Unternehmensplanung beginnen, sollten Sie zunächst einmal klären, ob Sie die Voraussetzungen zur Gründung überhaupt erfüllen und welche Form der Gründung für Sie in Betracht kommt. Die sich daraus ergebenden Fragestellungen sind Gegenstand des nächsten Abschnitts dieses Buches. Sie sollten sich im Klaren darüber sein, warum Sie überhaupt ein Unternehmen gründen wollen, ob es sich um eine gewerbliche oder um eine freiberufliche Tätigkeit handelt, ob Sie die rechtlichen Voraussetzungen zur Gründung erfüllen und ob Sie eine Vollzeit- oder eine Teilzeitgründung (nebenberufliche Tätigkeit) anstreben.

13. Welche Gründe haben Sie, sich selbständig machen zu wollen?

Es gibt viele Gründe, sich selbstständig zu machen. Das Institut für Mittelstandsforschung hat untersucht, warum sich Unternehmensgründer selbstständig machen:[54]

- 57,5% schätzen die Eigenverantwortung und Unabhängigkeit,
- 38,0% gründeten einen Betrieb aufgrund drohender Arbeitslosigkeit,
- 24,8% versprechen sich ein höheres Einkommen,
- 9,2% sahen darin einfach eine günstige Gelegenheit,
- 6,4% erhoffen einen höheren gesellschaftlichen Status und nur
- 1,5% haben sonstige Gründe dafür angegeben.

Bei einer Forsa – Umfrage unter Jugendlichen im Alter von 15 bis 25 Jahren gaben 63% der Westdeutschen und 67% der Ostdeutschen an, dass sie sich vorstellen können, einmal ein eigenes Unternehmen zu gründen. Bei den männlichen Befragten war der Anteil mit 68% signifikant höher als bei den weiblichen (59%).

Dennoch, die Selbstständigenquote beträgt in Deutschland 2011 gerade einmal 11%;[55] im Saarland ist sie mit 8,3% und in Sachsen mit 8,0% besonders niedrig. Im internationalen Vergleich belegt Deutschland damit einen der hinteren Ränge. Spitzenreiter sind die Mittelmeerländer:[56]

- Griechenland (30,3% in 2010),
- Türkei (25,5% in 2010)
- Italien (23,6% in 2010) sowie
- Portugal (21,8% in 2010).

Eine hohe Selbstständigenquote ist, und das sieht man an den genannten Ländern sehr deutlich, kein Garant für eine starke Wirtschaftsleistung. Und es ist auch nicht zu übersehen, dass viele Unternehmer ihren Betrieb innerhalb der ersten fünf Jahre wieder schließen. Die Insolvenzwahrscheinlichkeit ist bei Gaststätten oder Kiosken am höchsten, bei Immobilienverwaltungen oder Reisebüros eher gering. Woran aber scheitern Unternehmensgründer?

Oft gibt es für Konkurse mehrere Ursachen. Die angegebenen Prozentzahlen aus einer empirischen Untersuchung zeigen auf, wie oft die jeweilige Ursache mitbeteiligt war:[57]

- Unzureichende Finanzierung (86%),
- unbezahlte Kundenrechnungen (68%),
- Planungsmängel (49%),
- Qualifikationsmängel (49%),
- Überschätzung der Betriebsleitung (33%),
- Informationsdefizite (27%),
- Personalprobleme (4%),
- Einflüsse aus der Privatsphäre (2%).

In diesem Buch werden insbesondere Fragen zu den kritischen Ursachen beantwortet. So wird das Kapitel zur Finanzierung eines Unternehmens besonders ausführlich sein. Sie erhalten zudem Informationen, wie Sie ein wirksames Forderungsmanagement aufbauen können und wie ein Mahnwesen funktioniert. Planungsmängel können Sie ebenso auf Basis dieses Buches reduzieren wie Qualifikationsmängel, wobei dieser Text natürlich keine berufspraktische Qualifikation darstellt. Auch Informationsdefizite können reduziert werden. Personalprobleme kann dieses Buch dagegen ebenso wenig lösen wie Schwierigkeiten, die sich aus der persönlichen Einschätzung der Geschäftsleitung heraus oder dem persönlichen Umfeld heraus ergeben.

Risikoscheuere Menschen sollten den **nebenberuflichen** Einstieg in die Selbstständigkeit überdenken. Zwar lassen sich nicht alle Geschäftsideen so nebenbei ausprobieren, aber in einer Vielzahl von Bereichen ist es eine mögliche Alternative. Bedenken Sie aber auch, dass Ihr Arbeitgeber Ihnen die nebenberufliche Tätigkeit versagen darf, wenn Sie dadurch so stark beeinflusst werden, dass davon auszugehen ist, dass Sie Ihren Hauptberuf nicht mehr ordnungsgemäß ausüben können. Außerdem dürfen Sie nicht als Konkurrent zu Ihrem Hauptarbeitgeber auftreten und auch keinen rufschädigenden Tätigkeiten nachgehen.

95% der Gründer machen sich mit herkömmlichen Betrieben selbstständig, lediglich 5% aller Gründungen sind innovativ. Wer mit einem neuen Produkt oder einer neuen Dienstleistung in den Markt eintritt, verschafft sich sofort Wettbewerbsvorteile, vorausgesetzt, es gibt dafür überhaupt einen Markt. Das Marktpotenzial drückt sich dadurch aus, dass die Leistungen, die der Gründer erbringt, auch nachgefragt werden. Technische Meisterleistungen alleine sind keine Garantie für unternehmerischen Erfolg. Aber welche Märkte erscheinen derzeit besonders attraktiv?

- Die **Dienstleistung**: Bestehende Unternehmen verlagern immer mehr die Dienstleistungen, die nicht zum Kerngeschäft der Unternehmung gehören, nach außen. Dadurch wächst der Markt für Wartung und Pflege von Industrieanlagen, für die Bewachung oder für die Beratung.
- Der **Umweltschutz**: Industrie und Staat werden in den nächsten Jahren 100 Milliarden Euro in Anlagen zur Reduzierung von Schadstoffen, zur Reinhaltung von Wasser, Luft und Boden investieren. Unternehmen mit Lösungen zur Energieeinsparung, Vermeidung von Abfällen oder zum Einsatz erneuerbarer Energien werden besondere Chancen haben.

- Die **Freizeit**: Aufgrund der zunehmenden Arbeitszeitverkürzung und dem hohen Lebensstandard gewinnt der Markt für aktive Freizeitgestaltung, verbesserter Wohnqualität, Ausübung von Hobbys und Fort- und Weiterbildung zunehmend an Bedeutung.
- **Ältere Menschen**: Die Alterspyramide zeigt es: der relative Anteil älterer Menschen steigt. Der Bedarf nach Unterhaltung, Unterstützung und Pflege der Gruppe der Rentner wächst.
- **Sicherheit und Schutz**: Private Wachdienste und Hersteller von Sicherheitseinrichtungen haben aufgrund der zunehmenden Kriminalität herausragende Wachstumschancen.

14. Haben Sie eine gute Geschäftsidee?

Der Ausgangspunkt einer jeder Unternehmensgründung ist eine Idee für ein Produkt oder eine bestimmte Leistung. Die wenigsten Ideen sind innovativ. Noch heute öffnen monatlich viele neue Gastronomie-Betriebe, sehr viele ohne eigenes Konzept oder mit einem Konzept, das schon vielfach erprobt ist. Das ist auch kein Problem. Wichtig ist viel mehr, dass es an Ihrem geplanten Unternehmensstandort auch einen Markt für Ihre Idee gibt, den Sie erobern können. Deshalb sollten Existenzgründer Ihre Unternehmensidee auf die Probe stellen und die folgenden Fragen beantworten können:[58]

- Können Sie Ihre Idee präzise beschreiben: Was wollen Sie produzieren, oder welche Dienstleistung wollen Sie erbringen?
- Gibt es Ihre Idee schon am Markt, und ist diese Idee möglicherweise geschützt?
- Was ist das Besondere an Ihrem Produkt bzw. an Ihrer Dienstleistung, und gibt es Alleinstellungsmerkmale, also Charakteristika, die nur Ihr Produkt oder Ihre Dienstleistung erfüllen?
- Kennen Sie Ihre potenziellen Kunden und deren Denk- und Verhaltensweise?
- Welchen Kundennutzen erfüllen Sie mit Ihrem Leistungsangebot, und welche Kundenbedürfnisse sprechen Sie an?
- Was ist an Ihrer Leistung für Ihre möglichen Kunden besonders wichtig, und wie werden Ihre Kunden Ihre Leistung nutzen?
- Über welchen Vertriebskanal erwerben Ihre Kunden Ihr Leistungsangebot üblicherweise?

15. Erfüllen Sie die persönlichen Voraussetzungen für eine selbstständige Tätigkeit?

Ein nicht unerheblicher Teil der zuvor genannten Ursachen für das Scheitern von Existenzgründungen kann im Vorfeld der Gründung durch richtige Planung und Information ausgeschaltet werden. Unternehmensgründer sollten in Ihrer **Persönlichkeit** gewisse Voraussetzungen erfüllen, um ihre Dienstleistungen oder ihre Produkte erfolgreich vermarkten zu können. Dazu gehört bspw. die Fähigkeit, mit Kunden richtig umzugehen, Verkaufsgespräche erfolgversprechend zu führen, aber auch eigene Mitarbeiter zu motivieren.

Unternehmensgründer sollten deshalb selbstkritisch prüfen, ob sie über ein ausreichendes Maß an Kontaktfähigkeit, Selbstbeherrschung, Überzeugungskraft und Verantwortungsbewusstsein verfügen. Der folgende Test soll Ihnen die Gelegenheit geben, Ihre eigenen Fähigkeiten zu überprüfen. Je mehr Fragen sie bejahen können, um so eher sind Sie als Unternehmensgründer geeignet:[59]

- Haben Sie sich auf die Existenzgründung schon längere Zeit vorbereitet?
- Sind Sie risikobereit?
- Sind Sie aufgeschlossen gegenüber neuen Ideen?
- Sind Sie fähig, auch Rückschläge durchzustehen und produktiv zu verarbeiten?
- Sind Sie auch unter Druck leistungsfähig und um eine Lösung bemüht?
- Sind sie körperlich belastbar, um den Stress verkraften zu können?
- Können Sie sich auf Dauer in Stresssituationen behaupten?
- Sind Sie ein Mensch, der seine Pläne und Absichten realisiert?
- Schieben Sie unangenehme Aufgaben vor sich her?
- Können Sie sich selber Ziele setzen und diese motiviert verfolgen?
- Sind Sie offen, sicher und motivationsfähig gegenüber Partner und Mitarbeitern?
- Konnten Sie in Ihrem Berufsleben schon Führungserfahrungen sammeln?
- Haben Sie Erfahrung darin, die Arbeit von Mitarbeiter/innen zu organisieren?
- Sind Sie fähig, Prioritäten zu setzen und das Wesentliche im Auge zu behalten?
- Können Sie Aufgaben delegieren?
- Sind Sie bereits einmal mit beruflichen Krisen konfrontiert worden?
- Sind Sie überzeugend und selbstbewusst?
- Ist Ihr Partner mit Ihrem Vorhaben einverstanden, und kann er Sie unterstützen?
- Sind Sie kontaktfreudig?
- Können Sie damit leben, kein regelmäßiges und stabiles Einkommen zu erzielen?
- Können Sie in den Anfangsjahren auf Freizeit und Familienleben verzichten?
- Sind Sie bereit, 50 bis 60 Stunden pro Woche zu arbeiten?

Der folgende Fragebogen der IHK Frankfurt/Main hilft Ihnen möglicherweise, sich selbst einzuschätzen:[60]

Fragestellung/Bewertung	ausgeprägt vorhanden	durchschnittlich vorhanden	kaum vorhanden
Persönliche Voraussetzungen			
physische Belastbarkeit			
psychische Belastbarkeit			
Kontaktfreude			
Lernwille			
Mobilität			
guter Leumund			
Kreativität			
Entschlusskraft			
Gründungswille			
Motivation			
analytische Fähigkeiten			
„gewinnendes" Auftreten			
Fachliche Voraussetzungen			
Fachkenntnisse			
Branchenkenntnisse			
kaufmännische Kenntnisse			
Gründungswissen			
Verkaufsgeschick			
Führungserfahrung			
Organisationstalent			
Unternehmerische Voraussetzungen			
Überzeugungskraft			
Durchsetzungskraft			
Flexibilität			
Initiative			
Entscheidungswille			
Einsatzbereitschaft			
Führungseigenschaften			
zeitliche Einsatzbereitschaft			
Sonstige Voraussetzungen			
familiäre Unterstützung			
Unterstützung aus dem Umfeld			
solide Vermögenssituation			
Sicherheiten			
persönliche/familiäre Absicherung			
Startkapital			

Tabelle 4: Fragebogen zur Selbsteinschätzung

Emge hat die wesentlichen Persönlichkeitsfaktoren, die für einen Existenzgründer notwendig sind, wie folgt zusammengefasst:[61]

- Seien Sie **psychisch stabil**! Sie benötigen ein gutes Selbstwertgefühl, weil Probleme oder Niederschläge bei selbständiger Tätigkeit jederzeit möglich sind.
- Seien Sie **ausdauernd**, denn schnelle Unternehmenserfolge sind selten.
- Haben Sie **Spaß an der Sache**, also an der Unternehmensgründung und an der Arbeit in der Branche, der die Existenzgründung zuzuordnen ist.
- Seien Sie **konfliktfähig**, denn Konflikte lassen sich im Geschäftsleben nicht dauerhaft vermeiden.
- Seien Sie **entscheidungsfähig**, denn Sie sind für Ihr Unternehmen verantwortlich und müssen Entscheidungen treffen.
- Beweisen Sie Ihre **Durchsetzungskraft**, denn Sie müssen Ihre Mitarbeiter und Ihre Kunden überzeugen.
- Seien Sie zeitlich **flexibel**, denn Arbeitszeit und Freizeit vermischen sich für viele Selbständige.

16. Haben Sie die fachliche und branchenspezifische Eignung für eine selbständige Tätigkeit?

Wer ein Unternehmen gründen möchte, muss auch die fachliche und **branchenspezifische Eignung** mitbringen. Einerseits gibt es teilweise branchen- oder berufsgruppenbezogene **rechtliche Vorschriften**, die einzuhalten sind, andererseits geht es schlichtweg um das Wissen, das ein Unternehmensgründer mitbringen muss, um am Markt erfolgreich bestehen zu können. Niemand sollte nur deshalb einen Handel mit Tablet-Computern eröffnen wollen, weil in diesem Sektor vielleicht große Chancen bestehen. Kenntnisse in diesem Wirtschaftsbereich sind natürlich unabdingbar. Als Unternehmensgründer müssen Sie folgende Aspekte berücksichtigen:

- Passt Ihre Berufsausbildung (praktische Erfahrung) zur angestrebten Branche?
- In welchem Umfang konnten Sie bisher Vertriebserfahrungen in dieser Branche sammeln?
- Haben Sie ausreichende Branchenerfahrung gesammelt?
- Erfüllen Sie die gesetzlichen Voraussetzungen für Ihren angestrebten Beruf?

Für bestimmte Branchen und Berufe gelten abweichend vom Grundsatz der **Berufs-** bzw. **Gewerbefreiheit** besondere Regelungen bezüglich der Ausübung bestimmter selbstständiger Tätigkeiten:

Ein **Handwerksbetrieb** darf nur gegründet werden, wenn die Voraussetzungen für die Eintragung in die Handwerksrolle vorliegen. „Die Handwerksordnung (HwO) enthält 41 zulassungspflichtige Handwerke (Anlage A). Das sind diejenigen Berufe, für deren Ausübung der Meisterbrief notwendig ist. Aber auch hier gibt es (außer für Schornsteinfeger, Augenoptiker, Hörgeräteakustiker, Orthopädietechniker, Orthopädieschuhmacher, Zahntechniker) Ausnahmen."[62] Auskunft und nähere

Informationen hierzu erhält man bei der Handwerkskammer. Darüber hinaus erhalten Sie eine vollständige Auflistung aller zulassungsfreien Handwerksgewerbe und aller handwerksähnlichen Gewerbe im Buch Freiberufler Atlas von Massow.[63] Nachfolgend finden Sie ein paar Beispiele für Berufe mit speziellen Voraussetzungen:

- Um sich als **Makler** selbstständig zu machen, muss der Betreffende zuverlässig sein und in "geordneten" Verhältnissen leben.
- Auch der **Handel mit Arzneimitteln oder Waffen** unterliegt speziellen Vorschriften.
- Wer ein **Lebensmittelgeschäft** oder einen Supermarkt eröffnen will, benötigt unter bestimmten Voraussetzungen (beim Verkauf gefahrbehafteter Lebensmittel; z.B. Fische) eine amtsärztliche Bescheinigung (Gesundheitszeugnis). Nähere Auskünfte erteilt das Gesundheitsamt.
- Gleiches gilt übrigens auch für **Gastwirte**. Als Gastronom muss man ein Gesundheitszeugnis und einen Nachweis über die Teilnahme an einem *Unterrichtungsverfahren bei der IHK* nachweisen.
- Für manche Berufsgruppen - **Architekten**, **Anwälte**, **Ärzte**, **Notare** und **Steuerberater** - existieren *Standesorganisationen*, die strenge Regeln besitzen. Wer sich in diesen Berufsfeldern selbstständig machen will, muss Mitglied dieser Standesorganisation werden und bestimmte Voraussetzungen erfüllen.

Schön, Mitbegründerin der freenet AG, fasst die notwendigen Eigenschaften eines Unternehmens in der Formel „UMSATZ UND ERFOLG" zusammen:[64]

U: Unternehmergeist (Sind Sie risikobereit, kreativ, innovativ?)
M: Motivation (Können Sie sich selbst motivieren oder brauchen Sie Anstoß von außen?)
S: Seriosität (Sind Sie authentisch? Können Sie ein angemessenes Preis-Leistungs-Verhältnis bieten?)
A: Aktivität (Können Sie selbst aktiv Kunden ansprechen?)
T: Terminplanung (Können Sie sich selbst Termine setzen und einhalten?)
Z: Zielorientierung (Können Sie sich Ziele setzen und geradlinig verfolgen?)
U: Überzeugungskraft (Können Sie andere von Ihren Ideen überzeugen?)
N: Netzwerken (Sind Sie mit anderen Menschen vernetzt? Nutzen Sie soziale Medien?)
D: Durchhaltevermögen (Können Sie sich Zwischenziele setzen? Haben Sie Ausdauer?)
E: Ergebnisorientierung (Unternehmerische Tätigkeit ist immer an Ergebnissen ausgerichtet.)
R: Realitätsbewusstsein (Haben Sie ein Gefühl für die eigenen Fähigkeiten und Möglichkeiten?)
F: Finanzkraft (Schätzen Sie Ihre Rücklagen und Ihren Finanzbedarf richtig ein?)
O: Originalität (Haben Sie ein Alleinstellungsmerkmal?)
L: Leidenschaft (Begeistern Sie sich für Ihre Idee?)
G: Geschäftstüchtigkeit (Haben Sie Ihre Geschäftsidee hinterfragt?)

Wie bei anderen Checklisten auch, ist es wünschenswert, möglichst viele der Charakteristika positiv beantworten zu können.

17. Besitzen Sie die Qualifikationen zur Existenzgründung?

Wer sich selbstständig machen will, sollte sich vorab einmal überlegen, ob die **kaufmännisch – unternehmerische** Qualifikation vorhanden ist, um ein Unternehmen wirtschaftlich erfolgreich führen zu können.

Gute Branchenkenntnisse alleine sind heute meist nicht mehr ausreichend, um im harten Wettbewerb bestehen zu können. Einzelne Wissenslücken sollten aber nicht hinderlich sein, denn es stehen ausreichend **Qualifizierungsmaßnahmen** zur Verfügung, mit deren Hilfe Lücken geschlossen werden können.

Beantworten Sie die folgenden Fragen wahrheitsgemäß. Dadurch können Sie auf einfache Art und Weise sehen, wo bei Ihnen noch Qualifizierungsbedarf besteht.[65]

- Sind Sie in der Lage, Verkaufsgespräche mit Kunden, Banken, Lieferanten zu führen?
- Verfügen Sie über adäquate Kenntnisse im Einkauf?
- Verfügen Sie über ausreichende Kenntnisse in der Buchhaltung?
- Verfügen Sie über passende Kenntnisse in der Kostenrechnung und dem Controlling?
- Verfügen Sie über ausreichende Kenntnisse im Mahnwesen?
- Verfügen Sie über Kenntnisse im Umgang mit Informations- und Kommunikationstechnik?
- Sind Sie bereit, Führungsaufgaben zu übernehmen?
- Verfügen Sie über finanzielle Reserven?

18. Können Sie Ihre persönliche Eignung zur selbständigen Tätigkeit einschätzen?

Wenn Sie weitere Informationen dazu benötigen, wie Sie sich selbst überprüfen können, ob Sie zur Existenzgründung und damit zur selbständigen Arbeit geeignet sind, können Sie einigen der nachstehenden Links folgen:

- http://westensee.org/download/wirtschaft/selbpdf.pdf:

„Egal, ob Sie gerade arbeitslos sind, eine feste Anstellung aufgeben oder von der Meisterschule oder Universität kommen – als Gründer sollten Sie sich einem individuellen Unternehmer-TÜV unterziehen und ihn bestehen. Dazu können Sie entsprechende Gründerseminare besuchen oder einfach spezielle Fragebogen bewusst durch arbeiten, wie zum Beispiel den unten folgenden Test „Sind Sie ein Unternehmer-Typ?". Dadurch wächst Ihr Grad an Sicherheit, dass der Weg in die Selbstständigkeit für Sie der richtige ist. Ob Sie nun zum Unternehmer geeignet sind oder nicht, können Sie mit dem folgenden Selbsttest überprüfen."[66]

- http://www.franchiseportal.de/checklisten/selbst-check.pdf :

„Mit dem Selbst-Check können Sie hinterfragen, ob Sie für eine Existenzgründung mittels Franchising geeignet sind. Wichtig ist dabei eine realistische, ehrliche (Selbst-)Einschätzung. Denn an Selbstständige werden oft Anforderungen gestellt, die über das gewohnte Maß hinausgehen."[67]

- https://content.jobagent.ch/Karriere/unternehmereignung_checkliste.pdf

„Unternehmer Typen müssen sich ganz bestimmten Herausforderungen stellen. Oft sind die entscheidenden Erfolgsfaktoren wissenschaftlich untersucht worden. Dabei sind ganz bestimmte Eigenschaften, spezifische Fähigkeiten und auch die "passenden" Rahmenbedingungen als erfolgsrelevant ermittelt worden. Anhand der folgenden Checkliste können sie einige dieser Punkte an sich selbst überprüfen."[68]

- http://www.coburg.de/Subportale/Existenzgruenderportal/Vorbereitung/Eignung.aspx

„Haben Sie als Existenzgründer die typische Eignung? Es gibt einige typische Gründe dafür, sich eine eigene Existenz aufbauen zu wollen: Sie möchten gerne Ihre eigene Chefin bzw. Ihr eigener Chef sein. Sie möchten endlich Ihre eigene Geschäftsidee verwirklichen. Sie hoffen auf besondere Verdienstmöglichkeiten und höheres Ansehen. Sie möchten eine drohende Arbeitslosigkeit vermeiden und selbst die Initiative ergreifen. Trotzdem sollten Sie genau überlegen, ob Sie Unternehmerin bzw. Unternehmer werden möchten und ob Sie dieser Aufgabe persönlich und fachlich gewachsen sind. Erfüllen Sie diese Voraussetzungen nur zum Teil, wird Ihre Gründung leicht zum Risiko für Sie - vor allem finanziell."[69]

- http://www.existenzgruender.de/imperia/md/content/pdf/publikationen/uebersichten/vorbereitung_beratung/07_check.pdf

„Der Weg in die berufliche Selbständigkeit ist kein Sonntagsspaziergang, sondern eher eine anstrengende Bergwanderung, bei der es auf die richtige Ausstattung ankommt: die persönlichen Voraussetzungen müssen stimmen und auch Ihre Familie sollte Ihnen den Rücken freihalten. Ganz wichtig sind natürlich Ihr fachliches und unternehmerisches Know-how."[70]

Hofert benennt folgende Charakteristika als Einmaleins der Erfolgsfaktoren, die Sie als Existenzgründer mitbringen sollten:[71]

- Branchenkenntnis,
- Berufserfahrung,
- Geschäftsidee,
- Zahlen-Blick,
- familiäre Unterstützung,
- finanzielle Mittel,
- Persönlichkeit.

19. An welche Form der Selbständigkeit haben Sie gedacht?

- Einerseits kann man ein Unternehmen **neu gründen**.
- Man kann sich aber auch an einem bestehenden Betrieb **beteiligen** oder
- als **Lizenz – Unternehmer** ("Franchising") eines anderen Unternehmens arbeiten.
- Letztendlich kann man auch einen bestehenden Betrieb **übernehmen.**
- Das neue Umwandlungsgesetz erleichtert außerdem die Unternehmensgründung durch **Abspaltung zuvor unselbstständiger Betriebsbereiche**.

Als **Existenzneugründer**

- bauen Sie Ihr Unternehmen vollständig neu auf,
- prägen Sie den Firmenstil und die Firmenkultur,
- passt sich der Finanzierungsbedarf in erster Linie am Aufbau des Unternehmens an,
- müssen Sie neue Kunden und Marktanteile gewinnen,
- können Sie Ihr Personal nach eigenen Vorstellungen zusammenstellen,
- können Sie zuverlässige Lieferanten selbst auswählen,
- müssen Sie mit schwierig prognostizierbaren und stark schwankenden Umsätzen leben.[72]

Gewerbeneugründungen nach Wirtschaftszweigen in Deutschland

Besonders viele Neugründungen gibt es in Deutschland im Wirtschaftszweig Handel, Instandhaltung und Reparatur von KFZ und Gebrauchsgütern sowie im Wirtschaftszweig Grundstücks- und Wohnungswesen, Vermietung beweglicher Sachen, Erbringung von Dienstleistungen überwiegend für Unternehmen. Besonders wenige Neugründungen gibt es in der Land- und Forstwirtschaft.

Eine **Unternehmensübernahme** kann folgende *Vorteile bzw. Chancen* mit sich bringen:[73]

- Sie übernehmen ein eingeführtes Unternehmen mit konkretem Kundenstamm.
- Sie erwerben in der Regel eine zweckmäßige Betriebsstätte inklusive deren Einrichtung.
- Sie verfügen direkt über eingearbeitetes Personal.
- Sie können die Ertragsstärke des Unternehmens prognostizieren

Dem stehen aber auch folgende *Nachteile bzw. Risiken* gegenüber:[74]

- Es kann sein, dass die Kunden Sie als neuen Besitzer nicht akzeptieren.
- Sie haften für die Verbindlichkeiten des übernommenen Unternehmens.
- Sie müssen die bestehenden Arbeits- und Angestelltenverhältnisse akzeptieren.
- Das Personal muss Sie nicht zwingend als neuen Besitzer/Chef akzeptieren.
- Bestehende Kunden- oder Lieferantenkontakte gehen möglicherweise verloren.
- Sie müssen den Kundenstamm und den Namen des Unternehmens mit bezahlen.
- Sie müssen überprüfen, ob die technische Ausstattung nicht veraltet ist.

Prüfen Sie deshalb vor einem Kauf die Möglichkeit, den Betrieb zunächst einmal für einen befristeten Zeitraum **zu pachten**. Sie haben dann zunächst eine vergleichsweise geringere finanzielle Belastung und können die Chancen und Risiken besser abwägen.

Betriebsübernahmen gestalten sich häufig eher schwierig, was sich an einer überdurchschnittlich hohen Zahl an Insolvenzen zeigt. Als Insolvenzrisiken haben sich herausgestellt:

- **Bewertungsfehler** (Der Wert des Unternehmens wurde falsch eingeschätzt und damit ein zu hoher Preis gezahlt.)

- **Selbstüberschätzung** (Die angehenden Unternehmer unterschätzen die anstehenden Aufgaben wie bspw. die Führung der Mitarbeiter, die Organisation und Leitung eines größeren Betriebs.)
- **Zu kurze Planungshorizonte** (Neuunternehmer schätzen die Vielschichtigkeit der Abwicklung der Übergabe häufig falsch ein. Planungshorizonte von 3 bis 5 Jahren sind jedoch meistens erforderlich.)
- **Probleme mit dem Vorgänger** (Die Bandbreite reicht von der Vernachlässigung des Unternehmens vor der Übergabe bis hin zum Nicht – Loslassen – Können des Altunternehmers.)

Auf jeden Fall sollten Sie bei einer Betriebsübernahme die folgenden Fragen klären:[75]

- Wissen Sie, warum der Unternehmer einen Nachfolger sucht?
- Wissen Sie, wie lange der Unternehmer schon einen Nachfolger sucht?
- Kennen Sie die Handelsregistereintragung des Unternehmens?
- Haben Sie den Ruf des Unternehmens überprüft?
- Kennen Sie die Kunden (und deren Anzahl) des Unternehmens?
- Gibt es A-Kunden, von denen das Unternehmen abhängig ist?
- Gibt es neue Konkurrenten, welche die Marktaussichten verschlechtern?
- Wissen Sie, wie der Standort langfristig gesichert werden kann?
- Haben Sie den Unternehmenswert angemessen kalkuliert?
- Kennen Sie die Verbindlichkeiten des Vorgängers, für die Sie haften?
- Sind Sie in der Lage, Haftungsrisiken ausschließen?

Schließlich gibt es als weitere Form der Existenzgründung auch noch den **Erwerb einer tätigen Beteiligung** an einem Unternehmen. Dies ist quasi die Vorstufe zur Übernahme des Betriebes. Als Mitinhaber haben Sie in diesem Fall die Möglichkeit, den Betrieb, die jeweiligen Mitarbeiter und das Umfeld kennen zu lernen und Erfahrungen zu sammeln. Das erhöht auch Ihre Akzeptanz bei einer späteren Übernahme. Im Wesentlichen gelten hier die gleichen Empfehlungen wie beim Erwerb eines Unternehmens.

20. Kennen Sie die Abgrenzung von Freiberuflern und Gewerbetreibenden?

Der erste Schritt zum Unternehmerdasein ist die Anmeldung bei der Gewerbemeldestelle des Ordnungsamtes. Hierzu ist jeder Gewerbetreibende gemäß der Gewerbeordnung verpflichtet, allerdings definiert die Gewerbeordnung nicht, was überhaupt ein Gewerbe ist. Nach dem Einkommensteuergesetz handelt es sich beim Gewerbe um eine selbständige nachhaltige Betätigung mit Gewinnerzielungsabsicht und gleichzeitiger Beteiligung am allgemeinen wirtschaftlichen Verkehr, wenn die Beteiligung weder der Land- und Forstwirtschaft zuzuschreiben, noch als Ausübung eines **freien Berufes** oder als eine andere selbständige Arbeit im Sinne des Einkommensteuerrechts zu sehen ist. Janson nennt folgende Kriterien, aus denen sich eine gewerbliche Tätigkeit ableiten lässt:[76]

- Ihre Tätigkeit ist auf **Gewinnerzielung** ausgerichtet (wobei es nicht darauf ankommt, dass Ihnen das auch tatsächlich gelingt).

- Ihre Tätigkeit ist **planmäßig, regelmäßig und dauerhaft**.
- Sie führen Ihre Tätigkeit in **eigenem Namen** und auf **eigene Rechnung** selbständig aus.
- Ihre Tätigkeit ist **nicht sozial unwert** (wozu bspw. die Hellseherei zählt).

Bei der Gewerbeanmeldung sind Angaben zum Betrieb hinsichtlich **Beginn und Art der Tätigkeit** zu machen. Sie benötigen zur Gewerbeanmeldung einen Personalausweis bzw. Pass mit einer aktuellen Meldebestätigung und das Gewerbemeldeformular. Kaufleute benötigen darüber hinaus einen Handelsregisterauszug, Kapitalgesellschaften eine Kopie des Gesellschaftsvertrags, Handwerksbetriebe benötigen die Handwerkskarte (Eintragung in die Handwerksrolle) und nicht-deutsche Gewerbetreibende benötigen die erforderliche Aufenthaltsgenehmigung.[77] Die zuständige Behörde informiert dann verschiedene andere Behörden und Organisationen, z.B. das Finanzamt, die zuständige Berufsgenossenschaft, ggf. Industrie- und Handelskammer oder Handwerkskammer und das Statistische Landesamt. Bei selbständig Tätigen sowie Land- und Forstwirten genügt eine Mitteilung ans Finanzamt bzgl. der Aufnahme Ihrer Tätigkeit.

Die Gruppe der selbständig Tätigen besteht vor allem aus den **Freiberuflern**. Als Freiberufler gilt, wer selbständig wissenschaftlich, künstlerisch, schriftstellerisch, unterrichtend oder erzieherisch tätig ist bzw. einem der Katalogberufe angehört. Zu den sogenannten Katalogberufen zählen z.B. Ärzte, Architekten, Steuerberater, Journalisten, Rechtsanwälte oder Notare.[78] Janson weist darauf hin, dass es viele Tätigkeiten gibt, bei denen es umstritten ist, ob es sich um eine gewerbliche oder um eine freiberufliche Tätigkeit handelt. In diesen Fällen sind sogar die einzelnen Finanzämter nicht einer Meinung.[79] Eine umfassende Darstellung des breiten Spektrums freier Berufe finden Sie bei Massow.[80]

Wenn Sie nicht sicher sind, ob Ihre Tätigkeit freiberuflicher oder gewerblicher Natur ist, fragen Sie einen Steuerberater. Erste Anhaltspunkte kann aber auch die umfangreiche Liste im Buch Freiberufler Atlas von Massow bieten.[81]

21. Sind Sie Freiberufler?

Nach Aussage des Bundesministeriums für Wirtschaft und Energie[82] ist das wichtigste Kennzeichen für einen Freiberufler die enge Verknüpfung zwischen persönlicher Ausbildung und beruflicher Selbständigkeit, wie sie im Partnerschaftsgesellschaftsgesetz geregelt ist: „Die Freien Berufe haben im allgemeinen auf der Grundlage besonderer beruflicher Qualifikation oder schöpferischer Begabung die persönliche, eigenverantwortliche, und fachlich unabhängige Erbringung von Dienstleistungen höherer Art im Interesse der Auftraggeber und der Allgemeinheit zum Inhalt." (§1 (2) PartGG)

Tatsächlich unterscheidet man bei den Freiberuflern verschiedene Kategorien:

Bei den sogenannten **Katalogberufen** handelt es sich um Freie Berufe, die jeweils im Einkommensteuergesetz aufgezählt sind:

- Heilberufe (Ärzte, Zahnärzte, Tierärzte, Heilpraktiker, Dentisten, Krankengymnasten (Physiotherapeuten)
- Rechts-, steuer- und wirtschaftsberatende Berufe (Rechtsanwälte, Patentanwälte, Notare, Wirtschaftsprüfer, Steuerberater, Steuerbevollmächtigte, beratende Volks- und Betriebswirte, vereidigte Buchprüfer und Bücherrevisoren)
- Naturwissenschaftliche/technische Berufe (Vermessungsingenieure, Ingenieure, Handelschemiker, Architekten, Lotsen)
- Sprach- und informationsvermittelnde Berufe (Journalisten, Bildberichterstatter, Dolmetscher, Übersetzer)

Im **Partnerschaftsgesellschaftsgesetz** (PartGG) werden darüber hinaus explizit folgende Berufe genannt: Diplom-Psychologe, Heilmasseur, Hebamme, hauptberuflicher Sachverständiger

Zu den Freien Berufen werden auch die Berufe gezählt, die den Katalogberufen **ähnlich** sind.

Schließlich gibt es unter den Freiberuflern auch noch die sogenannten **Tätigkeitsberufe**, zu denen selbständig ausgeübte wissenschaftliche, künstlerische, schriftstellerische, unterrichtende oder erzieherische Tätigkeiten gehören.

Letztlich ist eine abschließende Zuordnung zu den Freien Berufen nur über eine Einzelfallprüfung des Finanzamtes gesichert möglich. Das Bundesministerium für Wirtschaft und Energie bietet auf seiner Website eine Checkliste an, mit der Sie überprüfen können, ob Sie ein selbständiger Freiberufler sind.

22. Sind Sie Kleingewerbetreibender?

In Deutschland gibt es die **Kleinunternehmerregelung** bei der Umsatzsteuer.[83] Alle Unternehmen, die im laufenden Geschäftsjahr voraussichtlich weniger als 50.000 Euro Umsatz erwirtschaften und im Vorjahr weniger als 17.500 Euro Umsatz erzielt haben, können von dieser Regelung Gebrauch machen. Als Existenzgründer starten Sie natürlich erst einmal mit dem Jahr 1 und im Sinne dieser Regel dann mit einem erwarteten Umsatz kleiner als 17.500 Euro. In diesem Fall sind Sie **nicht umsatzsteuerpflichtig**, d.h. Sie dürfen keine Umsatzsteuer in Rechnung stellen und müssen demnach auch keine Umsatzsteuererklärung abgeben. Allerdings dürfen Sie dann auch keine Vorsteuer beim Einkauf von Waren und Dienstleistungen abziehen. Wenn Sie viele Privatkunden haben, kann die Kleinunternehmerregelung vorteilhaft sein, weil Sie dann geringere Beträge in Rechnung stellen können, für die meisten Unternehmen ist dagegen die Umsatzsteuer ein durchlaufender Posten und deshalb nicht von Bedeutung. Wenn Sie von der Kleinunternehmerregelung Gebrauch machen, müssen Sie auf Ihrer Rechnung darauf hinweisen, dass Sie Kleinunternehmer im Sinne von § 19 EStG sind. Ihr Kunde weiß dann, dass es sich bei Ihrem um ein kleines Unternehmen handelt.

Darüber hinaus gibt es auch noch eine Kleinunternehmerregelung nach dem Handelsrecht. Danach gelten Sie als Kleingewerbetreibender, wenn Ihr Jahresumsatz kleiner als 500.000 Euro und Ihr Gewinn unter 50.000 Euro liegt und Sie keinen kaufmännisch geführten Geschäftsbetrieb benötigen. Das Handelsrecht erfordert dann keine aufwendige Buchhaltung, dafür müssen Sie unter Verwendung Ihre Vor- und Zunamens firmieren.[84]

23. Kennen Sie das Konzept des Franchising?

Franchising ist ein System, bei dem ein Franchise-Geber ein Geschäftskonzept entwickelt, das alle wesentlichen Punkte von den Produkten über die Werbung, von Ladengestaltung, Vertriebssystem bis hin zur Schulung der Mitarbeiter umfasst. Der Franchise-Nehmer kann das Geschäftskonzept erwerben und an seinem Standort umsetzen. Er arbeitet auf eigenen Namen und auf eigene Rechnung und somit als selbstständiger Unternehmer. Derzeit gibt es rund 900 Franchise-Systeme in Deutschland.[85] Die größten Franchise-Systeme sind (nach der Anzahl der Betriebe): neuform-Reformhaus, vodafone, Pegastar-Personalisierte Kinderbücher, Mc Donald's, Studienkreis. Studienhilfe, Kampa Bäckerein, Ballancer, Foto Quelle und Burger King. Auch das Unternehmen die Insolvenzhilfe gehört noch zu den Top 20.[86]

Die Unterstützung durch den Franchise-Geber umfasst häufig folgende Leistungen:

- Hilfe bei der Standortsuche,
- Bereitstellung von Markt- und Wettbewerbsanalysen,
- Angebot von Weiterbildungsmaßnahmen,
- Durchführung einer Finanzierungsberatung,
- Unterstützung in Fragen zur Informations- und Kommunikationstechnik,
- Hilfestellung zu Fragen der Logistik oder des Controlling,
- Angebot einer zentralen Buchführung und Bilanzierung,
- Angebot eines zentralen Einkaufs,
- Durchführung zentraler Werbemaßnahmen.

Wenn Sie sich entschieden haben, speziell ein **Franchise-Unternehmen** zu gründen, sollten Sie unbedingt die folgenden Aspekte beachten:[87]

- Haben Sie unmittelbare Konkurrenz vor Ort?
- Wodurch heben sich die Produkte des Franchise-Unternehmens von anderen Produkten ab?
- Bieten Sie saisonabhängige Produkte oder Dienstleistungen an?
- Wie schätzen potentielle Kunden das Franchise-Angebot ein?
- Ist der Markenname des Unternehmens geschützt?
- Sind Patente und Warenzeichen gewährt worden?
- Erscheint Ihnen der geplante Preis für die angebotenen Produkte am Standort erreichbar?
- Wie lange gibt es den Franchise-Geber bereits am Markt?
- Wie erfolgreich arbeitet das Management des Franchise-Gebers?

- Können Sie die Kapitalsituation des Franchise-Gebers beschreiben?
- Wie viele Franchise-Nehmer gibt es, und wie lange sind diese am Markt?
- Überprüft der Franchise-Geber, ob Sie als Franchise-Nehmer geeignet sind?
- Hat der Franchise-Geber eine Mitgliedschaft in Deutschen Franchise Verband?
- Macht der Franchise-Geber Ihnen Vorgaben zur Preisgestaltung (Das ist nicht zulässig!)?
- Müssen Sie zwingend alle Betriebsmittel und Waren beim Franchise-Geber einkaufen? (Vorsicht: In diesem Fall besteht die Gefahr der Scheinselbstständigkeit. Sie sollten auf jeden Fall auch andere Waren vertreiben dürfen.)
- Erscheinen Ihnen die Produkte, die Partner und das gesamte Franchise-Paket passend?
- Werden Sie in ausreichendem Umfang geschult und auf die Gründung vorbereitet?
- Übergibt Ihnen der Franchise-Geber ein Handbuch zur Betriebsführung?
- Gewährt der Franchise-Geber Ihnen Hilfestellung bei Schwierigkeiten?
- Unterstützt der Franchise-Geber sie in den Bereichen Einkauf oder Werbung?
- Gibt es eine Kalkulation bezüglich Ihrer Verdienstmöglichkeiten?
- Können Sie die Höhe Ihres Kapitalbedarfs angeben?
- Können Sie die Gesamthöhe Ihrer Kosten benennen?
- Erscheinen Ihnen die Einstiegsgebühr und die laufenden Gebühren als angemessen?
- Wissen Sie, wie Sie Ihre Liquidität in den nächsten (drei) Jahren sicherstellen können?
- Bietet der Franchise-Geber Unterstützung bei der Erstellung eines Liquiditätsplans an?
- Bietet der Franchise-Geber Unterstützung bei der Erstellung der Rentabilitätsvorschau an?
- Legt der Franchise-Geber Ihnen eine Bestätigung der KfW Bankengruppe vor, dass grundsätzlich eine Förderung von Franchise-Nehmern dieses Franchise-Systems möglich ist?
- Können Sie ein partnerschaftliches Verhältnis des Franchise-Gebers zu einem Kreditinstitut nutzen?
- Wie lange gibt Ihnen der Franchise-Geber Zeit, den Vertrag zu prüfen?
- Gewährt der Franchise-Geber Ihnen Gebietsschutz?
- Wie lange läuft der Vertrag (in der Regel zunächst 10 Jahre)?
- Welche Möglichkeiten zur Vertragsverlängerung gibt es?
- Ist die Höhe von Vertragsstrafen bei Verstößen gegen den Vertrag festgelegt?
- Können Sie Ihr Unternehmen während der Vertragslaufzeit verkaufen?
- Gibt es eine Konkurrenzklausel im Franchise-Vertrag?

Franchising bietet Ihnen vielfach die Möglichkeit, einen eingeführten Namen zu nutzen und bereits am Markt etablierte Produkte und Dienstleistungen zu vertreiben. Das reduziert das Risiko. Dennoch müssen Sie auch als Franchise-Nehmer Ihr Unternehmen selbstständig führen können.

Franchising ist nicht geeignet für Gründer mit finanziellen Engpässen. Etwa 30% aller Franchise-Geber verlangen **Einstiegsgebühren** bis 5.000 Euro, 50% aller verlangen Gebühren zwischen 5.000 Euro und 15.000 Euro zum Einstieg, der Rest noch mehr. Hinzu kommen meist (in 85% aller Fälle) **monatliche Gebühren**. Diese werden entweder pauschal zwischen 50 Euro und 2.500 Euro pro Monat angesetzt (15% aller

Fälle) oder hängen vom Umsatz ab. Die Provisionen, die sich dann meist auf den Nettoumsatz beziehen, betragen in etwa 25% aller Fälle bis zu 3%, in weiteren 25% der Fälle etwa 4% oder 5% des Umsatzes, in den verbleibenden 20% der Fälle liegen sie noch darüber. Außerdem verlangt etwas mehr als die Hälfte aller Franchise-Geber eine monatliche **Werbegebühr**, ebenfalls als Pauschale bzw. auf den (meist Netto-)Umsatz bezogen, die jedoch durchschnittlich deutlich geringer angesetzt ist als die übliche monatliche Gebühr.

Nach einer Umfrage des Bundesverbands der Deutschen Volksbanken sehen Gründer Probleme bei der Existenzgründung in:

- Finanzierungsfragen (49%),
- Balance zwischen Berufs- und Privatleben (43%),
- Steuerliche Bestimmungen (33%),
- Bürokratischer Aufwand (31%),
- Informationsbeschaffung (23%),
- Versicherungsfragen (23%),
- Betriebsaufbau, -organisation (21%),
- Wahl der Rechtsform, Firmierung (21%).

Der Einstieg in die Gründungsplanung

Wie läuft eine Gründungsplanung eigentlich ab? Gibt es einen festen Ablauf einer Unternehmensgründung? Was ist ein Business Plan, und wie hängt dieser mit der Gründung zusammen? In diesem Abschnitt sollen Ihnen die Fragen gestellt und beantwortet werden, die Ihnen dabei helfen werden, Ihre Unternehmensplanung vollständig durchzuführen.

24. Gibt es einen roten Faden zur Gründungsplanung?

Einen „roten Faden" für die Gründungsplanung bietet das Bundesministerium für Wirtschaft und Energie auf seiner Website wie folgt an:[88]

Schritt 1: Die Entscheidungsphase

Beantworten Sie die folgenden Fragen als Hinweis darauf, ob Sie ein Unternehmertyp sind:

- Sind Sie davon überzeugt, dass die selbständige Tätigkeit der richtige Weg für Sie ist?
- Sind Sie fachlich ausreichend qualifiziert?
- Verfügen Sie über Erfahrungen in der Branche?
- Besitzen Sie ausreichend kaufmännisches Wissen?
- Werden Sie von Ihrer Familie unterstützt?
- Glauben Sie, dass Sie die Belastungen durchstehen können?

Es wird allgemein empfohlen, dass Sie sich beraten lassen sollten und dass Sie Ihre Schwächen ausgleichen sollten. So können Sie ein Gründungsseminar besuchen und/oder sich von einem Berater der zuständigen Kammer oder des jeweiligen Verbandes, von einem selbständigen Unternehmensberater oder von anderen kompetenten Fachleuten helfen lassen. Natürlich sollten Sie Ihren Beratungsbedarf kennen. Informieren Sie sich in diesem Zusammenhang auch über die Beratungsförderung des Bundes.

Schritt 2: Die Planungsphase

Die Planungsphase beginnt mit der Ausarbeitung Ihrer Geschäftsidee. Sie sollten wissen, mit welchem Angebot Sie am Marktgeschehen teilnehmen wollen. Auch sollten Sie Ihre potentiellen Kunden und deren Bedürfnisse und Neigungen sowie deren Kaufverhalten kennen. Darüber hinaus sollten Sie die Konkurrenzsituation beurteilen können. In diesem Kontext spielt auch Ihre Standortplanung eine Rolle.

Ihre Planung wird ergänzt um den schriftlichen Businessplan, den Sie verfassen müssen. In diesem erklären Sie Ihre Geschäftsidee bzw. Ihr Vorhaben. Sie stellen die Gründerperson/-en dar und beschreiben Ihr Produkt bzw. Ihre Dienstleistung. Darüber hinaus müssen Sie im Business Plan Ihre Kunden, Ihre Konkurrenten und Ihren Geschäftsstandort erläutern. Sie sollten auch Aussagen dazu treffen, welche Lieferanten Sie nutzen wollen. Ein weiterer Teil des Business Plans besteht darin, dass Sie Ihre Personalplanung vorstellen. Machen Sie sich auch Gedanken darüber, zu welchem Preis Sie Ihr Produkt bzw. Ihre Dienstleistung verkaufen wollen, wer Ihre Vertriebspartner sein sollen und welche Kommunikations- und Werbemaßnahmen Sie nutzen können. Des Weiteren gehören in den Business Plan Aussagen zur gewählten Rechtsform und zu den Chancen und Risiken Ihres Unternehmens. Im Zahlenteil müssen Sie darstellen, wie hoch Ihr Kapitalbedarf ist und wie Sie diesen decken wollen, wobei Sie auch an Ihre persönliche Absicherung und an die Ihrer Familie denken sollten.

Schritt 3: Die Erstellung des Finanzplans

Jetzt besteht Ihre Aufgabe darin, das erforderliche Startkapital zu planen, das Sie für die Gründung und die Startphase benötigen. Dazu sollten Sie eine Aufstellung aller kurz- und längerfristig relevanten Kostenpositionen machen. Dabei dürfen Sie Ihren eigenen Verdienst nicht vergessen. Im Finanzplan müssen Sie auch alle Finanzquellen beschreiben. Dazu gehören sowohl die Eigenkapitalplanung (Ihr eigenes Geld), als auch die Fremdkapitalplanung (Wer kann Ihnen Geld leihen?). Informieren Sie sich in diesem Zusammenhang über verschiedene Angebote der Banken und Kreditinstitute sowie über die Förderprogramme des Bundes, der Bundesländer und auch der Europäischen Union.

Schritt 4: Die Umsetzungsphase Ihres Unternehmens

Jetzt müssen Sie alle notwendigen Formalitäten erledigen und dabei die Anforderungen von Behörden, Kammern, Berufsverbänden etc. beachten. Wenn Sie sich nicht sicher sind, welche Anforderungen in Ihrem Fall gelten, fragen Sie bei einer Kammer, einem Verband oder einem Gründungsberater nach. Denken Sie daran, dass Sie auch Pflichten gegenüber dem Finanzamt zu erfüllen haben. Prüfen Sie darüber hinaus Ihren

Versicherungsbedarf (für sich selbst und für Ihr Unternehmen). Auch nach Gründung des Unternehmens werden Sie wahrscheinlich weiteren Beratungsbedarf haben. Auch dafür können Sie einen Unternehmensberater engagieren und zur Finanzierung entsprechende Fördermaßnahmen nutzen.

25. Gibt es einen allgemeinen Gründungsprozess?

In der Literatur werden bezüglich eines Gründungsprozesses unterschiedliche Modelle mit drei bis fünf Phasen dargestellt. Häufig verwandt wird der bereits 1989 durch Günter Unterkofler präsentierte fünfphasige Gründungsprozess in Anlehnung an die Kurve des Unternehmenslebenszyklus: Demnach folgt auf einer Vorbereitungs- bzw. Vorgründungsphase, in der ausschließlich Kosten entstehen, eine Gründungsphase, in der erste Umsätze erwirtschaftet werden. Daran an schließen sich drei Frühentwicklungsphasen, in der zunächst die ersten Gewinne entstehen und dann eine unternehmerische Reife zu beobachten ist.

Klandt erweiterte dieses Modell durch die Wahl neuer Begrifflichkeiten für die fünf existentiellen Phasen:

1. Seed (entspricht Vorgründungsphase)
2. Start Up (entspricht Gründungsphase)
3. Early Stage (entspricht Frühentwicklungsphase I (Gewinnphase))
4. Second Stage = Wachstumsphase (entspricht Frühentwicklungsphase II (Reifephase))
5. Konsolidierungsphase (entspricht Frühentwicklungsphase III)[89]

Die einzelnen Phasen können je nach Unternehmenstyp und Branche unterschiedlich stark ausgeprägt sein. Im Mittelpunkt aktueller Beratungsliteratur stehen insbesondere die beiden ersten Phasen Vorgründungsphase und Gründungsphase.

26. Wie verläuft die Vorgründungsphase eines Unternehmens?

Die Vorgründungsphase könnte man auch als Phase der Orientierung und Planung bezeichnen. Neben der Analyse der eigenen Persönlichkeit, stehen die Findung einer Geschäftsidee, die Wahl der Unternehmensform sowie die Erstellung eines Businessplans im Vordergrund.

Die Geschäftsidee
Der Beginn einer jeden Unternehmensneugründung ist eine gute Geschäftsidee. Dabei ist zu unterscheiden, ob es sich um eine Marktneuheit oder eine bereits existierende Geschäftsidee handelt. In beiden Fällen ist eine vorherige Marktanalyse unerlässlich. Es muss in jedem Fall analysiert werden, ob überhaupt einen Bedarf auf dem Markt besteht, ob gegebenenfalls eine Marktlücke gefunden werden kann und wie stark die Konkurrenz im eigenen Umfeld ist. Markt- und Brancheninformationen können bei der IHK oder auch der Handwerkskammer angefragt werden, aber auch Marktforschungsinstitute sowie Unternehmensberatungen können hier weiterhelfen. Auch die Übernahme eine Betriebes

und damit die Übernahme der Geschäftsidee ist eine Möglichkeit der Unternehmensgründung. Dieser Weg birgt Vorteile, da Kunden- und Lieferantenbeziehungen bereits vorhanden sind und übernommen werden können, doch es können auch Nachteile entstehen, da z.B. ein besonders hoher Anspruch an einen neuen Chef in einem bereits existierenden Unternehmen gestellt werden kann. Der Erfolgsdruck ist in diesem Fall für den Gründer besonders hoch.[90] Egal welchen Weg Sie wählen, Sie sollten versuchen, Marktlücken zu entdecken oder durch Spezialisierung einen verbesserten Ausgangspunkt zu erreichen. Zur Geschäftsidee zählt auch die Überlegung, welcher Standort für das Unternehmen gewählt werden soll oder aber auch ob Mitarbeiter benötigt werden.

Der Selbstcheck
Mit der Findung einer Geschäftsidee ist ein erster Meilenstein in Richtung Selbstständigkeit erreicht. Doch neben fachlichen Fähigkeiten stellen sich potentielle Unternehmensgründer oftmals die Frage, ob sie den **Herausforderungen der Selbstständigkeit** gewachsen sind. Das ehemalige Bundesministerium für Wirtschaft und Technologie hat in Zusammenarbeit mit Prof. Dr. Günter F. Müller von der Universität Koblenz-Landau einen Schnelltest entwickelt, der durch die Beantwortung ein paar einfacher Fragen einen ersten Eindruck von der Unternehmerfähigkeit einer Person gibt. Alle Fragen sollen mit „Eher ja" oder „Eher nein" beantwortet werden:[91]

Fragen zur persönlichen Antriebsstärke:

- Sind Sie begeisterungsfähig?
- Sind Sie entscheidungsfreudig?
- Nehmen Sie Herausforderungen gerne an?
- Sind Sie hartnäckig, wenn es um Ihre Sache geht?

Fragen zur persönlichen Unabhängigkeit:

- Ergreifen Sie gerne die Initiative?
- Geht es Ihnen gegen den Strich, wenn Ihnen jemand sagt, was Sie zu tun haben?
- Genießen Sie es, selbst Entscheidungen zu treffen?
- Haben Sie eigene Ziele, die Sie erreichen wollen?

Fragen zur persönlichen Risikobereitschaft:

- Sind Sie ein optimistischer Mensch?
- Sind Sie bereit, Risiken einzugehen, wenn Sie etwas erreichen wollen?
- Kommen Sie gut über Frustrationen hinweg?
- Hätten Sie als Unternehmer Angst davor zu scheitern?
- Sind Sie bereit, auf ein sicheres und regelmäßiges Einkommen zu verzichten?

Fragen zur individuellen Kreativität:

- Fällt es Ihnen leicht, neue Ideen zu entwickeln?
- Denken Sie, dass es für jedes Problem eine Lösung gibt?
- Finden Sie Routine auf Dauer langweilig?

Fragen zur Kontaktfähigkeit:

- Fällt es Ihnen leicht, mit fremden Menschen in Kontakt zu treten?
- Können Sie sich gut gegen andere durchsetzen?
- Übernehmen Sie gerne Verantwortung?
- Können Sie sich gut auf andere einstellen?
- Können Sie andere Menschen begeistern?

Fragen zur Leistungsfähigkeit:

- Sind Sie ehrgeizig?
- Sind Sie ein disziplinierter Arbeiter?
- Kommen Sie gut mit Stresssituationen klar?
- Sind Sie bereit, 60 Stunden und mehr pro Woche zu arbeiten?

Auswertung:
Für ein „eher ja" gibt es einen Punkt, für ein „eher nein" keine Punkte. Addieren Sie Ihre Punktzahl:

0 bis 10 Punkte: Sie sind wahrscheinlich nicht die geborene Unternehmerin oder der geborene Unternehmer. Wahrscheinlich sind Sie als Angestellte/-r zufriedener.

11 bis 20 Punkte: Das Ergebnis fällt für Sie nicht eindeutig aus. Die geborene Unternehmerin oder der geborene Unternehmer sind Sie wahrscheinlich nicht. Aber Sie zeigen schon eine ganze Reihe von Eigenschaften, die man als Unternehmer/-in gut gebrauchen kann.

21 bis 25 Punkte: Gratuliere: Sie scheinen viel von einer Unternehmerperson zu haben. Wenn Sie mit dem Gedanken spielen, sich tatsächlich selbständig zu machen, sollten Sie sich gut über den Weg dorthin informieren.[92]

Ähnliche Tests können auf der Website des Bundesministeriums für Wirtschaft und Energie[93] durchgeführt werden. Natürlich sind solche Tests keine 100%ige Absicherung, dass eine Person für den Weg in die Selbstständigkeit bereit ist. Allerdings geben sie einen Hinweis darauf, wie geeignet ein Kandidat für die Herausforderungen der Selbstständigkeit ist. Wichtige Eigenschaften für den Weg in die Selbstständigkeit sind u.a. Selbstdisziplin, Durchhaltevermögen und ein gewisses „Gespür für das Geschäft".[94] Auf jeden Fall sollte eine Analyse der eigenen Stärken und Schwächen durchgeführt werden, um sich sicher sein zu können, dass die Entscheidung nicht ohne ausreichende Überlegungen getroffen wurde.

Wahl der Geschäftsform
Nach der Entscheidung zur Selbstständigkeit steht zunächst die Wahl einer Geschäftsform an. In Deutschland herrscht prinzipiell der Grundsatz der Gewerbefreiheit, das bedeutet, dass jeder ein Gewerbe anmelden kann, ohne das Vorweisen einer bestimmten Fachkenntnis oder Ablegung einer bestimmten Prüfung. Allerdings gibt es hier Ausnahmen, sog. überwachungsbedürftige Gewerbe und sog. erlaubnispflichtige

Gewerbe. Bei überwachungsbedürftigen Gewerben sollen Kunden vor kriminellen Absichten des Unternehmers geschützt werden. Daher müssen bei der Anmeldung eines Gewerbes in diesen Bereichen ein polizeiliches Führungszeugnis und ein Auszug aus dem Gewerbezentralregister mitgeliefert werden. Hierunter zählen unter anderem bestimmte Gebrauchtwarenhändler, Auskunfteien oder Reisebüros. Die Hürden zur Anmeldung eines Gewerbes sind bei erlaubnispflichtigen Gewerben noch höher. Hier muss nachgewiesen werden, dass der Allgemeinheit nicht geschadet wird, daher werden u.a. Nachweise zu bestandenen Prüfungen im Bereich der Sachkunde zu bestimmten Themen erwartet. Dies zählt unter anderen bei Betrieben zur Herstellung von Arzneimitteln, Verkauf von Milcherzeugnissen, Handel mit Pflanzenschutzmitteln oder Waffen.[95] Eine weitere Besonderheit ist das Gaststättengewerbe, auch hier werden gesonderte Anforderungen an die Gewerbeanmeldung gestellt, die beim zuständigen Gewerbeamt erfragt werden können.

Handwerksbetriebe oder handwerksähnliche Gewerbe müssen sich zunächst bei der Handwerkskammer anmelden. Hierbei wird zwischen zulassungspflichtigen, zulassungsfreien und handwerksähnlichen Gewerben unterschieden. Zulassungspflichtige Handwerke müssen in die Handwerksrolle eingetragen werden. Dies ist nur möglich, wenn der Existenzgründer einen Meisterbrief in seinem Handwerk nachweisen kann, da in diesen Bereichen Gefahren für die Gesundheit oder das Leben der Kunden entstehen können. Zu den zulassungspflichtigen Handwerken gehören unter anderem Bäcker, Zimmerer, Dachdecker, Fahrzeugbauer und Elektrotechniker. Zulassungsfreie Handwerke und handwerksähnliche Gewerbe müssen in das Verzeichnis der zulassungsfreien Handwerke, bzw. das Verzeichnis der handwerksähnlichen Gewerbe eingetragen werden. Hierbei besteht allerdings keine Verpflichtung zur Vorlage eines Meisterbriefs.[96] Erst mit der Bestätigung der jeweiligen Eintragung kann eine Anmeldung beim Gewerbeamt erfolgen.

Ein Gewerbe können sowohl natürliche Personen, als auch juristische Personen anmelden. Die Wahl der Gesellschaftsform hat allerdings sowohl steuerliche, finanzielle aber auch rechtliche Auswirkungen. Folgende Kriterien beeinflussen unter anderem die Wahl der Rechtsform:

- Anzahl der beteiligten Personen,
- gewünschte Haftungseinschränkungen (Risiko der Tätigkeit, Insolvenzrisiko),
- persönliche und wirtschaftliche Verhältnisse der Unternehmer,
- angestrebter Grad der unternehmerischen Unabhängigkeit,
- Finanzierungsmöglichkeiten und Finanzierungsbedarf,
- angestrebte Kreditwürdigkeit des Unternehmens,
- benötigtes Mindestkapital,
- branchentypische Geschäftsformen.

Die Wahl der Gesellschaftsform hat unmittelbare Auswirkungen auf den gesamten Geschäftsbetrieb und sollte vorher ernsthaft durchdacht werden.

Die Finanzierung
Jedes Unternehmen braucht ein Konzept. Eine Unternehmensgründung muss von Anfang an durchdacht sein. Dafür wird in aller Regel ein Businessplan aufgestellt, der eine

konkrete Planung der einzelnen Gründungsschritte genau festhält. Ein gut durchdachter Businessplan lässt eine Aussage darüber zu, ob die Geschäftsidee ein Erfolg werden kann und stellt des Weiteren eine wesentliche Grundlage dar, um einen externen Geldgeber von der Geschäftsidee zu überzeugen.[97] Zur Erstellung eines Businessplans gibt es eine hohe Zahl an Unterstützungsmöglichkeiten, sowohl online als auch vor Ort bei bestimmten Beratern. Der Businessplan ist das Vorzeigewerk eines jeden Unternehmensgründers. Er kann individuell gestaltet sein, sollte aber in seiner Darstellung klar strukturiert und gut verständlich, sowie sachlich, informativ, kurz und prägnant gehalten werden.[98]

Nach der Erstellung des Businessplans kann entschieden werden, ob eine Eigenfinanzierung möglich ist, oder ob Fremdkapital und in welchem Umfang benötigt wird. Der Businessplan ist die Grundlage für jedes Finanzierungsgespräch.

27. Wie verläuft die Gründungsphase eines Unternehmens?

Nachdem alle Vorbereitungen getroffen wurden, das Geschäftskonzept steht und auch die Finanzierung geklärt ist, folgt nun der **formale Akt der Unternehmensgründung**. Diese Phase zeichnet sich durch die Durchführung formal notwendiger Anmeldungen aus. Die Selbständigkeit muss nun angemeldet werden. Handelt es sich um ein Gewerbe nach der bereits erwähnten Definition, muss dieses beim Gewerbeamt angemeldet werden. Dieses leitet die notwendigen Unterlagen dann unter anderem auch an das Finanzamt weiter. Freiberufler müssen sich beim Finanzamt anmelden, um dort eine Steuernummer zu beantragen. Im nächsten Schritt muss nun notwendiges Personal eingestellt und ggf. Betriebsräume angemietet werden, damit das Unternehmen starten kann.

Die darüber hinaus noch ausstehenden Gründungsphasen beschreiben nicht das weitere Vorgehen der Unternehmensgründung, sondern vielmehr die Entwicklung des Unternehmens in Hinblick auf Gewinn und Marktfähigkeit. In der Frühentwicklungsphase werden erste Umsätze generiert, die Etablierung des Produktes oder der Dienstleistung muss weiter vorangetrieben werden. Hier spielen Marketingaktivitäten eine entscheidende Rolle. Die Wachstumsphase beginnt mit dem Überschreiten der Gewinnschwelle. Das Produkt wird am Markt etabliert, die Akzeptanz und somit auch die Nachfrage steigen sprunghaft an. Die Konsolidierungsphase ist die Phase, in der die Gewinne auf einem hohen Niveau stagnieren. Der Markt ist ausgereizt, und die Nachfrage kann nicht mehr weiter erhöht werden. Ab diesem Zeitpunkt müssen andere Märkte bearbeitet werden, beispielsweise kann der Eintritt in ausländische Märkte angestrebt oder die Produktpalette verändert werden.[99]

28. Gibt es einen Fahrplan zur Existenzgründung?

Hofert schlägt den folgenden Fahrplan durch die Existenzgründung vor:[100]

Schritt 1: Treffen Sie einige Grundsatzentscheidungen!

- Arbeiten Sie hauptberuflich oder nebenberuflich selbstständig?
- Ist Ihre persönliche Reife für die Gründung gegeben?
- Passen die persönlichen Rahmenbedingungen zur Existenzgründung (Familie, Geld, Zeit)?
- Haben Sie eine Existenzgründungsberatung genutzt?

Schritt 2: Finden Sie Ihre Geschäftsidee!

- Welche Geschäftsideen kennen Sie, und welche Vor- und Nachteile haben sie?
- Für welche Idee entscheiden Sie sich, und wie sieht Ihr Leistungsangebot aus?
- Haben Sie Ihr Angebot in der Praxis ausprobiert?
- Haben Sie den Wettbewerb und die Zielgruppe analysiert?
- Haben Sie mit Menschen aus der Zielgruppe gesprochen?

Schritt 3: Rechnen Sie Ihren Geldbedarf aus!

- Wie viel Kapital benötigen Sie voraussichtlich im ersten Jahr?
- Sind Sie bereit, Kredite aufzunehmen?
- Kann Ihre Familie Sie mit Geld unterstützen?
- Kann Ihnen die Bundesagentur für Arbeit helfen, oder können Sie Fördermittel in Anspruch nehmen?

Schritt 4: Entwickeln Sie Ihr Produktangebot!

- Mit welchem Leistungsangebot wollen Sie auf den Markt?
- Haben Sie Ihren Markt getestet und sich für einen Vertriebskanal entschieden?
- Haben Sie Ihre Preise bzw. Honorare festgelegt?

Schritt 5: Schaffen Sie die notwendigen Rahmenbedingungen!

- Haben Sie Ihre Büroräume, Ihren Laden oder Ähnliches eingerichtet?
- Haben Sie einen passenden Standort gefunden?
- Haben Sie das benötigte Arbeitsmaterial beschafft?
- Können Sie auf Mitarbeiter oder Aushilfen zurückgreifen?
- Haben Sie Ihre Hausbank gewählt und Ihr Geschäftskonto eingerichtet?
- Wie machen Sie Ihr Angebot bekannt (Website, soziale Netzwerke usw.)?

Schritt 6: Holen Sie sich Unterstützung!

- Für wen haben Sie sich als Rechtsberater bzw. als Steuerberater entschieden?
- Was raten Ihnen Branchenkenner?
- Können Sie geeignete Berater engagieren?

Schritt 7: Gewinnen Sie Kunden!

- Wie sprechen Sie mögliche Kunden an?
- Welche Werbemöglichkeiten gibt es für Sie, und wie bauen Sie Ihre Werbung strategisch auf?
- Verfügen Sie über ein Empfehlungsnetzwerk?

In der Realität verläuft die Gründung aber längst nicht so linear, wie der obige Fahrplan möglicherweise auf Sie wirkt. Immer wieder werden neue Erkenntnisse in den einzelnen Phasen dazu führen, dass Sie vorangehende Schritte noch einmal überdenken müssen.

29. Warum benötige ich als Existenzgründer einen Business Plan?

Auf jeden Fall brauchen Sie als Existenzgründer einen Business Plan! Ihr Business Plan wird Ihnen dabei helfen, Ihre Unternehmensgründung **strukturiert** umzusetzen. Sie werden Ihre Geschäftsidee durchdenken, Sie lernen die Stärken und Schwächen Ihres Plans kennen. Und Sie zwingen sich, eine Strategie hinsichtlich der Organisation des Unternehmens aufzubauen. Darüber hinaus müssen Sie, um Ihren Business Plan zu erstellen, Ihr Marktkonzept und Ihr Finanzkonzept erstellen und überprüfen. All das wird Ihnen dabei helfen, Ihre Unternehmensgründung planvoll und durchdacht anzugehen.[101]

Natürlich wird es Ihnen häufig schwer fallen, all Ihre Formulierungen und Annahmen mit Zahlen zu belegen, auch wenn Sie sorgfältig an diese Aufgabe herangehen. Und es wird auch so sein, dass sich Ihre Planungen nicht 1 zu 1 umsetzen lassen und erfüllen werden. Ein Plan soll Sie auch nicht in ein festes Korsett zwängen, sondern Ihnen eine Hilfe dabei sein, die vielfältigen Aspekte des unternehmerischen Lebens zu berücksichtigen.

Letztlich wird Ihr Business Plan auch noch ein **Marketinginstrument** sein, wenn es darum geht, andere zu überzeugen, in Ihr Unternehmen zu investieren oder Ihnen Geld zu leihen, denn mit einem ausgefeilten Business Plan fällt es Ihnen auch leichter, andere von Ihrer Idee zu überzeugen.

Ottersbach identifiziert insgesamt 4 Aufgaben, die ein Business Plan übernimmt:[102]

- Er dient der Beschaffung von Kapital und Fördergeldern (externe Aufgabe).
- Er ist ein Instrument der Unternehmensplanung (interne Aufgabe).
- Er hilft bei der Entscheidung, ob sich eine Existenzgründung lohnen kann.
- Er ist ein Instrument des Marketings.

30. Welche inhaltlichen Bestandteile weist ein Geschäftsplan auf?

Nach Nagl ergibt sich ein Business- oder Geschäftsplan aus den beiden Bestandteilen der qualitativen und der quantitativen Unternehmensplanung.[103]

Zur **qualitativen Unternehmensplanung** sind folgende Bestandteile zu zählen:

- Darstellung des Geschäftsmodells bzw. des Unternehmenskonzeptes,
- Beschreibung des Zielmarktes,
- Entwicklung von Unternehmenszielen und Unternehmensstrategie,
- Darstellung des Leistungs- und Produktportfolios,
- Planung von Marketing und Vertrieb,

- Beschreibung des Managements, der Personalplanung und der Organisation,
- Betrachtung von Chancen und Risiken.

Die **quantitative Unternehmensplanung** setzt sich aus folgenden Elementen zusammen:

- Absatz- und Preisplanung,
- Produktions- und Beschaffungsplanung,
- Personalplanung,
- Investitions- und Finanzierungsplanung,
- Finanzplanung (bestehend aus Erfolgsrechnung, Planbilanz und Liquiditätsplanung).

Arnold weist ergänzend darauf hin, dass ein Business Plan **niemals fertig** sein wird, sondern ständig ergänzt und aktualisiert wird.[104]

31. Welche formalen Aspekte sind bei einem Business Plan zu berücksichtigen?

Eines gleich vorweg: Ein Business Plan lässt sich NICHT in einem Aufguss herunter schreiben. Die Ausarbeitung eines Plans braucht Zeit und entwickelt sich Stück für Stück. Wenn Sie einmal ein paar Seiten geschrieben haben, stehen diese noch lange nicht fest, sondern müssen immer wieder überarbeitet werden: Wenn Sie die Rechtsform Ihres Unternehmens überarbeiten, hat das häufig Einfluss auf die Eigenkapitalausstattung. Wenn Sie Ihr Marketingkonzept anpassen, entstehen daraus Konsequenzen für Ihren Investitions- oder Kostenplan. Benötigen Sie doch einen zusätzlichen Mitarbeiter? Dann steigen die Personalkosten, damit auch die Gesamtkosten und vielleicht dann auch der notwendige Stundensatz für die Kalkulation Ihrer kostendeckenden Preise. Sie sehen also, das Schreiben eines Business Plans kann **nicht als linearer Prozess** dargestellt werden: Nach jedem Teilschritt besteht die Möglichkeit, dass Sie Angaben und Formulierungen in bereits abgearbeiteten Teilschritten wieder ändern müssen. Wichtig ist, dass am Ende der Business Plan einer gewissen Logik folgt, d.h. Ihre Angaben und Formulierungen müssen aufeinander abgestimmt sein.

Achten Sie darauf, dass Ihr Business Plan eine **klare optische und formale Struktur** aufweist, so dass Sie selbst und ggf. auch andere Leser die wichtigsten Punkte schnell überblicken können. Das bedeutet auch, dass Sie sich auf das Wesentliche konzentrieren müssen, was eine schwierige Aufgabe ist, da Sie gleichzeitig nichts Wichtiges weglassen sollen. In der Literatur finden Sie teilweise **Richtwerte von 25 bis 30 Seiten Umfang**, wobei ich von solchen standardisierten Empfehlungen abraten möchte, da unterschiedliche Unternehmensideen auch unterschiedliche Darstellungen erfordern.[105]

Verwenden Sie eine **einfache, anschauliche Sprache**. Zu viele technische Details stören die Lesbarkeit ebenso wie die Ansammlung von Fremdwörtern. Ihre Sorgfalt unterstreichen Sie auch dadurch, dass Sie sich an die Regeln der deutschen Sprache halten: korrekte Schreibweise und Zeichensetzung sind ebenso wichtig wie eine richtige Anwendung der Grammatik. Ein Business Plan mit vielen Sprachfehlern wird direkt massiv an Überzeugungskraft verlieren.

Das **Layout des Business Plans** sollte ansprechend wirken. Das bedeutet nicht, dass Sie aus dem Business Plan ein Kunstwerk machen sollen; es geht mehr um klare Strukturen, anschauliche Darstellungen und gute Lesbarkeit. Verwenden Sie keine zu kleinen Schriftgrößen, keine exotischen oder verschnörkelten Schriftarten. Insbesondere in Tabellen müssen die Zahlen noch mit bloßem Auge lesbar sein.

32. Wo finde ich Hilfen zum Schreiben eines Business Plans?

Wenn Sie dieses Buch konzentriert durcharbeiten, können Sie bestimmt so manche Frage aussagekräftig beantworten. Eine wirkliche Vollständigkeit gibt es aber nicht. Jede Unternehmensidee wirft eigene Fragen auf, die sich in einem Buch nicht beantworten lassen. Es gibt eine große Bandbreite an gedruckten Büchern, elektronischen Büchern und Online-Veröffentlichungen im Internet, die Ihnen weiterhelfen können. Ich will Ihnen an dieser Stelle nur ein paar Quellen nennen, die Ausgangspunkt Ihrer Recherchen sein könnten:

- Das Bundesministerium für Wirtschaft bietet Ihnen unter www.bmwi.de zahlreiche Hilfestellungen.
- Ebenso seien die Industrie- und Handelskammern genannt, die Sie über www.ihk.de erreichen können.
- Auch der Förderkreis Gründungs-Forschung e.V. kann Sie unterstützen. Sie erreichen ihn unter www.fgf-ev.de.
- Darüber hinaus gibt es viele private Angebote, z.B. unter www.bwl-gründung.de oder unter www.nexxt.org.

Wo auch immer Sie fündig werden, denken Sie daran, jede Unternehmensgründung ist individuell: was auf Gründung 1 zutreffen kann, muss für Gründung 2 nicht zielführend sein. Trauen Sie sich also, auch einmal etwas anders zu machen, wenn Sie Ihren Business Plan schreiben. Man darf dem Plan ansehen, dass Sie ihn selbst gestaltet haben und nicht aus einer Quelle kopiert haben. Geben Sie Ihrem Plan eine individuelle Note, aber halten Sie sich (weitestgehend) an die Empfehlungen zur inhaltlichen und formalen Gestaltung.

Die erste Planungsphase: das Gründungsvorhaben

Von nun an geht es um Ihre konkrete Unternehmensgründung, sehr geehrter Leser. Um teure Fehler zu vermeiden, sollten Sie, basierend auf Ihrem Geschäftswunsch, Ihr **Gründungsvorhaben** sorgfältig **planen**. Dabei geht es nicht darum, Sie zu zusätzlicher Arbeit zu überreden. Die Planung Ihres Gründungsvorhabens hat vielmehr den Zweck, **vermeidbare Fehler auch tatsächlich zu vermeiden.**

Nicht jeder Fehler wird sich schließlich tatsächlich vermeiden lassen. Trotz sorgfältiger Recherchen ist eine Fehleinschätzung des Marktes immer möglich. Vielleicht schätzen Sie auch das Bedürfnis Ihrer möglichen Kunden nach Ihren Produkten und Dienstleistungen falsch ein, obwohl Sie die Vorzüge und Alleinstellungsmerkmale Ihres Angebotes klar formulieren können. Nachfrage entsteht erst dadurch, dass Ihre möglichen Kunden auch ein Bedürfnis verspüren, Ihre Produkte und Dienstleistungen in Anspruch nehmen zu wollen. Und dieses Bedürfnis muss erst einmal geweckt werden. Manchmal helfen Ihnen dabei allgemeine Markt- und Wirtschaftstrends. Wer hätte vor 10 Jahren schon daran gedacht, dass so viele Menschen ein (bestimmtes) Smartphone besitzen wollen? Das Bedürfnis nach einem Smartphone besteht also inzwischen schon. Jetzt müssen Sie vielleicht nur noch das Bedürfnis wecken, dass die Menschen das nächste Smartphone genau bei Ihnen kaufen. Und das ist nicht so einfach.

In diesem Abschnitt des Buches geht es somit nicht darum, Ihnen Markterfolg zu garantieren (das geht nicht), sondern Ihnen dabei zu helfen, dass Sie methodisch richtig vorgehen. Dazu sollten Sie sich vergegenwärtigen, was zu einer Gründungsplanung dazu zählt und dann in einer ersten Phase erst einmal den Markt, auf dem Sie aktiv werden wollen, genau analysieren. Wenn Sie dabei zu dem Ergebnis kommen, dass der Markt viel zu klein oder für Sie unerreichbar ist, dann bedeutet dies das vorläufige Ende Ihres Grünungsvorhabens. Für den Moment ist das sicherlich kein befriedigendes Ergebnis, schon bald werden Sie aber verstehen, dass Sie dann viel Geld sparen, wenn Sie Ihre Geschäftsidee nicht umsetzen.

Basierend auf Ihren Planungsergebnissen entsteht schließlich der sogenannte **Business Plan**. Er ist das dokumentierte Ergebnis Ihrer Überlegungen zur Gründungsplanung. **Und da sich Ihre Überlegungen immer wieder ändern und erweitern, entsteht auch ein Business Plan nicht in Form eines durchgängigen Schreiben eines Dokumentes, sondern er entwickelt sich über Wochen und Monate und verändert sich in Inhalt und Form mehrfach.**

33. Welche Informationen zu Ihrer Persönlichkeit gehören in den Business Plan?

Auch im Business Plan sollten Sie sich als Gründerperson unbedingt vorstellen. Diese Beschreibung sollte die folgenden Informationen enthalten:[106]

- Starten Sie mit einigen formalen Angaben zu Ihrer Person wie Name, Adresse, Alter und familiäre Situation (Familienstand, Zahl der Kinder: je mehr Menschen Sie finanziell zu versorgen haben, desto größer ist die Last, die Sie tragen).
- Schaffen Sie eine Verbindung zwischen Ihrer Aus- und Weiterbildung bzw. Berufstätigkeit zu Ihrem Gründungsvorhaben.
- Begründen Sie Ihre fachliche Qualifikation zu Ihrem Gründungsvorhaben. Wenn Sie über ergänzende kaufmännische Kenntnisse verfügen, sollten Sie diese darlegen.
- Erläutern Sie kurz Ihre Motivation zur Selbständigkeit.
- Zeigen Sie auf, ob und wie Sie sich auf die Selbständigkeit vorbereitet haben, z.B. indem Sie bestimmte Seminare besucht haben, an Messen teilgenommen haben oder Ähnliches.

Generell gilt: Ihre Selbstdarstellung sollte **strukturiert und übersichtlich** erfolgen. Darüber hinaus ist es wichtig, dass die Formulierungen konkret sind, allgemeine Floskeln sind zu vermeiden.

34. Benötige ich eine Executive Summary in meinem Business Plan?

Ein Business Plan beginnt sehr häufig mit einer Zusammenfassung für das Management, der sogenannten Executive Summary. Je nachdem, wem Sie Ihren Business Plan vorlegen, hat Ihr Adressat nur wenig Zeit und orientiert sich an einer vorangestellten Zusammenfassung der Kernpunkte Ihres Business Plans, um anhand dieser wenigen Sätze dann zu beurteilen, ob es sich überhaupt lohnt, den Plan vollständig weiterzulesen. Obwohl die Zusammenfassung am Anfang Ihres Business Plan steht, schreiben Sie diese natürlich erst zum Schluss, wenn alle Details Ihres Plans bekannt sind. Darüber hinaus müssen Sie sich kurz fassen, auf lange Erklärungen vollständig verzichten, denn Sie sollten in Ihrer Executive Summary folgende Punkte ansprechen:[107]

- die Branche, in der Sie tätig sein wollen,
- das Produkt/die Dienstleistung, die Sie anbieten wollen,
- die vorhandenen Kompetenzen (der Geschäftsleitung),
- die wichtigsten Zielgruppen,
- die Marktsituation inkl. der Stärken und Schwächen der Wettbewerber,
- den Nutzen Ihrer Produkte und Leistungen und deren Alleinstellungsmerkmale,
- die von Ihnen genutzten Vertriebskanäle,
- die Organisation Ihres Unternehmens,
- die Chancen und Risiken Ihrer Tätigkeit,
- die Investitionssumme, der erwartete Umsatz, die Kosten und der erwartete Gewinn.

Ottersbach weist ergänzend darauf hin, dass die Executive Summary die Sachverhalte in der gleichen Reihenfolge ansprechen sollte, wie diese auch im Business Plan selbst besprochen werden. Darüber hinaus soll sie verständlich sein, ohne den gesamten Plan gelesen haben zu müssen.[108]

35. Können Sie Ihr Gründungsvorhaben beschreiben?

Die **Geschäftsidee** ist die Basis der Unternehmensgründung. Allerdings ist eine gute Idee zwar eine notwendige Voraussetzung, jedoch nicht allein ausreichend für eine erfolgreiche Unternehmensgründung.

Es ist notwendig, auf die Geschäftsidee basierend, ein **klares** und vor allem **realistisches** Konzept zu erarbeiten.

Um die Idee, mit der sich der Unternehmensgründer selbstständig machen will, darzustellen, sollten vorab folgende Fragen beantwortet werden:

- Wird ein neues Produkt entwickelt?
- Wird ein bestehendes Produkt wesentlich verbessert?
- Welchen Nutzen hat die Idee für den Kunden?
- Wird eine Marktlücke abgedeckt?
- Wird eine neue Technologie entwickelt?
- Werden sich von der Konkurrenz unterscheidende Vertriebskanäle genutzt?
- Werden neue Märkte in Deutschland oder in anderen Ländern erobert?
- Werden neue Kundensegmente (Altersgruppen, Berufsgruppen etc.) erschlossen?
- Wo liegen die technischen oder wirtschaftlichen Risiken der Idee?

Um die **Zielgruppe kurz beschreiben** zu können, sind die Antworten zu folgenden Fragen zu formulieren:

- Wie lässt sich das Produkt- und/oder die Dienstleistung beschreiben?
- Welche besonderen Eigenschaften weist das Angebot auf (Produkt- und Dienstleistungsmerkmale, Preise, Qualität, Service, etc.)?
- Welche Zielgruppe wird mit dem Angebot angesprochen?
- Wie wird erreicht, dass die Kunden auch nach dem Kauf noch begeistert sind?
- Wodurch unterscheidet sich das Angebot von dem der Konkurrenz?
- Welche Leistungen werden selbst erbracht, welche zugekauft?

Dabei sollten stets die Kernkompetenzen im Blickpunkt stehen!

36. Ist in Deutschland jede Geschäftsidee erlaubt?

In Deutschland gibt es die sogenannte Gewerbefreiheit, d.h. Sie dürfen die Art Ihres Gewerbes selbst bestimmten. Diese Freiheit schließt jedoch nicht aus, dass Sie für bestimmte Gewerbe besondere Voraussetzungen erfüllen müssen. Sie können sicherlich verstehen, dass für manche Berufe eine bestimmte fachliche Eignung nachgewiesen werden muss. Auch persönliche Zuverlässigkeit oder finanzielle Leistungsfähigkeit kann eine Rolle spielen.[109]

Zu unterscheiden sind die erlaubnispflichtigen gewerblichen Tätigkeiten von den überwachungsbedürftigen gewerblichen Tätigkeiten. Erlaubnispflichtige Tätigkeiten sind z.B.

- der Betrieb von Schank- und Speisewirtschaften,
- der Betrieb von Taxiunternehmen,
- der Handel mit freiverkäuflichen Arzneimitteln,
- Tätigkeiten im Bewachungsgewerbe,
- Tätigkeiten im Pfandleihgewerbe,
- die Herstellung von Arzneimitteln oder Waffen oder
- die Tätigkeit als Versicherungsvermittler.[110]

Eine Liste der erlaubnispflichtigen Gewerbe finden Sie unter www.jeder-ist-unternehmer.de/zulassung.[111] Darüber hinaus gibt es gewerbliche Tätigkeiten, die von der Gemeinde besonders überwacht werden. In diesen Fällen müssen Sie auch bei der Gewerbeanmeldung zusätzlich ein Führungszeugnis vorlegen und eine Auskunft aus dem Gewerbezentralregister einholen. Es handelt sich dabei um Tätigkeiten, mit denen nur besonders zuverlässige Personen betraut werden sollen. Beispiele dafür sind:

- die Vermittlung von Partnerschaften und Eheschließungen,
- der Betrieb von Reisebüros oder die Vermittlung von Unterkünften,
- die Herstellung und der Vertrieb von Öffnungswerkzeugen (mit denen sich auch Einbrüche begehen lassen),
- Schlüsseldienste (sowie der Handel mit Gebäudesicherheitseinrichtung),
- der Betrieb von Auskunfteien oder Detekteien und
- der An- und Verkauf von Gebrauchtwaren, insbesondere bei Alt- und Edelmetallen, Edelsteinen, Perlen und Schmuck, Pelz- und Lederbekleidung, Kraftfahrzeugen und (hochwertigen) Elektronikgeräten wie Computern, Fotoapparaten, Videokameras etc.[112]

Wenn Sie Zweifel haben, ob Ihr Gewerbe erlaubnis- oder überwachungspflichtig ist, fragen Sie bei Ihrer Gemeinde nach.

37. Welche Aspekte sollte Ihr Geschäftsmodell beinhalten?

Ihr Unternehmenskonzept wird auch als Ihr Geschäftsmodell bezeichnet. In diesem Konzept bzw. Modell sollten Sie herausarbeiten,

- in welchem Geschäftsfeld Ihr Unternehmen tätig ist,
- welche Ziele Ihr Unternehmen verfolgt,
- welcher Unternehmensvision Sie folgen,
- mit welcher Strategie Sie die Ziele verfolgen,
- wie sich Ihr Unternehmen im Markt positioniert,
- welche Kundenbedürfnisse Sie erfüllen und
- welche (geschützten?) Kernkompetenzen Ihr Unternehmen aufweist.[113]

Wenn Sie Ihr Geschäftsmodell erarbeiten, besteht immer die Gefahr, dass Sie sich in Details verlieren. Das Unternehmenskonzept soll aber nur den Rahmen vorgeben. Dennoch ist es wichtig, dass Sie sich Ihrer Kernkompetenzen bewusst werden und die Alleinstellungsmerkmale Ihres Betriebes (sollte es denn welche geben) beschreiben können. Versuchen Sie auch, Ihre Kernkompetenzen nicht in Bereichen geringer Wertschöpfung zu vergeuden, sondern setzen Sie diese optimal ein (Ein guter Friseur soll Haare schneiden, mit der Buchhaltung kann er eine(n) Angestellten beauftragen.).

38. Welche Beratungsmöglichkeiten gibt es vor der Unternehmensgründung?

Beratungsdienstleistungen zur Existenzgründung werden in sehr vielfältiger Art und Weise angeboten. Neben privaten Beratern gibt es auch diverse Unterstützungsangebote durch Kammern und Verbände. Zu diesen gehören beispielsweise:[114]

- Industrie- und Handelskammer: www.dihk.de (Deutscher Industrie- und Handelskammertag)
- Handwerkskammer: www.zdh.de (Zentralverband des Deutschen Handwerks)
- BDI: www.bdi.eu (Bundesverband der Deutschen Industrie e.V.)
- BDS-DGV: www.foeder-bds.de (Förderungsgesellschaft des BDS-DGV)
- BMWI: www.bmwi.de (Bundesministerium für Wirtschaft und Technologie)

Existenzgründer, die vor der Gründung einen privaten Unternehmens- oder Existenzgründungsberater aufsuchen, müssen feststellen, dass die Beratungsleistungen meist kostenpflichtig sind. Daher bieten einige Bundesländer **spezielle Förderungen für Beratungen** an. Nachfolgend werden beispielhaft die Förderungen von sechs Bundesländern vorgestellt:

In **Baden-Württemberg** werden vom Ministerium für Finanzen und Wirtschaft in Zusammenarbeit mit dem Europäischen Sozialfond sogenannte Beratungsgutscheine vergeben. Mit diesen Gutscheinen können Existenzgründer bei bestimmten Beratungsgesellschaften kostengünstig eine Beratung erhalten.[115]

In **Bayern** werden Beratungsleistungen in Zusammenarbeit mit dem Europäischen Sozialfond bezuschusst.[116] Der Zuschuss kann bis zu 70% der Beratungsleistung betragen, bis zu einer Bemessungsgrundlage von max. 8000 Euro. Der Antrag ist bei der IHK, der Handwerkskammer oder beim Institut für freie Berufe zu stellen.

In **Berlin** können bestimmte Unternehmen der Bereiche Technologie und Kreativwirtschaft, aber auch Unternehmen im Zusammenhang mit Internationalisierungsprojekten durch einen Coaching Bonus gefördert werden. Der Fokus liegt hierbei auf betriebswirtschaftlichen Fragestellungen. Die ersten beiden Beratertage werden zu 100% übernommen, für weitere Tage wird ein Eigenanteil vereinbart. Zuständiger Ansprechpartner ist hier das IBB Business Team GmbH.

Das **Saarland** unterstützt externe Beratungsleistungen zu betriebswirtschaftlichen, finanziellen, organisatorischen und technischen Fragen durch Zuschüsse zu den Beratungskosten. Die Förderung erfolgt als Zuschuss. Die Höhe der Förderung richtet sich nach dem jeweiligen Beratungsbereich und beträgt bis zu 400 Euro je Tagewerk und je Antragsteller bei maximal 20 Tagewerken. Der Zuschuss muss über die ehemalige Zentrale für Produktivität und Technologie Saar e.V. (ZPT), jetzt: saarland.innovation&standort e.V. (saar.is), beantragt werden.

Das Land **Rheinland-Pfalz** unterstützt Vorhaben der Existenzgründung und Unternehmensnachfolge aus bestimmten Bereichen. Hierzu zählen unter anderem Industrie, Handwerk, Handel und Tourismus. Auch hier wir ein Zuschuss zu externen Beratungskosten gewährt. 50% des Rechnungsbetrages können übernommen werden, wobei der Zuschuss auf neun Tagessätze à 400 Euro begrenzt ist. Anträge können bei der IHK, der Handelskammer oder beim Landesverband der Freien Berufe gestellt werden.

In **Nordrhein-Westfalen** werden Beratungen zu den Themen „Entwicklung, Prüfung und Umsetzung von Gründungskonzepten" gefördert. Auch hier handelt es sich um einen Zuschuss, dessen Höhe begrenzt ist. Die Grenze liegt bei 50% der Tagessätze in Höhe von 400 Euro. Bei Gründern aus der Arbeitslosigkeit kann diese auf bis zu 80% erhöht werden. Die Förderung kann innerhalb von 5 Jahren nur einmal gewährt werden. Anträge können an die Landes-Gewerbeförderungsstelle des nordrhein-westfälischen Handwerks e.V. (LGH) oder die IHK Beratungs- und Projektgesellschaft mbH (IBP) gerichtet werden.

Die zweite Planungsphase: Die Analyse des Marktgeschehens

Stellen Sie sich einmal vor, Sie entwickeln ein natürliches Nahrungsmittel mit zahlreichen Vitaminen und Mineralstoffen, das Sie bei einem Verzehr von nur 100 Gramm am Morgen einen ganzen Tag lang sättigt. Jede Diät wird hinfällig, denn wenn Sie abnehmen wollen, essen Sie einfach morgens einen Happen von Ihrem Nahrungsmittel, und Sie verspüren den gesamten Tag keinen Appetit mehr. Das müsste doch der Renner sein, oder? Kennen Sie den Markt für Nahrungsergänzungsmittel und Diätprodukte? Kennen Sie Ihre Wettbewerber? Kennen Sie die Bedürfnisse Ihrer Kunden? Und kennen Sie deren Zahlungsbereitschaft? Das beste Produkt der Welt muss sich nicht zwangsläufig gut verkaufen. Analysieren Sie den Markt, auf dem Sie agieren wollen, deshalb sehr sorgfältig und seien Sie kritisch, auch zu sich selbst.

39. Kennen Sie die wichtigsten Typisierungsmerkmale Ihres Marktes?

Jeder Unternehmensgründer sollte sich möglichst umfangreich über den **Markt informieren**, um Marktlücken erkennen und die Anforderungen des Marktes entdecken zu können. Dazu sind u.a. folgende Fragen zu klären:

- Wie viele und welche Anbieter gibt es im Markt?
- Wie treten die Mitbewerber am Markt auf? Was ist besonders an ihnen?
- Was sind die kritischen Erfolgsfaktoren eines Marktteilnehmers?
- Wo sind Wachstumsraten zu erwarten und wie hoch sind diese?
- Welche Marktanteile sind realistisch?
- Welches sind die Bedürfnisse, Probleme und Wünsche der Kunden?
- Wo und zu welchem Anlass kaufen Kunden?
- Wie viel wird zu welchem Preis gekauft?

Des Weiteren sind die nachstehenden Marktfaktoren zu beachten:[117]

- **Die Marktmacht der Kunden**

Je mehr Kunden im Markt vorhanden sind, umso geringer ist das Risiko, dass Sie zu wenige Kunden gewinnen zu können.

- **Marktmacht der Zulieferer**

Nicht nur produzierende Unternehmen, auch Dienstleistungsbetriebe sind manchmal auf "Zulieferer" angewiesen, die vorgelagerte Leistungen erbringen. Je mehr Zulieferer am Markt tätig sind, um so eher sind sie untereinander austauschbar. Schwierig wird es häufig, wenn nur eine geringe Zahl von möglichen Zulieferbetrieben am Markt agiert, da diese dann Ihre Marktmacht nutzen und Preise sowie Konditionen bestimmen können.

- **Die Wettbewerbsintensität**

Aus der Wettbewerbstheorie der Volkswirtschaftslehre weiß man, dass die Verdienstmöglichkeiten des Einzelnen stark sinken, wenn auf einem stagnierenden Markt zu viele Wettbewerber konkurrieren. Berücksichtigen Sie also, ob es für andere Unternehmen einfach ist, schnell und ohne allzu große Kosten und Risiken zu Ihnen in

Konkurrenz zu treten. Dann ist Ihr Marktsegment nur wenig attraktiv, da eine große Gefahr der Verdrängung besteht.

- **Die Bedrohung durch Ersatz"produkte"**

Je unkomplizierter sich Ihre Produkte und Dienstleistungen durch andere ersetzen lassen, umso weniger attraktiv erscheint der von Ihnen gewählte Markt. Allerdings können auch echte Ersatzprodukte Ihr Unternehmen gefährden. So ist zum Beispiel der Markt für Reparatur und Instandhaltung von Schreibmaschinen durch die Verbreitung der Computer stark geschrumpft.

40. Welche Zielgruppe sprechen Sie an?

Wer ein **Verkaufsgespräch** führt, sollte weniger das Angebot in den Vordergrund stellen, sondern mehr darauf achten, dass der *Kundenwunsch im Mittelpunkt* steht. Im Rahmen einer **Kundenanalyse** sollten deshalb möglichst viele der folgenden Fragen geklärt werden:[118]

- Wer gehört zur Zielgruppe: eher Firmenkunden oder eher Privatkunden?
- Wie hoch ist die Kundendichte in der Nähe des Unternehmensstandortes?
- Ist der potentielle Kundenkreis ausreichend groß?
- Wird die Zielgruppe zukünftig eher wachsen oder kleiner werden?
- Wird die Zielgruppe sich in den nächsten Jahren grundlegend verändern?
- Wie lautet die Alters- und Einkommensstruktur der Zielgruppe?
- Wo und zu welchen Konditionen kauft die Zielgruppe bisher ein?
- Reagiert die Zielgruppe preisempfindlich?
- Ist der Unternehmensstandort für die Zielgruppe gut zu erreichen?
- Wie reagiert die Zielgruppe auf Angebotsveränderungen?

Wer mit Kunden Gespräche führt, sollte eher offene Fragen stellen, bei denen der Kunde in vollständigen Sätzen antworten muss. Wenn Sie eher Firmenkunden erwarten, sollten Sie die folgenden Überlegungen anstellen:[119]

- Wer entscheidet im Unternehmen, ob Sie Lieferant oder Dienstleister sein können?
- Wann benötigen die Firmenkunden genau Ihre Leistung?
- Wird es eher langfristige Geschäftsbeziehungen geben oder ist der Kunde eher an einer einmaligen Leistung interessiert?
- Können Sie etwas, was Ihr Firmenkunde nicht kann, oder erbringen Sie eine Leistung, die der Firmenkunde nur ausgelagert hat?
- Handelt es sich um eine sehr spezielle Leistung, die Sie erbringen, oder gehört Ihre Leistung zum Angebotsprogramm vieler Unternehmen?

Wenn Sie dagegen eher Privatkunden erwarten, sollten Sie sich folgende Fragen stellen und beantworten:[120]

- Kann Ihr Privatkunde auch auf Ihre Leistung verzichten, d.h. wie wichtig ist ihm Ihre Leistung?

- Ist zu erwarten, dass Ihr Kunde ein bestimmtes Vorwissen zu Ihrem Leistungsangebot hat?
- Sucht der Kunde aktiv nach einem Anbieter (aus einem konkreten Anlass heraus), oder wird er zufällig auf Ihr Angebot aufmerksam?
- Welche Medien nutzt der Kunde, wenn er nach einem Anbieter sucht?
- Spielt die Kaufkraft des Kunden eine Entscheidung bei der Beantwortung der Frage, ob er Ihre Leistung in Anspruch nehmen soll?
- Hat Ihr Kunde eine bestimmte gesellschaftliche Stellung, die einen Einfluss auf Ihr Leistungsangebot haben kann?

Je mehr Fragen Sie beantworten können, um so besser sind Sie auf die Anforderungen Ihrer Kunden vorbereitet und können auf deren Wünsche und Ansprüche reagieren. Ergänzend sollten Sie versuchen, Ihre Kundengruppe zu charakterisieren. Zur Gruppe der Privatkunden gehören Eigenschaften wie Alter, Geschlecht, Bildungsniveau, Einkommenshöhe, Hobby, Freizeitverhalten, Lebenssituation usw. Zur Gruppe der Firmenkunden gehören Merkmale wie Branche, Standort, Produkte, Kundenstruktur, Firmenstruktur etc.[121]

41. Mit welchen Konkurrenten müssen Sie rechnen?

Informationen über den Markt und die potentiellen Kunden sind die eine Seite, aber jeder Unternehmensgründer sollte auch seine **Konkurrenten** kennen, die mit ihm um Marktanteile kämpfen. Gerade in gesättigten Märkten, wenn es bereits eine ausreichende Zahl von Mitbewerbern gibt, ist oft der Preisdruck enorm hoch. Unternehmensgründer sollten von daher immer bemüht sein, gerade auch in **Marktnischen** einzudringen, wo die Zahl der Mitbewerber noch gering ist, obwohl ausreichend Nachfrage besteht.

Auf jeden Fall sollten Unternehmensgründer versuchen, sich von Ihrer Konkurrenz deutlich abzuheben. Dazu müssen sie die Stärken und Schwächen ihrer Mitbewerber jedoch genau kennen. Die folgende Checkliste soll dabei helfen, die Konkurrenten zutreffend einzuschätzen:[122]

- Ist das Angebot der Konkurrenten bekannt?
- Nutzen die Konkurrenten alle Absatzwege?
- Wie hoch ist die Zahl der Konkurrenten?
- Wie reagieren die Konkurrenten auf weitere Betriebsgründungen?
- Ist die Planung der Konkurrenten für die Zukunft bekannt?
- Sind die Schwächen der Konkurrenzdienstleistungen bekannt?
- Ist das Ansehen der Konkurrenten bei den Kunden bekannt?
- Handelt es sich in einem Wachstumsmarkt?
- Gibt es auch internationale Konkurrenz?
- Arbeiten die Konkurrenten teilweise zusammen?
- Bieten die Konkurrenten einen Service über ihre Dienstleistung hinaus?
- Lässt sich die Qualität der Konkurrenten übertreffen?
- Gibt es einen Zusatznutzen gegenüber der Konkurrenz?

42. Haben Sie an einen bestimmten Standort für Ihre Existenzgründung gedacht?

Die Wahl des **richtigen Standortes** ist für ein Unternehmen und dessen Entwicklung auch unter Marktgesichtspunkten von großer Bedeutung. In den meisten Fällen ist eine realisierte Standortentscheidung nur schwierig rückgängig zu machen. Daher ist es notwendig, eine detaillierte *Standortbewertung* vorzunehmen.

Ein Unternehmensberater kann sich an nahezu jedem Standort niederlassen, ein Garten- und Landwirtschaftsbaubetrieb ist auf einen Betriebshof angewiesen, eine materialintensive Produktionsstätte auf gute Erreichbarkeit, eine Boutique für Kinderkleidung auf Laufkundschaft. Die Frage des richtigen Standortes ist also individuell zu beurteilen.

Unternehmensgründer bestimmen die standortabhängigen Kosten wie Mieten oder Steuern und überprüfen den Markt und die Konkurrenten an den jeweiligen Standorten. Sie informieren sich über eventuelle behördliche Auflagen und teilen frühzeitig dem Gewerbeaufsichtsamt und der Baubehörde ihr Vorhaben mit.

Wo ist der **ideale Unternehmensstandort**? Eine Standortentscheidung ist mittels folgender Kriterien zu begründen:[123]

- Welcher Art ist das Geschäft?
- Welche Kundenbedürfnisse und Kaufgewohnheiten sind zu bedenken?
- Welche standortbezogenen Kosten fallen an?
- Wie ist die Werbewirksamkeit des Standortes zu beurteilen?
- Welches Image prägt den Standort?
- Wie sehen die Bebauungspläne aus?
- Bietet der Standort später auch Wachstumsmöglichkeiten?
- Gibt es (genehmigungspflichtige) Umweltbelastungen durch den Betrieb?
- Welches Image haben die Nachbarn? Wie wirkt dieses Image auf das Unternehmen?
- Sind Sie mit Infrastruktur, Verkehrsanbindung und Parkplatzsituation zufrieden?
- Welche Konsequenzen hat der Standort für die Mitbewerber und Lieferanten?
- Gibt es eine langfristige Standortbindung, bspw. durch Mietverträge?

Neben den grundsätzlichen Überlegungen sind noch eine Reihe individueller Anforderungen zu berücksichtigen. Die Arbeitsstättenverordnung und die Arbeitsstättenrichtlinien machen Angaben zu Raumabmessungen und Raumhöhen, Raumtemperaturen, Belichtung und Beleuchtung, Sichtverbindungen, Toiletten-, Wasch- und Pausenräumen oder Schallpegelwerten. Außerdem sind die Unfallverhütungsvorschriften der Berufsgenossenschaften zu beachten.

Die dritte Planungsphase: Die Organisation ihres Unternehmens

Die Organisation Ihres Unternehmens beginnt mit der Rechtsformwahl und der Namensgebung. Die Rechtsformwahl hat aber nicht nur organisatorische Aspekte (aber auch, denn in einer Kommanditgesellschaft übernehmen beispielsweise immer die Komplementäre die Geschäftsführung), sie hat auch Einfluss auf die Finanzierung des Unternehmens. Und darüber hinaus ergeben sich auch noch rechtliche Konsequenzen aus der Rechtsformwahl, z.B. hinsichtlich der Pflicht, sich ins Handelsregister einzutragen oder hinsichtlich der Wahl des Namens für Ihr Unternehmen.

Benötigen Sie Personal, um Ihre Unternehmensidee umzusetzen und alle Organisationseinheiten Ihres Unternehmens zu besetzen? Dann hat das auch Einfluss auf die Kosten, die Ihnen entstehen werden. Und was ist von Ihrer Seite aus zu tun, wenn Sie Personal einstellen wollen?

43. Kennen Sie die möglichen betrieblichen Rechtsformen?

Die Wahl der Rechtsform Ihres Unternehmens sollte nach **wirtschaftlichen**, **rechtlichen** und **steuerlichen** Gesichtspunkten erfolgen. Generell können Sie davon ausgehen, dass es die ideale Rechtsform für Ihr Unternehmen nicht gibt.

Gleichgültig, für welche Form Sie sich entscheiden, Sie müssen Vor- und Nachteile einkalkulieren. Eine ganz bestimmte Rechtsform, die heute die beste ist, muss dies nicht auf Dauer bleiben.

Folgende Aspekte sollten Sie bei der Wahl der Rechtsform bedenken:[124]

- Haftung und Risikoverteilung,
- Geschäftsführung und Vertretung,
- Gewinn- und Verlustverteilung,
- Möglichkeiten der Eigen- und Fremdfinanzierung,
- Überschaubarkeit und Handhabung der Rechtsform,
- Kosten der Gründung,
- Möglichkeiten zur Nachfolgeregelung,
- steuerliche Gesichtspunkte,
- eventuelle handwerksrechtliche Voraussetzungen.

Unternehmensgründer entscheiden sich häufig für das **Einzelunternehmen**, der Übergang in eine andere Rechtsform erfolgt oftmals später. In Deutschland sind 70% aller Unternehmen Einzelunternehmen, bei Teilzeit-Selbstständigen sind es sogar 85%.[125]

Nachfolgend soll Ihnen ein kurzer Überblick über die Kennzeichen der wichtigsten Rechtsformen von Unternehmen gewährt werden. Gesellschaftsrecht ist eine durchaus komplizierte Angelegenheit. Sie sollten deshalb bei Ihrer Entscheidungsfindung für eine Rechtsform nach Möglichkeit einen kompetenten Berater einbinden.[126]

Das Einzelunternehmen
Ein Einzelunternehmen entsteht ganz automatisch, wenn Sie allein ein Geschäft eröffnen. Es gibt nur einen Betriebsinhaber. Diese Rechtsform eignet sich insbesondere zum Einstieg ins Geschäftsleben. Niemand schreibt Ihnen vor, wie viel Startkapital Sie mitbringen müssen. Niemand redet Ihnen in Ihre Pläne und Geschäfte rein. Dafür haften Sie auch mit Ihrem Privatvermögen (keine Haftungsbeschränkung) und haben deshalb ein hohes Ansehen bei Banken (relativ hohe Kreditwürdigkeit).

Die Gesellschaft bürgerlichen Rechts (GbR)
Die Form der Gesellschaft bürgerlichen Rechts, auch BGB-Gesellschaft genannt, ist geeignet für Partner, die gemeinsam mehr Eigenkapital aufweisen oder zusammen mehr Fähigkeiten besitzen. Die Kennzeichen entsprechen ansonsten im Wesentlichen denen des Einzelunternehmens. Ein schriftlicher Gesellschaftsvertrag ist nicht vorgeschrieben, aber empfehlenswert, um Streitereien zwischen den Partnern zu vermeiden. Bedenken Sie, dass Sie bei dieser Rechtsform jeweils unbeschränkt für die gemeinsam eingegangenen Verbindlichkeiten haften. Wenn Ihr Partner eine Rechnung nicht mehr bezahlen kann, müssen Sie dafür gerade stehen.[127]

Die Offene Handelsgesellschaft (OHG)
Wenn Sie mit einem Partner ein Handelsgeschäft eröffnen wollen, kann die Offene Handelsgesellschaft (OHG) die richtige Rechtsform für Sie sein. Allerdings können Kleingewerbetreibende diese Rechtsform nicht wählen. Bei der OHG wird kein Mindestkapital verlangt. Für Verbindlichkeiten haften die Gesellschafter neben ihrem Gesellschaftsvermögen auch mit ihrem Privatvermögen. Wegen dieser Bereitschaft zur persönlichen Haftung steht eine OHG bei Kreditinstituten und Geschäftspartnern in hohem Ansehen.

Die Kommanditgesellschaft (KG)
Die Kommanditgesellschaft (KG) besteht aus mindestens einem Komplementär und mindestens einem Kommanditisten. In einer KG führen Sie als Komplementär ganz alleine die Geschäfte. Die Kommanditisten stellen lediglich ihr Kapital bereit und beteiligen sich damit finanziell am Unternehmen. Sie haften dann auch nur in der Höhe ihrer Einlagen. Der Komplementär dagegen behält in der Regel alleiniges Entscheidungsrecht und haftet dafür auch mit seinem gesamten Privatvermögen.

Für alle bisher dargestellten Personengesellschaften (Einzelunternehmer, GbR, OHG und KG) gilt ein gewerbesteuerlicher Freibetrag von 24.500 Euro, d.h. es unterliegt nur der darüber hinaus gehende Jahresgewinn (im Sinne des Gewerbesteuerrechts) der Gewerbesteuer. Dennoch müssen Sie auch bei kleineren Jahresgewinnen eine Gewerbesteuererklärung abgeben.

Die Gesellschaft mit beschränkter Haftung (GmbH)
Bei der GmbH sind die Gründungsformalitäten deutlich aufwendiger als bei den genannten Personengesellschaften. Es kann einen oder mehrere Gesellschafter geben, von denen einer oder mehrere als Geschäftsführer aktiv sind. Die Haftung der Gesellschaft entspricht der Höhe der Kapitaleinlagen, die ihre Gesellschafter insgesamt geleistet haben. Dies müssen mindestens 25.000 Euro sein, wobei auch Sachwerte eingebracht werden können. Wenn diese Einlage geleistet ist, haftet kein Gesellschafter

mehr mit seinem Privatvermögen. Aber: Kreditgeber achten meist darauf, dass ihnen bei der Aufnahme von Krediten private Sicherheiten angeboten werden. Auch müssen sich die Gesellschafter oft für die Rückzahlung der von der GmbH aufgenommenen Kredite verbürgen und haften dann doch mit ihrem Privatvermögen. Wer in der GmbH das Sagen haben will, muss per Vertrag zum Geschäftsführer bestellt sein. Wer seine Führungsrolle in einer GmbH sicherstellen will, sollte mehr als 50 Prozent der oben erwähnten Einlagen gewähren!

Die Ein-Mann-GmbH
Ein Einzelunternehmer kann seinen Betrieb durch eine notariell beurkundete Erklärung in eine GmbH, und damit von einer Personengesellschaft in eine Kapitalgesellschaft umwandeln. In dieser sogenannten Ein-Mann-GmbH sind die Vorteile eines Einzelunternehmers mit denen der GmbH vereint: Der Einzelunternehmer ist zwar Chef im eigenen Haus, führt nun aber als Angestellter des eigenen Unternehmens die Geschäfte und haftet nur noch in Höhe des Gesellschaftsvermögens, nicht jedoch mit dem Privatvermögen. Natürlich leidet darunter die Kreditwürdigkeit.

Die Unternehmergesellschaft (UG)
Wer die Vorteile einer GmbH nutzen möchte, das dafür notwendige Gründungskapital aber nicht aufbringen will oder kann, hat die Möglichkeit, eine Unternehmergesellschaft (UG) zu gründen. Für die Unternehmergesellschaft ist lediglich ein Mindestkapital von 1 Euro vorgeschrieben, was praktisch jedoch keinen Sinn macht, da das Eigenkapital dann ja bereits mit der Gewerbeanmeldung völlig aufgezehrt wäre (und nicht nur das). Zudem bestehen Grenzen bzgl. der Art und der Anzahl der Gesellschafter, und auch die Gewinnverwendung ist gesetzlich geregelt, denn ein Viertel des Jahresgewinns muss in der UG verbleiben und darf nicht ausgeschüttet werden, bis das Mindestkapital einer GmbH von 25.000 Euro erreicht ist. Dennoch kann die UG eine Einstiegsrechtsform in die Selbstständigkeit sein, gerade für den kleinen Einstieg in die Unternehmenswelt.

Die kleine Aktiengesellschaft
Die kleine AG ist eine Gesellschaft mit einer „kleinen" Zahl von Anteilseignern, muss jedoch keine kleine Gesellschaft, gemessen an Umsatz oder Arbeitnehmerzahl sein. Auch Existenzgründer können eine kleine AG gründen. Weitere Anleger können durch die Ausgabe von Belegschaftsaktien oder durch die Aufnahme von Kunden als Gesellschafter beteiligt werden.

Die Partnerschaftsgesellschaft (PartG)
Die Partnerschaftsgesellschaft ist eine relativ neue Rechtsform NUR für **Freie Berufe**, die eigenverantwortlich mit Partnern zusammenarbeiten wollen. Sie hat vieles mit der OHG gemeinsam. Berufsgruppen, denen die Rechtsform der GmbH verwehrt oder zu aufwendig ist, werden begünstigt. Diese Form ist auch für Kooperationen unterschiedlicher Freiberufler geeignet. Die Partnerschaftsgesellschaft haftet mit ihrem Geschäftsvermögen und dem Privatvermögen der Gesellschafter. Freiberufler, deren Haftung per Berufsgesetz oder -verordnung beschränkt ist, müssen eine Haftpflichtversicherung abschließen. Außerdem muss die Gesellschaft in das Partnerschaftsregister beim Amtsgericht eingetragen werden.

44. Welchen Namen darf Ihr Unternehmen haben?

Der Name eines Unternehmens heißt **Firma**. Das ist für Sie vielleicht neu, da in der Umgangssprache der Begriff *Firma* häufig gleichbedeutend zum Begriff *Unternehmen* genutzt wird, tatsächlich ist Firma jedoch nur ein anderes Wort für den Namen des Unternehmens. Und bei der Namensgebung sind Sie grundsätzlich frei, müssen aber, wie bei der Namensgebung für Ihre Kinder, dennoch ein paar Regeln einhalten:

Ihre Firma muss so gewählt werden, dass **keine Verwechslungsgefahr** mit anderen Unternehmen besteht, d.h. der Name muss eindeutig sein. Wenn Sie mit Nachnamen Schmidt heißen, dürfen Sie Ihre Bäckerei durchaus Bäckerei Schmidt nennen, auch wenn es davon in Deutschland bestimmt eine ganze Menge gibt. Wenn es aber im selben Ort bereits eine Bäckerei Schmidt gibt, dann müssen Sie Ihrem Unternehmen einen anderen Namen geben, damit es nicht zu Verwechslungen kommt. Ohnehin müssen Sie sich in diesem Fall ins Handelsregister eintragen lassen, denn für Einzelunternehmen (ohne Handelsregistereintrag) gilt: Die Firma muss Ihren Vor- und Nachnamen tragen, darf aber um eine Geschäftsbezeichnung (z.B. Bäckerei) ergänzt werden, wobei die Geschäftsbezeichnung durchaus auch einen Fantasienamen enthalten darf. Ihre Bäckerei darf also auch *Vollkornkost Thorsten Schmidt* heißen.

Vielleicht wollen Sie aber auch gar nicht, dass Ihr persönlicher Name in der Firma Ihres Unternehmens erscheint. Dann müssen Sie sich auf jeden Fall im Handelsregister eintragen lassen, damit Ihr Unternehmen identifizierbar ist. Das gilt ohnehin für alle Kapitalgesellschaften wie z.B. für die UG oder die GmbH, aber auch für OHG's und KG's.

Außerdem dürfen Sie bei der Namensgebung die anderen Geschäftspartner und die Öffentlichkeit nicht täuschen. Sie dürfen nicht das Kürzel GmbH mit in die Firma aufnehmen, wenn Sie gar keine Gesellschaft mit beschränkter Haftung sind. Und Sie dürfen Ihr Unternehmen natürlich auch nur dann als Bäckerei Thorsten Schmidt bezeichnen, wenn Ihr Unternehmen auch tatsächlich eine Bäckerei ist.

Achten Sie außerdem noch darauf, dass es möglich ist, einen Namen als Wort-Marke oder als Wort-Bild-Marke zu schützen. Die Kosten dafür betragen etwa 300 Euro (ggf. zuzüglich Anwaltskosten). Wenn Ihr Unternehmen in eine Branche fällt, für die Ihr Wunschname bereits geschützt ist, dürfen Sie diesen nicht verwenden. Geschützt werden können aber ohnehin nur Namen mit Unterscheidungskraft. Zu diesem Thema können Sie sich beim Markenregister des Deutschen Patent- und Markenamtes kostenlos informieren.[128]

45. Benötigen Sie eine Eintragung ins Handelsregister?

Das Handelsregister wird vom Amtsgericht (seit 2007 elektronisch) geführt und ist ein Verzeichnis **aller** Kaufleute. Ob eine (grundsätzlich notariell beglaubigte) Eintragung ins Handelsregister notwendig ist (ob die Kaufmannseigenschaft gegeben ist), hängt einerseits vom Umfang des Unternehmens und andererseits von der gewählten Rechtsform ab.[129]

Kaufmann ist, wer ein Handelsgewerbe betreibt (§1 Abs. 1 HGB), und das ist **jeder** Gewerbebetrieb mit Ausnahme der Fälle, in denen das Unternehmen keinen kaufmännisch eingerichteten Geschäftsbetrieb erfordert (§1 Abs. 2 HGB). Diese Unternehmen gelten als Kleingewerbetreibende, und der Kleingewerbetreibende wird einer Privatperson gleichgestellt. Der Kleingewerbetreibende hat aber die Möglichkeit, sich freiwillig ins Handelsregister einzutragen und wird damit dann zum Kaufmann.[130]

Land- und Forstwirte brauchen sich nicht ins Handelsregister eintragen zu lassen. Sie können dies allerdings unter der Voraussetzung tun, dass Ihr Betrieb so groß ist, dass er einen in kaufmännischer Weise eingerichteten Geschäftsbetrieb erfordert.

Kapitalgesellschaften (GmbH, AG, KGaA) sind grundsätzlich Kaufleute und müssen ins Handelsregister eingetragen werden; wohlgemerkt: die Gesellschaften sind Kaufleute, nicht deren Gesellschafter. Die **Personengesellschaften** OHG und KG werden mit dem Abschluss des Gesellschaftsvertrags und der Aufnahme des Geschäftsbetriebs Kaufleute. Bei der OHG sind auch alle Gesellschafter Kaufleute, bei der KG nur die Komplementäre.[131]

46. Haben Sie eine Vorstellung davon, ob und wie viel Personal Sie benötigen?

Auf Dauer kommen die wenigsten Unternehmer ohne geeignetes **Personal** aus. Doch wie lässt sich solches finden? Und wann ist das Personal überhaupt geeignet?

- Welche Aufgaben soll die neue Arbeitskraft übernehmen?
- Welche Qualifikationen, Erfahrungen und Kenntnisse braucht die neue Arbeitskraft?
- Welche zusätzlichen Kosten entstehen durch die neue Arbeitskraft?
- Welche Leistungen sind wie zu vergüten?
- Wie kann die neue Arbeitskraft motiviert und an das Unternehmen gebunden werden?

Unternehmensgründer stellen zunächst einen kurzen *Personalbedarfsplan*, die *Stellenbeschreibungen* und die *Anforderungsprofile* der Mitarbeiter zusammen:

- Wie viele und welche Stellen sind zu besetzen?
- Was müssen die Stelleninhaber tun?
- Welche Kenntnisse bzw. welche Ausbildung benötigen die Stelleninhaber?
- Welche geistigen und körperlichen Fähigkeiten sollten die Mitarbeiter mitbringen?

Häufig werden neue Mitarbeiter über **Stellenanzeigen** gefunden. Dabei ist darauf zu achten, dass die Anzeige auch die Präsenz am Markt offenbart. Daher sollte man anonyme Chiffreanzeigen vermeiden, soweit nicht besondere Gründe vorliegen. Stellenanzeigen besitzen auch einen **Werbeeffekt**. Zu verwenden sind deshalb die visuellen Gestaltungselemente Firmenzeichen, Schriftzug und Logo in der Anzeige.

Wichtig ist auch die sorgfältige Vorbereitung auf das Vorstellungsgespräch. Besonders die ersten Mitarbeiter sind bedeutsam für einen erfolgreichen Start des Unternehmens.

Einen Orientierungsmaßstab für die Planung des Personalbedarfs liefern Betriebsvergleiche, die u.a. die Arbeitsleistung eines produktiv Beschäftigten erfassen. Beispiele für die Jahresarbeitsleistung (im Sinne von benötigter Umsatz, das ist nicht der Verdienst des Beschäftigten!) je produktiv Beschäftigtem sind:

- Bäcker: 85.000 – 110.000 Euro
- Schreiner: 80.000 – 90.000 Euro
- Metallbau: 70.000 – 90.000 Euro
- Heizung/Sanitär: 90.000 – 100.000 Euro

Wer Mitarbeiter einstellt, schließt einen schriftlichen Arbeitsvertrag ab. Alle Mitarbeiter müssen bei der Krankenkasse zur Renten-, Kranken- und Arbeitslosenversicherung und bei der Berufsgenossenschaft angemeldet werden. Außerdem sind die Regelungen

- des Betriebsverfassungsgesetzes,
- der Arbeitszeitordnung (Arbeitszeiten, Pausenzeiten),
- der Arbeitsstättenverordnung (Gestaltung der Arbeitsplätze),
- des Bundesurlaubsgesetzes (Erholungsurlaub),
- des Berufsbildungsgesetzes (Ausbildung),
- des Kündigungsschutzgesetzes

und weitere Vorschriften und Gesetze einzuhalten.[132] Das Einstellen von Mitarbeitern ist eine **verantwortungsvolle Aufgabe**!

47. Wissen Sie, was zu tun ist, wenn Sie Mitarbeiter und Mitarbeiterinnen einstellen wollen?

Folgende Formalitäten sind bei bzw. vor Arbeitsbeginn zu erledigen:

- Erstellung des Arbeitsvertrags,
- Lohnsteuerkarte des Arbeitnehmers in Empfang nehmen,
- Sozialversicherungsausweis in Empfang nehmen,
- Mitgliedschaft in der Krankenkasse klären,
- Arbeitnehmer bei der Krankenkasse anmelden,
- bei ausländischen Arbeitnehmern (nicht EU) Aufenthalts- und Arbeitserlaubnis vorlegen lassen.

Im **Arbeitsvertrag** sollten zumindest geregelt sein:

- Name und Anschrift der Vertragspartner,
- Beginn (und Dauer) des Arbeitsverhältnisses,
- Probezeit und Kündigungsfristen,
- Art der Tätigkeiten,
- Monatsgehalt und Sonderzuwendungen,
- Arbeitszeiten und Überstundenregelung,
- Urlaubsregelungen, Regelungen zu Nebentätigkeiten und Wettbewerbsverbot,
- Datum und Unterschrift.

Auch dem Sektor der **Mitarbeiterführung** ist genügend Aufmerksamkeit zu widmen. Nur motivierte Mitarbeiter sind gute Mitarbeiter, und häufig untergräbt zu viel Autorität gerade die Motivation. Erklärungsmodelle zielen darauf ab, dass die Motivation dadurch gesteigert werden kann, indem die Bedürfnisse der Arbeitnehmer berücksichtigt werden. **Anreize zur Motivation** von Arbeitnehmern liefern:

- Zahlung eines gerechten Lohns und Gewährung gerechter betrieblicher Sozialleistungen,
- Gewährung von Erfolgs- oder Unternehmensbeteiligungen,
- gutes Betriebsklima und angemessener Führungsstil,
- Förderung der Gruppenzugehörigkeit und Durchführung von Betriebsveranstaltungen,
- Schaffung von Ausbildungs- und Aufstiegsmöglichkeiten,
- adäquate Arbeitsplatzgestaltung und
- sinnvolle Arbeitsinhalte.

Gerade die **Vergütung** kann durchaus phantasievoll gestaltet werden, gibt es doch eine Reihe von steuerlich begünstigten Zuwendungen, die der Höhe nach jedoch eng begrenzt sind. Im Einzelfall hilft hier ein Steuerberater weiter. Folgende Zuwendungen können in Betracht gezogen werden:

- Arbeitsessen aus betrieblichem Anlass,
- Betriebsfeiern,
- Abfindungen (in Abhängigkeit von Alter und Dauer der Betriebszugehörigkeit),
- Direktversicherungen,
- Heiratsbeihilfen bei Eheschließungen,
- Geburtshilfen,
- Notstandsbeihilfen,
- Kindergartenzuschüsse (zusätzlich zum vereinbarten Lohn bzw. Gehalt),
- Sachprämien aus Kundenbindungsprogrammen,
- Jubiläumszuwendungen (in Abhängigkeit der Betriebszugehörigkeit),
- Sonn- und Feiertagszuschläge.

Wer auf ein gesundes Betriebsklima achtet, erhöht die Zufriedenheit der Arbeitnehmer und unterstützt langfristig gute Arbeitsleistungen.

Für **geringfügig Beschäftigte** gelten folgende Regelungen:

Für Arbeitnehmer, die maximal 450 Euro Arbeitsentgelt pro Monat erhalten (sogenannte Minijobber), muss der Arbeitgeber pauschal 15% des Arbeitsentgeltes an die Rentenversicherung und 13% an die Krankenversicherung (entfällt bei privat versicherten Minijobbern) bezahlen. Hinzu kommen weitere Umlagen in Höhe von insgesamt 0,88% der Vergütung und eine Pauschalsteuer von 2%, so dass der Arbeitgeber Kosten von rund 560 Euro hat (bei einem Arbeitsentgelt von 450 Euro), zuzüglich von Beiträgen zur Berufsgenossenschaft.

Kurzfristige Beschäftigung:

Wer innerhalb von einem Jahr nicht länger als 2 Monate beschäftigt ist bzw. insgesamt höchstens 50 Tage arbeitet und dabei nicht mehr als 400 Euro pro Monat (also 4.800 Euro pro Jahr) verdient, ist von der Sozialversicherung befreit. Für die pauschale Lohnsteuererhebung darf der Verdienst aber 12 Euro pro Stunde nicht überschreiten.

Alle Arbeitsverhältnisse müssen der Sozialversicherung gemeldet werden, auch geringfügige Beschäftigungsverhältnisse mit einem monatlichen Verdienst bis zu 450 Euro. Auch geringfügig Beschäftigte in privaten Haushalten sind in das Meldeverfahren einbezogen. Dazu benötigen die privaten Haushalte wie andere Arbeitgeber eine Betriebsnummer, die das zuständige Arbeitsamt erteilt.

Die vierte Planungsphase: Können Sie sich überhaupt die Unternehmensgründung leisten?

Bevor Sie die Frage beantworten, ob es sich bei der Unternehmensgründung um eine lohnende Investition handelt, müssen Sie zunächst einmal klären, wie viel Geld Sie überhaupt benötigen, um Ihre Unternehmensidee umsetzen zu können und wo dieses Geld herkommen soll. Denken Sie dabei nicht nur an die Ausgaben, die Ihnen bei Gründung entstehen, auch im laufenden Geschäftsbetrieb entsteht ein **Kapitalbedarf**, der gedeckt werden muss. Erst wenn feststeht, dass Sie sich Ihren Finanzbedarf auch leisten können, beginnt die Rechnung, die Sie letztlich dazu bringen soll, die Frage zu beantworten, ob sich Ihr Unternehmen auch lohnt. Dazu müssen Sie abschätzen, welche Umsätze entstehen werden und diese dann den erwarteten Kosten gegenüberstellen. Und selbst dann, wenn sich daraus ein positiver Überschuss ergibt, müssen Sie auch noch sicherstellen, dass Sie zu jeder Zeit liquide sein werden. Die vierte Planungsphase ist somit besonders aufwendig, da sehr viele Teilrechnungen zu erstellen sind, **die sich gegenseitig beeinflussen**. Das macht zwar viel Arbeit, ist aber nicht besonders schwierig. Die eigentliche Schwierigkeit wird letztlich vor allem darin bestehen, alle Teilrechnungen mit **plausiblen Daten** und Werten auszustatten. Und das beginnt schon bei der Abschätzung der notwendigen Investitionen.

48. Welche Teilrechnungen weist der Zahlenteil Ihres Business Plans auf?

Der Zahlenteil Ihres Business Plans umfasst den

- Investitionsplan,
- Kapitalbedarfsplan,
- Finanzierungsplan,
- Absatz- und Umsatzplan,
- Kostenplan,
- Rentabilitätsplan und den
- Liquiditätsplan

hinsichtlich der ersten 3 (in seltenen Fällen auch 5) Geschäftsjahre.

Der **Investitionsplan** fasst die Anfangsinvestitionen und die geplanten Investitionen der ersten Geschäftsjahre zusammen. Er stellt zudem die Basis des **Kapitalbedarfsplans** dar, der aber ergänzend auch noch den Kapitalbedarf zur Finanzierung des laufenden Geschäftsbetriebs erhält, sofern dieser nicht durch geplante Umsatzerlöse abgedeckt ist.

Im **Finanzierungsplan** wird dargestellt, welche Eigenkapitalausstattung gegeben ist und wie sich das notwendige Fremdkapital zusammensetzt.

Die Basis des **Umsatzplans** ist der **Absatzplan**, der die Planverkaufsmengen der betrieblichen Leistungen in der zeitlichen Entwicklung beschreibt. Zusammen mit den Planpreisen ergeben sich so die Planumsätze.

Zur Realisation der Planumsätze werden Kosten anfallen, die im Rahmen des **Kostenplans** nach Kostenarten getrennt beschrieben werden.

Aus dem Vergleich von Umsätzen und Kosten entsteht der **Rentabilitätsplan**, aus dem auch hervorgehen sollte, ob und wann mit dem Erreichen des Break-even-Punktes zu rechnen ist (wann wird die Gewinnzone erstmals erreicht?).

Im **Liquiditätsplan** werden schließlich noch Einzahlungen und Auszahlungen gegenüber gestellt, die sich von den Umsätzen und Kosten unterscheiden werden, da es einerseits Sachverhalte gibt, die zu einer Einzahlung führen, ohne dass es sich um einem Umsatz handelt (z.B. die Einlage des Unternehmers in den Geschäftsbetrieb), andererseits nicht alle Kosten zu Auszahlungen führen (z.B. Abschreibungen), aber auch nicht alle Auszahlungen in gleicher Höhe den Kosten entsprechen (z.B. Investitionen in Büro- und Geschäftsausstattung). Da Unternehmen gezwungen sind, liquide zu sein, muss deshalb auch ein Liquiditätsplan erstellt werden.

49. Wie kalkulieren Sie die Wertansätze innerhalb des Zahlenteils des Business Plans?

Jeder Wertansatz Ihres Business Plans muss nachvollziehbau und aussagekräftig sein. Sie sollten sich erst dann zufrieden geben, wenn Sie die Zahlen glaubwürdig und sicher begründen können:[133]

- Beim Zahlenteil Ihres Business Plans handelt es sich um **geschätzte Daten**. Dokumentieren Sie deshalb die Annahmen, die Ihren Planungen zu Grunde liegen und stellen Sie Rechenwege nachvollziehbar dar.
- Der **Planungshorizont** Ihres Business Plans beträgt meist 3 Jahren, in manchen Fällen (z.B. bei großen Vorhaben) kann auch eine Ausweitung auf bis zu 5 Jahre sinnvoll sein. Im Idealfall erreichen Sie vor Ablauf Ihres Planungshorizontes die Gewinnschwelle (den Break-even-Punkt). Gewinne vom ersten Tag an sind in der Regel nicht zu erwarten.
- Das Schreiben eines Business Plans ist ein Prozess. Bedenken Sie, dass jede Änderung im Textteil auch zu einer Änderung im Zahlenteil führen kann. Und auch Änderungen an einer Stelle im Zahlenteil, können Veränderungen an anderer Stelle im Zahlenteil nach sich ziehen. Achten Sie deshalb auf **Stimmigkeit der Teilpläne**.
- Versuchen Sie, möglichst viele Ihrer Wertansätze zu belegen. Holen Sie Kostenvoranschläge ein, recherchieren Sie Preise oder typische Gehälter für Ihr Personal usw. Und geben Sie im Business Plan **Ihre Quellen** an. Das schafft Vertrauen in Ihre Planzahlen.
- Achten Sie auf die **Verhältnismäßigkeit** Ihrer geplanten Ausgaben und Einnahmen. Unternehmen wachsen. Starten Sie nicht gleich mit einem teuren Sportwagen als Firmenfahrzeug. Sie werden es sich ohnehin erst einmal nicht leisten können.
- Und schließlich: Wer ist der Leser Ihres Business Plans? Schreiben Sie diesen für sich selbst oder für bestimmte externe Adressaten? Gehen Sie auf jeden Fall auf Ihre Ziel-Leserschaft ein, aber bedenken Sie, dass Sie den Plan auf jeden Fall auch erstellen, um festzustellen, ob sich Ihre Geschäftsidee lohnen kann. Bleiben Sie deshalb **authentisch**, und manipulieren Sie Ihre Informationen nicht.

50. Wie rechnen Sie aus, wie viel Kapital Sie benötigen?

Die Kasse muss stimmen. Mögliche Finanzierungsfehler sind:

- Fehlplanung des Kapitalbedarfs,
- Ausstattung mit zu geringem Eigenkapital,
- zu hohe Verbindlichkeiten bei Lieferanten,
- Nutzung von Kontokorrentkrediten für Investitionen,
- öffentliche Finanzierungshilfen werden nicht beantragt.

Die **Finanzplanung** sollte aber nicht nur zu Beginn einer Unternehmensgründung, sondern auch im laufenden Geschäftsverkehr **regelmäßig** erstellt werden! Die langfristige Finanzplanung zeigt, wie die betriebliche Geschäftstätigkeit finanziert werden soll, die kurzfristige dagegen soll die tägliche Zahlungsbereitschaft sicherstellen.

Bedenken Sie: Ein Unternehmen, das bei Kosten von 200.000 Euro pro Jahr Erträge von 250.000 Euro pro Jahr erwirtschaften könnte, ist nicht vor Zahlungsunfähigkeit geschützt, wenn die Zahlungszeitpunkte, die auf den Kosten und Erlösen beruhen, unberücksichtigt bleiben!

Wie viel Kapital benötigen Sie also? Emge empfiehlt folgende Rechnung:[134]

> Investitionen (für Maschinen, PKW, Ladeneinrichtung etc.)
> + Umlaufvermögen (Waren, Rohstoffe, Forderungen)
> + Betriebskosten für x Monate (regelmäßige monatliche Ausgaben für Löhne, Miete etc.)
> + Privatentnahmen für x Monate (zur Deckung der Lebenshaltungskosten)

In diesem Zusammenhang schlägt Emge vor, die Betriebskosten für 6 Monate und die Privatentnahmen sogar für 12 Monate einzuplanen.

Eine detaillierte Zusammenstellung des Kapitalbedarfs finden Sie bei Janson:[135]

- Neben den **langfristigen und mittelfristigen Investitionen**[136] werden dort die Gründungsnebenkosten, die Betriebsmittel und der Lebensunterhalt der Familie als Quellen des Kapitalbedarfs genannt.
- Zu den **Gründungsnebenkosten** zählen Mietkautionen, Anmelde- und Genehmigungsgebühren, Beratungskosten, Notar- und Registerkosten sowie Aus- und Weiterbildungskosten in Zusammenhang mit der Unternehmensgründung.
- Der **Kapitalbedarf für Betriebsmittel** ergibt sich aus Anlaufkosten und vor allem der Vorfinanzierung von Aufträgen oder Forderungen.

51. Welche Betriebsmittelausstattung benötigen Sie?

Ohne die **Betriebsmittelausstattung** ist kein Unternehmen lebensfähig. Unter Betriebsmittelbedarf versteht man vor allem Personal-, Raum-, Werbe- und Vertriebs-, Fahrzeug-, Büro- und Verwaltungs-, Versicherungs- sowie Finanzierungskosten. Auch ein kalkulatorisches Unternehmerentgelt ist zu berücksichtigen.

Für **regelmäßige Betriebskosten** wie Gehälter oder Mieten sollten am besten die zu erwartenden Ausgaben für einen Zeitraum von **mindestens drei Monaten** bestimmt werden. Gerade in der ersten Zeit, wenn noch keine regelmäßigen Einnahmen vorliegen, müssen diese Kosten anderweitig finanziert werden.

Aus den Betriebskosten pro Monat können Sie die **durchschnittlichen Betriebskosten** pro (Arbeits-) Tag ermitteln, indem Sie die monatlichen Betriebskosten durch die Anzahl der (Arbeits-)Tage dividieren. Überprüfen Sie nun, wie lange das Kapital durchschnittlich in Ihrem Unternehmen gebunden sein wird, bis es durch den Verkauf Ihrer Leistungen wieder in ihr Unternehmen zurückgespült wird.

Beispiel:

Ihre monatlichen Ausgaben (bei 20 Arbeitsarbeitstagen) für Handelswaren betragen 10.000 Euro, also 500 Euro pro Arbeitstag. Von dem Zeitpunkt, an dem Sie diese Handelswaren bei Ihrem Lieferanten bezahlen, bis zu dem Zeitpunkt, an dem Ihre Kunden die von Ihnen gestellte Rechnung bezahlen, vergehen (planmäßig) 30 Arbeitstage. Daraus ergibt sich dann ein (durchschnittlicher) Betriebsmittelbedarf von 15.000 Euro für die Handelswaren. Bedenken Sie aber, dass es sich dabei nur um Durchschnittswerte handelt, sie müssen also einen Puffer einbauen, um auch eine höhere Kapitalbindung abzufedern.

Beispiel zur Ermittlung des Betriebsmittelbedarfes:

I.	**Betriebskosten**
1.	Materialkosten
2.	+ Raumkosten (Miete)
3.	+ Energiekosten (Strom, Heizung)
4.	+ Versicherungen, Beiträge, Gebühren
5.	+ Personalkosten
6.	+ Sachkosten
7.	+ Unternehmerlohn
8.	+ Zinsaufwand
9.	= Gesamte Betriebskosten
II.	**Zeitraum von Auftragserstellung bis**
10.	Durchschnittliche Produktionsdauer
11.	+ durchschnittlicher Zeitbedarf zur
12.	+ durchschnittliche Dauer bis zum
13.	+ Reserve für ungeplante Verzögerungen
14.	= Kapitalbindungsdauer
III.	**Betriebsmittelbedarf**
15.	Kapitalbindungsdauer
16.	mal Betriebskosten pro Arbeitstag
17.	= durchschnittlicher Betriebsmittelbedarf
18.	mal Sicherheitsfaktor
19.	= Betriebsmittelbedarf
IV.	**Notwendiger Kreditrahmen bei der Bank**
20.	Betriebsmittelbedarf aus 19.
21.	- zinsloser Lieferantenkredit
22.	- durchschnittliche Kundenzahlungen
23.	= Notwendiger Kreditrahmen

Tabelle 5: Ermittlung des Betriebsmittelbedarfs

52. Wie erstellen Sie einen Investitionsplan?

Um den Investitionsplan erstellen zu können, muss zunächst eine Liste der **Gründungsinvestitionen** vorliegen. Die Liste sollte alle Investitionstätigkeiten erfassen, die für den Start des Unternehmens erforderlich sind. Zu den Investitionstätigkeiten gehören somit alle einmaligen Ausgaben, die notwendig sind, um die Leistungsbereitschaft des Unternehmens herzustellen.

Die Summe der Investitionen entspricht zunächst dem Anlagevermögen. Dazu gehören dann der Kaufpreis von Grundstücken und Gebäuden, der Planungs- und Herstellungsaufwand für die Gebäude, Umbaumaßnahmen sowie Renovierungen der Gebäude, die Anschaffung von Maschinen und Geräten, die Installation und die Inbetriebnahme der Anlagen, die Geschäfts- und Ladeneinrichtung, alle Fahrzeuge, Patente, Lizenzen und Konzessionen sowie eventuelle Leasinganzahlungen auf Investitionsgüter.

Auch die zum **Umlaufvermögen** gehörende Ausstattung des Waren- und Materiallagers muss in den Investitionsplan aufgenommen werden.

Zusammenfassend kann der Investitionsplan aus folgenden Positionen bestehen:[137]

Langfristige Investitionen:

- Grundstücke und Gebäude inkl. Renovierungskosten und Nebenkosten
- Betriebsausstattung (Maschinen, Büro- und Geschäftsausstattung, Laborausstattung)
- Betriebsfahrzeuge (auch Spezialfahrzeuge)
- Material- und Warenerstausstattung (Regale, Paletten, Förder- und Transportsysteme)
- Kaufpreis für das Unternehmen (bei Betriebsübernahmen)
- Schutzrechte, Patente und Lizenzen
- gründungsbedingte Einmalkosten (Markteinführungskosten, Beratungskosten, Gutachten, Gewerbeanmeldung, Notarkosten, Qualifizierungs- und Zertifizierungskosten)

Mittelfristige Investitionen:

- Ersatz des Material- und Warenlagers
- Zu finanzierende Forderungsbestände
- Unvorhersehbare Ersatzbeschaffungen

Arnold empfiehlt eine tabellarische Übersicht der Investitionen inkl. Erläuterungen und grafischer Darstellungen zur Verdeutlichung des Bedarfs.[138]

Beispiel für einen Investitionsplan (langfristiger Kapitalbedarf)

		Jahr 1	Jahr 2	Jahr 3
1.	Übernahmepreis (ohne Warenanteil)			
2.	+ Grundstücks- (und Gebäude)preis			
3.	+ Erschließung			
4.	+ Bau- und Umbaukosten			
5.	+ Betriebliche Anlagen und Maschinen			
6.	+ Werkzeuge			
7.	+ Laden- und Geschäftseinrichtung			
8.	+ Fuhrpark			
9.	+ Büroinventar/ EDV			
10.	+ Material, Ware, Roh-, Hilfs- und Betriebsstoffe			
11.	+ Patent-, Lizenz- und Franchisegebühren			
12.	+ Sonstige Investitionen			
13.	= **Summe der Investitionen**			

Tabelle 6: Investitionsplan

53. Welche Gründungskosten werden entstehen?

In Abhängigkeit von der Rechtsform des Unternehmens fallen **Gründungskosten** in unterschiedlicher Höhe an. Dies hängt vor allem mit den jeweiligen Gründungsformalitäten zusammen, die jeweils zu erledigen sind. So ist bei der Gründung für alle Unternehmensformen die kostenpflichtige Eintragung ins Gewerberegister notwendig.

Wird eine **Personengesellschaft** gegründet, muss zusätzlich ein Gesellschaftsvertrag aufgesetzt werden. Bei OHG's und KG's erfolgt außerdem zwangsläufig eine kostenpflichtige **Eintragung ins Handelsregister**.

Für **Kapitalgesellschaften** ist neben der Eintragung ins Gewerberegister und ins Handelsregister der Abschluss eines Gesellschaftsvertrages mit **notarieller Beurkundung** notwendig. Zusätzlich sind die Kosten für eine eventuell erforderliche Erlaubnis zu berücksichtigen (z.B. bei Maklern; Gaststätteninhabern, Waffenhändlern, Bewachungsunternehmen etc.).

Zur Gründungsplanung gehört auch die exakte Ermittlung des kurz- und langfristigen Kapitalbedarfs. Dieser wird durch Eigen- und Fremdkapital gedeckt. Fremdkapital wird im Wesentlichen durch Bankkredite und durch zinsgünstige öffentliche Förderprogramme des Bundes und der Länder bereitgestellt.

Generell empfiehlt es sich zu prüfen, ob die Investition in der vorgesehenen Höhe überhaupt notwendig ist:

- Es gibt die Möglichkeit, **Lizenzen** zu erwerben, statt die Güter oder Rechte gleich zu kaufen. In dem Fall müssen die Lizenzgebühren, die zu zahlen sind, mit den vermiedenen Investitionskosten verglichen werden.
- Investitionen sollten nach Möglichkeit **in kleineren Schritten** erfolgen. Wenn nämlich nach den ersten Schritten offensichtlich wird, dass die angestrebte Rendite nicht zu erzielen ist, beschränkt sich der Verlust auf die bisherigen Investitionen.
- Auf jeden Fall sind **öffentliche Fördermittel** zu nutzen. Auf diese Weise ist das eigene Investitionsrisiko zu minimieren. Es kann auch interessant sein, Leasing-Verträge abzuschließen. Sehr viele Investitionsgegenstände sind inzwischen leasingfähig.
- Eventuell lohnt es sich auch, **Investitionspartner** zu suchen. Das können einerseits Kunden sein – wenn die Beziehung zum Kunden langfristig angelegt ist – andererseits aber auch Mitbewerber. So entwickeln teilweise Automobilkonzerne neue Techniken gemeinsam, damit sie die Entwicklungskosten auf sich aufteilen können.

Grundsätzlich sollten immer Sparüberlegungen angestellt werden:

- Büroeinrichtungen oder Maschinen kosten nur einen Bruchteil des Neuwerts, wenn sie **gebraucht** gekauft werden.
- Manche Unternehmen sparen Steuern, indem sie ihre Immobilien verkaufen und sie anschließend mieten (Sale-and-lease-back).
- Teilweise lohnt sich die Nutzung des Angebotes von Dienstleistungsunternehmen. So gibt es zum Beispiel Büroservice-Unternehmen, die einen Empfangs- und Sekretariatsservice bieten, der dann die Einrichtung entsprechender Räume und die Einstellung von dafür notwendigem Personal ersparen kann.

Zu den Gründungskosten zählen auch die Ausgaben für Beratungen, Schulungen und Weiterbildungen im Vorfeld der Gründung.

54. Welche Finanzierungsphasen sind bei einer Existenzgründung zu unterscheiden?

Im Rahmen einer Unternehmensgründung werden verschiedene Phasen durchlaufen, denen korrespondierend **Finanzierungsphasen** gegenüberstehen. Grundsätzlich unterscheidet man zwischen der **Frühphase bzw. Early Stage**, die die (Pre-) Seed- und die Start-up-Phase einschließt. Die Early Stage beschreibt die Phase der Ideenfindung, -formulierung und -umsetzung, d.h. diese Frühphase wird geprägt durch das Generieren einer Unternehmensidee und deren Plausibilisierung in Form eins Businessplans, der Aufschluss über die Umsetzbarkeit und Machbarkeit der Idee geben soll. Abgeschlossen wird die Early Stage durch die konkrete Umsetzung der Unternehmensidee. Auf die Frühphase folgt die **Wachstumsphase bzw. Expansion Stage**, die wiederum die Emerging-Growth- (Wachstumsphase) und die Bridge-Phase beinhaltet.[139] Die letzte Finanzierungsphase stellt die **Later Stage** dar.

Early Stage

(Pre-)Seed-Phase:
Im frühen Stadium findet die faktische Unternehmensgründung noch nicht statt, sondern es handelt sich vielmehr um eine Vorbereitungsphase, in der die vorhandene Unternehmensidee von den Gründern detailliert geplant und in Form eines Businessplans konkretisiert wird. Die Umsetzungsmöglichkeit der Unternehmensgründung wird anhand von Markt-, Akzeptanz- und Machbarkeitsstudien evaluiert, die bereits einen Kapitalbedarf in Form vorgeschalteter Betriebskosten verursachen.[140] Wichtig in dieser Phase ist vor allem die **Ausarbeitung eines fundierten Businessplans,** der als Grundlage für die Verhandlungen mit potenziellen Kapitalgebern essenziell ist.

Start-up-Phase:
Die Start-up-Phase ist dadurch charakterisiert, dass sich die Gründer aufgrund der Faktenlage und der Ergebnisse der Vorbereitungsphase für eine Unternehmensgründung entschlossen haben und diese in einer rechtlichen Gründung testieren. Weiterhin liegt der Fokus dieser Periode u.a. auf der Konzeption einer Aufbau- und Ablauforganisation, der konkreten Entwicklung des Produktes beziehungsweise des Dienstleistungsangebots sowie dem Aufbau einer Vertriebsstruktur.[141]

Um den hohen Kapitalbedarf in dieser Finanzierungsphase zu decken, sind Unternehmensgründer auf die Unterstützung von Kapitalgebern angewiesen. Zur Bereitstellung des Kapitals kommen mehrere Finanzierungsquellen wie z.B. Inkubatoren, Business Angels, Venture Capital aber auch öffentliche Förderprogramme in Frage, die im Buch noch eingehender untersucht werden. Erfolgt das Investment des Kapitalgebers in Form einer Beteiligung an dem neu gegründeten Unternehmen, wird in der Regel eine Gegenleistung vom Investor verlang.

Expansion Stage

Emerging-Growth-Phase bzw. Wachstumsphase:
Kennzeichnend für die Wachstumsphase ist, dass das Unternehmen bereits einen längeren Zeitraum am Markt besteht und die Ausweitung der Geschäftstätigkeit mit Hinblick auf ein langfristiges Unternehmenswachstum beabsichtigt. Diesbezüglich spielt der bis dato generierte **Cash-Flow** eine elementare Rolle für die weitere Finanzierung der erforderlichen Wachstumsinvestitionen. Eine entsprechende Selbstfinanzierung aus den erwirtschafteten liquiden Mitteln stellt dabei eher die Ausnahme dar, vielmehr dient der Cash-Flow als Sicherheit, um perspektivisch weitere Finanzierungsquellen (insbesondere aus dem Bereich der Fremdfinanzierung) zu gewinnen.[142]

Bridge Phase:
In der Bridge Phase liegt der Fokus einerseits auf einer weiteren Marktdurchdringung und andererseits auf der Internationalisierung des Unternehmens, was sich insbesondere auf die internationale Diversifikation des Produktions- und Vertriebssystems bezieht. Start-ups, die überdurchschnittlich hohe Wachstumspotenziale aufweisen, können in dieser Phase einen möglichen Börsengang vorbereiten. Um den Kapitalbedarf eines Börsengangs zu bewerkstelligen, wird eine Überbrückungsfinanzierung (Bridge

Financing) notwendig, wobei als Finanzierungquelle spezialisierte Investmentbanken und Emissionsgesellschaften zum Zuge kommen.[143]

In der abschließenden Finanzierungsphase, der Later Stage, benötigt das Unternehmen Kapital für Sanierungen, Umstrukturierungen und notwendige Investitionen in neue Produkte und Dienstleistungen.[144]

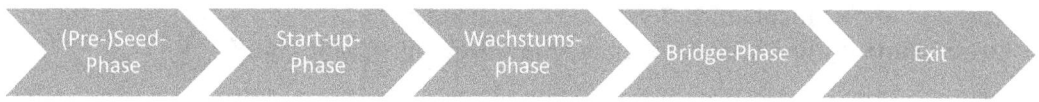

Abbildung 8: Unternehmens -bzw. Finanzierungsphasen[145]

55. Welche grundsätzlichen Finanzierungsmöglichkeiten gibt es?

Die Deckung des Kapitalbedarfs während des Gründungsprozesses durch die Bereitstellung finanzieller Ressourcen ist für die Umsetzung und Dauerhaftigkeit des Unternehmens von entscheidender Bedeutung. Zur Aufnahme der Geschäftstätigkeit sind grundsätzlich Investitionen zum Erwerb von Anlagen/Maschinen, Büroausstattung und Fuhrpark erforderlich, aber auch anfallende Betriebskosten für Löhne und Vorleistungen für Roh-, Hilfs- und Betriebsstoffe müssen vorfinanziert werden. Der sich aus Investitionen und Betriebskosten ergebende Finanzierungsbedarf muss durch eine vom Gründer aus eigenen finanziellen Mitteln getragene Finanzierung und/oder wesentlich häufiger durch eine unternehmensexterne Finanzierung gedeckt werden. Um den Finanzierungsbedarf zu bewerkstelligen, ergeben sich für den Gründer je nach Finanzierungsart verschiedene Alternativen.

Potenzielle Finanzierungsarten im Rahmen einer Unternehmensgründung				
Innenfinanzierung		Außenfinanzierung		
Selbstfinanzierung	Bootstrapping	Eigenkapital	Mezzanine-Kapital	Fremd-kapital
		Gründer, Inkubatoren, Business Angels, Venture Capital, Private Equity	Nachrang-darlehen, stille Beteiligung, Genussscheine	Darlehen, öffentliche Fördermittel

Tabelle 7: Potentielle Finanzierungsarten im Rahmen einer Unternehmensgründung[146]

Beispielsweise werden im Zuge einer Innenfinanzierung erwirtschaftete Umsatzerlöse oder generierte Gewinnrücklagen eingesetzt, um den Finanzbedarf zu decken. Bei den Möglichkeiten der Außenfinanzierung handelt es sich um die Finanzierung durch dritte Kapitalgeber. Grundsätzlich sind folgende Finanzierungsformen zu unterscheiden:

Fremdkapitalgeber:
- Bankdarlehen
- öffentliche Förderprogramme
- Existenzförderungszuschüsse der Bundesagentur für Arbeit

Eigenkapitalgeber:
- Business Angel/ Inkubatoren/ Venture Capital etc.
- Unternehmensgründer investieren eigene private finanzielle Mittel.

Mezzanine-Kapital (=Mischfinanzierungsart mit Eigenkapital- und Fremdkapitalfunktion)
- Genussscheine (eigenkapitalähnlich, sogenannte Equity Mezzanine)
- Stille Beteiligung (eigenkapitalähnlich, sogenannte Equity Mezzanine)
- Nachrangdarlehen (fremdkapitalähnlich, sogenannte Dept Mezzanine)[147]

Es ist festzustellen, dass Unternehmensgründer vor allem in der Startphase nicht die notwendige Innenfinanzierungskraft aufbringen, um aus den unternehmenseigenen, begrenzt zur Verfügung stehendenden Mitteln das notwendige Finanzierungsvolumen aufzubringen. Folglich sind diese in der Regel auf die Finanzmittel dritter Kapitalgeber angewiesen.[148]

56. Welche Kapitalgeber sind in den einzelnen Gründungs- und Finanzierungsphasen wichtig?

In den unterschiedlichen Phasen der Unternehmensgründung existiert jeweils ein Finanzierungsbedarf, für dessen Deckung die Einbeziehung von dritten Kapitalgebern unerlässlich ist. In der Frühphase, der Early Stage, kommen mehrere potenzielle Finanzierungsquellen in Betracht. Das **Bootstrapping** stellt dabei eine mögliche Variante dar, im Rahmen dessen die Gründer auf eigene Ersparnisse und eine finanzielle Unterstützung von Verwandten und Bekannten („Family and Friends") zurückgreifen. Weitere Finanzierungsalternativen stellen **Business Angels** und **Inkubatoren** dar, die dem Unternehmensgründer finanzielle Ressourcen und Know-how zur Verfügung stellen. Als Gegenleistung werden die Kapitalgeber durch die Übertragung von Geschäftsanteilen an dem neu gegründeten Unternehmen beteiligt. Die Start-up-Phase ist dadurch gekennzeichnet, dass durch die Aufnahme der operativen Geschäftstätigkeit mit erheblichen Kostensteigerungen im Vergleich zu (Pre-)Seed-Phase zu rechnen ist. In der Wachstumsphase spielen **Venture Capital** und **öffentliche Fördermittel** eine wichtige Rolle. In der Emerging Growth-Phase, im Rahmen derer die Erreichung des Break-even Punktes angestrebt wird, ist zusätzlich **Private Equity** zur Deckung des Finanzierungsbedarfs erforderlich. Genauso wie bei Business Angels und Inkubatoren handelt es sich bei Capital Venture und Private Equity um eine Unternehmensbeteiligung, bei der der Investor dem Unternehmen Kapital überlässt, im Gegenzug aber Geschäftsanteile verlangt. Dieser „rote Faden" der Beteiligungsfinanzierung – also der Kapitalbereitstellung ohne Rückzahlungsverpflichtung als Gegenleistung für eine Überlassung von Geschäftsanteilen – zieht sich durch den Lebenszyklus des Start-ups. Von diesem Weg weicht vor allem die klassische Fremdkapitalfinanzierung durch Banken ab. Im Gegensatz zur Beteiligungsfinanzierung kommt es Kreditgebern nämlich nicht auf die Überlassung von Geschäftsanteilen, sondern vielmehr auf die **Rückzahlung und Verzinsung des Darlehens** an. Da Banken für die Gewährung eines Kredits in der Regel Sicherheiten verlangen werden, kommt diese Finanzierungsform häufig erst in den Expansion Stages und/oder in den Later Stages in Betracht.[149]

Kapitalgeber in einzelnen Gründungsphasen					
Phasengrob-kategorie	Early Stages		Expansion Stages		Later Stages
Phasendetail-kategorie	(Pre-)Seed-Phase	Start-up-Phase	Wachstums-phase	Bridge-Phase	Exit
Finanzierungs-formen	Inkubatoren, Business Angels, Bootstrapping	Inkubatoren, Business Angels, öffentliche Fördermittel, Venture Capital	öffentliche Fördermittel, Venture Capital, Banken, Private Equity	öffentliche Fördermittel, Venture Capital, Banken, Private Equity	Venture Capital, Banken, Private Equity

Tabelle 8: Kapitalgeber in unterschiedlichen Gründungs- bzw. Finanzierungsphasen[150]

57. Welche Finanzierungsquellen sind in der Gründungsphase besonders wichtig?

Da eine Innenfinanzierung im praktischen Regelfall mangels operativer Erlöse in der Anfangsphase von den Unternehmensgründern nicht bewerkstelligt werden kann, besteht eine **Eigenkapitallücke**, welche durch die Einbeziehung externer Kapitalgeber geschlossen werden muss, um die Überlebensfähigkeit des Unternehmens und somit der Unternehmensidee zu sichern. Die Gründer haben im Rahmen einer **Außenfinanzierung** die Möglichkeit, liquide Mittel in das Unternehmen einzubringen, bzw. die Eigenkapitalbasis, welche für Folgefinanzierungen von elementarer Bedeutung ist, durch die Aufnahme von außerhalb des Unternehmens stehenden Investoren zu stärken.

In der nachfolgenden Abbildung werden beispielhaft für das Jahr 2012 die verschiedenen Finanzierungsbedarfe aufgezeigt, die im Rahmen von Unternehmensgründungen aufgetreten sind, und deren Anteil in Bezug auf die Gesamtanzahl an Unternehmensgründungen dargestellt.[151]

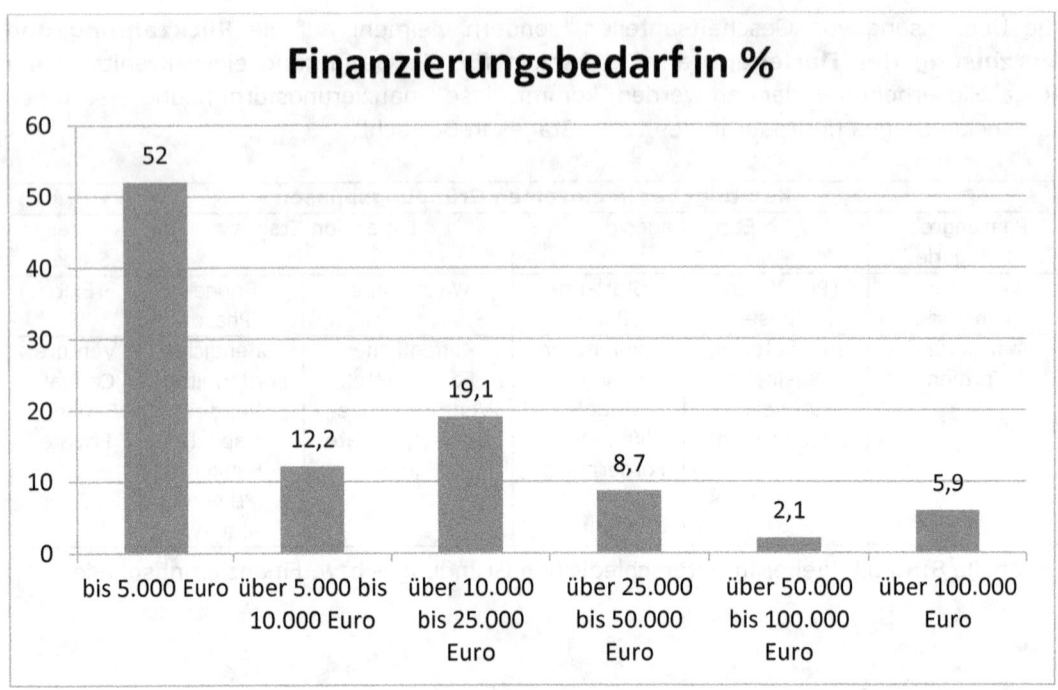

Abbildung 9: Finanzierungsbedarfe von Gründern (in % aller Gründungen im Jahr 2012)[152]

Technologieorientierte bzw. in der IT-Branche firmierende Start-ups sind speziell in den Early Stages oftmals auf externes Kapital angewiesen, um ihren Kapitalbedarf zu decken. Die Außenfinanzierung kann dabei in Form der klassischen Kreditfinanzierung (Fremdfinanzierung) oder als Eigenfinanzierung von außen in Form von Einlagen bzw. Beteiligungen erfolgen. Im Rahmen der Außenfinanzierung ist folglich zwischen **Eigen- und Fremdfinanzierung** zu differenzieren, je nachdem, ob das Unternehmen Eigenkapital oder Fremdkapital zur Verfügung gestellt bekommt.[153]

Nachfolgend sind die verschiedenen von den Unternehmensgründern 2012 in Anspruch genommenen Finanzierungsquellen und deren Anteil an allen Unternehmensgründungen im Vergleichszeitraum skizziert.

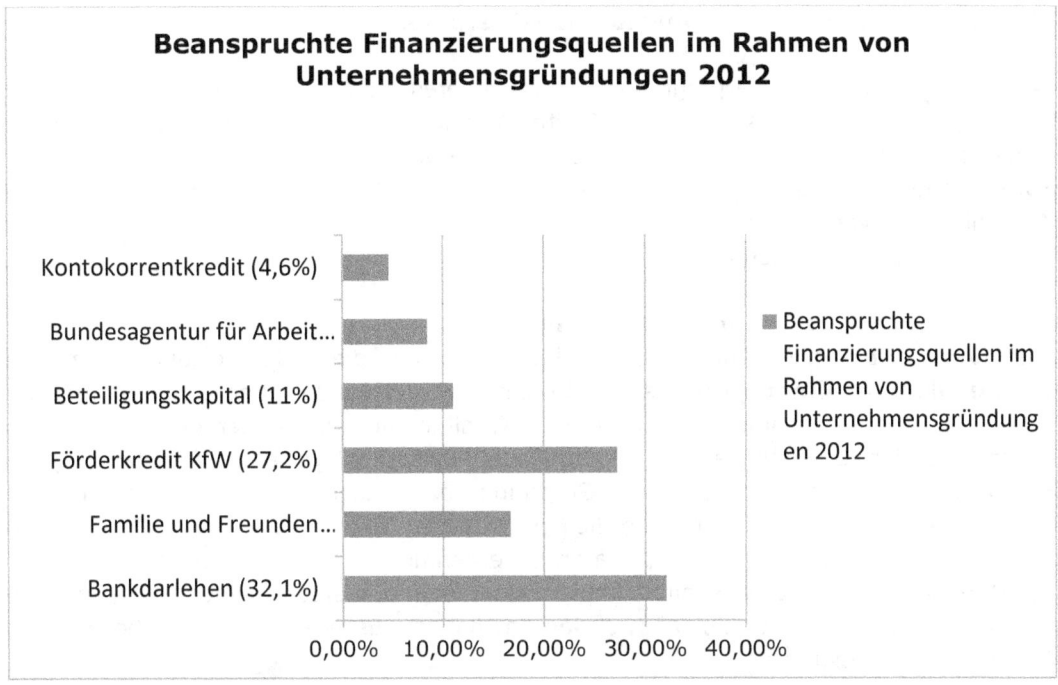

Abbildung 10: Finanzierungsquellen im Rahmen von Unternehmensgründungen 2012[154]

58. Wie können Sie Ihren Eigenkapitaleinsatz planen?

Bei der Finanzierung müssen Sie zwischen **Eigenkapital** und **Fremdkapital** unterscheiden. Eigenkapital steht Ihnen dauerhaft zur Verfügung, Fremdkapital müssen Sie zu einem bestimmten Zeitpunkt zurückzahlen. Und in der Zwischenzeit müssen Sie für das Fremdkapital meist auch Zinszahlungen leisten.[155] Dem **Eigenkapital** eines Unternehmens kommen insbesondere zwei wichtige Funktionen zu:

- **Sicherheits- und Risikopolster**

Eigenkapital verringert die Gefahr von Liquiditätsproblemen. Nur wer über ausreichendes Eigenkapital verfügt, kann auch schnell und flexibel auf erneuten Finanzierungsbedarf reagieren.

- **Kriterium der Kreditwürdigkeit**

Bei Verhandlungen mit Kreditgebern spielt die Höhe des vorhandenen Eigenkapitals eine entscheidende Rolle. Je mehr Eigenkapital ein Gründer aufbringen kann, umso besser ist seine Verhandlungsposition bei der Kreditaufnahme. Wie hoch der Anteil des Eigenkapitals am Gesamtkapital bei einer Finanzierung sein soll, kann nicht genau festgelegt werden. Als grober Richtwert gilt, dass ein Gründer mindestens 15 % des Gesamtfinanzierungsbedarfs durch Eigenkapital abdecken können sollte.

59. Wie können Sie Ihre Eigenkapitalbasis stärken?

Es gibt zahlreiche Förderprogramme des Staates (Bund, Länder und EU), die Existenzgründer zur Stärkung Ihrer Kapitalbasis in Anspruch nehmen können. Einen aktuellen Überblick liefert die Förderdatenbank, die Sie unter **www.foederdatenbank.de** erreichen können. Nachfolgend sollen Ihnen zwei Möglichkeiten vorgestellt werden, mit denen Sie die Eigenkapitalbasis Ihres Unternehmens stärken können:

- **Das Eigenkapital – Hilfe – Programm**

„Als *Eigenkapitalhilfe* werden jene Darlehen bezeichnet, die in Deutschland im Rahmen des **Eigenkapitalhilfeprogramms** des Bundes bzw. der Länder über Kreditinstitute der Deutschen Ausgleichsbank (DtA) bzw. der Kreditanstalt für Wiederaufbau (KfW) an Existenzgründer vergeben werden. Die Eigenkapitalhilfe dient vor allem der Stärkung der Eigenkapitalbasis im Rahmen der Gründung bzw. des Erwerbs eines privaten Unternehmens bzw. einer freiberuflichen Existenz, bzw. der Durchführung von Investitionen zur Festigung eines privaten Unternehmens durch eine tätige Beteiligung. Das Darlehen aus dem Eigenkapitalhilfeprogramm ist in den ersten beiden Jahren zinsfrei und kann eine Laufzeit bis zu 20 Jahren haben. Es werden keine besonderen Sicherheiten verlangt."[156]

- **Kapitalbeteiligung**

Eine zweite Möglichkeit, die Eigenkapitalbasis zu verbreitern, besteht in der Aufnahme einer Kapitalbeteiligung. Dadurch wird die Bilanzstruktur des Unternehmens verbessert, die Finanzierungsmöglichkeiten werden erweitert, die Kreditfähigkeit wird gestärkt und damit die unternehmerische Handlungsfähigkeit erweitert.

Bei der Finanzierung des Vorhabens kommt aber nicht nur den direkt einsetzbaren Eigenmitteln Bedeutung zu, sondern auch den Eigenmitteln, die zur **Besicherung von Darlehen** eingesetzt werden können, wie beispielsweise vorhandene Immobilien.

Beispiel zur Berechnung des verfügbaren Eigenkapitals

	Direkt einsetzbare Eigenmittel für	Betriebs-gründung	Privat-zwecke	Sicherheit	Gesamt
1.	Barmittel				
2.	+ Sparguthaben und Festgeld				
3.	+ Wertpapiere				
4.	+ Sachwerte (Kfz, PC)				
5.	+ zinsgünstige Verwandtendarlehen				
6.	+ Eigenleistungen bei der Betriebsstätte				
7.	+ Sonstiges				
8.	**= Summe Eigenkapital**				

Tabelle 9: Berechnung des verfügbaren Eigenkapitals

Beispiel zur Berechnung der zur Besicherung einsetzbaren Eigenmittel

1.	60% - 80% des Verkehrswertes der eigenen Immobilie	
2.	- in Anspruch genommene Grundschulden	
3.	= Sicherheitswert der Immobilie	
4.	+ aktueller Rückkaufwert von Lebensversicherungen	
5.	+ werthaltige Bürgschaften von Privatpersonen	
6.	+ Sonstiges	
7.	**= Summe einsetzbarer Eigenmittel**	

Tabelle 10: Berechnung der zur Besicherung einsetzbaren Eigenmittel

60. Wer kommt als Eigenkapitalgeber in Frage?

Ein wichtiger Schlüssel bei der Gründung eines Unternehmens und für den zukünftigen Fortbestand des Unternehmens ist die **Bereitstellung von Eigenkapital**. Eigenkapital ist für die Gründer von großer Bedeutung, weil es insbesondere bei Verhandlungen mit Banken um Kredit-/ Darlehensgewährungen als Sicherheit herangezogen werden kann und ebenso deutlich vermittelt, dass auch von Seiten der Gründer ein entsprechendes unternehmerisches Risiko mitgetragen wird. In entsprechender Höhe zur Verfügung stehendes Eigenkapital vergrößert nicht nur die Wahrscheinlichkeit, dass ein beantragter Bankkredit schneller zugestellt wird, sondern bestimmt auch maßgeblich die Zinskonditionen des Kredits. Das heißt, je höher das Eigenkapital ist, desto besser wird die Bonitätsbeurteilung und desto niedriger der Zinssatz sein. Zusätzlich ermöglicht Eigenkapital den Unternehmensgründern, dass eventuell auftretende von den Planungen abweichende Liquiditätsprobleme (z.B. durch Vorfinanzierung von Aufträgen, geringere Umsätze bei der Markteinführung, Aufwendungen für Forschungs- und Entwicklungsvorhaben usw.) kompensiert werden können.[157]

In den folgenden Fragen wird zunächst auf die Eigenfinanzierung insbesondere das **Bootstrapping** als Möglichkeit der Selbstfinanzierung eingegangen, anschließend werden sowohl Business Angels als auch Venture Capital als weitere mögliche Eigenkapitalquellen zur finanziellen Unterstützung einer Unternehmensgründung näher vorgestellt. Zudem soll das Crowdinvesting als neue und an Bedeutung zunehmende Form der Eigenkapitalfinanzierung dargestellt werden.

61. Was versteht man unter Bootstrapping?

Aufgrund der Tatsache, dass insbesondere in der Frühphase einer Gründung die Möglichkeiten der Innenfinanzierung und Fremdkapitalbeschaffung über Bankkredite zur Deckung des Kapitalbedarfs stark eingeschränkt sind, müssen Unternehmensgründer auf eine **Außenfinanzierung** mit Eigenkapital oder auf Fremdkapital durch die Inanspruchnahme öffentlicher Förderprogramme zurückgreifen. In Bezug auf eine Außenfinanzierung mit Eigenkapital ist neben einer Beteiligungsfinanzierung mit

Risikokapital externer Investoren auch eine Eigenfinanzierung durch den Gründer selbst oder sein persönliches Umfeld möglich.

Vor allem in der Vorgründungs- und der eigentlichen Gründungsphase nutzen Gründer **eigene Geldmitteln** (Gründerkapital), aber auch Sacheinlagen sowie Patente und Lizenzen als verfügbare Finanzquelle. Zu dem selbst bereitgestellten Kapital werden die Gründer oftmals mit zusätzlichem Eigenkapital unterstützt, welches von dem persönlichen Umfeld der Gründer wie z.B. der Familie, dem Freundeskreis oder dem Kreis der künftigen Mitarbeiter aufgewendet wird.[158]

Bei einer Eigenfinanzierung/Selbstfinanzierung des Gründungsvorhabens mit begrenzt verfügbaren finanziellen Eigenmitteln der Gründer (Gründerkapital) handelt es sich um eine sogenannte **Bootstrapping-Finanzierung**. Bootstrapping ("sich die Schuhe enger schnüren" bzw. "sich aus eigener Kraft hocharbeiten") beschreibt die Möglichkeit einer Gründungsfinanzierung, die durch stark begrenzte eigene finanzielle Ressourcen geprägt ist. Vorteil dieser Finanzierungsform ist, dass sich die Gründer ihre unternehmerische Unabhängigkeit bewahren, weil zunächst keine externen Kapitalgeber am Unternehmen beteiligt sind. Zudem ist es den Gründer früher möglich, mit der operativen Geschäftstätigkeit zu beginnen, weil die zeitaufwendige Akquise externer Finanzierungsquellen entfällt. Jedoch sind die Gründer aufgrund der beschränkten finanziellen Mittel darauf angewiesen, möglichst schnell positiven Cash-Flow zu erwirtschaften. Insbesondere bei sogenannten "life-style ventures", also kleinen Unternehmungen, die in der Regel auf die Selbstverwirklichung des Gründers/der Gründer und nicht auf die Gründung eines nachhaltigen Unternehmens ausgerichtet sind, wird oftmals auf eine solche Art der Finanzierung zurückgegriffen. Als wohl bekanntestes Beispiel einer Bootstrapping-Finanzierung kann das Unternehmen Google angeführt werden. Die Stanford-Doktoranden Larry Page und Sergey Brin finanzierten ihr Gründungsvorhaben, die Entwicklung der Suchmaschine Google, zunächst nur aus eigenen finanziellen Mittel, ohne die Inanspruchnahme von externem Kapital.[159]

Bei der Finanzierung nach der Bootstrapping-Strategie sind die Gründer hinsichtlich des **engen finanziellen Spielraums** neben dem Gründerkapital und dem vom persönlichen Umfeld bereitgestellten Kapital auf die folgenden Instrumente der Eigen-/Selbstfinanzierung angewiesen, um eine Finanzierung sicherzustellen:

- unentgeltlicher Arbeitseinsatz der Gründer (was als Sweat Equity bezeichnet wird),
- Nutzung von Finanzmitteln aus Forschungs-und Entwicklungsprojekten, die von der öffentlichen Hand oder Inkubatoren initiiert werden,
- Entwicklung der Unternehmensgründung bei gleichzeitiger Absicherung durch ein Einkommen aus abhängiger Erwerbstätigkeit (was als Moonlighting bezeichnet wird),
- Gründung eines Unternehmens im Nebenerwerb (muss vom Hauptarbeitgeber genehmigt werden!),
- Nutzung der von Kunden geleisteten Anzahlungen auf noch zu erbringende Leistungen,
- Bildung eines sogenannten Zahlungszieldifferentials, d.h. Schaffung von Liquiditätsvorteilen dadurch, dass die Zahlungsziele der Kunden verkürzt und die eigenen Zahlungsverpflichtungen möglichst weit in die Zukunft verschoben werden,
- Inanspruchnahme von Lieferanten und Kunden in die Finanzierung,

- Nutzung von Lieferantenkrediten,
- Nutzung von Leasingangeboten.[160]

Die Finanzierung nach der Bootstrapping-Strategie stößt jedoch im weiteren Verlauf der Unternehmensgründung schnell an ihre Grenzen, weil aufwändige Produktentwicklungen, der Ausbau und die Weiterentwicklung von Vertriebsstrukturen und Investitionen in das Wachstum des Unternehmens nur mit zusätzlichem Kapital realisiert werden können, wozu Eigenkapital externer Finanzierungsquellen wie Inkubatoren, Business Angel oder auch Venture Capital notwendig wird. Auch das Unternehmen Google war ein Jahr nach der Unternehmensgründung auf eine Eigenkapitalfinanzierung von 25 Mio. Dollar durch externe Investoren angewiesen.[161]

62. Wie können Inkubatoren bei der Eigenkapitalbeschaffung helfen?

Der Begriff **Inkubator** stammt ursprünglich aus der Medizin und beschreibt einen Brutkasten für Frühgeborene.[162] Im wirtschaftlichen Zusammenhang treten Inkubatoren in der Regel als (öffentliche) Institutionen auf, die Unternehmensgründer vor allem in der Frühphase sowohl finanziell als auch strukturell unterstützen, wobei die ursprüngliche Bedeutung des Begriffs das Tätigkeitsfeld von Inkubatoren passend umschreibt. Bei Inkubatoren handelt es sich in den meisten Fällen um **Gründerzentren, Technologiezentren oder auch Hochschulen**, die insbesondere junge technologieorientierte und wissensbasierte Unternehmen fördern. Die genannten Inkubatoren werden zum Teil öffentlich vom Bund und/oder dem Bundesland unterstützt, kooperieren zudem aber auch intensiv mit Business Angels und Venture Capital-Gebern. Entstanden sind Inkubatoren Ende der 70er und Anfang der 80er Jahre in den USA. Vorwiegend siedelten sie sich in der Nähe von universitären und außeruniversitären Forschungseinrichtungen mit dem Ziel an, wissenschaftliche Forschungsergebnisse kommerziell zu verwerten. In Europa haben sich Inkubatoren als wichtiges Förderelement im Bereich der Unternehmensgründung erst später etabliert. Der Aufgabenschwerpunkt von Inkubatoren besteht primär darin, dem Gründer eine geeignete physische Infrastruktur bereitzustellen und Beratungsdienstleistungen (Identifizierung und Konkretisierung einer Geschäftsidee, Unterstützung bei der Erstellung eines Businessplans, Hilfestellung beim Finden geeigneter Kunden und Lieferanten, Vermittlung von Kontakten zu Investoren bzw. Kapitalgebern usw.) anzubieten, so dass es den Jungunternehmern gelingt, die ersten Phasen der Unternehmensentwicklung erfolgreich zu überstehen. Inkubatoren verfolgen mit ihrem Engagement im Zuge der Gründungsunterstützung die nachfolgend aufgeführten Ziele:

- Sie versuchen, die Überlebensrate junger Unternehmen zu erhöhen.
- Inkubatoren wollen das Wachstum des Unternehmens beschleunigen.
- Sie identifizieren Investitionsmöglichkeiten für Investoren.
- Sie helfen dabei, die ökonomische Nutzung akademischer Forschungsergebnisse voranzutreiben.
- Inkubatoren haben das Ziel, Arbeitsplätze zu schaffen und Standorte aufzuwerten.[163]

Wie schon erwähnt, treten auch **Hochschulen** als Inkubatoren in Erscheinung. Dabei reicht das Angebot dieser Hochschulen von der Bereitstellung hochschuleigener Räume und der Unterstützung durch wissenschaftliche Mitarbeiter bis zur Kooperation und Beteiligung an regionalen Technologie- und Gründerzentren. Beispielsweise ist auch die Universität des Saarlandes ein solcher Inkubator. Die Universität des Saarlandes hat gemeinsam mit der Max-Planck-Gesellschaft einen IT-Inkubator errichtet, dessen primäre Aufgabe es ist, schutzrechtlich gesicherte Forschungsergebnisse aus dem IT-Bereich sowie professionelle Prototypen marktorientiert (weiter)zu entwickeln.[164]

„Die Einrichtung von Inkubatoren direkt an akademischen Einrichtungen zielt auf die Erhöhung der Spin-off-Gründungen ab und soll damit einen wichtigen Kanal der ökonomischen Umsetzung akademischer Forschungsergebnisse stärken. Interessengruppen von Inkubatoren und Gründerräumen an akademischen Einrichtungen sind in erster Linie gründungswillige Absolventen/-innen und wissenschaftliche Mitarbeiter/-innen. Technologieorientierte Spin-offs aus akademischen Institutionen sind typischerweise stärker ressourcenabhängig als andere Neugründungen. Dies kann sich sowohl auf die Frühphasenentwicklung als auch auf spätere Entwicklungsphasen des Unternehmens beziehen. Neben der Bereitstellung von Kapital stellen Personal, Räumlichkeiten, apparative Ausstattung, Beratung sowie Beziehungsnetzwerke die wesentlichen Ressourcen dar."[165]

Neben Inkubatoren an akademischen Einrichtungen und Technologie- und Gründungszentren, die dem Non-Profit-Segment zuzurechnen sind und primär wirtschafts- und förderpolitische Zielsetzungen verfolgen, gibt es auch bekannte private Inkubatoren wie HackFwd, im Rahmen dessen der Xing Gründer Lars Hinrich aktiv ist oder auch der Inkubator RocketInternet, hinter dem sich die Brüder Samwer verbergen, die ihr zusammen gegründetes Internetaktionshaus alando.de für 43 Mio. Euro an eBay verkauften.[166]

	förderorientierte Inkubatoren	forschungsorientierte Inkubatoren	ertragsorientierte Inkubatoren	strategische Inkubatoren	hybride Inkubatoren
Initiatoren	Staat. Länder, Gemeinden, Non-Profit-Organisationen	Hochschulen	Venture Capital-Gesellschaften, Business Angels	Industrie, Handel	Konglomerat
Motive	wirtschaftspolitisch	bildungspolitisch	renditeorientiert	strategisch und renditeorientiert, Grundlagenforschung	je nach Zusammensetzung
Herkunft der Finanzmittel	öffentliche Gelder	meist öffentliche Mittel	private Gelder	Gelder der beteiligten Unternehmen	je nach Zusammensetzung

Tabelle 11: Typen von Inkubatoren[167]

63. Welche Rolle spielen Business Angels für die Finanzierung (und darüber hinaus)?

Bei **Business Angels** handelt es sich um Privatpersonen, die insbesondere in der Frühphase der Unternehmensgründung sowohl Kapital als auch Know-how und unternehmerische Erfahrung mit einbringen. Zudem verfügen Business Angel in der Regel über ein **großes persönliches Netzwerk**, welches ein wesentlicher Faktor im Rahmen einer Folgefinanzierung des Unternehmens darstellen kann, sofern Beziehungen und Kontakte zu weiteren potenziellen Kapitalgeber bestehen. Als Gegenleistung für das zur Verfügung gestellte Kapital werden den Business Angel Geschäftsanteile eingeräumt, womit diese an dem Unternehmen beteiligt sind und folglich an dem Wertzuwachs des Unternehmens partizipieren. Die Finanzierung durch Business Angel erfolgt vornehmlich in der (Pre-) Seed-Phase im Anschluss an das Bootstrapping und teilweise auch noch in der Start-up-Phase. Bei dem Gründungsinvestment greifen Business Angel nicht auf Kapital zurück, das über ein Fonds refinanziert ist, sondern stellen **eigene private Kapitalmittel** bereit, was wiederum das überaus große Interesse und Engagement dieser Finanzierungsquelle an dem neu gegründeten Unternehmen erklärt. Vordergründig verfolgen Business Angels mit ihrer Investition ein bestimmtes Renditeziel, eher seltener sind altruistische und ideelle Motive ausschlaggebend. Da Business Angel insbesondere in der Frühphase der Unternehmensgründung investieren, tragen sie hohe wirtschaftliche Risiken im Falle eines Totalverlustes. Aufgrund dessen fordern sie in der Regel auch entsprechende Mitbestimmungs-, Kontroll- und Informationsrechte ein.

Im Durchschnitt beteiligen sich Business Angels in Deutschland mit 50.000 bis 100.000 Euro an Unternehmensgründungen, wobei der Fokus auf Unternehmen mit innovativen Geschäftsideen und hohen Wachstums-/Wertsteigerungsperspektiven liegt.[168] Nach Schätzungen gibt es in Deutschland bis zu 2860 aktive Business Angel, die ein Investitionsvolumen zwischen 200 und 430 Mio. Euro für die Frühphasenfinanzierung von Unternehmen bereitstellen.[169] Das Investment von Business Angel in Europa bezüglich der Gründungsfinanzierung beträgt schätzungsweise nicht einmal 10% des Investitionsvolumens von Business Angel in den USA, wobei die größere Attraktivität dieser Finanzierungsform in den USA insbesondere auf die wesentlich höheren Renditechancen zurückzuführen ist.[170]

Die erhöhten Renditechancen ergeben sich für diese Gruppe der privaten Investoren aus der Überlegung, dass durch die Finanzierung der Unternehmung in den Frühphasen bereits ein Geschäftsausbau erfolgt und die Entwicklung beispielsweise eines Prototypens abgeschlossen ist. Die Entwicklungsfähigkeit eines bestimmten Produktes oder einer Dienstleistung kann für das Unternehmen einen überaus werthaltigen immateriellen Vermögenswert darstellen, der sich wiederum in einem gesteigerten Unternehmenswert widerspiegelt. Investoren wie z.B. Venture-Capital-Geber, die zu einem späteren Zeitpunkt in das Unternehmen einsteigen, müssen für ihre Beteiligung aufgrund des höheren Unternehmenswerts mehr Kapital aufbringen als Business Angel. Der Business Angel sichert sich so, trotz vergleichsweise niedriger Investitionssumme zu Beginn der Unternehmensgründung, einen relativ großen Anteil am Unternehmen. Jedoch ergeben sich für den Business Angel neben den Renditechancen auch entsprechende Risiken, wenn beispielsweise das Investment lediglich für einen gewissen Zeitraum den

Finanzierungsbedarf deckt und innerhalb dieser Zeit keine weitere Finanzierung sichergestellt werden kann, sodass der Business Angel seine Investition abschreiben muss. In Deutschland gibt es im Vergleich zu den USA wenige Business Angels, die ein solches Risiko eingehen.[171]

Mehrheitlich sind diese privaten Investoren in Netzwerken (Syndikaten) zusammengeschlossen, wobei insbesondere das Business Angels Netzwerk Deutschland (BAND) eine zentrale Rolle im deutschen Business Angel Markt einnimmt. Das BAND stellt den Dachverband, in dem weitere 40 Business Angel Netzwerke organisiert sind, die vor allem auf regionaler Ebene aktiv sind. Eines dieser regionalen Netzwerke ist auch das Business Angel Netzwerk Saarland (BANS), welches schwerpunktmäßig die individuelle Auswahl- und Vermittlungsprozesse zwischen Business Angel und Unternehmensgründer organisiert. Durch das Business Angels Netzwerk Saarland, welches auch in die Initiative Saarland Offensive für Gründung (SOG) eingebunden ist, soll vor allem die Stärkung der Gründungskultur im Saarland forciert werden.[172]

Weiterhin gilt es festzuhalten, dass Business Angel sich in der Regel im Rahmen einer **offenen Beteiligung** am Unternehmen beteiligen. Darüber hinaus gibt es Business Angels, die ergänzend oder ausschließlich in Form einer stillen Beteiligung am Unternehmen partizipieren oder das neu gegründete Unternehmen über ein Darlehen finanzieren. Eine weitere Form der Finanzierung, die in der Praxis Anwendung findet, sind sogenannte Wandeldarlehen. Hierbei steht dem Business Angel das Recht zu, das Darlehen zu einem späteren Zeitpunkt in Unternehmensanteile umzuwandeln.[173]

64. Kommt für die Finanzierung auch Venture Capital in Frage?

Bei **Venture Capital** (kurz "VC"), welches auch als Wagnis-, Risiko- und Chancenkapital bezeichnet wird, handelt es sich um Eigenkapital, dass der Venture Capital-Geber Unternehmensgründern als Finanzierungshilfe zur Verfügung stellt. Venture Capital stellt neben der Finanzierung durch Business Angels eine weitere wichtige externe Eigenkapitalquelle dar. Diese Finanzierungsform ist für Existenzgründer von großer Bedeutung, weil in der Frühphase in der Regel nicht auf eine Finanzierung durch Bankdarlehen zurückgegriffen werden kann. Dies liegt darin begründet, dass Unternehmensgründer die von den Kreditinstituten geforderten Sicherheiten und/oder Eigenkapitalanforderungen nicht erfüllen können und infolgedessen die Kreditinstitute aufgrund des hohen Finanzierungsrisikos die Gewährung eines Darlehens ablehnen.

Im Gegensatz zur Fremdkapitalfinanzierung durch Kreditinstitute wird Venture Capital den Unternehmensgründern auch ohne die Inanspruchnahme banküblicher Sicherheiten zur Verfügung gestellt. Zudem handelt es sich beim VC um haftendes Eigenkapital, das nicht wie ein Darlehen in regelmäßigen Zeitabständen getilgt oder verzinst werden muss. Wie auch bei der Finanzierung durch Business Angels ist unter dem Begriff Venture Capital eine **Beteiligungsfinanzierung** zu verstehen, d.h. dem VC-Geber werden für das eingegangene Finanzierungsrisiko Geschäftsanteile und Mitbestimmungsrechte übertragen. Die Intension eines VC-Gebers, trotz der möglichen Verlustrisiken in ein neu gegründetes Unternehmen zu investieren, ist darauf zurückzuführen, dass das bereitgestellte Venture Capital am Ende des Finanzierungszeitraums (meist 3 bis 7 Jahre) durch Veräußerung der Geschäftsanteile gewinnbringend abgeschöpft werden kann. Die gewinnbringende Veräußerung der Geschäftsanteile beruht dabei auf einer angestrebten **Unternehmenswertsteigerung** während des Finanzierungszeitraums.[174]

VC-Geber leisten meist nicht nur eine Eigenkapitaleinlage durch die Bereitstellung von Finanzmittel, sondern bringen auch wertzuführende/wertschöpfende sog. "value adding" Tätigkeiten im Rahmen ihres Investment mit ein. Diese "value adding" Tätigkeiten beziehen sich insbesondere auf Beratungsleistungen und eine aktive Unterstützung des Managements. Beispielsweise unterstützen die VC-Geber die Unternehmensgründer bei der "Ausarbeitung eines Finanzierungskonzepts, der Vorbereitung und Durchführung weiterer Finanzierungsrunden sowie der Auswahl und Beschaffung weiterer Investoren, Hilfestellung bei Vertragsgestaltung und Internationalisierung, Entwicklung von Marketing- und Vertriebsstrategien, Identifikation und Auswahl von Kooperationspartnern, Erschließung von Branchenkontakten sowie Begleitung beim Börsengang und Unternehmensverkauf."[175]

	Business Angel	**Venture Capital**
Zeitpunkt des Investments	Early Stages	Grundsätzlich in allen Phasen
Umfang des Investments	Kapital und/oder Wissen	Kapital, selten Wissen
Risikobereitschaft	Hoch bis sehr hoch	Hoch
Investitionssumme	Eher gering	Sehr groß
Möglichkeit einer Folgeinvestition	In der Regel nein	Oftmals ja
Abschluss eines Beteiligungsvertrages	ja	Ja
Einfluss auf die Geschäftsführung	Mittel bis hoch	Mittel bis hoch
Gewährung von Mitbestimmungsrechten	Ja	Ja
Ortsbindung des Investments	Investition nur in einem bestimmten Radius	Keine Ortsbindung
Zweck des Investments	Gewinnerzielungsabsicht und nichtfinanzielle Absichten wie die Unterstützung von Freunden	Ausschließlich Gewinnerzielungsabsicht

Tabelle 12: Vergleich der beiden Eigenkapitalfinanzierungsmöglichkeiten Business Angels und VC[176]

65. Wie kann der Venture Capital Markt in Deutschland beschrieben werden?

Nach Angaben des BVK (Bundesverband Deutscher Kapitalbeteiligungsgesellschaften) ist im Jahr 2013 Venture Capital in Höhe von 674 Mio. Euro investiert worden,

- wobei 7% der gesamten Investitionssumme (etwa 44 Mio. Euro) als Finanzmitteln für neu gegründete Unternehmen in der (Pre-)Seed-Phase bereitgestellt wurde. Die Anzahl der in dieser Phase der Unternehmensgründung mit Venture Capital unterstützten Unternehmen beläuft sich auf 168.
- 55% der gesamten Investitionssumme (etwa 373 Mio. Euro) wurden Unternehmen in der Start-up-Phase als Venture Capital zur Verfügung gestellt. Damit konnten 436 Unternehmen mit dieser Form der Start-up-Finanzierung unterstützt werden.
- 38% der gesamten Investitionssumme (etwa 257 Mio. Euro) wurden Unternehmen in der Wachstumsphase als Venture Capital zur Verfügung gestellt. Damit konnten 136 Unternehmen finanziert werden.

Insgesamt verzeichnete man im Jahr 2013 ein Zuwachs um 19% auf 674 Mio. Euro bei den Venture Capital Investitionen im Vergleich zum Jahr 2012 (567 Mio. Euro), wobei über alle Phasen (Seed-, Start-up- und Wachstumsphase) hinweg eine Zunahme der Venture Capital Investitionen im Vergleich zum Jahr 2012 erkennbar ist. Die Venture Capital Investitionen fokussierten sich insbesondere auf die Branchen Kommunikationstechnologie/-inhalte, Computer/Unterhaltungselektronik und Life Sciences, die mit 70% einen erheblichen Anteil an dem gesamten Investitionsvolumen ausmachten. Jedoch ist im Jahr 2013 die Anzahl der mit Venture Capital finanzierten Unternehmen um 8,35 % auf 740 zurückgegangen (2012: 807 finanzierte Unternehmen), wobei die Anzahl der mit Venture Capital finanzierten Unternehmen in der Seed-Phase in 2013 zugenommen hat. Die Anzahl der finanzierten Unternehmen in der Start-up- und Wachstumsphase hat sich dahingegen stark rückläufig entwickelt.[177]

	2012			2013			
	Investitions-summe in Mio. Euro /in %	Anzahl der mit VC finanz. Unternehmen	in %	Investitions-summe in Mio. Euro	in %	Anzahl der mit VC finan-zierten Unter-nehmen	in %
Nach Finanzierungsanlass							
Seed	31,59/5,57	147	18,22	44,07	6,54	168	22,70
Start Up	335,24/59,09	451	55,89	372,97	55,35	436	58,92
Expansion Stage	200,51/35,34	209	25,90	256,85	38,11	136	18,38
insgesamt	567,34/100	807	100	673,89	100	740	100

Tabelle 13: Höhe der Venture Capital Investitionen in Deutschland aufgelistet nach dem Finanzierungsanlass in den Jahren 2012 und 2013[178]

Untersucht man die Branchen, so stellt man fest, dass Venture Capital-Geber in bestimmten Branchen besonders aktiv sind. Die Zahlen beziehen sich auf das Jahr 2013:

Insgesamt: 723 Unternehmen mit 673,89 Mio. Euro, davon:
- Life Sciences: 156 Unternehmen mit 226,83 Mio. Euro

- Computer/Unterhaltungselektronik: 150 Unternehmen mit 139,32 Mio. Euro
- Kommunikationstechnologie/-inhalte: 116 Unternehmen mit 115,96 Mio. Euro
- Konsumgüter/Handel: 61 Unternehmen mit 51,22 Mio. Euro
- Unternehmens-/Industrieerzeugnisse: 58 Unternehmen mit 16,69 Mio. Euro
- Unternehmens-/Industriedienstleistungen: 53 Unternehmen mit 22,42 Mio. Euro
- Verbraucherdienstleistungen: 45 Unternehmen mit 22,92 Mio. Euro
- Energie und Umwelt: 38 Unternehmen mit 42,82 Mio. Euro
- Chemie und Werkstoffe: 16 Unternehmen mit 8,97 Mio. Euro
- Transportwesen: 12 Unternehmen mit 5,9 Mio. Euro
- Finanzdienstleistungen: 9 Unternehmen mit 14,10 Mio. Euro

Der Rest verteilt sich auf Landwirtschaft, Bauwesen, Immobilien und sonstige Branchen.[179]

66. Welche Typen von Venture Capital Gebern gibt es?

Private VC-Gesellschaften beteiligen sich im Rahmen einer Beteiligungsfinanzierung an Unternehmen, wobei das zur Verfügung gestellte Kapital aus Fonds refinanziert wird. Auch institutionelle Anleger wie Banken, Versicherungen und Pensionskassen verfügen über eigene VC-Gesellschaften.[180] Im Vergleich zu Business Angels können VC-Gesellschaften wesentlich größere Investitionssummen bereitstellen, weil das eingesetzte Kapital über Fonds, die durch eine Vielzahl von Anleger getragen werden, finanziert wird. VC-Gesellschaften unterscheiden sich dahingehend voneinander, dass sie in unterschiedlichen Phasen der Unternehmensentwicklung investieren, d.h. einige VC-Gesellschaften fokussieren sich auf die Finanzierung von Unternehmen in der Seed-Phase, andere wiederum investieren ausschließlich in Unternehmen, die sich in der Wachstumsphase befinden. Außerdem gibt es VC-Gesellschaften, die sich auf Investments in bestimmen Wirtschaftsbranchen wie z.B. Biotech oder IT spezialisieren. Die Gemeinsamkeit aller privaten VC-Gesellschaften besteht darin, dass sich jegliche Beteiligung an bestimmten festgelegten Renditezielen, die nicht selten zwischen 20% bis 40% pro Jahr liegen, orientiert.[181]

Die Finanzierung von Unternehmensgründungen durch **öffentliche VC-Gesellschaften** ist in der Regel an die Voraussetzung geknüpft, dass sich ein privater oder institutioneller Kapitalgeber als **Hauptinvestor** bzw. **Lead-Investor** (Investor, der über die Mehrheit der Anteile an einer Beteiligung verfügt) an dem Unternehmen beteiligt, der zumindest Finanzmittel in gleicher Höhe wie die öffentliche VC-Gesellschaft bereitstellt. Bei den öffentlichen VC-Gesellschaften handelt es sich um mittelständische Beteiligungsgesellschaften oder (halb-) staatliche Fördereinrichtungen, die eine Unternehmensbeteiligung unter Fördergesichtspunkten durchführen. Öffentliche VC-Gesellschaften investieren schwerpunktmäßig in Unternehmen, die sich in den Frühphasen/Early Stages der Unternehmensgründung befinden.[182]

Eine weitere Form der Venture Capital Beteiligung stellt das **Corporate Venture Capital (CVC)** dar. Hierbei wird das zu investierende Wagniskapital zur Finanzierung von jungen (Wachstums-) Unternehmen von Tochtergesellschaften großer (Industrie-) Unternehmen gestellt. Die Investments von Corporate Venture Gesellschaften sind nicht wie private

VC-Gesellschaften allein auf eine größtmögliche Rendite im Rahmen eines Exits ausgerichtet, sondern sind auch ein wichtiges strategisches Instrument zur aktiven Konzernentwicklung.[183] Mittels einer Venture Capital Beteiligung wird diesen industriellen Investoren insbesondere der Zugang zu technologischen Innovationen sowie zu neuen Absatzmärkten und Kundengruppen ermöglicht. Die finanzierten Unternehmen wiederum profitieren vom zur Verfügung gestellten Kapital, mit Hilfe dessen weitere Investitionen zur Weiterentwicklung und Wachstum des Unternehmens angestoßen werden können, aber auch von dem technologischen und wirtschaftlichen Know-how des kapitalgebenden industriellen Investors sowie der Einbindung in Vertriebskanäle und dem Zugang zu weiteren Kooperationspartnern.[184] Des Weiteren kann das Investment eines renommierten und etablierten Unternehmens zu einem **Reputationsgewinn** für das Gründungsunternehmen führen. Trotz vieler Vorteile, die mit einem Corporate Venture Capital verbunden sind, besteht auch immer die Gefahr, dass die neu gegründeten Unternehmen im Rahmen der Beteiligung zu viel Know-how preisgeben müssen.

Bekanntes Beispiel einer Corporate Venture Gesellschaft ist die HV Holtzbrinck Ventures, eine auf den Internetsektor spezialisierte VC-Gesellschaft der Verlagsgruppe Georg von Holtzbrinck. Bisher finanzierte HV Holtzbrinck Ventures mehr als 100 Start-ups, zu denen bekannte Unternehmen wie Zalando, Parship, Groupon, StudiVZ, eDarling, brands4friends und MyHammer gehören. Weitere bekannte Corporate Venture Gesellschaften sind die T-Venture (Telekom), Evonik Corporate Venturing (Evonik), BASF Venture Capital, etc.[185]

67. Wie funktioniert Crowdinvesting zur Beschaffung von Eigenkapital?

Beim **Crowdinvesting** handelt es sich um eine sogenannte **Schwarmfinanzierung**, im Rahmen derer die Geschäftsidee oder die Weiterentwicklung eines Jungunternehmens über entsprechende Online-Plattformen durch eine Vielzahl ("Crowd") von Investoren finanziell unterstützt wird. Crowdinvesting stellt dabei eine Unterform des Crowdfunding dar. Beim Crowdfunding, das zum Beispiel auf den Plattformen Kickstarter in den USA oder Startnext aus Deutschland praktiziert wird, erhält der Unterstützer dafür, dass er für das Geschäftsvorhaben finanzielle Mittel bereitstellt, eine Gegenleistung, die meist in Form einer Sachleistung oder immateriellen Leistung erbracht wird. Der Geldgeber geht damit kein Beteiligungsverhältnis ein. Im Gegensatz zum Crowdfunding wird der Investor beim Crowdinvesting für sein eingesetztes Kapital an dem Unternehmen beteiligt. Der Investor ist damit an der Entwicklung und Wertsteigerung des jungen Unternehmens beteiligt. Damit handelt es sich beim Crowdinvesting um ein renditeorientiertes Investment.[186]

Im Unterschied zur Finanzierung durch einen Business Angel wird das Kapital beim Crowdinvesting durch eine **Vielzahl von kleinen Geldgebern** aufgebracht, weshalb man auch oftmals von einer Schwarmfinanzierung spricht. Das Besondere beim Crowdinvesting ist, dass ein Investor schon mit sehr geringen Beträgen, sogenannten Mikroinvestments, Unternehmensanteile erwerben kann. Infolgedessen wird es den Unternehmensgründern ermöglicht, sehr viele kleine Anleger für ihr Vorhaben zu gewinnen und schneller an Eigenkapital zur Realisierung ihrer Geschäftsidee zu kommen.[187]

Die Crowdinvesting- wie auch die Crowdfunding-Plattformen übernehmen zunächst einmal die Funktion einer Präsentationsplattform, im Rahmen derer die Kommunikation zwischen Investoren und Gründern stattfinden kann. Die Unternehmer präsentieren ihren Businessplan, um den Investoren die notwendigen Informationen offenzulegen, die diese zur Beurteilung der Chancen und Risiken des Gründungsvorhabens benötigen. Die Crowdinvesting-Plattformen sind sich in ihrer Funktionsweise sehr ähnlich. Die Plattformen prüfen dabei zunächst, ob die Geschäftsidee über Potenzial verfügt und zu dem Geschäftsportfolio der Plattform passt. Fällt die Entscheidung der Plattform bezüglich der Unternehmensidee positiv aus, haben die potenziellen Unternehmensgründer die Möglichkeit, ihr Geschäftskonzept auf der Crowdinvesting-Plattform zu präsentieren. Im Rahmen der Finanzierungsphase ist es Investoren für einen festgelegten Zeitraum möglich, in das Gründungsvorhaben zu investieren, wobei der zur Realisierung der Geschäftsidee benötigte Finanzierungsbetrag für alle einsehbar auf der Plattform angezeigt wird. Wird dieser Betrag innerhalb des festgelegten Zeitrahmens nicht erreicht, erhalten die Investoren das bereitgestellte Kapital zurück. Wird der Finanzierungsbetrag jedoch erreicht und somit die Umsetzung der Geschäftsidee ermöglicht, werden Beteiligungsverträge zwischen den Investoren und den Unternehmensgründern geschlossen. In der Regel handelt es bei den von den Investoren erworbenen Anteilen um stille Beteiligungen. Wird das Beteiligungsverhältnis aufgehoben, stehen dem Investor das eingesetzte Kapital sowie eine entsprechende Gewinnbeteiligung zu.[188]

Zusammenfassend kann gesagt werden, dass beim Crowdinvesting die Crowd (der Schwarm) aus den einzelnen Investoren besteht, die über eine Online-Plattform, die als Finanz-Intermediär dient, die Gelder zur Verfügung stellen, die dem Gründer zur Finanzierung zur Verfügung gestellt werden.[189]

Zu den Pionieren im Bereich Crowdinvesting-Onlineplattform in Deutschland gehören Seedmatch und Innovestment. Im Jahr 2011 konnten die ersten Start-ups auf diesen Plattformen mit Hilfe von Crowdinvesting ihre Gründungsfinanzierung sicherstellen. Im Jahr 2012 ist Crowdinvesting dann deutlich gewachsen, insgesamt wurden 2012 per Crowdinvesting 4,3 Mio. Euro vereinnahmt, nachdem im Jahr zuvor lediglich 0,4 Mio. Euro zu Buche standen. Der Wachstumstrend des Crowdinvesting hält weiter an. Bereits im ersten Quartal 2014 wurde auf den entsprechenden Plattformen 3 Mio. Euro in verschiedene Start-up Projekte investiert. Die Gesamtzahl erfolgreicher Finanzierungen per Crowdinvesting liegt seit Beginn im Jahr 2011 damit bei 131 und das eingesammelte Kapital summiert sich auf über 22 Mio. Euro in diesem Zeitraum. Für das Jahr 2014 wird mit einem weiteren dynamischen Wachstum in der Höhe von 20 Mio. Euro bis 25 Mio. Euro gerechnet. Der Markt wird insbesondere von den führenden Plattformen Seedmatch und Companisto dominiert, die im ersten Quartal 2014 auf einen Marktanteil von 80 % gekommen sind.[190]

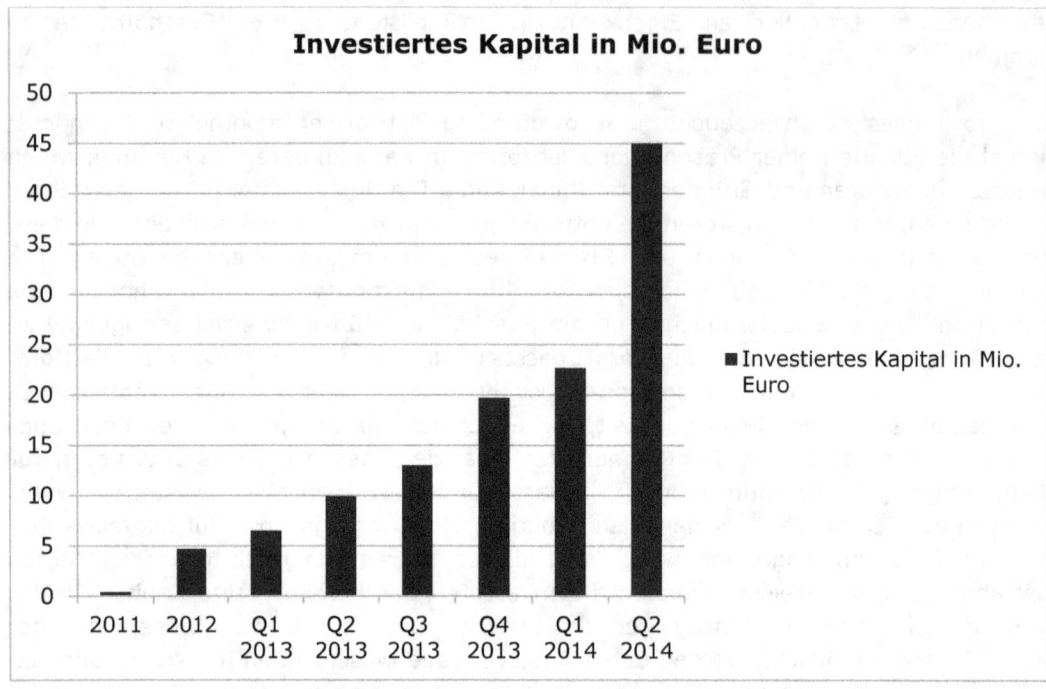

Abbildung 11: Kumulierte Investitionssummen im Rahmen von Crowd-Investing[191]

68. Welche kurzfristigen Möglichkeiten gibt es zur Beschaffung von Fremdkapital?

- **Kontokorrentkredit**

Der Kontokorrentkredit ist eine Form der Finanzierung des Betriebsmittelbedarfs, der auf dem laufenden Geschäftskonto (Kontokorrent) in Anspruch zu nehmen ist. Der Kontokorrentkredit hat den Vorteil, dass er schnell und unkompliziert genutzt werden kann, dafür aber auch den Nachteil, dass er relativ teuer ist.

- **Lieferantenkredit**

Waren und Leistungen, die von Lieferanten bezogen werden, sind meistens nicht direkt zu bezahlen. Oftmals bleibt die Möglichkeit, bis zu einem Monat später ausstehende Forderungen zu begleichen. Nachteilig dabei ist, dass bei später Bezahlung das Skonto nicht mehr abzuziehen ist. Sollten Sie auf das Skonto verzichten, handelt es sich dabei meist um einen Kredit mit extrem hoher Effektivverzinsung. „Zahlbar innerhalb von 14 Tagen mit Abzug von 2% Skonto oder innerhalb von 30 Tagen ohne Abzug" bedeutet letztendlich einen Jahreszinssatz von 45% (!), wenn Sie erst am 30. Tag statt am 14. Tag zahlen! Zahlen Sie statt am 14. Tag am 24. Tag, beträgt der Jahreszinssatz sogar stolze 72%!

69. Welche mittel- und langfristigen Möglichkeiten gibt es zur Beschaffung von Fremdkapital?

Fremdfinanzierung durch Darlehen

Die Deckung des über das Eigenkapital hinausgehenden Kapitalbedarfs kann man über ein **Darlehen** bei einem Kreditinstitut sicherstellen. Bevor dies erfolgt, sollte jedoch geprüft werden, ob nicht eventuell öffentliche Förderprogramme in Anspruch genommen werden können, die meist zinsgünstiger sind. Wer beabsichtigt, den Finanzierungsbedarf über ein Darlehen abzudecken, sollte unbedingt die Konditionen mehrerer Kreditinstitute miteinander vergleichen. Insbesondere ist zu berücksichtigen, dass auch die Dauer der Zinsbindung einen Einfluss auf die Höhe des Zinssatzes ausübt. In Zeiten, in denen die Zinsen eher niedrig sind, empfiehlt sich eine längere Zinsbindung, in Zeiten hoher Zinsen dagegen eine kurze Zinsbindung. Nach Ablauf der Zinsbindung ist der Vertrag neu zu verhandeln. Als langfristiger Durchschnittswert gelten bei 10-jähriger Zinsbindung etwa 7,5% pro Jahr, bei 5-jähriger Zinsbindung etwa 7% pro Jahr. Im Hochzinsjahr 1981 lag die 5-jährige Zinsbindung bei durchschnittlich 10,6%, die 10-jährige nur bei 10,2%. Schon 5 Jahre später (1986) lag der Zinssatz bei 5-jähriger Zinsbindung durchschnittlich nur noch bei 5,8%, bei 10-jähriger Zinsbindung bei 6,7%. Weitere 5 Jahre später (1991) mussten schon wieder durchschnittlich 8,8% bei 5-jähriger Zinsbindung und lediglich 8,5% bei 10-jähriger Bindung gezahlt werden. Wichtig: Die Vertragslaufzeit des Kredites wird von der Bank aber niemals länger angeboten, als die Lebensdauer des zu finanzierenden Objektes geschätzt wird, d.h. Sie können niemals einen PC mit einem Kredit finanzieren, der eine Laufzeit von 10 Jahren vorsieht.

Wenn Sie Kredite mit einander vergleichen wollen, bedenken Sie die folgenden Aspekte, welche die **Effektivverzinsung** des Kredits bestimmen:

- gewährter Zinssatz (nominal),
- Auszahlungskurs des Kredits,
- Laufzeit des Darlehens,
- Anzahl der Raten,
- Tag, an dem die Raten bezahlt werden müssen,
- Termin, zu dem die Höhe des Zinsanteils der Rate bestimmt wird,
- Zeitpunkt, an dem die Tilgung von der Restschuld abgezogen wird,
- zu zahlende Provisionen,
- weitere Auslagen und Nebenkosten (Kontoführungsgebühr).

Leasing

Eine Sonderform der Finanzierung ist das **Leasing**, die entgeltliche Nutzung eines Gutes, ohne dass man daran Eigentum erwirbt. Leasing kann gegliedert werden nach

- dem Leasingobjekt (Konsumgüterleasing, Investitionsgüterleasing),
- der Stellung des Leasinggebers (Hersteller-Leasing, Händlerorientiertes Leasing, Leasinggesellschaften),
- dem Rückzahlungsumfang (Vollamortisation, Teilamortisation) und
- der Kündbarkeit (Operating – Leasing [kurzfristig kündbar], Financial – Leasing [langfristiger Vertrag]).

Der Unterschied des Leasings zum Ratenkauf liegt vor allem darin, dass bei der Ratenzahlung der Käufer zum Eigentümer wird, wohingegen beim Leasing der Leasinggeber der Eigentümer bleibt. Die Vorteile für den Leasingnehmer sind:

- Die Leasingraten sind steuerlich absetzbar.
- Im Leasingvertrag ist oftmals auch ein Service enthalten.
- Leasing erhöht die Flexibilität des Unternehmens.
- Leasingraten sind für die gesamte Mietzeit konstant.
- Da der Leasinggeber Eigentümer bleibt, muss der Leasingnehmer keine Sicherheiten stellen.

Leasing ist insbesondere dann interessant, wenn

- hohe Gewinne erwirtschaftet werden,
- eine Vergrößerung des Betriebs ansteht und
- die Eigenmittel gering sind.

70. Was ist bei der Aufnahme eines Bankkredits zu beachten?

Unternehmensgründer greifen in der Regel erst mit fortgeschrittenem Professionalisierungs- und Entwicklungsstand des Unternehmens auf Fremdkapital in Form klassischer Bankkredite zurück, wenn entsprechende Sicherheiten (insbesondere in Form haftenden Eigenkapitals) vorhanden sind. Dieser Umstand ist darauf zurückzuführen, dass die Gründer insbesondere in der (Pre-)Seed- und Start-up-Phase oftmals nicht ausreichend Eigenkapital oder auch bewertbare bzw. "banküblichen" Sicherheiten stellen können, um die Eigenkapitalvoraussetzungen der Kreditinstitute für die Kreditgewährung zu erfüllen. Im Gegensatz zu Eigenkapital wird Fremdkapital den Unternehmen zu im Vorfeld festgelegten Konditionen und nur für einen begrenzten Zeitraum zur Verfügung gestellt. Weiterhin partizipiert der Fremdkapitalgeber im Vergleich zum Eigenkapitalgeber nicht am wirtschaftlichen Erfolg des Unternehmens, sondern erhält als Gegenleistung für das überlassene Kapital eine vorab vereinbarte feste Zinszahlung.[192] Auch hinsichtlich der folgenden aufgeführten Punkte grenzt sich die Finanzierung mittels Fremdkapital von der mittels Eigenkapital ab:

- Der Fremdkapitalgeber kauft keine Geschäftsanteile und gewinnt somit keine Eigentumsrechte am Unternehmen.
- Der Fremdkapitalgeber haftet nicht für wirtschaftliche Verluste oder andere Verbindlichkeiten des Unternehmens.
- Dem Fremdkapitalgeber stehen grundsätzlich keine unternehmerischen Mitsprache- oder Verwaltungsrechte am Unternehmen zu.
- Der Fremdkapitalgeber hat einen Anspruch auf regelmäßige, im Vorfeld vereinbarte Zinszahlungen, nicht jedoch auf Zahlung von Gewinnausschüttungen bzw. Dividenden, er erhält somit keine Beteiligung am unternehmerischen Erfolg.
- Die Laufzeit der Überlassung des Fremdkapitals ist befristet. Das Fremdkapital muss bis zum vereinbarten Laufzeitende vom Unternehmen vollständig zurückbezahlt sein.
- Eventuelle Ansprüche des Fremdkapitalgebers werden im Falle einer (drohenden) Insolvenz des Unternehmens vorrangig vor Ansprüchen der Eigenkapitalgeber bedient.[193]

Als klassisches Instrument der Fremdkapitalfinanzierung sind vor allem **Bankkredite** zu nennen, die sich in Abhängigkeit von der Laufzeit in kurz-, mittel- und langfristige Bankkredite einteilen lassen. Kurz- und mittelfristige Bankkredite sollen eine ausreichende Liquidität des Unternehmens bei der Finanzierung außergewöhnlicher Belastungen oder den Ausgleich von Unregelmäßigkeiten im Zahlungsverkehr sicherstellen. Langfristige Kredite (als langfristig werden insbesondere solche Kredite bezeichnet, die eine Ursprungslaufzeit von mindestens vier Jahren haben) dienen hauptsächlich der Finanzierung von Investitionen (Finanzierung von Grundstück, Gebäude, Maschinen, Fuhrpark, usw.).[194]

71. Was ist bei einer Kreditverhandlung zu beachten?

Grosjean[195] gibt neun Ratschläge zu Kreditverhandlungen:

- Führen Sie **frühzeitig** Kreditgespräche, und zeigen Sie so, dass Sie planen können. Kreditgespräche bei kurzfristigen Liquiditätsproblemen gestalten sich viel schwieriger.
- Legen Sie **aktuelle Zahlen** vor, z.B. aus dem neusten Jahresabschluss.
- Verhandeln Sie einen **ausreichenden Kreditrahmen**, der Nachverhandlungen nach Möglichkeit überflüssig macht.
- Verhandeln Sie am besten mit einem **Entscheidungsträger** persönlich.
- Interpretieren Sie das Kreditinstitut oder die Bank auch als Ihr **Berater**, die in der Regel auch über entsprechende Erfahrung verfügen.
- Seien Sie gegenüber Ihrem Verhandlungspartner **offen** und erwähnen Sie auch negative Aspekte.
- Informieren Sie sich über **Alternativen** zu den von Ihnen nachgefragten Kreditformen.
- Versuchen Sie, bessere **Konditionen** zu verhandeln, als Ihnen zunächst angeboten werden.
- Wenn Sie ein Finanzierungsgebot erhalten: Kalkulieren Sie **alle Kosten** des Fremdkapitals ein, auch etwaige Verwaltungsgebühren, zusätzliche Kontoführungsgebühren etc.

72. Welche Rolle spielen öffentliche Förderprogramme bei der Finanzierung?

Eine gewichtige Rolle im Rahmen der finanziellen Unterstützung von Unternehmensgründungen nehmen **öffentliche Fördermittel/-programme** ein. Bei den öffentlichen Fördermitteln bzw. öffentlichen Förderprogrammen handelt es sich in erster Linie um **Kredite der öffentlichen Hand** zur Förderung von Unternehmensgründungen. Zu den öffentlichen Fördermöglichkeiten zählen aber auch **staatliche Zuschüsse und Zulagen** sowie Bürgschaften bzw. Garantien.

Da öffentliche Förderkredite staatlich begünstigte Finanzmittel darstellen, ergeben sich für die Unternehmensgründer Vorteile gegenüber klassischen Bankkrediten. Die Vorteile öffentlicher Förderkredite bestehen vor allem in der „niedrigeren Verzinsung, der geringeren Sicherheitenstellung und oftmals auch in den Haftungsfreistellungen und Tilgungsfreistellungen in den ersten Jahren der Kreditgewährung."[196]

Das wichtigste deutsche Förderinstitut ist die KfW, die **Kreditanstalt für Wiederaufbau**, die für die Bewilligung von Förderkrediten aus Bundesmitteln verantwortlich ist. Die KfW, die unter der Aufsicht des Bundesfinanzministeriums steht, wurde nach Beendigung des Zweiten Weltkriegs gegründet, um den Wiederaufbau der deutschen Wirtschaft zu initiieren. Heute ist die KfW einer der wichtigsten Förderbanken in Deutschland, wobei die Hauptaufgabe in der gesamtwirtschaftlichen Wachstumsförderung liegt. Ein Schwerpunkt, neben der **Mittelstandsfinanzierung** durch die Bereitstellung von Investitionskrediten und Krediten zur Betriebsmittelfinanzierung, liegt in der **Gründungsfinanzierung**.

Für die Gewährung von öffentlichen Finanzfördermitteln aus Landesmitteln sind die Staats-, Förder- und Bürgschaftsbanken der **Bundesländer** verantwortlich. Im Saarland beispielsweise ist die SIKB, die saarländische Investitionskreditbank AG, das entsprechende Förderinstitut, das insbesondere bei Gründungsvorhaben im Saarland öffentlich geförderte Finanzierungsmöglichkeiten bereitstellt. Ein wesentliches Charakteristikum öffentlicher Förderkredite ist, dass die Antragsstellung nicht direkt über die öffentlichen Fördereinrichtungen sondern über die Hausbank der potenziellen Unternehmensgründer erfolgt. Folglich ist die Hausbank für die Beantragung und Weiterreichung des Förderkreditantrags an die KfW verantwortlich. Die KfW wiederum prüft unter Vorlage der relevanten Dokumente (Businessplan, Liste der vorhandenen Sicherheiten, Nachweise über vorhandenes Eigenkapital, Arbeits- und Prüfungszeugnisse, etc.), ob die Voraussetzungen für eine Kreditgewährung erfüllt sind. Folglich ist die Kooperation zwischen den Antragsstellern und der bearbeitenden Bank ein entscheidender Faktor bezüglich der Gewährung eines Förderkredits, das heißt die möglichen Unternehmensgründer müssen die Hausbank von der Umsetzbarkeit und der Rentabilität ihres Gründungsvorhaben überzeugen, sodass diese eine Antragsstellung bei der KfW veranlasst. Die klassischen Kreditinstitute haben insoweit eine interessante **Intermediärfunktion** zwischen Beschaffung und Bereitstellung des Kapitals.[197]

Bei den beantragten Förderkrediten wird unterschieden zwischen durchgeleiteten und durchlaufenden Krediten. Kennzeichnend für **durchgeleitete Kredite** ist, dass das Kreditrisiko größtenteils von der Hausbank getragen werden muss. Bei **durchlaufenden Krediten** hingegen handelt es sich um Treuhandkredite, im Rahmen derer die Hausbank bei auftretenden Liquiditätsproblemen seitens der Unternehmensgründer das Kreditrisiko an das involvierte Förderinstitut abtreten kann, d.h. das Risiko aus der Kreditvergabe liegt also allein beim Treugeber, der staatlichen Krediteinrichtung.[198]

Damit ein öffentlicher Förderkredit in Anspruch genommen werden kann, müssen von dem antragstellenden Unternehmen bestimmte Voraussetzungen erfüllt werden:

- Die Antragsstellung auf Gewährung eines öffentlichen Förderkredits muss **vor** der faktischen Umsetzung des Gründungsvorhabens erfolgen.
- Es handelt sich um eine **einmalige Förderung** eines konkreten Gründungsvorhabens.
- Das zu fördernde Unternehmen ist nicht im Mehrheitsbesitz einer anderen Kapitalgesellschaft.

Potenzielle Unternehmensgründer, die eine Inanspruchnahme öffentlicher Fördermittel beabsichtigen, müssen sich Rahmen der Gründung über die spezifischen Förderrichtlinien im Klaren sein, um ein valides Urteil über die Förderfähigkeit des Gründungsvorhabens bzw. des Investitionsvorhabens treffen zu können.[199]

73. Welche Fördermöglichkeiten gibt es für Existenzgründer?

Um Gründungswilligen den Weg in die Selbstständigkeit finanziell zu erleichtern, haben der Bund und die Länder zahlreiche Förderprogramme aufgelegt. Diese umfassen:

- **Förderdarlehen**
Bund und Länder haben speziell für Existenzgründer verschiedene Programme aufgelegt, mittels derer ein Gründer Darlehen zu besonderen Konditionen bekommen kann.

- **Zuschüsse**
Unter bestimmten Voraussetzungen können Existenzgründer Investitionszuschüsse vom Land erhalten.

- **Hilfen der Bundesagentur für Arbeit**
Die Bundeagentur für Arbeit gewährt gründungswilligen Arbeitslosen und bei der Beschäftigung von Mitarbeitern finanzielle Unterstützung.

Allen Programmen gemeinsam ist das Zutreffen folgender **Voraussetzungen**:

- Die Anträge auf Finanzhilfen müssen grundsätzlich **vor** Beginn des Vorhabens gestellt werden.
- Der Antragsteller muss über die **notwendigen Qualifikationen** verfügen, um das Unternehmen erfolgreich führen zu können.
- Es werden nur Vorhaben gefördert, die eine **nachhaltige, tragfähige Existenz** erwarten lassen.
- Nur die **erste Gründung** eines Betriebes kann gefördert werden.
- Der Antragsteller sollte **nicht zu alt** sein.

- **Eigenmittel** sollten in angemessenem Umfang vorhanden sein.
- Auf die Finanzhilfen besteht **keinerlei Rechtsanspruch**.

Nachfolgend erhalten Sie erste Hinweise zu den wichtigsten Förderprogrammen. Die Programme werden in nachfolgenden Fragen ausführlicher behandelt.

Das ERP – Eigenkapitalhilfeprogramm

Gefördert werden Existenzgründungen der gewerblichen Wirtschaft und der Freien Berufe mit tragfähigem Unternehmenskonzept zur Vollexistenz, auch bei Erwerb eines Unternehmens oder einer tätigen Beteiligung, innerhalb von 2 Jahren nach Gründung bzw. Erwerb. In der Regel muss der Gründer 15% der förderfähigen Kosten durch eigene Mittel tragen können. Als Bemessungsgrundlage gilt die Investitionssumme bzw. der Kaufpreis. Dann können bis zu 25% der Bemessungsgrundlage (höchstens jedoch 500.000 Euro, in den neuen Bundesländern: 1.000.000 Euro) durch das Eigenkapitalhilfeprogramm erbracht werden. Dabei handelt es sich um die Gewährung eines Darlehens mit einer Laufzeit von maximal 20 Jahren, wovon maximal 10 Jahre tilgungsfrei sind, das aus der persönlichen Haftung des Antragstellers keine weiteren Sicherheiten verlangt. Die Auszahlung des Darlehens erfolgt zu 96% zu einem dem Marktzins angepassten Zinssatz, der in den ersten Jahren um einige Prozentpunkte verbilligt wird. Anträge sind bei der Hausbank zu stellen, die sie weiterleitet. Der derzeitige Nominalzinssatz entspricht 0% in den ersten beiden Jahren, 3% im dritten Jahr, 4% im vierten Jahr, 5% im fünften Jahr und 5,75% in jedem folgenden Jahr, was einer Effektivverzinsung von 5,46% pro Jahr entspricht. (Achtung: Zinssätze und Bedingungen können sich ändern.)

Das ERP – Existenzgründungsprogramm

Gefördert werden Existenzgründer im Bereich der gewerblichen Wirtschaft sowie der Freien Berufe mit einem tragfähigen Unternehmenskonzept zur Vollexistenz, auch bei Übernahme oder tätiger Beteiligung, innerhalb von 3 Jahren nach Gründung oder Erwerb. Zum Zeitpunkt der Antragstellung darf mit der Durchführung des Vorhabens noch nicht begonnen worden sein. Gefördert werden Investitionen einschließlich der Beschaffung des ersten Waren- oder Materiallagers bis zu 50% der förderfähigen Gesamtkosten (höchstens jedoch 500.000 Euro) als zinsgünstiges Darlehen, das zu 100% ausgezahlt wird. Die Laufzeit des Darlehens beträgt maximal 10 Jahre (bei Bauvorhaben 15 Jahre) mit maximal 3 tilgungsfreien Anfangsjahren. Anträge sind bei der Hausbank zu stellen, die sie weiterleitet. Der derzeitige Nominalzins beträgt 4,25% (effektiv 4,32%) in den alten Bundesländern. Für die neuen Bundesländer gelten günstigere Bedingungen. (Achtung: Zinssätze und Bedingungen können sich ändern.)

Das Startkapital – Programm des Saarlandes

Gefördert werden Existenzgründer im Bereich der gewerblichen Wirtschaft und der Freien Berufe mit einem tragfähigen Unternehmenskonzept, das auch auf eine zunächst **nebenberufliche Tätigkeit** ausgerichtet sein darf. Das Startkapital kann sowohl zur Finanzierung von Investitionen als auch zum Erwerb des Betriebsmittelbedarfs verwendet werden. Die Antragstellung hat vor Beginn des Vorhabens (Es fallen erste finanzielle Verpflichtungen im Zusammenhang mit der geplanten Existenzgründung an.) zu erfolgen. Der Kreditbetrag liegt zwischen 2.500 Euro und 25.000 Euro. Die Laufzeit des Darlehens beträgt bei 2 tilgungsfreien Jahren bis zu 10 Jahre zu einem festen

Zinssatz, wobei das Saarland während der ersten 24 Monate den Zinsaufwand übernimmt. Die Auszahlung des Kredits erfolgt zu 100%. Üblicherweise werden maximal 40% des Finanzierungsbedarfs abgedeckt, jedoch kann diese Grenze überschritten werden. Anträge sind bei der Hausbank zu stellen, die sie an die Saarländische Investitionskreditbank weiterleitet. (Achtung: Zinssätze und Konditionen können sich ändern!)

Darüber hinaus gibt es in den einzelnen Bundesländern zahlreiche weitere Fördermöglichkeiten. Informieren Sie sich dazu rechtzeitig bei der in Ihrem Bundesland zuständigen Bank oder über Ihre Hausbank.

Für zahlreiche Förderprogramme benötigen Sie ein Gutachten bzw. eine fachliche Stellungnahme eines Sachverständigen oder eines Betriebsberaters der Kammern. Legen Sie diesem alle Unterlagen vor, die ein aussagekräftiges Bild von Ihrem geplanten Unternehmen zeichnen. Je besser Sie vorbereitet sind, umso wahrscheinlicher ist eine positive Begutachtung.

74. Welche Informationen gibt es zur ERP-Gründerkredit-StartGeld?

Mit dem **ERP (European Recovery Program)-Gründerkredit-StartGeld** wird Gründern, Freiberufler sowie kleinen Unternehmen, die noch nicht länger als 3 Jahre seit der Aufnahme der Geschäftstätigkeit am Markt vertreten sind, eine zinsvergünstigte Finanzierung von Gründungs- bzw. Investitionsvorhaben in Deutschland mit einem Finanzierungsvolumen bis 100.000 Euro ermöglicht. Der Kredit richtet sich vor allem an Existenzgründer und junge Unternehmen mit geringem Fremdfinanzierungsbedarf. Wird das unternehmerische Vorhaben im Rahmen des ERP-Gründerkredits-StartGeld finanziell gefördert, ist jedoch keine zusätzliche Förderung in Kombination mit einem anderen KfW-Förderprogramm möglich.[200]

Antragsvoraussetzungen für die Förderung:
- Das Vorhaben muss eine Aussicht auf einen nachhaltigen wirtschaftlichen Erfolg nachweisen.
- Der Antragsteller verfügt über die erforderliche fachliche und kaufmännische Qualifikation.
- Der Antragsteller ist zur Geschäftsführung und Vertretung des Unternehmens befugt, entsprechend im Handelsregister eingetragen und aktiv in der Unternehmensleitung tätig.
- Der Antragsteller besitzt insbesondere aufgrund eines Gesellschaftsanteils von grundsätzlich mindestens 10% hinreichenden unternehmerischen Einfluss. Förderschädlich ist ein Stimmenanteil eines anderen Gesellschafters, der Satzungsänderungen ermöglicht.
- Die Voraussetzungen für kleine Unternehmen im Sinne der Definition der Europäischen Union sind erfüllt. Die Unternehmen müssen weniger als 50 Mitarbeiter und einen Jahresumsatz von höchstens 10 Mio. Euro oder eine Jahresbilanzsumme von höchstens 10 Mio. Euro haben. Die Unternehmen müssen unabhängig von Unternehmen sein, die diese Kriterien nicht erfüllen.[201]

Förderberechtigte sind:
- natürliche Personen, die ein Unternehmen bzw. eine freiberufliche Existenz in Deutschland gründen,
- kleine gewerbliche Unternehmen gemäß der KMU-Definition der EU, die weniger als drei Jahre am Markt vertreten sind,
- Unternehmensnachfolger.

Nicht-Förderberechtigte sind:
- mittlere und große Unternehmen gemäß KMU-Definition der EU, d.h. Unternehmen mit mehr als 50 Mitarbeitern und mehr als 10 Mio. Euro Umsatz,
- Unternehmen, die länger als drei Jahre am Markt teilnehmen,
- Sanierungsfälle und Unternehmen, die den Insolvenz-Tatbestand erfüllen,
- Unternehmen, die landwirtschaftliche Produkte erzeugen oder in der Fischerei tätig sind.

Was wird gefördert?
- alle Formen der Existenzgründung, also die Errichtung oder die Übernahme von Unternehmen sowie der Erwerb einer tätigen Beteiligung,[202]
- Nebenerwerb, der mittelfristig auf den Haupterwerb ausgerichtet ist und
- Festigungsmaßnahmen innerhalb von 3 Jahren nach Aufnahme der Geschäftstätigkeit.
- Eine erneute Unternehmensgründung kann gefördert werden, wenn keine Verbindlichkeiten aus einer früheren selbstständigen Tätigkeit mehr bestehen.[203]

Mit dem Förderkredit sollen insbesondere Investitionen und die Anschaffung von Betriebsmitteln (Mittel zur Gewährleistung des laufenden Betriebs) finanziell unterstützt werden. Mit dem Förderkredit werden zum Beispiel die folgenden Investitionen und Betriebsmittel finanziert:

- Erwerb von Grundstücken und Gebäuden, einschließlich der Baunebenkosten,
- Kauf von Maschinen, Anlagen und Einrichtungsgegenständen,
- Erwerb von Betriebs- und Geschäftsausstattung,
- Erstausstattung und betriebsnotwendige langfristige Aufstockung des Material, Waren-oder Ersatzteillagers,
- Erwerb von Betriebsmitteln (inklusive Wiederauffüllung der oben genannten Lager) bis maximal insgesamt 30.000 Euro.

Nicht gefördert werden:
- Umschuldungen und Nachfinanzierungen bereits begonnener Vorhaben,
- Anschlussfinanzierungen,
- Erwerb aus dem Eigentum des Ehegatten bzw. Lebenspartners entsprechend dem Lebenspartnerschaftsgesetz,
- Anlagen für erneuerbare Energien, falls dessen Investitionssumme mehr als 50 % der Gesamtinvestition beträgt.[204]

Spezifische Kreditkonditionen des KfW-Gründerkredit -Start-Geld:
Kredithöhe:
- Die maximal geförderte Kredithöhe liegt bei 100.000 Euro, davon sind maximal 30.000 Euro für die Finanzierung von Betriebsmitteln vorgesehen.
- Antragsteller haben die Möglichkeit, den ERP-Gründerkredit-StartGeld zweimal zu beantragen. Bedingung für die Gewährung zweier solcher Förderkredite ist zum einen, dass der kumulierte Zusagebetrag die maximale Fördersumme von 100.000 Euro nicht übersteigt. Zum anderen wird für eine zweite Antragstellung vorausgesetzt, dass das Investitionsvorhaben, welches zunächst finanziert wurde, abgeschlossen ist und die bereitgestellten Kredite vollständig eingesetzt wurden, sowie die Mittelverwendungskontrolle durchgeführt ist. Bereits gewährte Kredite aus dem Programm KfW-ERP-Gründerkredit-StartGeld werden auf den Betrag von maximal 100.000 Euro angerechnet.
- Sind mehrere Gründer in die Unternehmensgründung involviert, kann jeder der Gründer den KfW-Gründerkredit-StartGeld mit einem Finanzierungsvolumen von bis zu 100.000 Euro beantragen.[205]

Auszahlung:
- Der geförderte Kreditbetrag wird zu 100 % ausgezahlt.
- Abgerufen werden kann der Kreditbetrag in einem Betrag oder in Teilsummen, wobei nach Ablauf von 2 Bankarbeitstagen und einem Monat nach der Förderkreditbewilligung für bis dahin noch nicht abgerufene Kreditbeträge eine Bereitstellungsprovision von 2,5 % pro Monat fällig wird.
- Die Kreditmittel sind spätestens neun Monate nach der Zusage der KfW abzurufen.[206]

Laufzeit:
Beim KfW-Gründungskredit-StartGeld kann der Antragsteller zwischen zwei Laufzeiten wählen:
- Kreditlaufzeit bis zu 5 Jahre, davon bis zu einem Jahr tilgungsfreie Anlaufzeit oder
- Kreditlaufzeit bis zu 10 Jahre, davon bis zu zwei Jahre tilgungsfreie Anlaufzeit.[207]

Zinssatz und Tilgung:
- Es gilt der an dem Tag der Bewilligung des ERP-Gründerkredits-Start-Geld gültige Programmzinssatz, welcher für gesamte Kreditlaufzeit festgeschrieben ist. Grundsätzlich orientiert sich der Programmzinssatz an der Entwicklung des Kapitalmarktes.
- Der maximal geltende Effektivzinssatz[208] für den ERP-Gründerkredit-StartGeld beträgt aktuell bei einer Laufzeit und einem Zinsbindungszeitraum von 5 Jahren sowie einem tilgungsfreien Anlaufjahr 2,68 % p.a.[209]
- Bei einer Laufzeit und Zinsbindungsdauer von 10 Jahren sowie zwei tilgungsfreien Anlaufjahren ergibt sich ein maximal geltender effektiver Jahreszins von 3,4 %.[210]
- Die Rückzahlung (Tilgung plus Zinsen) erfolgt über die Hausbank.
- Es besteht die Möglichkeit einer außerplanmäßigen Tilgung (vollständige oder teilweise außerplanmäßige Tilgung), wobei in diesem Fall die Zahlung einer Vorfälligkeitsentschädigung erforderlich wird.

Sicherheiten:
Verfügt der Unternehmensgründer über Eigenkapital und Sicherheiten wie beispielsweise Hypotheken, Lebensversicherungen etc., erwartet das Kreditinstitut (in der Regel die Hausbank), dass diese zur Absicherung des Förderkredits genutzt werden. Jedoch ist die Bewilligung des dargestellten Förderkredits-StartGeld auch ohne die Bereitstellung von Eigenkapital und Sicherheiten möglich, was vor allem darauf zurückzuführen ist, dass die KfW dem durchleitenden Kreditinstitut eine 80-prozentige Haftungsfreistellung gewährt. Bei der Haftungsfreistellung handelt es sich um eine Vereinbarung zwischen der KfW und dem Kreditinstitut, wobei die Risikoaufteilung zwischen den beiden Finanzeinrichtungen festgelegt wird. Je höher die Haftungsfreistellung, desto niedriger ist im Falle eines Kreditausfalls das Risiko für das Kreditinstitut (Hausbank). Dadurch sind die Kreditinstitute häufig zur Finanzierung eines Vorhabens bereit, auch wenn die potenziellen Unternehmensgründer keine oder lediglich geringe Sicherheiten stellen können.[211]

Antragstellung:
Die Antragstellung für die KfW-Förderkredite erfolgt nicht direkt über die Kreditanstalt für Wiederaufbau, sondern über ein beliebiges Kreditinstitut des potenziellen Unternehmensgründers, wobei der Antrag **vor Beginn des Gründungsvorhabens** zu stellen ist. Die nachfolgend dargestellten Schritte beschreiben den typischen Prozess der Antragstellung:
- Kontaktaufnahme des potenziellen Unternehmensgründers mit einem Kreditinstitut, in der Regel handelt es sich dabei um die Hausbank des Gründers,
- Beauftragung des Kreditinstituts mit der Beantragung des Förderkredits,
- Weiterreichung des Förderkreditantrags an die KfW,
- Prüfung (Erfüllung der Voraussetzungen für eine Förderung) des Förderkredits durch die KfW.
- Bei positivem Prüfungsergebnis erfolgt der Kreditvertragsabschluss mit dem Kreditinstitut.
- Nach Abschluss des Kreditvertrags kann mit dem Gründungsvorhaben begonnen werden.[212]

Erforderliche Unterlagen im Rahmen der Antragstellung:[213]
Durch die Vorlage der für die Förderkreditgewährung erforderlichen Unterlagen können der unternehmerische Tätigkeitsschwerpunkt sowie die Erfolgsaussichten des Gründungsvorhabens abgeschätzt werden.
- Antragsvordruck ERP-Gründerkredit-StartGeld,
- Selbstauskunft des Gründers zu seiner Person,
- Stellungnahme des Kreditinstituts, das mit der Beantragung des Förderkredits beauftragt wurde.

Bei unternehmensbezogener Antragstellung sind "Risikoanlage A" und "Risikoanlage C" auszufüllen:

bei Personengesellschaften: für jeden Gesellschafter (KG: nur Komplementäre)
bei Kapitalgesellschaften: für die geschäftsführenden Gesellschafter

- Einwilligungserklärung zum Einholen von Informationen bei Auskunftei-Anfragen,

- bei unternehmensbezogener Antragstellung mit mehr als einem Gesellschafter: Anlage "Besitz- und Beteiligungsverhältnisse",
- Selbsterklärung zur Einhaltung der Spezifikationen für kleine Unternehmen gemäß EU-Definition,
- Gründungskonzept/Businessplan und Rentabilitätsvorschau sowie für Vorhaben mit einem Finanzierungsvolumen von mehr als 25.000 Euro zusätzlich einen monatlichen Liquiditätsplan; jeweils für mindestens 2 Jahre,
- tabellarischer Lebenslauf des Antragstellers, mit Angaben zum beruflichen Werdegang,
- Anlage "De-minimis"-Erklärung des Antragstellers über bereits erhaltene "De-minimis"-Beihilfen,
- bei Franchisevorhaben: Selbsterklärung zum Franchisevorhaben.

Handelt es sich bei der Finanzierung um eine Festigungsmaßnahme, Übernahme oder tätige Beteiligung sind im Rahmen der Antragstellung weitere Unterlagen erforderlich:

- Auskunft zu dem bereits gegründeten Unternehmen (nur wenn bereits erster Jahresabschluss bzw. eine Einnahmen-Überschussrechnung eines vollständigen Geschäftsjahr vorliegt),
- Jahresabschlüsse bzw. Einnahmen-Überschussrechnungen der letzten beiden vollständigen Geschäftsjahre,
- aktuelle Betriebswirtschaftliche Auswertung (sofern vorliegende Jahresabschlüsse beziehungsweise Einnahmen-Überschussrechnung älter als 6 Monate sind.)

Des Weiteren ist bei einer zweiten Antragstellung die Bestätigung der Hausbank erforderlich, dass das mit dem Erstantrag geförderte Vorhaben abgeschlossen ist und eine Mittelverwendungskontrolle durchgeführt wurde.[214]

75. Wie funktioniert ein ERP-Gründerkredit-Universell?

Förderziel des KfW-Gründerkredit-Universell:
Das Förderziel des **ERP-Gründerkredits-Universell** ist weiter gefasst als das des ERP-Gründerkredits-StartGeld, weil mit dem ERP-Gründerkredit-Universell nicht nur Gründungs- bzw. Investitionsvorhaben im Inland, sondern auch im Ausland finanziell gefördert werden. Zudem richtet sich dieser Förderkredit nicht nur an kleine, sondern auch an Unternehmen mittlerer Größe und ist mit einem Finanzierungsvolumen von 10 Mio. Euro deutlich höher als beim Gründerkredit-StartGeld. Mit dem Gründerkredit-Universell werden explizit Unternehmensgründer bei der Finanzierung von Investitionen und Betriebsmittel aber auch junge Unternehmen und Unternehmensübernahmen gefördert. Auch diese Kategorie der Förderkredite wird aus den Mitteln des ERP-Sondervermögens finanziert. Infolgedessen kann der Gründerkredit-Universell zu vergünstigten Zinssätzen angeboten werden. Die Kombination einer Finanzierung aus dem ERP-Gründerkredit-Universell mit anderen Förderprogrammen ist zulässig. Ausgeschlossen ist jedoch eine Kombination mit Finanzierungen aus dem ERP-Gründerkredit-StartGeld. Zudem gewährt die KfW im Rahmen des ERP-Gründerkredits-Universell dem durchleitenden Kreditinstitut keine Haftungsfreistellung.[215]

Antragsvoraussetzungen für die Förderung:
Grundsätzlich gelten die gleichen Antragsvoraussetzungen wie beim ERP-Gründerkredit-StartGeld hinsichtlich der finanziellen Förderung von Unternehmensgründungen. Da der Gründerkredit-Universell auch die Förderung von mittleren Unternehmen umfasst, müssen die Voraussetzungen mittlerer Unternehmen gemäß der Definition der EU erfüllt sein, d.h. die Unternehmen müssen weniger als 250 Mitarbeiter haben und dürfen höchstens einen Jahresumsatz von 50 Mio. Euro oder eine Jahresbilanzsumme von höchstens 43 Mio. Euro aufweisen.[216]

Förderberechtigte und geförderte Vorhaben:
Der Kreis der Förderberechtigten/Nicht Förderberechtigten mit Ausnahme mittlerer Unternehmen sowie die mit dem Gründerkredit-Universell geförderten Vorhaben/ nicht geförderten Vorhaben stimmen mit denen aus dem Gründerkredit-StartGeld überein. Zusätzlich werden aber auch Unternehmensprojekte im Ausland finanziell unterstützt, sofern eine der folgenden Voraussetzung erfüllt ist:
- deutsche Unternehmen der gewerblichen Wirtschaft oder freiberuflich Tätige aus Deutschland,
- Tochtergesellschaften der oben genannten deutschen Unternehmen mit Sitz im Ausland,
- Joint Ventures mit maßgeblicher deutscher Beteiligung im Ausland.

Die Antragsberechtigung bei Auslandsvorhaben setzt jeweils voraus, dass auch die übrigen für einen Antragsteller im Inland geltenden Kriterien erfüllt werden. Bei Vorhaben im Ausland werden die auf den deutschen Investor entfallenden Kosten gefördert. Im Fall von Joint Ventures und Beteiligungen ist der mit dem deutschen Anteil gewichtete Wert des Gesamtvorhabens maßgeblich. Bei Vorhaben in EU-Ländern ist auch der Anteil von EU-Joint-Venture-Partnern förderfähig.[217]

Spezifische Kreditkonditionen des KfW-Gründerkredit -Universell:
Kredithöhe:
Der Kredithöchstbetrag beläuft sich auf maximal 10 Mio. Euro pro Vorhaben, wobei mit dem Förderprogramm bis zu 100 % der förderfähigen Investitionskosten bzw. der förderfähigen Betriebsmittel finanziert werden.[218]

Auszahlung:
Der Gründerkredit-Universell weist die gleichen Auszahlungsmodalitäten wie der ERP-Gründerkredit-StartGeld auf, mit Ausnahme der Abruffrist für den Förderkredit. Hier beträgt die Frist, bis zur welcher der Förderbetrag spätestens abgerufen werden muss, nicht 9 Monate sondern 12 Monate.[219]

Laufzeit:
bei Betriebsmittelfinanzierungen:
- Kreditlaufzeit bis zu 5 Jahre, davon höchstens ein Jahr tilgungsfreie Anlaufzeit
- Kreditlaufzeit bis zu 10 Jahre, davon höchstens zwei Jahre tilgungsfreie Anlaufzeit
- Kreditlaufzeit bis zu 20 Jahre, davon höchstens drei Jahre tilgungsfreie Anlaufzeit

Diese zuletzt genannte Laufzeitvariante kann vom Antragsteller aber nur unter der Bedingung gewählt werden, dass mindestens 2/3 der förderfähigen Investitionskosten auf Grunderwerb, gewerbliche Baukosten oder den Erwerb von Unternehmen und tätigen Beteiligungen entfallen.[220]

Zinssatz und Tilgung:
- Bei einer Kreditlaufzeit von bis zu 10 Jahren ist der Zinssatz für die gesamte Kreditlaufzeit festgeschrieben.
- Bei einer Kreditlaufzeit von mehr als 10 Jahren gibt es zum einen die Möglichkeit den Zinssatz für die ersten 10 Jahre festzuschreiben oder zum anderen die Option den Zinssatz für die gesamte Kreditlaufzeit festzuschreiben.
- Im Gegensatz zum ERP-Gründerkredit-StartGeld, bei dem sich der Zinssatz an dem geltenden Programmzinssatz orientiert, wird bei dem Gründerkredit-Universell ein kundenindividueller Zinssatz ermittelt, dessen Höhe von der Hausbank anhand der wirtschaftlichen Verhältnisse des Kreditnehmers (Bonität) und anhand der Werthaltigkeit der gestellten Sicherheiten und der Kreditlaufzeit festgelegt wird.
- Die Höhe des Zinssatzes wird neben der Laufzeit im Wesentlichen durch die beiden kundenabhängigen Kriterien **Bonität sowie die Werthaltigkeit der gestellten Sicherheiten** bestimmt. Die beiden Kriterien werden von der Hausbank geprüft, und der Antragsteller wird dem Ergebnis dieser Prüfung entsprechend von der Hausbank in eine von der KfW vorgegebenen Bonitäts- und Besicherungsklasse eingeordnet. Durch die Kombination von Bonitäts- und Besicherungsklasse ordnet die Hausbank schließlich den Förderkredit einer von der KfW vorgegebenen Preisklasse zu. Jede Preisklasse kann als Richtwert verstanden werden, die eine feste Zinsobergrenze (Maximalzinssatz) darstellt. Der von der Hausbank und dem Antragsteller vereinbarte Zinssatz kann aber auch unter dem Maximalzinssatz der Preisklasse liegen.[221]

Zur Bestimmung des Zinssatzes für den ERP-Gründerkredit-Universell:

1. Schritt: Prüfung der wirtschaftlichen Verhältnisse (Bonität) des Antragssteller durch die Hausbank:

Die Hausbank prüft im ersten Schritt die Vermögens- und Ertragslage des jungen Unternehmens, wobei insbesondere aktuelle Jahresabschlüsse, betriebswirtschaftliche Auswertungen oder auch Einnahmen-Überschuss-Rechnungen zur Prüfung herangezogen werden. Zusätzlich werden aber auch Erwartungen und Perspektiven hinsichtlich der zukünftigen wirtschaftlichen Entwicklung mitberücksichtigt. Auf Basis der vorliegenden Unterlagen nimmt die Hausbank mit Hilfe von Ratingverfahren eine Risikoeinschätzung vor. Diese Risikoeinschätzung ist schließlich der maßgebende Faktor, um das Unternehmen bzw. zu gründende Unternehmen in eine Bonitätsklasse einzuordnen.[222]

Klasse	Bonität	Risiko	1-Jahres-Ausfall-Wahrscheinlichkeit
1	Ausgezeichnet	Niedrig	Bis 0,1%
2	Sehr gut		Größer 0,1% und höchstens 0,4%
3	Gut		Größer 0,4% und höchstens 1,2%
4	Befriedigend		Größer 1,2% und höchstens 1,8%
5	Noch befriedigend		Größer 1,8% und höchstens 2,8%
6	Ausreichend		Größer 2,8% und höchstens 5,5%
7	Noch ausreichend	hoch	Größer 5,5% und höchstens 10%

Tabelle 14: Bonitätsklasseneinteilung entsprechend den Vorgaben der KfW[223]

2. Schritt: Prüfung der gestellten Sicherheiten durch die Hausbank

Die für den Kredit vorgesehenen Sicherheiten z.B. Grundschulden oder Sicherungsübereignungen werden von der Hausbank bewertet. Hierbei schätzt sie ein, welcher Anteil des Kredits durch erwartete Erlöse aus den Sicherheiten abgedeckt werden kann (Werthaltigkeit der Besicherung). Im Wesentlichen kommt es auf den erwarteten Wiederverkaufswert an. Dieser wird u.a. beeinflusst durch die Art der Sicherheit, die Höhe der nutzungsbedingten Wertminderung, die Marktgängigkeit und den allgemeinen technischen Fortschritt. Die nachfolgende Abbildung zeigt die von der KfW vorgegebenen Besicherungsklassen.[224]

Klasse (KfW)	Werthaltige Besicherung
1	Mindestens 70%
2	Mehr als 40% und weniger als 70%
3	Höchstens 40%

Tabelle 15: Besicherungsklasseneinteilung entsprechend den Vorgaben der KfW[225]

3. Schritt: Ermittlung der Preisklasse für den Förderkredit auf Grundlage der Bonitäts- und Besicherungsklasse

Die Kombination aus ermittelter Bonitäts- und Besicherungsklasse ergibt die Preisklasse des Förderkredits. Als Grundsatz gilt: je niedriger das Ausfallrisiko innerhalb einer Bonitätsklasse und je werthaltiger die Besicherung in einer Besicherungsklasse, desto niedriger fällt die Preisklasse und somit der individuelle Zinssatz aus.

Bonitätsklasse	1	1	1	2	2	3	4	2	3	5	4	6	5	3	4	6	5
Besicherungsklasse	1	2	3	1	2	1	1	3	2	1	2	1	2	3	3	2	3
Preisklasse	A	A	B	B	C	C	D	E	E	F	F	G	H	H	I	I	I

Tabelle 16: Preisklasseneinteilung entsprechend der Bonitäts- und Sicherheitenbeurteilung[226]

Jede Preisklasse gibt den maximalen Zinssatz an, folglich liegt der kundenindividuelle Zinssatz auf oder unterhalb dieses Maximalzinssatzes.

Laufzeit/tilgungsfreie Anlaufjahre/Zinsbindung	Preisklassen mit maximalen Zinssätzen (Sollzinssatz und Effektivzinssatz jeweils in %)								
	A	B	C	D	E	F	G	H	I
ERP-Gründerkredit universell 5/1/5	1,00	1,25	1,65	1,95	2,45	3,05	3,75	4,25	5,35
	1,00	1,26	1,66	1,97	2,48	3,09	3,82	4,33	5,48
ERP-Gründerkredit universell 10/2/10	1,55	1,80	2,20	2,50	3,00	3,60	4,30	4,80	5,90
	1,56	1,81	2,22	2,53	3,04	3,66	4,39	4,91	6,06
ERP-Gründerkredit universell 20/3/10	2,10	2,35	2,75	3,05	3,55	4,15	4,85	5,35	6,45
	2,12	2,38	2,78	3,09	3,61	4,23	4,96	5,48	6,64
ERP-Gründerkredit universell 20/3/20	2,90	3,15	3,55	3,85	4,35	4,95	5,65	6,15	7,25
	2,94	3,20	3,61	3,92	4,44	5,06	5,80	6,33	7,50

Tabelle 17: Preisklassen mit den maximalen Zinssätzen für den ERP-Gründerkredit Universell[227]

Sicherheiten:
Für die Bewilligung des Förderkredits-Universell ist es nicht obligatorisch, dass der Antragsteller Eigenkapital bereitstellt. Schließlich ermöglicht der Förderkredit eine 100-%-Finanzierung. Jedoch verbessert sich durch die Verfügbarkeit von Eigenkapital die Bonität der Unternehmung, welche wiederum Einfluss auf die Preisklasse und final auf den Zinssatz hat. Im Gegensatz zum Gründerkredit-StartGeld sind für die Gewährung des Gründerkredits-Universell bankübliche Sicherheiten (z.B. Grundschulden, Sicherungsübereignung von Maschinen, Forderungen, Bürgschaften) vom Antragsteller zu stellen.[228]

Antragstellung:
Die Antragstellung läuft nach dem gleichen Prinzip wie die Antragstellung beim Gründerkredit-StartGeld ab.

Erforderliche Unterlagen im Rahmen der Antragstellung:[229]
- Antragsvordruck ERP-Gründerkredit-Universell (Ein Muster des Kreditantrags finden Sie auf der Website der KfW.[230]),
- statistisches Beiblatt "Investitionen allgemein",
- Anlage "De-minimis"-Erklärung des Antragstellers über bereits erhaltene "De-minimis"-Beihilfen (siehe erforderliche Unterlagen im Rahmen der Antragstellung beim Gründerkredit StartGeld),
- Selbsterklärung des Antragstellers zur Einhaltung der KMU-Definition[231]

Finanzierungsbeispiel ERP-Gründerkredit Universell: Gründung eines Friseursalons[232]
Eine Friseurmeisterin plant, einen eigenen Friseursalon zu eröffnen und beantragt 6 Monate vor der Gründung und 3 Monate vor dem Start der geplanten Umbaumaßnahmen den ERP-Gründerkredit Universell. Sie benötigt insgesamt 282.000 Euro zur Finanzierung folgender Positionen:
- Geräte und Inneneinrichtung: 182.000 Euro
- Material und Lager: 40.000 Euro
- Betriebsmittel (Miete, Personal und Beratungskosten): 60.000 Euro

Die Existenzgründerin bringt 12.000 Euro Eigenkapital mit. Der ERP-Gründerkredit über 270.000 Euro wird wie folgt aufgeteilt:
- 90.000 Euro mit 5 Jahren Laufzeit und 1 tilgungsfreien Jahr
- 180.000 Euro mit 10 Jahren Laufzeit und 2 tilgungsfreien Jahren

In beiden Fällen gilt die Zinsbindung über die gesamte Laufzeit.

76. Wie funktioniert das ERP-Kapital für Gründung?

Förderziel des ERP-Kapital für Gründung:
Das **ERP-Kapital für Gründung** ermöglicht Gründern sowie Freiberuflern und Mittelständlern, die noch keine 3 Jahre am Markt aktiv sind (Aufnahme der Geschäftstätigkeit) eine zinsgünstige und nachrangige Finanzierung von Vorhaben in Deutschland. Die durchleitenden Banken werden von den Risiken auf Grundlage einer Bundesgarantie entlastet. Die Kreditanstalt für Wiederaufbau gewährt dem durchleitenden Kreditinstitut diesbezüglich eine 100-prozentige Haftungsfreistellung, d.h.

die KfW übernimmt anstelle des Kreditinstituts das Kreditausfallrisiko. Diese 100-prozentige Haftungsfreistellung sorgt dafür, dass die Kreditinstitute eher bereit sind, die Gründungsfinanzierung zu übernehmen. Bei dem von der KfW bereitgestellten Kapital, das über das Kreditinstitut dem Antragsteller in Form eines Darlehens zur Verfügung gestellt wird, handelt es sich also um ein Nachrangdarlehen, weil sich im Falle einer Insolvenz die KfW in der Reihe der zu bedienenden Gläubiger am Ende einsortieren muss.

Weiterhin wird der Zinssatz in den ersten 10 Jahren der Laufzeit aus Mitteln des ERP-Sondervermögens vergünstigt. Eine Kombination mit anderen öffentlichen Fördermitteln mit Ausnahme des ERP-Gründerkredit-Startgeld ist grundsätzlich unter Beachtung der EU-Beihilfegrenzen zulässig. Die Einhaltung der EU-Beihilfegrenze ist gewährleistet, wenn die in Kombination genutzten Förderkredite beihilfefrei ausgestaltet sind oder nach Vorgabe der De-minimis-Verordnung vergeben sind.[233]

Antragsvoraussetzungen für die Förderung:
Das Förderprogramm ERP-Kapital für Gründung grenzt sich insbesondere in dem Punkt von den zuvor erläuterten ERP-Gründerkredite ab, dass die Zusage für das finanzielle Fördermittel u.a. von der Voraussetzung abhängt, dass der Antragsteller ausreichend eigene Mittel zur Finanzierung seines Vorhabens stellen kann. Die Höhe der einzusetzenden eigenen Mittel liegt in den alten Bundesländern bei 15 % und in den neuen Bundesländern und Berlin bei 10 % der förderfähigen Kosten. Es müssen dabei Eigenmittel bis auf einen Betrag von 10.000 Euro (pauschaler Lebensunterhalt) für die Unternehmung aufgebracht werden.

Weiterhin ist mit dem ERP-Kapital für Gründung keine 100-prozentige Gesamtfinanzierung möglich. Vielmehr ermöglichen die im Rahmen des ERP-Kapital für Gründung bereitgestellten finanziellen Mittel die vorhandenen Eigenmittel von 15 % auf maximal 45 % (in den alten Bundesländern) und von 10 % auf maximal 50 % (in den neuen Bundesländern) der förderfähigen Kosten aufzustocken. Um den Finanzierungsbedarf, der über die 45 % bzw. 50 % hinausgeht, zu decken, muss der Antragsteller auf weitere Bankkredite oder Förderkredite der KfW wie z.B. den ERP-Förderkredit-Universell zurückgreifen.

Für die Bewilligung des Förderprogramms ERP-Kapital für Gründung müssen die Antragsteller neben der Bereitstellung von Eigenkapital die gleichen Voraussetzungen erfüllen, die auch für die Kreditgewährung des ERP-Gründerkredits-StartGeld und des ERP-Gründerkredits-Universell gefordert sind.[234]

Förderberechtigte:
Im Gegensatz zu den beiden zuvor dargestellten Förderkrediten werden ausschließlich Existenzgründungen (Errichtung aber auch Übernahme von Unternehmen) im Haupterwerb sowie hierfür vorgesehene Festigungsvorhaben innerhalb von drei Jahren nach Aufnahme der Geschäftstätigkeit gefördert. Des Weiteren werden lediglich Gründungsvorhaben in Deutschland finanziert.

Seite: 114

Nicht Förderberechtigte:
- Unternehmensgründungen bzw. -übernahmen im Nebenerwerb,
- große Unternehmen,
- Unternehmen, die länger als drei Jahre am Markt teilnehmen (diese können andere nicht Gründungsfinanzierung bezogene Förderprogramme wie z.B. den KfW-Unternehmenskredit in Anspruch nehmen),
- Sanierungsfälle und Unternehmen, die den Insolvenz-Tatbestand erfüllen,
- Unternehmen, die landwirtschaftliche Produkte erzeugen oder in der Fischerei tätig sind.

Geförderte Vorhaben:
Mit dem ERP-Kapital für Gründung wird ausschließlich die Finanzierung von Investitionen finanziell gefördert. Eine Finanzierung von Betriebsmitteln ist im Rahmen des Förderprogramms nicht vorgesehen.

Mitfinanziert werden zum Beispiel:
- Erwerb von Grundstücken und Gebäuden,
- gewerbliche Baukosten,
- Kauf von Maschinen, Anlagen, Fahrzeugen und Einrichtungen,
- Betriebs- und Geschäftsausstattung,
- immaterielle Investitionen in Verbindung mit Technologietransfer, zum Beispiel Erwerb von Patentrechten, Lizenzen, Know-How oder nicht patentiertem Fachwissen (Diese müssen mindestens 3 Jahre in der Bilanz aktiviert werden.),
- Erwerb von Vermögenswerten aus anderen Unternehmen einschließlich tätiger Übernahmen und Beteiligungen in Form von asset deals (Erwerber müssen unabhängig sein, d.h. weniger als 25 % der Unternehmensanteile vor dem Erwerb besitzen.). Im Fall kleiner Unternehmen können auch Familienangehörige beziehungsweise ehemalige Beschäftigte des ursprünglichen Eigentümers gefördert werden. Die alleinige Übernahme von Unternehmensanteilen im Sinne von Finanzinvestitionen ist nicht förderfähig.
- Kosten für die erste Teilnahme an einer bestimmten Messe/Ausstellung,
- Material-, Waren- und Ersatzteillager (sofern es sich um eine Erstausstattung oder betriebsnotwendige, langfristige Aufstockung handelt),
- Beratungsleistungen durch einen externen Berater, die einmalige Informationserfordernisse sicherstellen; zum Beispiel bei Erschließung neuer Märkte oder Einführung neuer Produktionsmethoden.[235]

Nicht geförderte Vorhaben:
- Betriebsmittel (Mittel zur Gewährleistung des laufenden Betriebes),
- Nachfinanzierungen bereits begonnener Vorhaben,
- Anschlussfinanzierung,
- Anlagen für erneuerbare Energien, falls diese mehr als 50 % der Gesamtinvestition ausmachen (diese können nach Maßgabe des KfW-Programms "Erneuerbare Energien" gefördert werden).[236]

Spezifische Kreditkonditionen des ERP-Kapital für Gründung:
Kredithöhe:
Der Kredithöchstbetrag beläuft sich auf maximal 500.000 Euro pro Antragsteller, wobei im Rahmen des ERP-Kapitals für Gründung mehrmals Kredite je Antragsteller gewährt werden können, sofern der kumulierte Zusagebetrag 500.000 Euro nicht übersteigt. Mit dem Förderprogramm können bis zu 30 % (alte Länder) beziehungsweise 40 % (neue Länder und Berlin) der förderfähigen Investitions- und sonstigen Kosten finanziert werden. Zusammen mit den Eigenmitteln können bis zu 45 % (alte Länder) beziehungsweise 50 % (neue Länder und Berlin) finanziert werden.[237]

Auszahlung:
- Die Auszahlung des Kredites erfolgt zu 100 % des Zusagebetrages.
- Der Kredit ist nach vollständigem Einsatz der eigenen Mittel des Antragstellers in einer Summe oder in Teilbeträgen abrufbar.
- Die Abruffrist beträgt 12 Monate nach Darlehenszusage. Eine Verlängerung kann mit dem Kreditinstitut vereinbart werden.
- Eine Bereitstellungsprovision wird nicht erhoben.[238]

Laufzeit:
Die Kreditlaufzeit beträgt 15 Jahre, wovon 7 Jahre als tilgungsfreie Anlaufzeit in Anspruch genommen werden können. Die Zinsbindungsfrist beträgt 10 Jahre.[239]

Zinssatz und Tilgung:
- Der Kredit wird zu dem am Tag der Zusage geltenden Programmzinssatz zugesagt. Grundsätzlich orientiert sich der Programmzinssatz an der Entwicklung des Kapitalmarktes.
- Der Zinssatz ist für die ersten 10 Jahre der Kreditlaufzeit festgeschrieben. Nach Ablauf der 10 Jahre verhandelt die KfW mit dem Kreditinstitut/Hausbank auf Basis aktueller Konditionen einen neuen Zinssatz, der für die restliche Kreditlaufzeit von 5 Jahren Gültigkeit hat.
- Das folgende Zinsbeispiel verdeutlicht die Festlegung der Höhe des Zinssatzes für einen bewilligten Förderkredit gemäß der aktuellen Konditionen-Übersicht für das Förderprogramm ERP-Kapital für Gründung: Beispielsweise gelten für ein bewilligtes Förderdarlehen in den neuen Bundesländer inklusive Berlin die folgenden Konditionen: 0,4 % p.a. Sollzins für das 1. bis 3. Jahr; 2,4 % p.a. Sollzins und 2,82 % p.a. Effektivzins ab dem 4. Jahr bei 15 Jahren Kreditlaufzeit, 7 tilgungsfreien Anlaufjahren und 10 Jahren Zinsbindung.
- Für die aufgrund einer Bundesgarantie gewährte Haftungsfreistellung wird ein Garantieentgelt in Höhe von 1 % p.a. des jeweils valutierenden Kredites erhoben, welches in den angegebenen Effektivzinssätzen enthalten ist.
- Während der tilgungsfreien Zeit von 7 Jahren sind lediglich die anfallenden Zinsen plus das Garantieentgelt zu entrichten. Danach ist der Kredit in vierteljährlichen Raten, zuzüglich der Zinsen auf den noch offenen Kreditbetrag zu tilgen.
- Außerplanmäßige Tilgungen können nur gegen Zahlung einer Vorfälligkeitsentschädigung vorgenommen werden.[240]

Sicherheiten:
Bankenübliche Sicherheiten sind nicht erforderlich.

Antragstellung:
Die Antragstellung läuft nach dem gleichen Prinzip wie die Antragstellung beim Gründerkredit-StartGeld bzw. -Universell ab.

Erforderliche Unterlagen im Rahmen der Antragstellung:[241]
Durch die Vorlage der für die Förderdarlehensgewährung erforderlichen Unterlagen können der unternehmerische Tätigkeitsschwerpunkt sowie die Erfolgsaussichten des Gründungsvorhabens eruiert werden.

- Antragsvordruck ERP-Kapital für Gründung (Ein Muster des Kreditantrags finden Sie auf der Website der KfW[242].),
- Selbstauskunft des Gründers zu seiner Person,
- Risikoanlage B (von der Hausbank unterschriebener unausgefüllter Vordruck zur Bestätigung, dass die Einwilligung des Antragstellers zur Einholung einer SCHUFA - Auskunft vorliegt),
- fachliche Stellungnahme einer unabhängigen, kompetenten Institution,
- statistisches Beiblatt "Investitionen allgemein",
- Einwilligungserklärung zum Einholen von Informationen bei Auskunftei-Anfragen,
- bei unternehmensbezogener Antragstellung mit mehr als einem Gesellschafter: Anlage "Besitz- und Beteiligungsverhältnisse",
- Selbsterklärung zur Einhaltung der Spezifikationen für kleine und mittlere Unternehmen gemäß EU-Definition,
- Gründungskonzept/Businessplan und Rentabilitätsvorschau für jeweils mindestens 2 Jahre,
- tabellarischer Lebenslauf des Antragstellers, mit Angaben zum beruflichen Werdegang,
- bei Finanzierung eines Material-, Waren- und Ersatzteillagers: Anlage "De-minimis"- Erklärung des Antragstellers über bereits erhaltene "De-minimis"-Beihilfen,
- bei Franchisevorhaben: Selbsterklärung zum Franchisevorhaben.

Handelt es sich bei der Finanzierung um eine Festigungsmaßnahme, Übernahme oder tätige Beteiligung sind im Rahmen der Antragstellung weitere Unterlagen erforderlich:

- Auskunft zu dem bereits gegründeten Unternehmen (nur wenn bereits erster Jahresabschluss bzw. eine Einnahmen-Überschussrechnung eines vollständigen Geschäftsjahres vorliegt.)
- Jahresabschlüsse bzw. Einnahmen-Überschussrechnungen der letzten beiden vollständigen Geschäftsjahre
- aktuelle betriebswirtschaftliche Auswertung (sofern vorliegende Jahresabschlüsse beziehungsweise Einnahmen-Überschussrechnungen älter als 3 Monate sind.)[243]

Finanzierungsbeispiel ERP-Kapital für Gründung: Erwerb von Geschäftsanteilen[244]
Ein Unternehmer plant, sich in Dresden in ein bestehendes Unternehmen einzukaufen und 75% der Unternehmensanteile zu übernehmen. Danach soll er zum Geschäftsführer bestellt werden. Der Übernahmepreis der Anteile beträgt 360.000 Euro. Die Finanzierung der Investition wird aus folgenden Mitteln gewährleistet:

- Eigenkapital: 36.000 Euro (10% der Investitionssumme)
- ERP-Kapital für Gründung: 144.000 Euro (40% der Investitionssumme)
- Weiterer Kredit: 180.000 Euro (50% der Investitionssumme)

Wenn der Standort in den alten Bundesländern liegen würde, könnte die Finanzierung so aussehen:
- Eigenkapital: 54.000 Euro (15% der Investitionssumme)
- ERP-Kapital für Gründung: 108.000 Euro (30% der Investitionssumme)
- Weiterer Kredit: 198.000 Euro (55% der Investitionssumme)

77. Wie funktioniert das Startkapitalprogramm des Saarlandes?

Förderziel des Startkapitalprogramms des Saarlandes:
Mit dem Startkapitalprogramm des Saarlandes werden speziell Gründer im Saarland in der Startphase ihrer Unternehmensgründung, aber auch Existenzfestiger (innerhalb einer Frist von 3 Jahren nach Aufnahme der Geschäftstätigkeit) und Freiberufler bei der Finanzierung von Investitionen und Betriebsmittel mittels zinsvergünstigter Kredite unterstützt, ohne dass diese Sicherheiten stellen müssen.

Die Förderung erfolgt im Rahmen der "De-minimis"-Verordnung, welche die Saarländische Invesitionskreditbank sowie den Antragsteller zur Einhaltung spezifischer Vorgaben verpflichtet. Diesbezüglich gilt es bei der Inanspruchnahme weiterer öffentlicher Förderprogramme zu beachten, dass bezüglich der förderfähigen Kosten eine Kumulierung mit anderen Beihilfen nur bis zur maximalen Beihilfeintensität möglich ist.

Mit dem Förderprogramm werden 80 % des Gesamtfinanzierungsbedarfs maximal jedoch 25.000 Euro gefördert. Die 80-prozentige Finanzierungsgrenze kann bei einer Existenzgründung überschritten werden, wenn der Unternehmensgründer entsprechende Aufwendungen für die Berufsausbildung bzw. eine berufliche Weiterqualifizierung nachweisen kann oder die Existenzgründung unmittelbar nach dem Studienabschluss an einer Universität, Fachhochschule oder einer vergleichbaren Bildungseinrichtung erfolgt.[245]

Antragsvoraussetzungen für die Förderung:
- Vorlage eines Unternehmenskonzeptes, das die voraussichtliche Tragfähigkeit der angestrebten Existenzgründung/ -festigung schlüssig belegt,
- Nachweis der fachlichen und beruflichen Qualifikation durch Lebenslauf, Darstellung des beruflichen Werdegangs unter Beifügung üblicher Zeugnisse,
- Teilnahme am Gründercoaching Deutschland.

Förderberechtigte:
- Existenzgründer/innen und Existenzfestiger/innen innerhalb einer Frist von 3 Jahren nach Aufnahme der selbständigen Tätigkeit im Bereich der gewerblichen Wirtschaft sowie in den Freien Berufen (Existenzgründungen bzw. Existenzfestigungen im Gaststättengewerbe werden nicht gefördert),
- Existenzgründer/innen, die zunächst nebenberuflich tätig werden oder bereits nebenberufliche Einkünfte aus Gewerbebetrieb oder selbständiger Tätigkeit erzielt haben,

- in begründeten Fällen, insbesondere bei Frauen, die nach Erziehungszeiten wieder ins Erwerbsleben eintreten möchten, wird auch eine zweite Existenzgründung/-festigung gefördert.

Geförderte Vorhaben:
- Finanzierung von Sachinvestitionen,
- Betriebsmittel,
- Erwerb von Unternehmen,
- tätige Beteiligungen.[246]

Spezifische Kreditkonditionen des Startkapitalprogramms des Saarlandes:
Kredithöhe:
- Kreditmindestbetrag: 2.500 Euro,
- Kredithöchstbetrag: insgesamt 25.000 Euro innerhalb von drei Jahren nach Aufnahme der selbständigen Tätigkeit.

Laufzeit:
Die Kreditlaufzeit beträgt maximal 10 Jahre bei maximal zwei tilgungsfreien Anlaufjahren.

Zinssatz und Tilgung:
- Aktuell ergibt sich für das Startkapitalprogramm ein Effektivzinssatz von 5,41 % p.a. bei einer Kreditlaufzeit und Zinsbindungsfrist von 10 Jahren inklusive zwei tilgungsfreien Anlaufjahren. Die Auszahlung des Kreditbetrags erfolgt zu 100 %. Zusätzlich zu den Zinsen ist ab dem 91. Tag nach Kreditzusage eine Kreditbereitstellungsprovision von 3 % p.a. zu entrichten.
- Im Gegensatz zu den zuvor vorgestellten öffentlichen Förderprogrammen werden beim Startkapitalprogramm während der ersten 24 bzw. 36 Monaten der Kreditlaufzeit die Zinszahlungen vom Bundesland Saarland übernommen.
- Um 36 Monate von der Zinslast befreit zu werden, muss der Antragsteller eine bestandene Meisterprüfung (im Handwerk (§ 45 Handwerksordnung –HWO), in der Industrie, im Hotel- und Gaststättengewerbe und in der Hauswirtschaft (§§ 46,81,95 Berufsbildungsgesetz – BBiG) oder eine staatliche Prüfung zum Techniker/Technikerin) vorlegen.
- Zusätzlich zur Zinsbefreiung wird dem/den Unternehmensgründer ein Tilgungszuschuss gewährt, sofern innerhalb von zwei Jahren nach Kreditbewilligung mindestens drei zusätzliche Vollzeitarbeitsplätze bzw. Ausbildungsplätze geschaffen und mit Sozialversicherungspflichtigen besetzt werden.[247]

Dadurch, dass das Saarland die Tilgung bezuschusst, handelt es sich um eine Subvention bzw. um einen verlorenen Zuschuss. Dieser beträgt bei einem Antrag zur Stärkung des Eigenkapitals 20 % des ursprünglichen Kreditbetrages – maximal jedoch die Kreditrestschuld zum Zeitpunkt der Bewilligung des Zuschusses. Der verlorene Zuschuss wird gewährt, wenn die Arbeitsplätze mindestens drei Jahre besetzt waren und zum Zeitpunkt der Antragstellung noch besetzt sind. Sozialversicherungspflichtige Teilzeitarbeitsplätze werden dabei zur Hälfte angerechnet.[248]

Sonstige Kosten:
Bei Kreditantragstellung wird eine einmalige Bearbeitungsgebühr von 200 Euro erhoben. Eine Rückerstattung der Bearbeitungsgebühr ist möglich, sofern der Saarländischen Investitionskreditbank spätestens 21 Monate nach Kreditvollauszahlung der Abschlussbericht zum Gründercoaching vorgelegt wird. Bei Beantragung des verlorenen Zuschusses wird eine einmalige Bearbeitungsgebühr von 100 Euro erhoben.[249]

Sicherheiten:
Es müssen keine dinglichen Sicherheiten vom Kreditnehmer gestellt werden, da die bankenübliche Sicherheit durch eine Bürgschaft des Saarlandes erfolgt.

Antragstellung:
Die Antragstellung für das Startkapitalprogramm muss genauso wie bei den KfW-Gründerkrediten nicht über die Förderbank abgewickelt werden, sondern über die Hausbank. Die Antragstellung hat grundsätzlich vor Beginn des Vorhabens zu erfolgen. Als Vorhabensbeginn wird der Zeitpunkt angesehen, in dem erste finanzielle Verpflichtungen im Zusammenhang mit der geplanten Existenzgründung/-festigung eingegangen werden.

Erforderliche Unterlagen im Rahmen der Antragstellung:
- Antragsvordruck SIKB- Startkapitalprogramm des Saarlandes,
- Unternehmenskonzept,
- Nachweis der fachlichen und beruflichen Qualifikation,
- Anträge auf einen verlorenen Zuschuss sind direkt an die SIKB zu richten.[250]

Der Nachweis der Kreditverwendung muss innerhalb von 8 Monaten nach Kreditauszahlung durch Vorlage des unterzeichneten Verwendungsnachweises erfolgen.

78. Wie funktioniert das Programm zur Gründungs- und Wachstumsfinanzierung des Saarlandes?

Förderziel der Gründungs- und Wachstumsfinanzierung - Saarland:
Das Förderziel des Förderprogramms **Gründungs- und Wachstumsfinanzierung - Saarland (GUW-Saarland)** liegt insbesondere darin, Gründern, Freiberuflern sowie kleinen und mittleren Unternehmen (KMU) eine mittel- bzw. langfristige Finanzierung von Vorhaben im Saarland zu einem günstigen Zinssatz zu ermöglichen. Darüber hinaus zielt das Förderprogramm auf die Verbesserung der quantitativen und qualitativen Ausbildungssituation ab. Deshalb werden auch Investitionstätigkeiten der KMU zur Sicherung des gegenwärtigen und zukünftigen Fachkräftebedarfs im Rahmen dieses Förderprogramms unterstützt. Die Kredite werden aus Mitteln der KfW refinanziert und durch Zuschüsse des Bundeslandes Saarland zinsvergünstigt bereitgestellt.[251]

Förderberechtigte:
- Existenzgründer,
- Freiberufler,
- kleine und mittlere gewerbliche Unternehmen,
- Vermieter einer Gewerbeimmobilie.

Was wird gefördert:
Alle Investitionen im Saarland, die einer mittel-und langfristigen Mittelbereitstellung bedürfen und einen nachhaltigen wirtschaftlichen Erfolg erwarten lassen:
- Erwerb von Grundstücken und Gebäuden, gewerbliche Baumaßnahmen,
- Kauf von Maschinen, Anlagen, Fahrzeugen und Einrichtungen,
- Betriebs- und Geschäftsausstattung,
- immaterielle Investitionen in Verbindung mit Technologietransfer, die vom Antragsteller zu Marktbedingungen erworben, durch ihn genutzt und mindestens 3 Jahre in der Bilanz aktiviert werden,
- extern erworbene Beratungsdienstleistungen, die einmalige Informationserfordernisse bei Erschließung neuer Märkte oder Einführung neuer Produktionsmethoden sicherstellen,
- Kosten für erste Messeteilnahmen,
- Waren-/Materialinvestitionskosten, Betriebsmittel, Betriebskosten zur Ausbildung und Gewinnung von Fachkräften (z. B. Aufwendungen für Akquise und Vermittlung in Ausbildung, Aufwendungen für Vermittlung in Beschäftigung), Kosten für ausbildungsbegleitende Unterstützungsmaßnahmen).[252]

Bei der Förderung von Gründern und jungen Unternehmen, bis zu 3 Jahren nach Aufnahme der Geschäftstätigkeit, sind alle Formen der Existenzgründung, also die Errichtung oder die Übernahme von Unternehmen sowie der Erwerb einer tätigen Beteiligung förderfähig. Bei etablierten Unternehmen (ab drei Jahre nach Aufnahme der Geschäftstätigkeit) ist der Erwerb von Vermögenswerten aus anderen Unternehmen einschließlich Übernahmen und tätiger Beteiligungen in Form von „asset deals" förderfähig. Der Erwerber muss unabhängig sein (weniger als 25 % der Unternehmensanteile vor dem Erwerb). Im Fall kleiner Unternehmen können auch Familienangehörige beziehungsweise ehemalige Beschäftigte des ursprünglichen Eigentümers gefördert werden. Die alleinige Übernahme von Unternehmensanteilen im Sinne von Finanzinvestitionen ist nicht förderfähig.[253]

Spezifische Kreditkonditionen der Gründungs- und Wachstumsfinanzierung - Saarland (GUW-Saarland):

Kredithöhe:
- Finanzierungsanteil: bis zu 100 % der förderfähigen Investitionen bzw. Betriebsmittel,
- Kreditbetrag: maximal 2 Mio. EUR pro Vorhaben.

Laufzeit:
Die möglichen Kreditlaufzeiten betragen bis zu 5 Jahre bei höchstens einem tilgungsfreien Anlaufjahr und bis zu 10 Jahre bei höchstens 2 tilgungsfreien Anlaufjahren. Für Investitionsvorhaben, bei denen mindestens 2/3 der förderfähigen Investitionskosten auf Grunderwerb, gewerbliche Baukosten oder den Erwerb von Unternehmen und Beteiligungen entfallen, kann eine Laufzeit von bis zu 20 Jahren bei höchstens 3 tilgungsfreien Anlaufjahren beantragt werden. Bei der Finanzierung von Betriebsmitteln beträgt die Laufzeit bis zu 5 Jahre bei höchstens einem tilgungsfreien Anlaufjahr. Alternativ steht für etablierte Unternehmen zur Finanzierung von

Betriebsmitteln ein endfälliges Darlehen mit einer maximalen Laufzeit von 2 Jahren zur Verfügung.[254]

Zinssätze und Tilgung:
- Die Gründungs- und Wachstumsfinanzierung Saarland wird mit einem kundenindividuellen Zinssatz im Rahmen des am Tag der KfW-Refinanzierungszusage geltenden Maximalzinssatzes der jeweiligen Preisklasse zugesagt (siehe Festlegung des kundenindividuellen Zinssatz beim ERP-Gründerkredit-Universell).
- Die jeweils geltenden Maximalzinssätze (Nominal- und Effektivzinssätze) sowie die Auszahlungskonditionen je Preisklasse sind der Konditionen-Übersicht für SIKB-Förderkreditprogramme aufgeführt.
- Bei Krediten mit bis zu 10 Jahren Laufzeit ist der Zinssatz für die gesamte Kreditlaufzeit festgeschrieben.
- Bei Krediten mit mehr als 10 Jahren Laufzeit kann der Zinssatz für 10 Jahre oder die gesamte Laufzeit festgeschrieben werden.
- Dieses Förderprogramm kann dadurch, dass das Saarland Finanzmittel für dieses Förderprogramm bereitstellt, mit einem vergünstigten Zinssatz offeriert werden. Die Zinsverbilligung des Saarlandes beträgt grundsätzlich 0,50 % p.a., wobei es hinsichtlich des Alters eines Unternehmens keine zeitliche Befristung gibt. Die Finanzierung von Sachanlageinvestitionen zur Schaffung neuer Arbeitsplätze wird im Zins mit grundsätzlich 0,75% p.a. verbilligt. Dabei muss die Zahl der bei Investitionsbeginn in der zu fördernden Betriebsstätte bestehenden Dauerarbeits-/Ausbildungsplätze um mindestens 15% erhöht werden. Dauerarbeitsplätze sind Arbeitsplätze, die von Beginn an auf Dauer angelegt sind. Ausbildungsplätze können wie Dauerarbeitsplätze gefördert werden. Ein neu geschaffener Ausbildungsplatz wird dabei wie 2 Dauerarbeitsplätze bewertet. Der eigene Arbeitsplatz des Unternehmers kann auch bei Gründern nicht mitberücksichtigt werden.

Für Existenzgründer im Rahmen einer Unternehmensnachfolge beträgt die Zinsverbilligung für Investitionsfinanzierungen und Betriebsmittelfinanzierungen ebenfalls grundsätzlich 0,75% p.a. Die Zinsverbilligung wird für die ersten 10 Jahre der Darlehenslaufzeit gewährt:
- Der Kreditbetrag wird zu 100 % ausgezahlt.
- Es wird eine Bereitstellungsprovision von 0,25 % pro Monat ab 2 Bankarbeitstage und einem Monat nach der Kreditzusage fällig.
- Tilgungsmodalitäten sind identisch mit denen der anderen vorgestellten öffentlichen Förderprogrammen.[255]

Sicherheiten:
Vom Kreditnehmer sind banktübliche Sicherheiten zu stellen, wie z.B. Grundschuld, Sicherungsübereignung von Maschinen und Bürgschaft der Bürgschaftsbank Saarland GmbH. Form und Umfang der Besicherung werden dabei im Rahmen der Kreditverhandlungen zwischen dem Antragsteller und seiner Hausbank vereinbart.

Antragstellung:
siehe Startkapitalprogramm für das Saarland

Erforderliche Unterlagen im Rahmen der Antragstellung:
- Antragsvordruck,
- statistisches Beiblatt „Investitionen allgemein,
- bei Betriebsmittel-/Waren- oder Existenzgründungs-/Festigungsfinanzierungen innerhalb von 3 Jahren: Anlage „De-minimis"-Erklärung des Antragstellers über bereits erhaltene „De-minimis"-Beihilfen,
- Selbsterklärung des Antragstellers zur Einhaltung der KMU-Definition [256]

79. Welche Rolle spielt die Hausbank im Rahmen der Gründungsfinanzierung?

Die Gründungsfinanzierung ist eine der entscheidensten Fragen, denen sich potenzielle Unternehmensgründer stellen müssen. Denn nur durch eine stabile Finanzierung wird sichergestellt, dass mit der Geschäftsidee auch der Markteinstieg gelingt. Die Wirtschafts- und Finanzmarktkrise hat die Finanzierungssituation für Gründer aber erheblich erschwert. Insbesondere für Unternehmensgründer, die beabsichtigen, ihr Gründungsvorhaben über Fremdkapital in Form von Bankkrediten zu finanzieren, müssen mit gestiegenen Anforderungen der Kreditinstitute rechnen. Dies wiederum stellt die Unternehmensgründer vor echte Herausforderungen, da insbesondere junge Unternehmen keine Geschäftshistorie vorweisen können, welche die Banken und Sparkassen bei der Einschätzung des Kreditantrages berücksichtigen könnten. Die folgende Abbildung zeigt, dass die Hausbanken bei Fragen der Gründungsfinanzierung weiterhin als erster Finanzierungsansprechpartner von einer Vielzahl von Gründern in Anspruch genommen werden. Dies lässt sich zum einen auf den Aspekt zurückführen, dass mit der Hausbank in der Regel über einen längeren Zeitraum eine Geschäftsbeziehung besteht und dass die Hausbank in den meisten Fällen als Beratungsinstitution für finanzielle Angelegenheiten (privat oder geschäftlich) genutzt wurde. Zum anderen ist die bedeutende Rolle der Hausbanken im Rahmen der Gründungsfinanzierung aber auch darauf zurückzuführen, dass wie im vorherigen Kapitel ausgeführt, öffentliche Fördermittelprogramme über die Hausbank abgewickelt werden müssen.

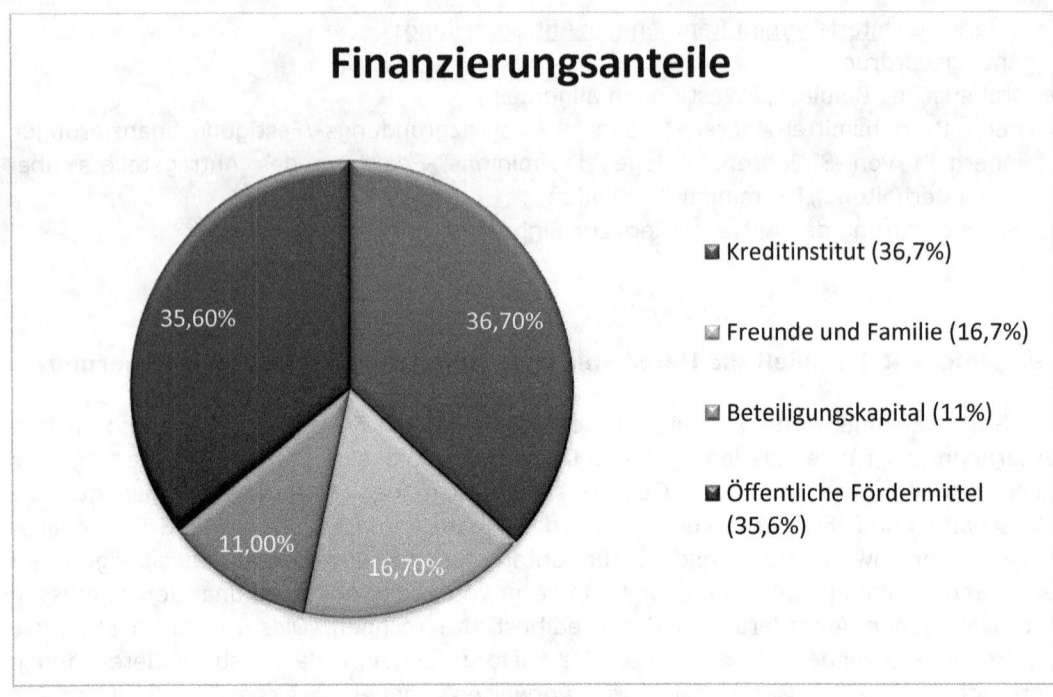

Abbildung 12: Anteile externer Finanzierungsquellen an der Gesamtgründungsfinanzierung[257]

Die Abbildung veranschaulicht, dass sich ein Großteil der Unternehmensgründer im Jahr 2012 (72,3 %, da die Hausbanken auch die Beantragung und Abwicklung von öffentlichen Fördermitteln übernehmen) bezüglich der Gründungsfinanzierung an Banken, Sparkassen, Volks-und Raiffeisenbanken wendet. Der Anteil der Finanzierung aus Beteiligungskapital (11 %) ist in Deutschland im internationalen Vergleich sehr gering. In Großbritannien oder den USA beispielsweise ist das Finanzierungsvolumen und die Bedeutung der Beteiligungsfinanzierung im Rahmen der Gründungsfinanzierung deutlich größer (etwa 30 % an der Gesamtgründungsfinanzierung).[258]

Bei der Hausbank handelt es sich in der Regel um Sparkassen oder Volks- und Raiffeisenbanken, bei der die Unternehmensgründer ihr Geschäftskonto führen und ggf. Kredite aufgenommen haben. Die Hausbanken gehören zu den wichtigsten Geschäftspartnern von Unternehmen, weil zum einen der Zahlungsverkehr mit Lieferanten und Kunden über die Hausbank abgewickelt wird und zum anderen aber auch Kredite für Investitionen und Betriebsmittel von der Hausbank zur Verfügung gestellt werden.[259]

80. Wie können Sie sich auf das Bankgespräch vorbereiten?

Wichtig ist, dass die Unternehmensgründer im Vorfeld des Bankengesprächs ein angemessenes Gründungskonzept entwickeln, welches die nachfolgenden Punkte beinhalten sollte:

a) Vorhabensbeschreibung:
Die Gründer formulieren die Grundzüge ihrer Geschäftsidee, ihre langfristigen Ziele sowie die entscheidenden Erfolgsfaktoren des Gründungsvorhabens.

b) Unternehmensform / Unternehmensleitung:
Bei der Wahl der Unternehmensform sollten steuerliche Aspekte sowie haftungsrechtliche Konsequenzen berücksichtigt werden. Die Wahl der Rechtsform sollte detailliert beschrieben und erläutert werden. Darüber hinaus sollte aufgeführt sein, ob die Unternehmensgründung durch eine einzelne Person oder im Team erfolgt (Gründerteam).

c) Produkt / Dienstleistung:
Besonders wichtig ist es herauszustellen, worin die Vorteile und der Nutzen für die potenziellen zukünftigen Kunden liegen. Die Abgrenzung von bisher am Markt agierenden Anbietern und die Vorteile der Produkte gegenüber Angeboten anderer Mitbewerber sollten klar dargelegt werden.

d) Branche /Markt:
Die Gründer sollen darstellen, wo und wie das Unternehmen in der jeweiligen Branche und im entsprechenden Markt positioniert werden kann. Diesbezüglich sollten Angaben zur Marktgröße sowie zur aktuellen Situation und Perspektive der Branche berücksichtigt werden. Es sollten Zielgruppen definiert werden, die das Leistungsangebot des Unternehmens nachfragen, aber es sollte auch eine Wettbewerbsanalyse erfolgen, im Rahmen derer mögliche Wettbewerber hinsichtlich Marktposition, Stärken und Schwächen, Preisgestaltung sowie Marktanteile analysiert werden.

e) Marketing / Vertriebskonzept:
Es ist überzeugend darzustellen, wie das Produkt- oder Dienstleistungsportfolio verbreitet werden kann, also das Marktpotenzial erschlossen werden kann. Im Detail sollte die Strategie für den Markteintritt aufgeführt sein, in der die Vertriebswege und geplanten Maßnahmen zur Absatzförderung beschrieben sind.

f) Ertragsvorschau / Liquiditätsvorschau:
Ein weiterer wichtiger Aspekt, den es seitens der Unternehmensgründer zu beachten gilt, ist derjenige, dass die Unternehmung nach einer Anlaufphase ausreichend Einnahmen-Überschüsse generieren sollte, damit die Gründer in die Lage versetzt werden, ihre privaten Lebenshaltungskosten, Kreditraten und Steuern zu tragen. Diesbezüglich sollten die Unternehmensgründer zunächst ihre privaten Lebenshaltungskosten ermitteln und anschließend für einen Zeitraum von drei Jahren einen Unternehmensplan erstellen, der die verschiedenen finanzwirtschaftlichen Planungsbereiche abdeckt. Auf Basis der im Unternehmensplan getroffenen Planannahmen sollten Umsätze und Kosten prognostiziert und eine entsprechende Gewinn- und Verlustrechnung aufgestellt werden.

g) Kapitalbedarfsplanung:
Aus der Liquiditätsplanung geht lediglich hervor, wie viel Kapital zu welchem Zeitpunkt benötigt wird, nicht jedoch, woher es stammt. In diesem Zusammenhang ist es unerlässlich, dass im Rahmen der Vorbereitung auf ein Bankgespräch ein Kapitalbedarf ermittelt wird und dargestellt wird, wie der Finanzierungsbedarf gedeckt werden soll. Diesbezüglich müssen die potenziellen Unternehmensgründer prüfen, welche Eigenmittel eingesetzt werden können und wie hoch der verbleibende externe Kapitalbedarf ist. Die eigenen Mittel sollten in einem angemessenen Verhältnis zum Gesamtkapitalbedarf stehen. Erfahrungsgemäß unterschätzen viele Existenzgründer die Anlaufkosten ihres Vorhabens. Die Kapitalbedarfsplanung sollte daher eine Sicherheitsreserve für zeitlich verzögerte Zahlungseingänge beinhalten.[260]

Im Rahmen der Vorbereitung auf ein Finanzierungsgespräch ist es erforderlich, dass die Unternehmensgründer relevante Unterlagen bereithalten oder gar im Voraus bei der Hausbank einreichen. Die Gründer sollten insbesondere auf Vollständigkeit ihrer Unterlagen achten, damit es den verantwortlichen Mitarbeitern der Hausbank ermöglicht wird, eine fundierte und schnelle Überprüfung des Gründungsvorhabens durchzuführen.

In der nachfolgenden Checkliste sind sämtliche im Rahmen einer Finanzierungsanfrage benötigten Unterlagen aufgelistet:

Angaben zum Gründungsvorhaben:
- Unternehmenskonzept/Businessplan mit ausgearbeiteter Unternehmensstrategie und Plandaten für Umsatz, Liquidität, Investitionen und Personal,
- Markt- und Standortanalyse.

Kapitalbedarf:
- Investitionsplan (einschließlich Betriebsmittelbedarf),
- Selbstfinanzierungsmöglichkeit bzw. Eigenkapitaleinsatz.

Wirtschaftliche Verhältnisse:
- Jahresabschlüsse (sofern vorhanden),
- Betriebswirtschaftliche Auswertungen (sofern vorhanden),
- Besicherungsvorschlag.

Rechts-und Gesellschaftsverhältnisse:
- Gesellschaftsvertrag/Geschäftsführervertrag/Handelsregisterauszug,
- Mietvertrag (optional),
- Franchisevertrag (optional).

Zukünftige Unternehmensentwicklung:
- Rentabilitätsvorschau (Ertrags- und Kostenentwicklung) für mindestens zwei Jahren

Angaben zur Gründerperson:
- Eigengeldnachweis: Eine Aufstellung über Privatvermögen und über private Verbindlichkeiten; sofern die Hausbank eine Grundschuld als Kreditsicherung haben

will, sollten die Eigentumsverhältnisse von Immobilien (Grundbucheintrag, Kaufvertrag) und der Wert der Immobilie dokumentiert werden können.
- Zusage zur Einholung einer Bankauskunft (Schufa-Auskunft),
- letzte Einkommenssteuererklärung bzw. letzter Einkommenssteuerbescheid,
- Lebenslauf und Darstellung des beruflichen Werdegangs und der persönlichen Qualifikationen.[261]

81. Wie läuft ein Bankengespräch häufig ab?

Das Bankengespräch lässt sich prinzipiell in drei Phasen unterteilen:

1. Kennenlernphase:
Es erfolgt die erste persönliche Kontaktaufnahme sowie ein erstes Kennenlernen zwischen dem/den Unternehmensgründer(n) und dem Bankberater mit dem Ziel, eine Vertrauensbasis aufzubauen. Dadurch, dass der Unternehmensgründer verschiedene Aspekte seines Anliegens (Grund oder Motiv der Unternehmensgründung, beruflicher Werdegang sowie persönliche fachliche und kaufmännische Qualifikationen) erläutert, ist es dem Bankberater möglich, sich ein erstes Bild von der Unternehmenspersönlichkeit zu machen.

2. Präsentation der Gründungsidee
In der zweiten Phase stellt der Gründer seine Geschäftsidee sowie seinen Businessplan detailliert vor. Des Weiteren sollte der Gründer auch ein Strategiepapier vorstellen können, welches ein Unternehmensleitbild beinhaltet, Wettbewerbsvorteile und die unternehmerische Stoßrichtung herausstellt sowie Kernkompetenzen, strategische Ziele und Maßnahmen vorgibt. Im Anschluss an die Präsentation wird der Bankberater zu verschiedenen klärungsbedürftigen Punkten Fragen stellen, und der Gründer hat die Möglichkeit, seine Geschäftsidee zu verteidigen.[262]

Bereiten Sie sich auf folgende Fragen vor, die oftmals von Seiten der Bankberater hinsichtlich des Gründungsvorhabens gestellt werden:

- Möchten Sie mit ihrer Geschäftsidee eine Marktlücke besetzen? Haben Sie Konkurrenten, und wie heben Sie sich von diesen ab?
- Falls keine Konkurrenten ausgemacht werden können: Warum haben Sie keine Konkurrenten? Wie sieht der Markt insgesamt aus, und wie gestalten sich die Zukunftstrends?
- Warum haben Sie sich für diesen Standort entschieden? In welcher Höhe müssen Sie investieren?
- Wie hoch ist Ihr Kapitalbedarf für die Anlageinvestitionen und die benötigten Betriebsmittel? Wie hoch werden die laufenden Kosten sein?
- Wie finanzieren Sie diese Investitionen? Welche Eigenmittel stehen Ihnen dazu zur Verfügung?
- An welche öffentlichen Kredite und an welche Bankkredite haben Sie gedacht? Welche Sicherheiten stehen Ihnen zur Verfügung?

- Mit welchen Umsätzen und Erträgen rechnen Sie, und wie begründen Sie diese Zahlen? Welche Branchenvergleichszahlen stehen Ihnen dabei zur Verfügung?
- Können Sie Zinsen und Tilgungen leisten? Wie viel Personal brauchen Sie, und welche Personalkosten kommen auf Sie zu?
- Welche arbeitsrechtlichen Bestimmungen und welche Auflagen müssen Sie beachten?[263]

3. Schlussphase
In der Schlussphase wird der Bankberater eventuell weitere Finanzierungsmöglichkeiten vorstellen (zum Beispiel die Finanzierung über öffentliche Fördermittel/-programme). Zudem werden gegebenenfalls Folgetermine für weitere Detailgespräche vereinbart und zusätzliche Erläuterungen oder fehlende Unterlagen angefordert.[264]

82. Gibt es Beispiele für Finanzierungspläne?

Gründung einer Freiberuflerpraxis:
Investitionssumme: 150.000 Euro
Die Investitionen fallen für Umbauten, Büroausstattung, Marketing etc. an.

Eigenmittel: 20.000 Euro
ERP – Gründerkredit-StartGeld: 100.000 Euro
Hausbankdarlehen: 30.000 Euro

Gründung eines gewerblichen Unternehmens I:
Investitionssumme: 250.000 Euro
Die Investitionen fallen für Umbauten, Fahrzeuge und Maschinen, Warenlager, Marketing etc. an.

Eigenmittel (15%):   37.500 Euro
ERP – Kapital Gründung (30%):   75.000 Euro
ERP – Gründerkredit Universell (55%):   137.500 Euro

Gründung eines gewerblichen Unternehmens II:
Mittelbedarf: 150.000 Euro
Der Mittelbedarf fällt als Investitionssumme für das Anlagevermögen und die Waren- und Materialerstausstattung (85.000) sowie die Markterschließung (15.000) an und darüber hinaus als Betriebsmittelbedarf für die Vorfinanzierung von Forderungen (50.000).

Eigenmittel: 15.000 Euro
KfW-Unternehmerkapital für Gründung: 30.000 Euro
Hausbankkredit (zur Investitionsfinanzierung):   55.000 Euro
Hausbankkredit (für den Betriebsmittelbedarf):   50.000 Euro

Der Hausbankkredit zur Investitionsfinanzierung wird meist als langfristiger Kredit, der zur Finanzierung des Betriebsmittelbedarfs als kurzfristiger Kredit zur Verfügung gestellt. Die Bürgschaftsbanken der Länder übernehmen dabei oft einen Großteil der Bürgschaft.

Gründung eines Kleinstbetriebes:
Kapitalbedarf bei Gründung: 10.000 Euro
Der Kapitalbedarf entsteht für eine Mietkaution, Reisekosten, Büromittelbedarf und zur Überbrückungsfinanzierung.

Eigenmittel (20%): 2.000 Euro
Mikrokredit: 8.000 Euro

Voraussetzung zur Vergabe des Mikrokredits, der beim Mikrokreditfonds gestellt wird, ist die Bestätigung des Finanzbedarfs durch einen Berater des Mikrofinanzinstituts. Informationen zum Programm erhalten Sie unter www.mikro-kreditfonds.gls.de.[265]

83. Welche Beteiligungsformen gibt es?

Existenzgründer, die nicht über ausreichendes Eigenkapital verfügen, sollten prüfen, ob für sie nicht das Eingehen einer Kapitalbeteiligung in Frage kommt. Banken, Beteiligungsgesellschaften, Industrieunternehmen und private Geldgeber bieten Gründern mit erfolgversprechenden Produktideen und Dienstleistungen sogenanntes **Wagnis- bzw. Risikokapital**, auch **Venture Capital**, genannt, an. Man spricht deshalb von Wagniskapital, weil diese Geldgeber auf die banküblichen Sicherheiten verzichten. Bei der **Kapitalbeteiligung** unterscheidet man zwei Formen:

- **Stille Beteiligung**

Bei einer stillen Beteiligung verzichtet der Geldgeber auf eine Einflussnahme auf die Geschäftsführung. Der Geldgeber ist am Gewinn des Unternehmens beteiligt, eine Beteiligung am Verlust kann vertraglich ausgeschlossen sein (Regelfall).

- **Offene Beteiligung**

Bei einer offenen Beteiligung ist der Geldgeber an der Geschäftsführung und am Gewinn beteiligt. Außerdem ist er in Abhängigkeit von seinen Gesellschaftsanteilen am Verlust beteiligt.

Welche Form der Beteiligung in Frage kommt, hängt von der persönlichen Präferenz ab. Bei einer stillen Beteiligung ergibt sich der Vorteil, dass der Gründer in seiner Geschäftsführung unabhängig bleibt. Das Gegenteil ist aber auch gerade der Vorteil einer offenen Beteiligung. Die Erfahrungen und Kontakte des Beteiligungskapitalgebers können einem Unternehmensgründer in der Startphase zu Gute kommen.

In diesem Zusammenhang kommt den **Business Angels** eine wichtige Rolle zu. Business Angels sind Personen, die Ihr Kapital und Ihre Erfahrung in junge Unternehmen einbringen, um die ersten Schritte dieser Unternehmen zu begleiten. Nähere

Informationen über Business Angels erteilt das **Business Angels Netzwerk Deutschland – Initiative für innovative und technologieorientierte Gründer (BAND) e.V.** ((BusinessAngels).

In Deutschland gibt es mittlerweile mehr als 100 Kapitalbeteiligungsgesellschaften. Im Saarland sind dabei insbesondere die folgenden beiden Institutionen zu erwähnen:

Die **Saarländische Wagnisfinanzierungsgesellschaft** (www.swgmbh.de) ist eine saarländische Gesellschaft mit dem Ziel, zukunfts- und technologieorientierte Existenzgründungen mit **Beteiligungskapital** zu fördern.

Die **Saarländische Kapitalbeteiligungsgesellschaft** (www.kbg-saar.de) beteiligt sich in der Regel als stiller Gesellschafter und nimmt dabei keinen Einfluss auf die laufende Geschäftsführung. Auch Sicherheiten sind in der Regel nicht zu stellen und bleiben somit für Kredite verfügbar.

Beim Bundesverband Deutscher Kapitalbeteiligungsgesellschaften gibt es Adressen und Informationen über Kapitalbeteiligungsgesellschaften. Der Verein hilft auch bei der Auswahl der richtigen Gesellschaft. (www.bvkap.de)

Im Internet gibt es Börsen, an denen sich Existenzgründer und Kapitalgeber treffen können. Die **Deutsche Börse AG** und die **Kreditanstalt für Wiederaufbau** bieten bspw. unter der Bezeichnung "Innovation Market - Marktplatz für Innovationen" einen Service im Internet mit Informationen über erfolgversprechende Innovationsvorhaben an.

Beteiligungen können von Bund und Ländern über spezielle Programme gefördert werden. Bei dem Beteiligungskapitalprogramm für kleine Technologieunternehmen (BTU) wird kleinen Technologieunternehmen Beteiligungskapital zur Finanzierung von Innovationsvorhaben über Beteiligungsgesellschaften zur Verfügung gestellt. Dies geschieht über:

Das Tbg-Technologie-Beteiligungsprogramm
Die Tbg-Technologie-Gesellschaft mbH, Tochter der Kreditanstalt für Wiederaufbau, beteiligt sich als stiller Gesellschafter an Innovationsvorhaben von Technologieunternehmen. Die Gesellschaft konzentriert sich inzwischen auf ihre Altengagements, neue Beteiligungen werden über die KfW Mittelstandsbank abgewickelt.

Das KfW/BMBF-Technologie-Beteiligungsprogramm
Die Kreditanstalt für Wiederaufbau finanziert Investitionen und Betriebsmitteln für:
- Forschungs- und Entwicklungsarbeiten (einschließlich Herstellung und Erprobung von Prototypen),
- Anpassungsentwicklungen bis zur Markteinführung der technisch neuen bzw. wesentlich verbesserten Produkte, Verfahren oder technischen Dienstleistungen sowie Investitionen zur Markteinführung. Die KfW beteiligt sich dabei nicht direkt an dem eigenkapitalbedürftigen Unternehmen, sondern gewährt dem Beteiligungskapitalgeber ein Darlehen (Refinanzierung), das dem Beteiligungskapitalgeber im Falle des Scheiterns des Unternehmens z.T. erlassen wird (i.d.R. 50 %).

84. Welche typischen Finanzierungsfehler machen Existenzgründer häufig?

Es gibt eine lange Liste von typischen Finanzierungsfehlern, die besonders unerfahrene Existenzgründer machen, die aber auch bei vielen alt eingesessenen Betrieben zu beobachten sind:[266]

- Unternehmen starten mit zu wenig Eigenkapital und machen sich damit von Beginn an von den Fremdkapitalgebern abhängig.
- Unternehmer nehmen sich nicht die Zeit, um Konditionen verschiedener Kreditangebote miteinander zu vergleichen.
- Unternehmer bereiten sich nicht ausreichend auf das Gespräch mit Kreditgebern vor.
- Die Zahlungsmoral der Kunden wird überschätzt, worunter die eigene Liquidität leidet.
- Der Bedarf an Betriebsmitteln wird unterschätzt, was zu Finanzierungsengpässen führt.
- Das Kreditlimit wird überzogen, weil Kontokorrentkredite genutzt werden, um langfristige Investitionen zu finanzieren.
- Die Unternehmen gehen eine zu hohe Fixkostenbelastung ein, wodurch sie an Flexibilität gegenüber Marktschwankungen verlieren.
- Unternehmen zahlen bei Betriebsübernahmen einen zu hohen Kaufpreis.
- Im Finanzbudget ist kein Raum für unerwartete zusätzliche Investitionen vorhanden.
- Die Abhängigkeit von einzelnen Großkunden oder Großlieferanten wird unterschätzt.

85. Welche besonderen Förderungen gibt es für Existenzgründer?

Überbrückungsgeld Existenzgründung, jetzt: Gründerzuschuss
Gefördert werden Arbeitslose, die eine selbstständige Existenz gründen wollen. Für die Anlaufzeit wird zur Sicherstellung des Lebensunterhalts ein Überbrückungsgeld, sogenannter Gründerzuschuss, gewährt. Das Überbrückungsgeld wird als Zuschuss in Höhe der zuletzt bezogenen Beträge aus Arbeitslosengeld, Arbeitslosenhilfe oder Kurzarbeitergeld für die Dauer von maximal 15 Monaten gewährt, wenn der Antragsteller noch einen Anspruch auf Arbeitslosengeld von mindestens 150 Tagen hat, die Stellungnahme einer fachkundigen Stelle die dauerhafte Tragfähigkeit der Existenzgründung bestätigt und der Antrag vor Aufnahme der selbstständigen Tätigkeit gestellt wird. Das Überbrückungsgeld umfasst auch die Sozialversicherungsbeiträge. Anträge sind bei der zuständigen Bundesagentur für Arbeit unter Verwendung des amtlichen Vordrucks zu stellen.

Einstellungszuschuss bei Neugründungen
Antragsberechtigt für den Einstellungszuschuss sind Arbeitgeber, die vor nicht mehr als zwei Jahren eine selbständige Tätigkeit aufgenommen haben und bisher nicht mehr als fünf Arbeitnehmer beschäftigen.[267] Der Einstellungszuschuss bei Neugründung kann gewährt werden, wenn der Arbeitgeber den Arbeitnehmer in einem unbefristeten Beschäftigungsverhältnis auf einem neu geschaffenen Arbeitsplatz beschäftigt, der Arbeitnehmer vor der Einstellung insgesamt mindestens drei Monate lang Arbeitslosengeld, Arbeitslosenhilfe oder Kurzarbeitergeld in einer

betriebsorganisatorischen Einheit bezogen hat, in einer Arbeitsbeschaffungsmaßnahme oder Strukturanpassungsmaßnahme beschäftigt war, an einer Weiterbildungsmaßnahme teilgenommen hat oder die Voraussetzungen für Entgeltersatzleistungen bei beruflicher Weiterbildung oder Eingliederung Behinderter erfüllt und der Antrag grundsätzlich vor der Einstellung gestellt wird. Der Einstellungszuschuss bei Neugründung kann für die Dauer von höchstens zwölf Monaten in Höhe von 50% des berücksichtigungsfähigen Arbeitsentgeltes (einschließlich des Arbeitgeberanteils am Sozialversicherungsbeitrag) gewährt werden.

Aktionsprogramm zur Förderung von technologieorientierten Jungunternehmen
Gefördert werden Existenzgründer, insbesondere solche mit abgeschlossener Hochschulausbildung, die sich mit einer neuartigen Produktidee selbstständig machen und die zuvor keine vergleichbare Tätigkeit ausgeübt haben. Gefördert werden

- qualifizierte Begutachtungen des Gründungskonzeptes hinsichtlich seiner technischen Durchführbarkeit und der Vermarktungsaussichten sowie beratende Unterstützung bei der Markteinführung bis zu 75% der von den Gutachtern in Rechnung gestellten Kosten (höchstens 10.000 Euro),
- Kosten für Schutzrechtsanmeldungen (Beratungen und Dienstleistungen durch Patentanwälte) bis maximal 50% der vom Patentanwalt in Rechnung gestellten Kosten, maximal 5.000 Euro,
- Kosten für die Entwicklung von Funktionsmustern bis maximal 50% der notwendigen Sachkosten (höchstens 12.500 Euro),
- Untersuchungen bei technischen Prüf- und Zulassungsstellen zu maximal 50% der in Rechnung gestellten Beträge, höchstens jedoch 5.000 Euro.

Der Gesamtzuschuss darf 25.000 Euro nicht überschreiten. Im Saarland sind Anträge auf Förderung vor Beginn der Maßnahme bei der ehemaligen Zentrale für Produktivität und Technologie Saar e.V. (ZPT), jetzt: saarland.innovation&standort e.V. (saar.is), einzureichen.

Hinweis: Alle Programme und Konditionen können sich ändern!

86. Gibt es spezielle Fördermöglichkeiten für Arbeitslose?

Für Gründungen aus der Arbeitslosigkeit heraus existieren spezielle Förderprogramme, darunter der **Gründungszuschuss für ALG-I-Empfänger** und das **Einstiegsgeld für ALG-II-Empfänger**.

Der **Gründungszuschuss** wird in zwei Stufen gezahlt. Antragsberechtigte Gründer erhalten im ersten Schritt für die Dauer eines halben Jahres monatlich einen Zuschuss in Höhe ihres zuletzt gezahlten Arbeitslosengeldes plus 300 Euro zur sozialen Absicherung (um sich freiwillig über die gesetzlichen Sozialversicherungen abzusichern). Kann der Gründer darüber hinaus seine Geschäftstätigkeit anhand geeigneter Unterlagen beschreiben, können für weitere neun Monate monatlich 300 Euro als Zuschuss gezahlt werden. Wichtig ist: Die Förderung muss vor Aufnahme der unternehmerischen Tätigkeit bei der örtlichen Agentur für Arbeit beantragt werden.[268]

Das **Einstiegsgeld** für ALG-II-Empfänger kann für die Dauer von bis zu 2 Jahren gezahlt werden. Erneut muss die Förderung vor Aufnahme der unternehmerischen Tätigkeit beantragt werden. Die Höhe des Zuschusses ist in diesem Fall nicht festgeschrieben, sondern hängt von der Dauer der Arbeitslosigkeit und der Größe der Bedarfsgemeinschaft ab. Darüber hinaus können Darlehen gewährt und Zuschüsse für die Beschaffung von Sachgütern für die unternehmerische Tätigkeit gezahlt werden.[269]

87. Wie werden Gründungsberatungen gefördert?

Da gut vorbereitete Unternehmensgründungen häufig erfolgreicher verlaufen als andere, beteiligt sich der Staat an den Vorbereitungskosten mit dem **Programm Gründercoaching** Deutschland.[270] Bis zu 5 Jahre nach der Unternehmensgründung und auch vor der Gründung finanziert das Programm 50% (in den neuen Bundesländern sogar 75%) der Beratungskosten, sofern Sie nicht selbst einen wirtschaftsberatenden Beruf ausüben. Es besteht jedoch kein Rechtsanspruch auf eine Förderung. Wenn die Fördertöpfe leer sind (insbesondere gegen Ende des Jahres), wird die Förderung abgelehnt. Bedenken Sie außerdem, dass einige Wochen, teilweise auch Monate Bearbeitungszeit entstehen, so dass Sie den Antrag frühzeitig stellen sollen. Der maximale Zuschuss beträgt übrigens 3.000 Euro in den alten und 4.500 Euro in den neuen Bundesländern, der maximale Tagessetz darf 800 Euro (netto) nicht überschreiten. Der genaue Ablauf des Antragsverfahrens ist auf der Homepage der Kreditanstalt für Wiederaufbau beschrieben.[271]

Auch das Bundesamt für Wirtschafts- und Ausfuhrkontrolle bietet eine **Förderung von Beratungsleistungen** an. Bei diesem Programm müssen Sie die Beratungskosten zunächst selbst tragen, und Sie können den Antrag auf Förderung erst stellen, wenn die Beratung abgeschlossen ist. Umfassende Informationen zu den Programmen, an denen das Bundesamt für Wirtschafts- und Ausfuhrkontrolle beteiligt ist, erhalten Sie unter dem Link http://www.beratungsfoerderung.info/beratungsfoerderung/.

Die fünfte Planungsphase: Lohnt sich die Unternehmensgründung?

Um die Frage beantworten zu können, ob sich die Unternehmensgründung lohnt, sind einerseits die Umsätze zu planen, andererseits müssen die Kostenarten (jeweils einzeln) ebenfalls detailliert geplant werden. Gerade die Umsatzplanung ist teilweise wie ein Blick in die Glaskugel. Können Sie abschätzen, wie viele Produkte und Dienstleistungen Sie zu welchen Preisen am Markt absetzen können? Welchen Einfluss hat die Verkaufsmenge auf die Höhe der Kosten? Und wie werden die verschiedenen Kostenarten jeweils kalkuliert? Insbesondere die Personalkosten lassen sich dabei gut ausrechnen. Sie bilden auch häufig einen gewichtigen Kostenfaktor, insbesondere wenn man den (gewünschten) Verdienst des Unternehmens in diesem Zusammenhang mit berücksichtigt. Und genau deshalb werden die Personalkosten in diesem Abschnitt des Buches besonders detailliert beschrieben.

88. Was ist bei der Umsatzplanung zu berücksichtigen?

Die Basis des sich anschließenden Rentabilitätsplans bilden die **zu erwartenden Umsätze**. Auch diese müssen **sorgfältig und vorsichtig** vorhergesagt werden.

Häufig erwarten Unternehmensgründer zu hohe Umsätze, die sie gerade in der Anfangszeit noch nicht realisieren können. Die potenzielle Kundschaft muss erst einmal von dem Unternehmen und seinen Produkten erfahren. Erst dann können sich die erwarteten Umsatzzahlen auch einstellen. Die Kalkulation der Umsätze erfolgt in den Betrieben verschiedener Branchen übrigens höchst unterschiedlich. So müssen im Handwerk zunächst einmal die Kosten pro Arbeitsstunde kalkuliert werden, auf deren Basis überhaupt ein Preis pro Arbeitsstunde ermittelt wird, wie das folgende Beispiel zeigt:

- Die (geplanten) Gesamtkosten eines Handwerksbetriebes betragen 195.000 Euro.
- Ein Arbeitsjahr hat etwa 200 Tage (365 Kalendertage, abzüglich Samstage und Sonntage, Feiertage, Urlaubstage, Krankheitstage und sonstige Ausfalltage).
- Bei kalkulierten 7,5 Anwesenheitsstunden pro Tag ergeben sich 1.500 Arbeitsstunden pro Jahr. Davon sind die nicht verrechenbaren Stunden aufgrund von Stillstandzeiten oder Nacharbeiten abzuziehen, bleiben vielleicht noch 1.300 Arbeitsstunden pro Jahr.
- Besteht das Unternehmen aus 3 Produktivkräften, ergeben sich insgesamt 3.900 Jahresarbeitsstunden.
- Somit ergeben sich Kosten von 50 Euro pro verrechenbarer Stunde.

Der geplante Umsatz pro verrechenbarer Stunde ergibt sich nun aus diesen Kosten pro Stunde zuzüglich eines Gewinnaufschlags von bspw. 10% (also 5 Euro pro Stunde). Bei 3.900 verrechenbaren Stunden ergibt sich ein Planumsatz von 214.500 Euro für das Unternehmen. Allerdings werden gerade in der Anfangszeit diese 3.900 verrechenbaren Stunden (planmäßig!) meist nicht vollständig auszuschöpfen sein, so dass der Plangewinn niedriger sein wird.

89. Welche Bestandteile umfasst eine Kostenplanung?

Von entscheidender Bedeutung für den Erfolg des Unternehmens ist die Höhe der **insgesamt anfallenden Kosten** (inkl. der Personalkosten und des kalkulatorischen Unternehmerlohns).

Es ist nicht ausreichend, kostendeckend zu arbeiten, so lange in den geplanten Kosten nicht auch eine **Entlohnung für den Unternehmer** berücksichtigt wird. Auch die Lebenshaltungskosten müssen erst einmal verdient werden. Ein Großteil der Kosten wird jedoch gerade in der Anfangszeit nicht beeinflussbar sein. Allenfalls im Personalbereich lässt sich die Kostenstruktur gestalten. Personalkosten bestehen jedoch nicht nur aus Bruttolöhnen, sondern enthalten auch Lohnnebenkosten (vor allem Arbeitgeberanteile zur Sozialversicherung).

Neben den Personalkosten sind noch folgende Kostengruppen zu planen:[272]

- Raumkosten (Miete, Pacht, Instandhaltung...),
- Fuhrparkkosten (Kfz-Leasing, Kfz-Steuern, Kfz-Versicherung, Kfz-Reparaturen...),
- Kommunikationskosten (Porto, Telefon, Internet...),
- Akquisitorische Kosten (vertriebsorientierte Reisekosten, Messen, Anzeigen und Mediakosten...),
- Kosten für externe Stabstellen (Anwaltskosten, Steuerberatungskosten...),
- Abschreibungen (Gebäude, Maschinen, Fahrzeuge...),
- Zinsen,
- sonstige Kosten (Bürobedarf, gebühren, Beiträge, betriebliche Steuern...).

90. Was müssen Sie bei einer Personalplanung beachten?

Schon zu Beginn Ihrer selbständigen Tätigkeit müssen Sie sich Gedanken darüber machen, wie Ihre Personalplanung aussieht, zumal - verbunden mit der Beschäftigung von Personal - Kosten entstehen. Folgende Fragen sollten Sie sich in diesem Zusammenhang stellen:[273]

- Benötigen Sie von Beginn Ihrer unternehmerischen Tätigkeit an Personal?
- Welche Qualifikationen muss Ihr Personal mitbringen?
- Wissen Sie, wie ein Arbeitsvertrag aussehen soll?
- Gibt es für Ihre Branche einen Tarifvertrag?
- In welcher Höhe soll Ihr Personal vergütet werden?
- Wie müssen die Arbeitsplätze für das Personal eingerichtet sein?
- Kennen Sie die wesentlichen Bestimmungen des Arbeitsrechts?
- Wie können Sie qualifiziertes Personal anwerben?
- Können Sie auch Aushilfen oder ungelerntes Personal beschäftigen?
- Wollen Sie Ausbildungsplätze anbieten und wenn ja, für welche Berufe?
- Wollen Sie Praktikumsplätze anbieten?

Darüber hinaus benötigen Sie grundlegende Kenntnisse zu den **Sozialversicherungen**. Dazu gehören die Arbeitslosenversicherung, die Rentenversicherung, die Kranken- und Pflegeversicherung sowie die Unfallversicherung. Die Beiträge zu den vier erst genannten Sozialversicherungen teilen sich zwar Arbeitgeber und Arbeitnehmer, dennoch müssen die Arbeitgeber die Beiträge vollständig an die jeweiligen Trägergesellschaften überweisen. Die Unfallversicherung wird ohnehin vollständig vom Arbeitgeber gezahlt.

91. Was ist bei der Berechnung der Personalkosten zu beachten?

Freie Mitarbeiter
Viele hochqualifizierter Arbeitskräfte haben sich selbstständig gemacht und arbeiten auftragsbezogen. In diesem Fall muss lediglich für den tatsächlichen Arbeitseinsatz ein **Honorar** bezahlt werden, Lohnnebenkosten fallen nicht an. Dafür sind die Stundenhonorare mit Sicherheit höher als die Stundenlöhne festangestellter Mitarbeiter.

Befristete Arbeitsverträge
Das Beschäftigungsförderungsgesetz vom Oktober 1996 erlaubt es, Arbeitsverträge zu befristen. Inzwischen gibt es zahlreiche aktuelle Regelungen zur Befristungsmöglichkeiten und Befristungsgrenzen. Werden Befristungsmöglichkeiten genutzt, können **kurzfristig** hohe Nachfragen auch befriedigt werden, ohne dabei **langfristig** die Kosten zu erhöhen.

Studentische Kräfte
Viele Studierende suchen Praktika für bis zu sechs Monaten. Manchmal sind sie auch daran interessiert, ihre Bachelor Thesis oder Master Thesis in einem Unternehmen über konkrete Projekte zu verfassen. Darüber hinaus suchen sie häufig Jobs als Ferienhelfer, um sich ihr Studium zu finanzieren.

Zeitarbeitskräfte
Es gibt Zeitarbeitsfirmen, die Arbeitskräfte für jeden Arbeitsbereich anbieten, sogar auf Managementebene. Zeitarbeitskräfte können ohne großes Risiko bis zu 12 Monate getestet und bei Bedarf sogar später fest eingestellt werden.

Teilzeit-Mitarbeiter
Teilzeit-Mitarbeiter üben die Tätigkeiten aus, die keine volle Stelle erfordern.

Bei der Lohn- und Gehaltsfindung lohnt sich häufig ein wenig Kreativität. Wer seinen Mitarbeitern einen relativ hohen Anteil am Unternehmenserfolg garantiert, sorgt in aller Regel für mehr Motivation, da die Mitarbeiter Chancen und Risiken mit tragen.

Beispiel für einen Personalkostenplan:

	Personalkosten	Anzahl der Personen	Monats-brutto	Jahres-brutto	Sozialver-sicherung etc.	Gesamtkosten
1	Geschäftsführer					
2	+ Ehegatten					
3	+ Meister / Abteilungsleiter					
4	+ Gesellen / Lagerarbeiter					
5	+ Hilfskräfte					
6	+ Aushilfen					
7	+ Bürokräfte					
8	+ Sonstiges					
9	+ Verkaufskräfte					
10	**= Gesamte Personalkosten**					

Tabelle 18: Personalkostenplan

92. Wie kann die Höhe der jeweiligen Personalkosten berechnet werden?

Eine erste Differenzierung im Bereich der Entgeltabrechnung muss bereits mit dem Begriff „Lohn" und „Gehalt" getroffen werden, denn als Entgelt einer Arbeitsleistung bezieht ein Arbeiter Lohn und ein Angestellter Gehalt.[274] Der Begriff der Entgeltabrechnung tritt ursprünglich im Bereich der Sozialversicherung auf, ist aber auch unter den Begriffen Lohnabrechnung, Gehaltsabrechnung oder auch Monatsrechnung bekannt. Für Existenzgründer, kleine und mittelständische Unternehmer gehört eine korrekte Lohn- und Gehaltsabrechnung mit zu den zeitaufwändigsten Pflichten. Oftmals treten unerwartete Schwierigkeiten aufgrund von Gesetzesänderungen oder auch durch Änderung der Lebensverhältnisse eines Mitarbeiters, wie z.B. Hochzeit oder Geburt eines Kindes, auf. Der nun folgende Abschnitt soll eine erste schematische Gesamtaufstellung zur Entgeltabrechnung aufzeigen.

Gesamtberechnung des auszuzahlenden Gehalts (Entgelt)

Laufende Bezüge (Gehalt, Lohn)
+ geldwerte Vorteile/Sachbezüge
+ Vermögenswirksame Leistungen des Arbeitgebers
+ betriebliche Altersvorsorge
= **Gesamtbrutto**
- Betriebliche Altersvorsorge
= **Sozialversicherungsbrutto (das beitragspflichtige Arbeitsentgelt)**
- Steuerfreibeträge
- Betriebliche Altersvorsorge
= **Steuerbrutto (das steuerpflichtige Arbeitsentgelt)**
- Lohnsteuer
- Kirchensteuer von der Lohnsteuer
- Solidaritätszuschlag von der Lohnsteuer
- Krankenversicherung Arbeitnehmer-Anteil
- Rentenversicherung Arbeitnehmer-Anteil
- Arbeitslosenversicherung Arbeitnehmer-Anteil
- Pflegeversicherung Arbeitnehmer-Anteil
- Beitragszuschlag Pflegeversicherung
= **Nettoarbeitsentgelt nach Abzug der Steuern und Pflichtbeiträge**
- Sachbezüge
- Vermögenswirksame Leistungen des Arbeitnehmers
- Persönliche Abzüge (Pfändung, Arbeitgeberdarlehen)
+ Steuer- und sozialversicherungsfreie Aufwandsentschädigungen
= **Auszahlung / Überweisung an den Arbeitnehmer**

Das Bundesministerium für Wirtschaft und Energie bietet auf seiner Website darüber hinaus wertvolle Hinweise zur Berechnung von Nettolohn und Personalkosten:[275]

Anders gerechnet: Ein Brutto-Gehalt besteht aus folgenden Positionen (Stand 2014):

Arbeitnehmeranteil-Sozialversicherungsbeiträgen
- 8,2 % Krankenversicherung (allgemeiner Beitragssatz)
- 9,45 % Rentenversicherung
- 1,5 % Arbeitslosenversicherung
- 1,025 % Pflegeversicherung (in Sachsen: 1,525 %)
- 0,25 % PV-Zuschlag für Kinderlose ab d. 23. Lebensjahr

+ Lohnsteuer je nach Steuerklasse und Einkommen
+ Netto-Gehalt
= Brutto-Gehalt

Um festzustellen, wie hoch die gesamten auszahlungsrelevanten Personalkosten sind, muss der Arbeitgeber zum Brutto-Gehalt noch den Arbeitgeberanteil der Sozialversicherungsbeiträge addieren:

Brutto-Gehalt
+ Arbeitgeberanteil der Sozialversicherungsbeiträge (Prozentzahlen beziehen sich auf Brutto-Gehalt)
- 7,3 % Krankenversicherung (allgemeiner Beitragssatz)
- 9,45 % Rentenversicherung
- 1,5 % Arbeitslosenversicherung
- 1,025 % Pflegeversicherung (in Sachsen: 0,525 %)
= Gesamtbelastung für Arbeitgeber

Darüber hinaus gibt es noch Kosten, die vom Arbeitgeber alleine zu tragen sind:
- 0,15 % Insolvenzgeldumlage
- U1 – Entgeltfortzahlung im Krankheitsfall (für Unternehmen, die nicht mehr als 30 Mitarbeiter regelmäßig beschäftigen). Die konkrete Höhe der Umlage legt die Satzung der jeweiligen Krankenkasse fest.
- U2 – Mutterschaftsaufwendungen. Die konkrete Höhe der Umlage legt die Satzung der jeweiligen Krankenkasse fest.
- Der Beitrag zur gesetzlichen Unfallversicherung wird an die zuständige Berufsgenossenschaft abgeführt. Die Beitragshöhe orientiert sich an der jeweiligen Gefahrenklasse.

93. Welche Pflichten haben Sie als Arbeitgeber zu erfüllen?

Sobald Sie Mitarbeiter einstellen, müssen Sie als Arbeitgeber diese zur Rentenversicherung, Kranken- und Arbeitslosenversicherung anmelden. Darüber hinaus ist eine Anmeldung zur beruflichen Unfallversicherung, der Berufsgenossenschaft, notwendig. Für diese Anmeldung haben Sie nur wenig Zeit. Das Baugewerbe, die Gebäudereinigung, der Ausstellungs- und Messebau sowie das Schaustellergewerbe müssen die Anmeldung zwingend am ersten Arbeitstag vornehmen.[276] Aus diesen Anmeldungen ergeben sich Pflichtbeiträge, für deren korrekte Berechnung und Abführung (auch der Arbeitnehmeranteile) der Betrieb verantwortlich ist.

Jeder Mitarbeiter hat ein Anrecht auf bezahlten Urlaub, in Deutschland mindestens 24 Tage pro Jahr, jugendliche Arbeitnehmer haben sogar bis zu 30 Tage gesetzlichen Mindesturlaub. Möglicherweise gibt es in Ihrer Branche darüber hinaus entsprechende tarifvertragliche Regelungen. Wenn Sie Ihren Mitarbeitern irgendwann einmal kündigen wollen, müssen Sie gesetzlich geregelte Kündigungsfristen einhalten. Ohnehin gibt es eine Vielzahl gesetzlicher Regelungen, die das Arbeitsrecht bzw. das Arbeitsschutzrecht betreffen und die Sie als Arbeitgeber beachten müssen, z.B. das Arbeitszeitgesetz, die Arbeitsstättenverordnung, das Jugendarbeitsschutzgesetz, das Mutterschutzgesetz usw.[277]

94. Welche Pflichten hat der Arbeitgeber hinsichtlich der Entgeltzahlung zu beachten?

Entsprechend § 108 der Gewerbeordnung (GWO) ist jeder gewerbliche Arbeitgeber verpflichtet, eine Lohn- Gehaltsrechnung über das Arbeitsentgelt in nachvollziehbarer Textform oder in elektronischer Form mit Ausdruck, durchzuführen. Sollte sich jedoch im Vergleich zum vorherigen Abrechnungszeitraum nichts ändern, so ist der Arbeitgeber nicht verpflichtet, eine neue Lohn- und Gehaltsabrechnung auszustellen.[278] Eine weitere Pflicht ist die Auszahlung des Gehaltes zum richtigen Zeitpunkt. Sollte das Auszahlungsdatum nicht im Arbeitsvertrag geregelt sein, so greift „§614 Fälligkeit der Vergütung BGB".[279]

Der Arbeitgeber ist gesetzlich dazu verpflichtet, vom Bruttoverdienst der Arbeitnehmer

- Lohnsteuer, den Solidaritätszuschlag und die Kirchensteuer sowie
- den Anteil der Arbeitnehmer an der gesetzlichen Kranken-, Pflege-, Renten- und Arbeitslosenversicherung

einzubehalten. Nach Abzug ergibt sich entsprechend des oben beschriebenen Schemas folgende Kurzdarstellung:

Bruttogehalt/Lohn (Steuerbrutto entsprechend Schema)		
Steuern	1.	Lohnsteuer (LSt)
	2.	Solidaritätszuschlag (5,5 % der LSt)
	3.	Kirchensteuer (8 bzw. 9 % der LSt)
Arbeitnehmeranteil zu Sozialversicherung	4.	Krankenversicherung
	5.	Pflegeversicherung
	6.	Rentenversicherung
	7.	Arbeitslosenversicherung
= Nettogehalt/-lohn (Auszahlung)		

Tabelle 19: Nettogehaltberechnung

Die anfallenden Sozialversicherungsabgaben (Arbeitnehmer- und Arbeitgeberanteil) sind spätestens am drittletzten Arbeitstag des laufenden Monats fällig. Bis zu diesem Zeitpunkt muss die zuständige Krankenkasse die Sozialbeiträge durch Bankeinzug vereinnahmt haben. Daher sind die Arbeitgeber gesetzlich verpflichtet, den betreffenden Kassen die fälligen Sozialbeiträge rechtzeitig und papierlos per Datenübertragung zu melden. Die einbehaltenen Steuerabzüge müssen bis zum 10. des Folgemonats an das Finanzamt überwiesen werden.

95. Wie berechnen sich die zu berücksichtigenden Steuern bei der Gehaltsabrechnung?

Berechnung der Lohnsteuer

Alle Einkünfte aus nicht selbstständiger Arbeit unterliegen der Lohnsteuerpflicht. Die Höhe der Lohnsteuer selbst richtet sich nach der Lohnhöhe, Steuerklasse und möglichen Freibeträgen. Das Existenzminimum, der Grundfreibetrag, liegt 2014 bei 8.354 Euro für Ledige und 16.708 Euro für Verheiratete und ist steuerfrei.[280] Es gibt 6 Lohnsteuerklassen zu unterscheiden, die Einfluss auf die Höhe der Berechnung der Lohnsteuer haben.

Steuer-klasse	Zuordnung der Arbeitnehmer
I	nicht-Verheiratete, verwitwete oder geschiedene Arbeitnehmer sowie Verheiratete, die ständig getrennt leben.
II	Arbeitnehmer der Steuerklasse I, sofern sie ein Kind haben.
III	Verheiratete, jedoch nicht ständig getrennt lebende Arbeitnehmer, deren Ehegatte keinen Arbeitslohn bezieht oder in die Steuerklasse V eingeordnet ist.
IV	Verheiratete, nicht ständig getrennt lebende Arbeitnehmer, wenn beide Arbeitslohn beziehen.
V	Verheiratete, nicht ständig getrennt lebende Ehegatten, die beide Arbeitslohn beziehen, wobei ein Ehegatte auf gemeinsamen Antrag in Steuerklasse III bleibt.
VI	Bezieht ein Arbeitnehmer Arbeitslohn von mehreren Arbeitgebern, wird auf der zweiten und jeder weiteren Lohnsteuerkarte die Steuerklasse VI eingetragen.

Tabelle 20: Steuerklassen

Die Höhe der abzuführenden Lohnsteuer ist in umfangreichen Tabellen hinterlegt. Nachfolgend finden Sie eine Übersicht zur Verwendung der Lohnsteuertabellen:[281]

Lohnsteuer-Tabelle 2014	West Für alle Bundesländer außer Baden-Württemberg und Bayern	West Baden-Württemberg und Bayern	Ost
Mit gesetzlicher Krankenversicherung	Allgemeine Lohnsteuer-Tabelle West mit 9% Kirchensteuer	Allgemeine Lohnsteuer-Tabelle West mit 8% Kirchensteuer	Allgemeine Lohnsteuer-Tabelle Ost mit 9% Kirchensteuer
Mit privater Krankenversicherung	Allgemeine Lohnsteuer-Tabelle West mit 9% Kirchensteuer mit Privater Krankenversicherung ohne Nachweis	Allgemeine Lohnsteuer-Tabelle West mit 8% Kirchensteuer mit Privater Krankenversicherung ohne Nachweis	Allgemeine Lohnsteuer-Tabelle Ost mit 9% Kirchensteuer mit Privater Krankenversicherung ohne Nachweis

Tabelle 21: Gültigkeit der Lohnsteuertabellen

Berechnung der Kirchensteuer

Die Kirchensteuer ist im Verhältnis zur Lohnsteuer sehr einfach zu berechnen: es gilt nur die Frage zu klären, ob der Arbeitnehmer **kirchensteuerpflichtig** ist oder nicht. Sollte ein Arbeitnehmer kirchensteuerpflichtig sein, so ist noch das jeweilige Bundesland festzustellen, da die Höhe der Kirchensteuer in Deutschland nicht einheitlich geregelt ist: Die Kirchensteuer in Baden-Württemberg und Bayern beläuft sich auf 8 % der Lohnsteuer, wohingegen die Kirchensteuer in allen übrigen Bundesländern mit 9 % der Lohnsteuer festgeschrieben ist.[282]

Berechnung des Solidaritätszuschlags

Der Solidaritätszuschlag mit Einführung am 01.01.1995 beläuft sich auf insgesamt 5,5 % der Lohnsteuer und ist unabhängig von der Kirchensteuer. Der Solidaritätszuschlag wird auch vom Arbeitgeber einbehalten und durch diesen an das zuständige Finanzamt abgeführt.[283]

Kinderfreibetrag

Sollte ein Angestellter oder Arbeiter Kinder auf der Lohnsteuerkarte eingetragen haben (0; 0,5; 1,0; 1,5….), so werden diese bei der Berechnung des Solidaritätszuschlages sowie der Kirchensteuer berücksichtigt. Wie bereits bei der Lohnsteuer beschrieben wurde, kann auch in diesem Fall die exakte Berechnung über EDV-Systeme erfolgen oder mittels Tabellen abgelesen werden.[284]

Beispielrechnung

Ein Angestellter, gesetzlich krankenversichert, lebt im Saarland, ist 35 Jahre und erhält 3.484 Euro Bruttomonatsentgelt. Er ist verheiratet und hat ein Kind. Seine Frau bezieht keinen Arbeitslohn. Beide gehören der katholischen Kirche an. In diesem Beispiel würde sich folgende Rechnung ergeben:

Gehalt	3.484 Euro
Steuerklasse	III
Kinderfreibetragszahl	1,0
Lohnsteuer	567,66 Euro
Solidaritätszuschlag	22,40 Euro
Kirchensteuer	36,65 Euro
Steuerabzüge gesamt	626,74 Euro

Tabelle 22: Beispielrechnung zu den Steuerabzügen

96. Wie berechnen sich die zu berücksichtigenden Sozialabgaben bei der Entgeltabrechnung?

Sozialversicherungsabgaben

Neben den zuvor beschriebenen Steuern fallen auch Sozialabgaben an. In Deutschland ist die Sozialversicherung eine **gesetzliche Pflichtversicherung**. Die Sozialversicherungsbeiträge sind monatlich fällig. Sie werden vom Arbeitgeber für den sozialversicherungspflichtigen Mitarbeiter an die Sozialversicherungsträger bezahlt. Anhand von elektronischen Monatsmeldungen wird der fällige Sozialversicherungsbeitrag anschließend vom Girokonto des Arbeitgebers abgebucht. Kranken- und Pflegeversicherung sind an die vom Arbeitnehmer gewählte gesetzliche Krankenkasse zu zahlen, während der Beitrag zur Renten- und Arbeitslosenversicherung an den zuständigen Deutschen Rentenversicherungsträger überwiesen wird.

Beitragssätze der Versicherung

Mit Ausnahme der **gesetzlichen Krankenversicherung** werden Sozialversicherungsbeiträge im Jahr je zur Hälfte vom Arbeitgeber und vom Arbeitnehmer bezahlt. Nach oben hin sind Sozialversicherungsbeiträge durch die Beitragsbemessungsgrenzen gedeckelt. Sie ist eine Obergrenze, die jährlich im Vorhinein festgesetzt wird. Die Sozialversicherungsbeiträge werden bis zur Höhe der Beitragsbemessungsgrenze berechnet. Ein höheres Einkommen bleibt unberücksichtigt. Die Sozialversicherungsbeiträge sind für jeden Arbeitnehmer eine Basisversicherung für einen Versicherungsschutz in dem jeweiligen Versicherungsbereich. Dabei liegt die Betonung auf Basisversorgung. Es ist hinlänglich bekannt, dass die gesetzliche Rentenversicherung im Alter nicht ausreichend hoch ist. Das gilt auch für die gesetzliche Pflegeversicherung. Nicht ganz so gravierend ist die Situation bei der gesetzlichen Krankenversicherung.[285]

Krankenversicherung

- Allgemeiner Beitragssatz: 15,50%
- Arbeitnehmer: 8,20%
- Arbeitgeber: 7,30%
- Ermäßigter Beitragssatz: 14,9%
- Arbeitnehmer: 7,90%
- Arbeitgeber: 7,00%

Pflegeversicherung
- Allgemeiner Beitragssatz: 2,05%
- Arbeitnehmer: 1,025%
- Arbeitgeber: 1,025%
- Beitragszuschlag für Kinderlose: 0,25%
- Besonderheit in Sachsen:
- Arbeitnehmer: 1,525%
- Arbeitgeber: 0,525%

Rentenversicherung
- Allgemeiner Beitragssatz: 18,90%
- Arbeitnehmer: 9,45%
- Arbeitgeber: 9,45%

Arbeitslosenversicherung
- Allgemeiner Beitragssatz: 3,00%
- Arbeitnehmer: 1,50%
- Arbeitgeber: 1,50%

Beispielrechnung
Weiterführung des oben stehenden Beispiels:

Gehalt	3.484,00 Euro
Steuerklasse	III
Kinderfreibetragszahl	1,0
Lohnsteuer	567,66 Euro
Solidaritätszuschlag	22,40 Euro
Kirchensteuer	36,65 Euro
=**Steuerabzüge gesamt**	**626,74 Euro**
Krankenversicherung (8,2 %)	285,69 Euro
Pflegeversicherung (1,275 %)	44,42 Euro
Rentenversicherung (9,45 %)	349,24 Euro
Arbeitslosenversicherung (1,5 %)	52,26 Euro
= **Sozialabgaben gesamt**	**711,60 Euro**
= **Nettoauszahlungsbetrag**	**2.145,63 Euro**

Tabelle 23: Beispiel zur Nettolohnberechnung

97. Was kostet ein Minijobber?

Seit 2013 können Unternehmen Minijobber bis zu einer Geringfügigkeitsgrenze von 450 Euro pro Monat einstellen. Der Minijobber muss dann davon keine Steuern und Sozialversicherungsbeiträge zahlen (vorausgesetzt, er hat nur einen solchen Minijob). Als Arbeitgeber müssen Sie jedoch entsprechende Beiträge zahlen, und zwar:

- 15% Pauschale zur Rentenversicherung
- 13% Pauschale zur Krankversicherung
- 2% Pauschale zur Lohnsteuer
- 0,7% Umlage zur Arbeitgeberabsicherung gegen Lohnfortzahlung im Krankheitsfall

Insgesamt kommen auf den Arbeitgeber somit 30,7% Zuschlag auf das gewährte Arbeitsentgelt hinzu. Umfassende Informationen und Berechnungsbeispiele zum Minijob erhalten Sie im Internet unter ww.minijobzentrale.de.[286]

98. Wie unterscheiden sich die Personalkosten pro Stunde von einem Stundenverrechnungssatz?

Gerade im Handwerk werden neben den Materialkosten häufig auf den Kundenrechnungen noch **abrechenbare Stunden** ausgewiesen, d.h. die Handwerksleistung wird über den Zeitbedarf der Leistungserbringung in Rechnung gestellt. Die dabei zu Grunde gelegten Stundensätze (bzw. Stundenverrechnungssätzen) dürfen jedoch nicht mit den Personalkosten je Stunde verwechselt werden, denn in den Stundensätzen des Handwerksbetriebes sind ALLE Kosten enthalten, die dem Betrieb entstehen und nicht nur die Personalkosten für den Mitarbeiter, der die Handwerksleistung erbringt. ALLE Kosten bedeutet in diesem Fall, dass bspw. auch die Miete oder die Abschreibungen der Geschäftsräume inkl. aller Nebenkosten (Müllabfuhr, Energieverbrauch, Grundsteuer etc.), sämtliche Versicherungskosten des Betriebes, alle Fahrzeugkosten der Betriebsfahrzeuge, die Kosten für Werkzeuge und die sonstige Büro- und Geschäftsausstattung, die Kosten des Verwaltungspersonals, alle EDV-Kosten, sämtliche Werbekosten und Kosten der Kommunikation etc. über den einen Stundensatz abgerechnet werden. Dieser liegt deshalb in der Regel deutlich über dem reinen Personalkostenstundensatz. Dazu ein Berechnungsbeispiel:

Ein Handwerksbetrieb mit einem Inhaber und 2 produktiven Facharbeitern weist jährliche Gesamtkosten von 250.000 Euro aus.[287] Darin enthalten sind auch 70.000 Euro Personalkosten für die beiden Facharbeiter, die somit jährlich Kosten von je 35.000 Euro verursachen (inkl. der Arbeitgeberanteile zu den Sozialversicherungen entspricht dies einem Bruttolohn von rund 2.430 Euro pro Monat, inkl. eventueller Anteile für Urlaubs- und Weihnachtsgeld). Der Inhaber selbst rechnet für sich mit Personalkosten (als Plangewinn) von 60.000 Euro pro Jahr, für eine Teilzeitkraft in der Verwaltung werden nochmals 20.000 Euro Personalkosten geplant, so dass von insgesamt 250.000 Euro Gesamtkosten 160.000 Euro auf das Personal entfallen. Die restlichen 100.000 Euro pro Jahr umfassen sämtliche andere Kosten. Über die Rechnungstellung muss der Handwerksbetrieb in diesem Fall also die 250.000 Euro Gesamtkosten wieder einspielen.

Dazu werden den 250.000 Euro auf die geplanten abrechenbaren Stunden verteilt. Somit ist auszurechnen, wie viele Stunden wohl abrechenbar sein werden: Von den 365 Kalendertagen eines Jahres entfallen 104 Tage auf das Wochenende, 13 Tage sind Feiertage, es gibt 30 Urlaubstage, es wird mit 12 Krankheitstagen und 2 zusätzlichen sonstigen Ausfalltagen gerechnet, so dass pro Jahr 204 Arbeitstage verbleiben. Bei einer 36-Stunden-Woche, entsprechend 7,2 Arbeitsstunden pro Arbeitstag, ergeben sich dann 1.469 Arbeitsstunden pro Jahr. Nicht alle Arbeitsstunden können dem Kunden direkt in Rechnung gestellt werden, d.h. es müssen von den 1.469 potenziellen Arbeitsstunden noch Zeiten für Nacharbeiten, Lagerarbeiten, Ein- und Ausräumen der Betriebsfahrzeuge, Stillstandzeiten, fehlende Kundennachfrage, Reparaturzeiten, Dokumentationsarbeiten etc. abgezogen werden, so dass etwa noch 1.300 Arbeitsstunden verbleiben. Bei 3 produktiven Kräften (inkl. des Inhabers) ergibt sich dann eine Jahrarbeitsstundenzahl von 3.900 abrechenbaren Stunden. Bei Gesamtkosten von 250.000 Euro entspricht dies dann etwa 64 Euro pro Stunde (zuzüglich Umsatzsteuer). Der produktive Arbeitnehmer enthält hingegen 19,85 Euro pro tatsächlich von ihm geleisteter Arbeitsstunde (bei Berücksichtigung der Fehlzeiten) bzw. 15,50 Euro pro Stunde (ohne Berücksichtigung der Lohnfortzahlung an Feier-, Urlaubs- und Krankheitstagen). Ein tabellarisches Berechnungsschema zur Ermittlung eines Stundensatzes finden Sie auch bei: Claudia Wanzke: Starthilfe für Freiberufler. Erfolgreich durch das erste Jahr.

99. Mit welchen Privatentnahmen sollten Sie rechnen?

Die geplanten Privatentnahmen können auch als kalkulatorischer Unternehmerlohn bezeichnet werden. Dieser wird bei Freiberuflern, selbständigen Gewerbetreibenden oder Gesellschaftern einer Personengesellschaft als Äquivalent zu einem Angestelltengehalt als Nichtselbständiger ermittelt. Der notwendige kalkulatorische Unternehmerlohn kann nach folgendem Beispiel berechnet werden, basierend auf dem persönlichen Bedarf:

	Privatentnahmen	pro Monat (in Euro)
1	Lebensunterhalt	600
2	+ private Altersvorsorge	500
3	+ Pflegeversicherung	50
4	+ Krankenversicherung	250
5	+ Lebensversicherung	100
6	+ Private Versicherungen	200
7	+ Wohnung (Miete, Nebenkosten)	1.200
8	+ Tilgung u. Zinsen privater Kredite	0
9	+ Sonstige Entnahmen	100
10	= **Nettoentnahmen**	3.000
11	+ Einkommen-, Kirchensteuer / Soli	700
12	= **Gesamte Privatentnahmen**	3.700

Tabelle 24: Berechnung der Privatentnahmen

Sie sollten auf jeden Fall Ihre eigenen Wertansätze überprüfen, indem Sie den Verlauf Ihres Girokontos während der letzen ein, zwei Jahre detailliert analysieren. Und vielleicht sollten Sie auch noch einen Risikopuffer einbauen.

Eine alternative Möglichkeit zur Bestimmung des kalkulatorischen Unternehmerlohns besteht darin, Ihre **derzeitige Einkommenssituation** zu Grunde zu legen.[288] Rechnen Sie dazu zu Ihrem derzeitigen durchschnittlichen Monatsbruttoentgelt (inkl. der Umlage von Weihnachts- oder Urlaubsgeld) den Arbeitgeberanteil an den Sozialversicherungen dazu (als Selbständiger müssen Sie ja alleine dafür aufkommen) und korrigieren Sie den sich daraus ergebenden Gesamtbetrag um einen Zu- oder Abschlag. Dieser Zu- oder Abschlag soll ausdrücken, dass Sie einerseits bei einer selbständigen Tätigkeit ein größeres Einkommensrisiko eingehen (was einen Zuschlag rechtfertigt), andererseits dass Sie Ihr eigener Chef sind (was einen Abschlag rechtfertigt).

100. Wie kann ein Beispiel für einen Umsatz- und Kostenplan aussehen?

	Umsatz- und Kostenplan	Jahr 1	Jahr 2	Jahr 3
1	Umsatzerlöse aus Handel und Dienstleistung			
2	- Materialverbrauch / Wareneinkauf			
3	**= Rohgewinn**			
4	- Personalkosten			
5	- Raumkosten (Miete)			
6	- Energiekosten (Strom, Wasser, Heizung)			
7	- Versicherungen, Beiträge, Gebühren			
8	- Kosten Fuhrpark			
9	- Werbe- und Reisekosten			
10	- Rechts- und Steuerberatungskosten			
11	- Büroaufwand/Literatur/Porto/ Telefon/EDV			
12	- Sonstige Kosten			
13	- Abschreibungen			
14	- Zinsaufwand			
15	**= Gewinn (Privatentnahme)**			

Tabelle 25: Umsatz- und Kostenplan

Meist werden der Umsatz- und Kostenplan auf Quartale oder sogar Monate verfeinert. Die Grundstruktur des Plans ändert sich aber dadurch nicht.

101. Was versteht man unter einer Rentabilitätsvorschau?

Als **Rentabilitätsvorschau** bezeichnet man die *Gegenüberstellung von kalkulierten Kosten und erwarteten Erträgen/Umsätzen.*

Auf diese Weise soll vorab geschätzt werden, ob sich das Unternehmen überhaupt lohnt. Bei zu geringer oder gar negativer Rentabilität sind Maßnahmen zu ergreifen, so dass einerseits die Umsatzerlöse überproportional steigen oder andererseits die Kosten derart gesenkt werden, dass eine angemessene Rentabilität erzielt werden kann.

	Rentabilitätsvorschau	Jahr 1	Jahr 2	Jahr 3
1	Erlöse aus Dienstleistungen			
2	+ Erlöse aus Handel			
3	**= Summe Erlöse**			
4	- Material, Ware, Roh-, Hilfs- u. Betriebsstoffe			
5	- Fremdleistungen			
6	- Provision			
7	- Garantieleistungen			
8	**= Rohertrag**			
9	- Personalkosten (ohne eigenes Gehalt bei Einzelunternehmen)			
10	- Raumkosten (Mieten)			
11	- Energiekosten (Strom, Wasser, Heizung)			
12	- Kosten Fuhrpark (ohne Abschreibung)			
13	- Rechts- und Steuerberatungskosten			
14	- Büroaufwand/Porto/Telefon/EDV			
15	- Versicherungen, Beiträge, Gebühren			
16	- Wartungsverträge			
17	- Gewerbesteuer			
18	- Werbe- und Reisekosten			
19	- Sonst. Aufwand (ohne Abschreibungen)			
20	**= Erweiterter Cash – Flow**			
21	- Zinsaufwendungen			
22	**= Cash – Flow**			
23	- Abschreibungen			
24	**= Betriebsergebnis**			
25	- Kalkulatorische Kosten			
26	**= Betriebswirtschaftliches Ergebnis**			

Tabelle 26: Rentabilitätsvorschau

Meist wird die Rentabilitätsvorschau auf Quartale oder sogar Monate verfeinert. Eine vergleichbare Rechnung finden Sie auch bei Janson, S.: 10 Schritte zur erfolgreichen Existenzgründung, 3. Auflage, München 2012, S. 50-52. Eine vereinfachte Darstellung liefert Maikranz mit folgender Rechnung:[289]

> Umsatz – Wareneinsatz = Rohgewinn I
> Rohgewinn I – Personalkosten = Rohgewinn II
> Rohgewinn II – Sachgemeinkosten = erweiterter Cash-flow
> Erweiterte Cash-flow – Zinsen = Cash-flow
> Cash-flow – Abschreibungen = Reingewinn

102. Was versteht man unter einer Liquiditätsplanung?

Unter **Liquidität** versteht man die Fähigkeit eines Unternehmens, seine Zahlungsverpflichtungen fristgemäß zu erfüllen. Der **Liquiditätsplan** soll zeigen, ob in den nächsten Monaten (nach der Betriebsgründung) noch ausreichend Geld zur Verfügung steht, um offene Rechnungen zu bezahlen und weiterarbeiten zu können.

Mit der Liquiditätsrechnung entsteht der letzte Teil des **Finanzierungskonzeptes**, wofür der Umsatz- und der Kostenplan die wesentliche Grundlage darstellt. Inhaltlich entspricht der Liquiditätsplan (**abgesehen von einigen wenigen, aber wichtigen Unterschieden**) Ihrem Rentabilitätsplan.

Die erwarteten **Einnahmen und Ausgaben** werden hier den einzelnen Monaten zugeordnet, in denen sie anfallen. Das ist von großer Bedeutung, denn was nutzt eine tolle Rentabilität, wenn den Kosten von 1 Million Euro Erlöse von 2 Millionen Euro gegenüberstehen, die Kosten aber im ersten Halbjahr, die Erlöse dagegen erst im zweiten Halbjahr anfallen? Dann wird am Ende des ersten Halbjahres möglicherweise aufgrund von Zahlungsunfähigkeit das Unternehmen geschlossen.

Grundsätzlich sollten in den Liquiditätsplan alle Beträge einschließlich Umsatzsteuer eingestellt werden. Um eine bessere Vergleichbarkeit der Zahlen im Liquiditätsplan mit denen der Rentabilitätsvorschau herzustellen, können alternativ auch die Nettobeträge (ohne Umsatzsteuer) in den Plan übernommen werden. In diesem Fall ist es jedoch unerlässlich, den Differenzbetrag aus Umsatzsteuer und Vorsteuer der jeweiligen Periode zu ermitteln und in den Liquiditätsplan aufzunehmen. Gerade zu Beginn einer unternehmerischen Tätigkeit, bei der die Umsatzsteuer womöglich noch nicht monatlich angemeldet werden muss, ist diese Planung von besonderer Bedeutung: Nicht selten glaubt nämlich der Jungunternehmer, über ausreichende liquide Mittel zu verfügen, nur weil er es unterlassen hat, die von ihm zu entrichtende Umsatzsteuer bei der Liquiditätsplanung zu berücksichtigen. Dabei ist insbesondere darauf zu achten, dass die im Zuge der Investitionsausgaben anfallende Steuer zumindest für einen gewissen Zeitraum (Vorsteuerabzugsberechtigung unterstellt) zwischenfinanziert werden muss, da im Rahmen von öffentlichen Förderdarlehen grundsätzlich nur die Nettoinvestition finanzierbar ist.

Beispiel für einen Liquiditätsplan

Ausgangspunkt des Liquiditätsplans ist **der Anfangsbestand an liquiden Mitteln**, der sich aus der Summe aus Kassenbestand, Kontobeständen bei den Hausbanken und ggf. freien Kreditlinien bestimmt. Der Bestand an liquiden Mitteln ist um die erwarteten

Einzahlungen zu erhöhen und um die erwarteten Auszahlungen zu reduzieren. Die Wertansätze sollten bei kleineren Unternehmen auf Monatsbasis, bei größeren Unternehmen auf Wochenbasis geschätzt werden.

Berechnungsschema der Einzahlungen für die ersten drei Monate (grundsätzlich auf beliebig viele Monate erweiterbar)

		Monat 1	Monat 2	Monat 3
1	Erwartete Einzahlungen aus Forderungen			
2	+ erwartete Barverkäufe			
3	+ erwartete Kundenanzahlungen			
4	+ erwartete sonstige Einzahlungen (z.B. Steuererstattungen, Zinsgutschriften)			
5	+ Einzahlungen aus Kreditaufnahmen und sonstigen Fremdkapitalaufnahmen			
5	+ Privateinzahlungen			
6	= **Summe der Einzahlungen**			

Tabelle 27: Planung der Einzahlungen im Liquiditätsplan

Berechnungsschema der Auszahlungen für die ersten drei Monate (grundsätzlich auf beliebig viele Monate erweiterbar)

		Monat 1	Monat 2	Monat 3
1	Auszahlungen für Investitionen			
2	+ Auszahlungen für die Beschaffung von Material, Waren, Roh-, Hilfs- und Betriebsstoffen			
3	+ Auszahlungen für Personalkosten und für die sozialen Aufwendungen			
4	+ Auszahlungen für Raumkosten (Mieten)			
5	+ Auszahlungen für Versicherungen, Beiträge, Gebühren			
6	+ Auszahlungen für Energiekosten			
7	+ Auszahlungen für Fuhrpark			
8	+ Steuerauszahlungen			
9	+ sonstige Auszahlungen			
10	+ Zins(aus)zahlungen			
11	+ Tilgungszahlungen			
12	+ Privatentnahmen			
13	= **Summe der Auszahlungen**			

Tabelle 28: Planung der Auszahlungen im Liquiditätsplan

Gegenüberstellung von Einzahlungen und Auszahlungen

		Monat 1	Monat 2	Monat 3
1	Liquiditätsanfangsbestand			
2	+ Summe der Einzahlungen			
3	- Summe der Auszahlungen			
4	= **Liquidität am Ende des laufenden Monats**			

Tabelle 29: Gegenüberstellung von Einzahlungen und Auszahlungen im Liquiditätsplan

Hinweis: Die wesentlichen Unterschiede der Liquiditätsplanung zur Kosten- und Erlösplanung sind:

- Der Liquiditätsplan berücksichtigt ein **detaillierteres Zeitraster** (meist Monate, bei großen Unternehmen auch Wochen).
- Im Liquiditätsplan sind die zu zahlenden **Umsatzsteuer** bei den Auszahlungen und die erstattete **Vorsteuer** bei den Einzahlungen zu berücksichtigen. Im Kostenplan werden dagegen alle Wertansätze netto erfolgen, da die Umsatzsteuer ein durchlaufender Posten ist.
- Im Liquiditätsplan werden **Auszahlungen und Einzahlungen** (teilweise Einnahmen und Ausgaben), nicht dagegen Erlöse und Kosten verrechnet. Während in der Kostenrechnung der Kaufpreis eines Fahrzeuges (in Form von Abschreibungen) sich über dessen gesamten Nutzungszeitraum erstreckt (bspw. 5.000 Euro pro Jahr bei 6 Jahren Nutzungsdauer), fallen die Ausgaben und Auszahlungen in gesamter Höhe bei Anschaffung und Bezahlung des Fahrzeuges an (30.000 Euro im Jahr 1). **Generell dürfen im Liquiditätsplan niemals Abschreibungen erscheinen.**
- Im Liquiditätsplan sind **Tilgungsleistungen** als Auszahlungen und Kreditaufnahmen als Einzahlungen zu berücksichtigen.

Die hier vorgestellten Pläne findet man immer in leicht veränderlicher Form in vielen Büchern und Online-Angeboten zum Thema Existenzgründung.[290]

103. Was können Sie tun, wenn Ihrem Unternehmen (laut Plan) die Zahlungsunfähigkeit droht?

- Schreiben Sie schneller Rechnungen.
- Räumen Sie kein zu großzügiges Zahlungsziel ein.
- Gewähren Sie Skonto bei schneller Bezahlung.
- Vereinbaren Sie Anzahlungen oder Teilzahlungen.
- Nutzen Sie die Kreditlinie bei Ihrer Bank kurzfristig aus.
- Vereinbaren Sie mit Ihren Lieferanten großzügigere Zahlungsziele.
- Stellen Sie Anschaffungen zurück.
- Verschieben Sie Ihre Zahlungen so weit wie möglich.
- Leiten Sie Maßnahmen zur Kostendeckung bzw. Erlöserhöhung ein.

Die ersten Schritte in den Markt

Jetzt sind Sie für die ersten Schritte in den Markt bereit. Ihre grundsätzlichen Planungen sind zunächst einmal abgeschlossen. Als nächstes geht es darum, sicherzustellen, dass Ihre potenziellen Kunden auch erfahren, dass es Sie als Unternehmen gibt. Und Sie müssen das Bedürfnis der Kunden erzeugen, Ihre Leistungen kennenlernen zu wollen. Das alles fasst man unter dem Begriff des **Marketings** zusammen, das Sie in den folgenden Fragen näher kennenlernen sollen.

104. Was gehört alles zur Marketingplanung?

Die **Servicepolitik** meint nicht nur den klassischen Kundendienst, d.h. die Wartung, Instandhaltung oder Reparatur der von den Kunden gekauften Produkte. Unter Servicepolitik ist auch die Kundenbehandlung und **Kundenbetreuung** vor, während und nach dem Kauf zu verstehen.

Kunden sind immer so zu behandeln, dass sie das Gefühl haben, sie seien die wichtigsten Kunden überhaupt. Oft sind es gerade ein paar Kleinigkeiten, die den Kunden dazu motivieren, auf bestimmte Produkte und Angebote zurückzugreifen oder sich für ein bestimmtes Unternehmen zu entscheiden.

Deshalb sind die Kunden und deren Wünsche ernst zu nehmen. Wenn sich die Kunden verstanden fühlen, kann der Unternehmensgründer schon dank Mundpropaganda viele neue Kunden begrüßen. Und schlechter Service spricht sich häufig noch viel schneller rum!

Das **Marketing** umfasst die vier Instrumente *Produkt-*, *Preis-*, *Kommunikations-* und *Vertriebspolitik*.

Damit Produkte erfolgreich verkauft werden können, sind die einzelnen Instrumente wirkungsvoll aufeinander abzustimmen.

105. Was ist bzgl. der Preispolitik zu beachten?

Kunden sollten das Produkt aufgrund des gelungenen **Preis-Leistungsverhältnisses** kaufen und nicht deshalb weil das Produkt einfach das billigste ist. Preiswettbewerbe ruinieren die Erfolgschancen dauerhaft.

Es gilt also, den **richtigen Preis** für das Produkt zu finden; das muss nicht unbedingt der niedrigste sein. Kunden sind sehr wohl dazu bereit, höhere Preise zu zahlen, wenn ihnen das Gefühl vermittelt wird, dass sie dadurch etwas "Besonderes" erworben haben.

Grundsätzlich ist es sinnvoll, von dem für das Produkt **am Markt erzielbaren Preis** auszugehen und nicht die Kosten als Basis der Preisbildung zu verwenden (Prinzip des Target Costing). Da sich das Produkt am Markt durchsetzen soll, sind auch die Bedingungen des Marktes zu berücksichtigen. Selbstverständlich lassen sich nur dann Gewinne erwirtschaften, wenn die Erlöse die Kosten überdecken. Es genügt aber keineswegs, von den Kosten ausgehend, einen Preis zu verlangen, den der Markt nicht zu zahlen bereit ist.

Unternehmensgründer verschaffen sich deshalb einen Überblick über die **Entwicklung der Preise** in den letzten Jahren und informieren sich umfassend über die Preise ihrer Konkurrenten für ähnliche Produkte. Sie bedenken, dass auch ähnliche Produkte für ihre Kunden einen deutlich unterschiedlichen Nutzen bringen können und berücksichtigen also diesen bei ihren Preisüberlegungen. Manchmal lässt sich der Nutzen sogar messen, nämlich wenn er den Kunden ganz konkrete Einsparungen bringt.

Der Preis ist weder zu hoch, noch zu niedrig festzulegen. Wenn der Preis wesentlich niedriger als derjenige der Konkurrenz ist, werden diese sofort versuchen, den unliebsamen Mitbewerber zu bekämpfen. Darüber hinaus wird möglicherweise auch noch Geld verschenkt, da ein höherer Preis verlangen werden könnte. Liegt dagegen der Preis zu hoch, wird es auch bei besonderem Nutzen kaum gelingen, die potentiellen Kunden dazu zu bewegen, den hohen Preis zu zahlen.

Zur Preisfestsetzung kann es somit auch sehr sinnvoll sein, vor dem Verkaufsstart des Produkts *Gespräche mit potenziellen Kunden* zu führen, um deren Reaktionen auf die Preisvorstellung kennen zu lernen. Zusätzlich können auch Testverkäufe in einzelnen Regionen der vollständigen Markteinführung vorangestellt werden.

Auch an die Möglichkeiten der **Preisdifferenzierung** ist zu denken. Durch zeitliche oder räumliche Preisdifferenzierungen einerseits und Preisdifferenzierungen nach Käuferschichten oder Abnahmemengen andererseits lässt sich der Umsatz positiv beeinflussen. Darüber hinaus sind möglicherweise die Versandkosten und Transportbedingungen – insbesondere bei Exportgeschäften – festzulegen. Die Frage, wann wer das Transportrisiko trägt, kann je nach Lieferumfang im Schadenfall Kosten in erheblicher Höhe verursachen.

106. Was ist bzgl. der Vertriebspolitik zu beachten?

Unterschiedliche Produkte verlangen nach unterschiedlichen **Vertriebswegen**. Besonders erklärungsbedürftige Produkte benötigen einen eher *individuellen* und sehr persönlichen Vertrieb über den Facheinzelhandel, weniger erklärungsbedürftige Produkte können dagegen *anonym*, z.B. über Verbrauchermärkte, verkauft werden.

Auf jeden Fall sollten Unternehmensgründer bei ihrer Vertriebspolitik darauf achten, dass der Nutzen ihrer Strategie im richtigen Verhältnis zu den durch sie verursachten Kosten steht. Der Vertrieb kann nur dann erfolgreich sein, wenn mit den Absatzwegen auch **die anvisierten Kundengruppen erreicht wird**. So kann eine Internetlösung als Absatzweg nur dann erfolgreich sein, wenn die Zielgruppe in der Lage ist, mit dem Internet umzugehen. Wenn die direkte Kundenansprache von großer Bedeutung ist, dann kann es sinnvoll sein, den Handel auszuschalten und einen *Direktvertriebsweg* zu suchen. Oftmals kann es auch hilfreich sein, einen solchen Absatzweg zu suchen, dass der Produktwettbewerb umgangen werden kann.

Ist ein Konkurrent in der Lage, mit ähnlichen Produkten den Erfolg zu schmälern? Dabei sind vor allem folgende Fragen entscheidend:

- Stellt das Produkt eine Innovation dar, die durch ein Patent geschützt werden kann, so dass Nachahmer vom Markt abgehalten werden? Dann nämlich braucht man den Vertriebswegen weniger Aufmerksamkeit zu schenken.
- Welche Beziehung lässt sich zu den Kunden aufbauen? Werden sie sich eher loyal verhalten, oder ist zu erwarten, dass sie in dem Moment abspringen, sobald ein billigerer Konkurrent am Markt erscheint? In diesem Fall ist intensiver Kundenkontakt notwendig, um die Produktvorteile immer wieder herausstellen zu können.
- Lassen sich die Händler, über die das Produkt vertrieben wird, durch Konditionen an sich binden, die über die konkreten Produktvorteile hinausgehen? Oder ist zu befürchten, dass die Händler, ohne zu zögern, Produkte von Wettbewerbern in ihr Programm aufnehmen? Dann ist es unabdingbar, sich intensiv um die Händler zu bemühen, über die das Produkt angeboten wird.

107. Was ist bzgl. der Kommunikationspolitik zu beachten?

Die **Kommunikationspolitik** umfasst die Bereiche Werbung, Verkaufsförderung und generelle Öffentlichkeitsarbeit. Die Aufgabe besteht darin, die Kunden zu informieren und zum Kauf anzuregen. Die **Kommunikationsstrategie** ist auf die gewünschten Kundensegmente hin auszurichten. Um möglichst rasch Erfolge vorweisen zu können, sollte man sich deshalb zuerst auf die Kundengruppen konzentrieren, von denen zu erwarten ist, dass sie aufgeschlossen den Produkten gegenüberstehen, sich als starke Nutzer der Produkte herausstellen werden oder in der Lage sind, andere potentielle Kunden zum Kauf zu bewegen. Insbesondere der vielfältige Nutzen und die enormen Vorteile der Produkte sind darzustellen.

Dabei sind idealerweise folgende Fragen zu beantworten:

- Welche der Produkteigenschaften sind objektiv besser als die der Konkurrenzprodukte?
- Welche Kundenwünsche werden schneller, besser und vor allem unproblematischer als von der Konkurrenz erfüllt?
- Welche der Vertriebs- und Serviceleistungen sind besser als die der Mitbewerber (z.B. kürzere Lieferzeiten, Reparaturservice vor Ort)?
- Wieso sind gerade die Vertriebsmitarbeiter im Vergleich zur Konkurrenz besonders kundenorientiert?
- Wieso werden die Imagewerte herausragend sein?
- Warum werten die Produkte die Kunden in deren Absatzmärkten auf?

Um diese Fragen beantworten zu können, muss bekannt sein, welche Merkmale der Produkte bei den Kunden besonders gefragt sind:

- Wonach suchen die Kunden, welche Eigenschaften schätzen sie besonders, welche vermissen sie?
- Die Kunden sollen das Unternehmen mit denen der Konkurrenz vergleichen.
- Die Produkte sind an die Interessen der Kunden anzupassen.

Neben der Gestaltung Ihrer Produkte ist auch die Gestaltung Ihres Unternehmens an sich wichtig. Dazu gehören bspw. die Entwicklung eines Firmenlogos, die Gestaltung von Briefpapier und Visitenkarten oder die Einrichtung Ihres Internetauftritts.

Das **Firmenlogo** ist möglicherweise das Symbol, das Ihre Kunden direkt mit Ihrem Unternehmen in Verbindung bringen, es ist so etwas wie das Gesicht Ihres Unternehmens.[291] Deshalb sollten Sie es professionell gestalten (lassen). Werbeagenturen und Grafiker können hier die richtigen Anlaufstellen sein. Das Logo sollte sich gut einprägen, es sollte schnell wiederzuerkennen sein, und es sollte zu Ihrer unternehmerischen Tätigkeit passen. Oft ist es eine Kombination aus Schrift und Bild.

Auch kommt man als Selbstständiger noch immer nicht ohne **Visitenkarten** aus. Sie müssen immer mal schnell Ihre Kontaktdaten überreichen, und das sollte professionell aussehen. Ihr Unternehmenslogo wird auch wieder auf der Visitenkarte zu finden sein. Besonders wichtig aber ist: Die Visitenkarte sollte sich an die Standardmaße von 85 mal 55 Millimeter halten, stabil, aber nicht zu dick (180 bis 240 Gramm Papier) sein, damit der Empfänger die Karte gut aufbewahren kann.

Das Logo wird sich auch wieder auf dem Briefpapier wiederholen. Das können Sie entweder drucken lassen, oder Sie erstellen sich mit Ihrem Textverarbeitungsprogramm eine Druckvorlage. Vielleicht benötigen Sie aber auch Faxvorlagen, spezielle Briefumschläge, Flyer, Stempel oder Ähnliches. Auf jeden Fall sollten Sie nicht aus Geiz an dieser Stelle sparen, denn der Außenauftritt Ihres Unternehmens wird durch das Erscheinungsbild Ihrer Verbrauchsmaterialien mit geprägt.

Letztendlich werden Sie auch noch einen Webauftritt brauchen. Dieser muss nicht sehr umfangreich sein, wichtiger ist: Ihr **Internetauftritt** sollte aussagekräftig sein. Wählen Sie eine einfache Menüstruktur (Impressum nicht vergessen!), wiederholen Sie das

Erscheinungsbild Ihrer Drucksachen, wo es Ihnen sinnvoll erscheint und sorgen Sie so dafür, dass Sie gefunden werden. Wenn Ihre Geschäftsidee darauf ausgelegt ist, Ware über Ihre Homepage zu verkaufen, sollten Sie nicht nur ein Shop-System integrieren, sondern auch intensiv Suchmaschinenoptimierung betreiben, damit Sie auch bei der Suche nach bestimmten Begriffen gefunden werden. Auch beim Internetauftritt können Sie sich professionelle Hilfe suchen, allerdings lassen sich Internetauftritte heute auch ohne Programmierkenntnisse mit Content-Management-Systemen relativ einfach selbst erstellen. Und im Unterschied zum Logo kann man die Webauftritte auch jederzeit wieder anpassen und verbessern, ohne dass der Wiedererkennungswert des Unternehmens verloren geht.

Zumindest mittelfristig sollten Sie auch über ein Engagement in **sozialen Medien** nachdenken. Ein Eintrag bei Xing, ein Unternehmensauftritt bei Facebook, regelmäßige Nachrichten bei Twitter oder eigene YouTube Videos können dazu beitragen, dass Ihr Unternehmen bekannter wird. Ihr Engagement sollte jedoch immer zu Ihrer Geschäftstätigkeit passen. Ein Metzger, der die Fertigstellung der Lyonerwurst twittert, wird dadurch wohl kaum neue Kunden gewinnen. Wenn er dagegen bei YouTube ein Video einstellt, in dem er zeigt, wie er die Wurst herstellt, kann es sein, dass ein potenzieller Großkunde irgendwann auf dieses Video und dann auch auf den Metzgermeister aufmerksam wird.

108. Was ist bzgl. der Produktpolitik zu beachten?

Jedes Produkt bietet dem Kunden einen gewissen **Grundnutzen**. Damit sind all jene Eigenschaften und Vorteile Ihres Produktes gemeint, die das Produkt unbedingt aufweisen muss, damit es überhaupt seinen Zweck erfüllt.

Des Weiteren kann man jedoch auch für einen Produktmehrwert sorgen, d.h. einen vom Kunden positiv empfundenen **Zusatznutzen** anbieten: Dies kann z.B. schon durch ein praktisches Design oder eine besonders ansprechende Verpackung geschehen. Oder aber auch **Zusatzleistungen**, die unmittelbar mit Ihrem Produkt in Verbindung stehen, beispielsweise ein schneller und effektiver Kundendienst, weitreichende Garantien, Informationen oder Beratungen können das Produkt positiv von denen der Konkurrenz abheben.

Ebenfalls zur Produktpolitik gehört die Entscheidung für eine angemessene **Produktdifferenzierung**: Darunter versteht man die Klärung der Frage, wie viele Varianten des Produkts angeboten werden. Dadurch lassen sich dann vielleicht unterschiedliche Kundengruppen erreichen. Des Weiteren besteht die Möglichkeit, das Angebot auf die Bedürfnisse und Zahlungsbereitschaft der jeweiligen Kundengruppe abzustimmen.

Weiterhin ist zu bedenken, dass man einerseits bei der Gestaltung der Produktpalette mehr in die Breite gehen kann, also eine Vielzahl verschiedener Produkte anbieten kann (z.B.: Polstermöbel, Schlafzimmer, Küchen, Büromöbel), oder andererseits kann man mehr in die *Tiefe* gehen, also eine größere Zahl an Varianten anbieten (z.B.: Polstermöbel mit allen denkbaren Form- und Stoffkombinationen).

Zur Überprüfung, ob das Produkt überhaupt eine Chance am Markt besitzt, sind möglichst viele der folgenden Fragen, sofern die Fragen zur Gründungsidee passen, zu bejahen:

- Kennt die Zielgruppe das Produkt?
- Hat die Zielgruppe das Produkt getestet?
- Sind die Testergebnisse in das Produkt eingeflossen?
- Ist das Produkt umweltgerecht?
- Entspricht das Produkt den gesetzlichen Normen und Vorschriften?
- Ist das Produkt sicher für den Anwender?
- Entspricht das Produkt den industriellen Standards?
- Ist das Produkt einfach zu bedienen?
- Ist der Vorteil des Produktes auf den ersten Blick zu erkennen?
- Lässt sich der Produktvorsprung durch Patente sichern?
- Gibt es für das Produkt schon Maschinen zur Herstellung?
- Löst das Produkt Probleme der Kunden?
- Gibt es genug qualifiziertes Personal für Produktion und Vertrieb?
- Hat das Produkt gute Zukunftschancen?
- Lässt sich das Produkt einfach vertreiben?
- Hat das Produkt einen technologischen Vorsprung?
- Lässt sich auf dem Produkt eine Produktpalette aufbauen?
- Gibt es mögliche Zulieferer?
- Wird das Produkt den Qualitätsansprüchen der Abnehmer genügen?
- Ist das Produkt wirklich einzigartig?
- Ist das Produkt recyclingfähig?
- Lassen sich Haftungsrisiken ausschließen?
- Ist das Produkt ansprechend gestaltet?
- Ist die Rohstoffversorgung zur Produktherstellung auch in Zukunft gesichert?
- Kennt die Öffentlichkeit das Produkt?
- Ist das Produkt auf Dauer unersetzlich?
- Gibt es zahlreiche Abnehmer für das Produkt?

Diese Checkliste zur Produktanalyse ist dem Sonderheft 1/97 "Take off in die Selbstständigkeit" der Zeitschrift Impulse (S. 41) in Anlehnung entnommen.

109. Benötigt ein Unternehmen eine Corporate Identity?

Unter der **Corporate Identity** ist zu verstehen, dass der Unternehmung **EINE** Unternehmensphilosophie und -kultur zu Grunde liegt, die insbesondere von der Kundschaft wahrgenommen wird. Einerseits gehört dazu der Auftritt in der **Öffentlichkeit**, sei es durch den Namen des Unternehmens oder das Firmenlogo, aber auch durch spezielle Aktionen, wodurch das Unternehmen und das Produkt im Markt an der gewünschten Stelle positioniert werden. So kann eine Verlosung mit Erlösspende an eine karitative Einrichtung z.B. soziales Engagement offenbaren. Die Öffentlichkeitsarbeit kann dazu dienen, die Unternehmenskultur nach außen und nach innen bekannt zu machen. Aufgaben der Öffentlichkeitsarbeit sind:

- Entwicklung und Pflege eines bestimmten Erscheinungsbildes,
- Vermittlung von Informationen über das Unternehmen,
- Aufbau und Pflege von Verbindungen zu Gruppen, die für das Unternehmen von Interesse sind,
- Förderung des Vertrauens in die Qualität der Produkte und Dienstleistungen des Unternehmens.

Andererseits zeigen auch die **innere Organisation**, die Grundsätze der Zusammenarbeit innerhalb des Unternehmens sowie die allgemeine Unternehmensvision die Kultur des Unternehmens, so dass sich andere (Kunden und Mitarbeiter) mit dem Unternehmen identifizieren können.

Es ist zu beachten, dass gewisse Namen, Logos etc. eventuell schon von anderen benutzt werden und somit bereits geschützt sein können.

110. Was muss ein Existenzgründer über Werbung wissen?

Teilweise findet man immer noch die Vorstellung, dass all jene Unternehmen, die Werbung betreiben, wirtschaftliche Probleme haben und deshalb versuchen, über Werbung ihre Absatzzahlen zu steigern. Tatsächlich trifft das aber nur auf einen kleinen Teil zu. Die meisten Unternehmen versuchen schlichtweg, mit Werbung Ihren Bekanntheitsgrad zu steigern, um so auch langfristig ihren Erfolg zu sichern.

Unternehmensgründer müssen also **Werbung** betreiben! Dabei ist jedoch stets eine einheitliche optische Gestaltung zu verwenden, um den **Wiedererkennungswert** zu erhöhen. Gute Werbung erregt die Aufmerksamkeit der **Zielgruppe**. Es nützt nur wenig, wenn den 10-15jährigen die Werbung für ein Autohaus gefällt; die Autofahrer müssen angesprochen werden. Am besten wirkt ein durchdringender Besitzwunsch nach den Produkten.

Das **Werbekonzept** beantwortet folgende Fragen:
- Für welches Produkt wird geworben?
- Wer soll das Produkt kaufen?
- Was will die Werbemaßnahme erreichen?

- Welche konkrete Aussage erhält die Werbung?
- Welche Wege (Fernsehen, Radio, Zeitung) stehen für die Werbung zur Verfügung?
- In welchem Zeitraum wird geworben?
- Wo soll die Werbung stattfinden?
- Was kostet die Werbung?

Es lohnt sich, eine *Werbeagentur* einzuschalten. Besser zahlen die Unternehmensgründer etwas mehr für eine gelungene professionelle Werbung, als dass sie weniger Geld in eine mittelmäßige oder gar schlechte Werbung investieren, die ihre Zielgruppe verfehlt. Deshalb empfiehlt es sich, ein Werbebudget in Höhe von bis zu 5% des angestrebten Umsatzes einzuplanen, denn gerade in der Anfangszeit müssen Unternehmensgründer ihren Bekanntheitsgrad noch erheblich steigern.

Mit der sogenannten **AIDA -Formel** lässt sich das Wirkungsprinzip der Werbung darstellen:[292]

A: Attention (Aufmerksamkeit erzeugen)
I: Interest (Interesse für das Angebot wecken)
D: Desire (den Wunsch nach dem Angebot auslösen)
A: Action (Erzeugung von Aktivität [Kauf])

Die Umsetzung Ihrer Unternehmensidee

Bei der Umsetzung Ihres Geschäftsvorhabens geht es jetzt darum, die ersten Schritte Ihres Unternehmensauftritts in der Welt der Wirtschaft zu begleiten. Sie legen die endgültige Rechtsform des Unternehmens fest, erfüllen zahlreiche Formalitäten und trauen sich, die ersten Verträge abzuschließen (Mietverträge, Versicherungsverträge). Und auch das Finanzamt stellt gleich erste Ansprüche.

111. Was ist bei der endgültige Wahl der Rechtsform zu beachten?

Die Bedeutung der **Wahl der Rechtsform** wurde zuvor schon detailliert erläutert. Jetzt müssen die Unternehmensgründer sich endgültig für eine entscheiden. Übrigens, die unterschiedlichen Kaufmannsbegriffe, die das bisherige HGB kannte, werden durch eine Neuerung an europäische Verhältnisse angepasst. In Europa gibt es meist nur einen Kaufmannsbegriff.

Grundsätzlich gilt jedes gewerbliche Unternehmen als **Handelsgewerbe**, wobei jeder, der ein Handelsgewerbe betreibt, ein **Kaufmann** ist. Ohne dass eine bestimmte Betriebsgröße vorhanden sein muss, kann sich jetzt jeder Einzelunternehmer in der Rechtsform der Einzelfirma, OHG oder KG in das Handelsregister eintragen lassen. Auch bei der Namensgebung hat sich etwas verändert: Ein bisher nicht im Handelsregister eingetragenes Einzelunternehmen könnte sich zum Beispiel "Mohnblume e.K." nennen, wobei der Vor- und Zuname des Inhabers nicht mehr wie in der Vergangenheit im Firmennamen stehen muss.

Die Geschäftsbriefe sollen neben der Firma den Ort der Niederlassung, die Handelsregister-Eintragungsnummer und das Registergericht enthalten. Dies soll als Ausgleich für die fehlende Identifizierung des Inhabers oder der Gesellschafter stehen. Ebenfalls können die Inhaber und auch die Gesellschafter anonym bleiben.

Unternehmen in der Rechtsform e.K. oder OHG müssen ins Handelsregister eingetragen werden. Eine Einzelunternehmung, die sich bisher " Hans Meier" nannte, nimmt nun den Namen " Hans Meier e.K." an.

Schaffen Sie sich noch einmal einen Überblick über ausgewählte **Vor- und Nachteile** der einzelnen Rechtsformen:

Einzelunternehmung

Vorteile	Nachteile
• Volle Selbstständigkeit des Unternehmers • Einheitliche Geschäftsführung • Billige und schlagkräftige Verwaltung • Ungeteilter Gewinn • Individuelle Steuerung der Privatentnahmen • Einfache Gründung und geringe Gründungskosten	• volle Verantwortung des Unternehmers • unbeschränkte Haftung mit Betriebs- und Privatvermögen • hohe Arbeitslast • Leistungsvermögen, Kapitalkraft nur vom Inhaber abhängig

Tabelle 30: Vor- und Nachteile der Einzelunternehmung

Gesellschaft des bürgerlichen Rechts

Vorteile	Nachteile
• Teilung der Verantwortung • Teilung des Risikos • Erhöhung der Arbeitskraft • Beweglichkeit in der Geschäftsführung • Erhöhung des Eigenkapitals • Verlängerung der Lebensdauer des Unternehmens • Erweiterung der Kreditbasis	• Einschränkung der Selbstständigkeit • Gefahr von Streitigkeiten • Teilung des Gewinns • höhere Privatentnahmen bei bestimmten Gesellschaftsformen • unbeschränkte Haftung auch für Verschulden von Mitgesellschaftern

Tabelle 31: Vor- und Nachteile der GbR

Gesellschaft mit beschränkter Haftung:

Vorteile	Nachteile
• Haftungsbeschränkung der Gesellschafter • Gewerbesteuerersparnis	• Steuerliche Mehrkosten • Hoher bürokratischer Verwaltungsaufwand • Strengere formale Anforderungen • Gesellschafter müssen für Kredite i.d.R. persönlich haften

Tabelle 32: Vor- und Nachteile der GmbH

Offene Handelsgesellschaft:

Vorteile	Nachteile
• Hohes Ansehen bei Geschäftspartnern wegen der persönlichen Haftung	• Keine Haftungsbeschränkung gegenüber Gesellschaftsgläubigern • Nur für Vollkaufleute im Sinne des HGB

Tabelle 33: Vor- und Nachteile der OHG

Kommanditgesellschaft

Vorteile	Nachteile
• Hohes Ansehen bei Geschäftspartnern wegen der persönlichen Haftung • Haftung bei Kommanditisten auf die Höhe der persönlichen Einlage beschränkt	• Keine Haftungsbeschränkung gegenüber Gesellschaftsgläubigern • Nur für Vollkaufleute im Sinne des HGB

Tabelle 34: Vor- und Nachteile der KG

Partnerschaftsgesellschaft:

Vorteile	Nachteile
• Geeignete Kooperationsform unterschiedlicher Freier Berufe • Keine Zahlung von Gewerbesteuer	• Rechtsform nur für freie Berufe • Keine Haftungsbeschränkung

Tabelle 35: Vor- und Nachteile der Partnerschaftsgesellschaft

Berücksichtigen Sie bei der Wahl einer Rechtsform insbesondere folgende Sachverhalte:

- Erstellen Sie Ihr persönliches Anforderungsprofil an die Rechtsform (hinsichtlich Haftungsbeschränkung, vorgeschriebenem Mindestkapital, Kreditwürdigkeit, Gründungsformalitäten und –kosten usw.).
- Grenzen Sie die in Frage kommenden Rechtsformen ein.
- Bevor Sie sich eine eigene Lösung „basteln", kaufen Sie besser Expertenwissen ein.
- Beginnen Sie mit einer eher einfachen Rechtsform.
- Überprüfen Sie später in regelmäßigen Abständen, ob die gewählte Rechtsform noch Ihrer Geschäftstätigkeit (steuerlich) angemessen erscheint.
- Unterschätzen Sie keineswegs den Aufwand der komplexeren Rechtsformen.

112. Wie läuft eine Gewerbeanmeldung ab?

Wer ein Gewerbe betreiben möchte, mit Ausnahme der freien Berufe, muss ein Gewerbe beim zuständigen **Gewerbeamt** anmelden. Dies kann sowohl online, als auch klassisch über die Abgabe eines Formulars erfolgen, dass auf der jeweiligen Seite des Gewerbeamtes heruntergeladen werden kann.[293] Bei der Gewerbeanmeldung müssen sowohl Angaben zur Person, als auch zum Betrieb gemacht werden:

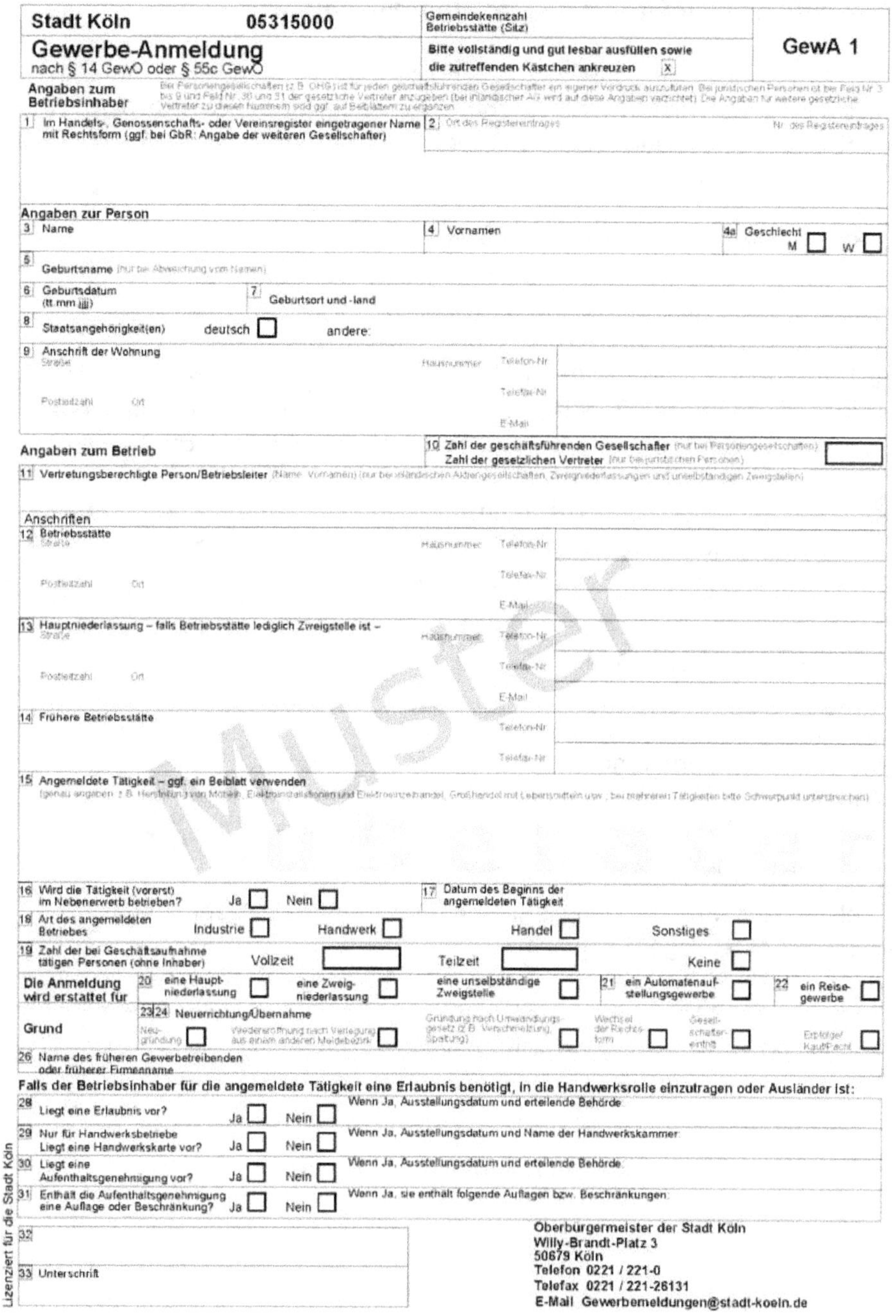
Stadt Köln 05315000

Gemeindekennzahl Betriebsstätte (Sitz)

GewA 1

Gewerbe-Anmeldung
nach § 14 GewO oder § 55c GewO

Bitte vollständig und gut lesbar ausfüllen sowie die zutreffenden Kästchen ankreuzen [X]

Angaben zum Betriebsinhaber

1 Im Handels-, Genossenschafts- oder Vereinsregister eingetragener Name mit Rechtsform (ggf. bei GbR: Angabe der weiteren Gesellschafter)

2 Ort des Registereintrages / Nr. des Registereintrages

Angaben zur Person

3 Name

4 Vornamen

4a Geschlecht M ☐ W ☐

5 Geburtsname (nur bei Abweichung vom Namen)

6 Geburtsdatum (tt.mm.jjjj)

7 Geburtsort und -land

8 Staatsangehörigkeit(en) deutsch ☐ andere:

9 Anschrift der Wohnung: Straße, Hausnummer, Postleitzahl, Ort, Telefon-Nr., Telefax-Nr., E-Mail

Angaben zum Betrieb

10 Zahl der geschäftsführenden Gesellschafter (nur bei Personengesellschaften) / Zahl der gesetzlichen Vertreter (nur bei juristischen Personen)

11 Vertretungsberechtigte Person/Betriebsleiter

Anschriften

12 Betriebsstätte: Straße, Hausnummer, Postleitzahl, Ort, Telefon-Nr., Telefax-Nr., E-Mail

13 Hauptniederlassung – falls Betriebsstätte lediglich Zweigstelle ist –: Straße, Hausnummer, Postleitzahl, Ort, Telefon-Nr., Telefax-Nr., E-Mail

14 Frühere Betriebsstätte: Telefon-Nr., Telefax-Nr.

15 Angemeldete Tätigkeit – ggf. ein Beiblatt verwenden

16 Wird die Tätigkeit (vorerst) im Nebenerwerb betrieben? Ja ☐ Nein ☐

17 Datum des Beginns der angemeldeten Tätigkeit

18 Art des angemeldeten Betriebes: Industrie ☐ Handwerk ☐ Handel ☐ Sonstiges ☐

19 Zahl der bei Geschäftsaufnahme tätigen Personen (ohne Inhaber): Vollzeit / Teilzeit / Keine ☐

Die Anmeldung wird erstattet für: 20 eine Hauptniederlassung ☐ eine Zweigniederlassung ☐ eine unselbständige Zweigstelle ☐ 21 ein Automatenaufstellungsgewerbe ☐ 22 ein Reisegewerbe ☐

Grund: 23 24 Neuerrichtung/Übernahme: Neugründung ☐ Wiedereröffnung nach Verlegung aus einem anderen Meldebezirk ☐ Gründung nach Umwandlungsgesetz ☐ Wechsel der Rechtsform ☐ Gesellschaftereintritt ☐ Erbfolge/Kauf/Pacht ☐

26 Name des früheren Gewerbetreibenden oder früherer Firmenname

Falls der Betriebsinhaber für die angemeldete Tätigkeit eine Erlaubnis benötigt, in die Handwerksrolle einzutragen oder Ausländer ist:

28 Liegt eine Erlaubnis vor? Ja ☐ Nein ☐ Wenn Ja, Ausstellungsdatum und erteilende Behörde

29 Nur für Handwerksbetriebe: Liegt eine Handwerkskarte vor? Ja ☐ Nein ☐ Wenn Ja, Ausstellungsdatum und Name der Handwerkskammer

30 Liegt eine Aufenthaltsgenehmigung vor? Ja ☐ Nein ☐ Wenn Ja, Ausstellungsdatum und erteilende Behörde

31 Enthält die Aufenthaltsgenehmigung eine Auflage oder Beschränkung? Ja ☐ Nein ☐ Wenn Ja, sie enthält folgende Auflagen bzw. Beschränkungen:

32

33 Unterschrift

Oberbürgermeister der Stadt Köln
Willy-Brandt-Platz 3
50679 Köln
Telefon 0221 / 221-0
Telefax 0221 / 221-26131
E-Mail Gewerbemeldungen@stadt-koeln.de

Lizenziert für die Stadt Köln

Muster

Abbildung 13: Formular zur Gewerbeanmeldung[294]

Zur Anmeldung eines Gewerbes ist in jedem Fall die Vorlage eines gültigen Personalausweises erforderlich. In den meisten Fällen wird eine Gebühr im Bereich um 50 Euro fällig. Handelt es sich um eine Unternehmensform, die ins Handelsregister eingetragen ist, so ist zusätzlich die Vorlage eines aktuellen Handelsregisterauszugs erforderlich.

113. Wie erfolgt eine Eintragung ins Handelsregister?

Kaufleute sowie Gewerbe, die nach Ihrer Art oder Ihrem Umfang einen in kaufmännischer Weise geführten Geschäftsbetrieb erforderlich machen, müssen ins **Handelsregister** eingetragen werden, wobei diese Eintragung durch einen Notar durchzuführen ist. Zu den einzutragenden Unternehmen zählen somit:

- die Kapitalgesellschaften (GmbH, AG etc.) sowie
- die Gewerbetreibenden und Personengesellschaften, die einen kaufmännisch eingerichteten Geschäftsbetrieb betreiben.[295]

Freiberufler dürfen sich grundsätzlich nicht ins Handelsregister eintragen lassen, außer sie gründen eine der genannten Gesellschaftsformen. Für Partnerschaftsgesellschaften (Zusammenschluss von Freiberuflern) gibt es ein eigenes Partnerschaftsregister.

Im Handelsregister werden Unternehmen mit den Unternehmensdaten erfasst und der Öffentlichkeit zugänglich gemacht. Dadurch entsteht eine **Rechtsverbindlichkeit** beim Umgang mit Unternehmen. Folgende Informationen werden im Handelsregister dargestellt:

- Firma (Name des Unternehmens)
- Rechtsform
- Unternehmenssitz
- Gegenstand des Unternehmens
- Geschäftsführung
- Prokura
- Stamm- bzw. Grundkapital, Kommanditkapital

Das Handelsregister wird von den Gerichten öffentlich in elektronischer Form geführt. Es gliedert sich in 2 Abteilungen, nämlich:

- **Handelsregister Abteilung A** für Einzelkaufleute und Personengesellschaften und
- **Handelsregister Abteilung B** für Kapitalgesellschaften.[296]

114. Welche öffentlichen Institutionen unterstützen Existenzgründer?

Viele öffentliche Institutionen haben es sich zur Aufgabe gemacht, die berufliche Selbständigkeit zu fördern. Die Angebote für Hilfestellungen, Informationen und Beratungen sind sehr vielfältig und finden sich beispielsweise auf folgenden Seiten:

Bundesministerium für Wirtschaft und Energie (BMWi):
Das Existenzgründungsportal im Internet informiert über viele Themen und Arbeitsbereiche. Diese Seite gibt Hinweise zu Grundschritten der Existenzgründung (Weg in die Selbständigkeit), beinhaltet ein BMWi-Expertenforum, eine Gründerwerkstatt, eine Mediathek und einen Existenzgründungs-Service.[297]

Die detaillierte Betrachtung der ersten Schritte zur erfolgreichen Gründung bietet sehr viele Informationen für Interessierte. Dieser Bereich beschreibt die wichtigsten Etappen und gibt einen roten Faden zur Vorgehensweise. Hier gibt es die wichtigsten Stationen und Informationen für den Start der Existenzgründung. Im nächsten Feld geht es um die Vorbereitung. Für die korrekte Erstellung des Geschäftsplans wird ein Businessplaner zur Verfügung gestellt. Außerdem bietet das BMWi ein Softwarepaket an, um die zahlreichen Anwendungen zur Gründungsvorbereitung zu bearbeiten. Übersichten, Checklisten, Infotexte und ein Online-Tool zur professionellen Beratung werden angeboten. Eine Förderdatenbank des Bundes unterstützt bei Fragen hinsichtlich Förderung und Finanzierung, wobei ein schneller Abruf der gewünschten Daten zu Förderprogrammen in Deutschland, aber auch in anderen Ländern der europäischen Union ermöglicht wird. Darüber hinaus gibt es einen Online-Trainer, welcher die Teilnehmer auf die Planung der Finanzierung vorbereitet. Letztendlich werden Hilfestellungen zum Unternehmensstart und -anmeldung gegeben. Dazu existiert ein Wegweiser zu den verschiedenen Behörden und Formalitäten. Von großer Bedeutung ist ebenfalls das Controlling, denn um ein Unternehmen zu starten ist ein systematisches Controlling zwingend notwendig.[298]

Wissenschaftliche Fördermöglichkeiten:
Unter dem Internetportal „exist.de" bietet das BMWi weitere Förderprogramme im Rahmen wissenschaftlicher Einrichtungen an. Die Programmlinien bauen hier auf drei Säulen auf. Im Bereich Gründungskultur werden bspw. Hochschulen dabei unterstützt Strategien und Formulierungen zur Existenzgründung darzustellen. Der Bereich der Gründerstipendien hilft Studierenden und Wissenschaftlern dabei, technologische und innovative Gründungen zu realisieren. Der Forschungstransfer hat die Aufgabe, die entsprechenden Arbeiten, Gründungsideen und Vorbereitungen zu fördern.[299]

Bundesministerium für Arbeit und Soziales (BMAS):
Auch beim Bundesministerium für Arbeit und Soziales (BMAS) gibt es einige Unterstützungsangebote. Unter anderem werden Informationen und Beratungshinweise zu Förderungsmöglichkeiten und -programmen durch die Arbeitsagenturen und Job Center für Arbeitslose ausgezeigt, die sich selbstständig machen wollen. Auch im Jobcenter gibt es Möglichkeiten zur Förderung, wie z.B. die Zahlung von Einstiegsgeld, die Gewährung von Darlehen oder Zuschüsse zu Sachmitteln. Bei einer Förderung mit Gründungszuschuss ist zudem eine Weiterversicherung in der Arbeitslosenversicherung möglich.[300]

Bundesministerium für Justiz und Verbraucherschutz (BMJV):
Das BMJV stellt zusammen mit der juris GmbH eine kostenlose Sammlung aktueller Gesetzestexte auf einer Homepage ins Internet. Im Aktualitätendienst werden Links zu aktuell geltenden Vorschriften angezeigt und permanent erneuert. Hier können auch Texte zu den benötigten Gesetzen und Verordnungen abgerufen und studiert werden.[301]

Kreditanstalt für Wiederaufbau (KfW):
Die KfW ist die größte Förderbank in Deutschland. Vorstandsvorsitzender ist Dr. Ulrich Schröder und die Rechtsaufsicht hat das Bundesministerium für Finanzen. Die Förderbank hat viele Aufgaben. Unter anderem ist sie bei der Export- und Importfinanzierung tätig, indem sie Unternehmen finanziell unterstützt, sie ist aber auch im Bereich Inlandsförderung tätig. Ergänzend bietet die KfW ein breites Spektrum an Beratungsleistungen an. Kunden sind Existenzgründer, Freiberufler oder Unternehmen. Die KfW unterstützt mit Krediten, Darlehen sowie Beratungen zum besseren Einsatz des Eigenkapitals und sämtlichen Investitionsvorhaben.[302]

Allgemein existieren in den **Ministerien der Länder** viele Möglichkeiten und Hilfestellungen für Existenzgründer. Das Ministerium des Saarlandes für Wirtschaft, Arbeit, Energie und Verkehr bietet einen Berater-Shop im Wirtschaftsministerium an. So sollen die Kunden gezielt auf die ersten Schritte innerhalb der beruflichen Neufindung vorbereitet werden.[303] Die Anmeldung zum Berater-Shop erfolgt online auf der Internetseite des Ministeriums.[304]

Bundesagentur für Arbeit:
Unterstützungsangebote der Bundesagentur für Arbeit drücken sich beispielsweise in beratenden Gesprächen und Informationen zur Existenzgründung aus.[305]

115. Welche Rolle spielen die Berufsgenossenschaften?

Die Berufsgenossenschaften (BG) sind die Träger der gesetzlichen Unfallversicherungen. Sie sind für die Versicherung von Unternehmen (Unternehmer sowie Mitarbeiter) sowie für Arbeitssicherheit und Gesundheitsschutz zuständig. Jedes Unternehmen ist verpflichtet, sich bei einer Berufsgenossenschaft anzumelden. Eine Anmeldung muss innerhalb einer Woche nach der Gewerbeanmeldung erfolgen, auch wenn üblicherweise das Gewerbeamt die notwendigen Informationen weiterleitet. In Deutschland gibt es aktuell neun gewerbliche Berufsgenossenschaften, die nach Branchen gegliedert sind:[306]

- Berufsgenossenschaft Rohstoffe und chemische Industrie (BG RCI)
- Berufsgenossenschaft Holz und Metall
- Berufsgenossenschaft Energie Textil Elektro Medienerzeugnisse (BG ETEM)
- Berufsgenossenschaft Nahrungsmittel und Gastgewerbe
- Berufsgenossenschaft der Bauwirtschaft - BG BAU
- Berufsgenossenschaft Handel und Warendistribution
- Verwaltungs-Berufsgenossenschaft
- Berufsgenossenschaft für Transport und Verkehrswirtschaft
- Berufsgenossenschaft für Gesundheitsdienst und Wohlfahrtspflege (BGW)[307]

Bei der Anmeldung in einer BG wird das Unternehmen in einen Gefahrenbereich eingeordnet. Diese fließt auch in die Beitragsberechnung mit ein.

116. Welche Rolle spielen die Kammern?

Industrie und Handelskammer (IHK)
Die Mitgliedschaft in der Industrie und Handelskammer ist für Gewerbebetriebe (ausgenommen Handwerksbetriebe) Pflicht. Die Anmeldung erfolgt automatisch durch das Gewerbeamt. Die IHK vertritt die Interessen ihrer Mitglieder und kümmert sich um die wirtschaftliche Förderung ihrer Bereiche. Des Weiteren nimmt die IHK die Prüfungen der Auszubildenden ab. Der zu entrichtende Mitgliedsbeitrag richtet sich nach dem jährlichen Gewinn eines Unternehmers. Sind für ein Unternehmen weitere Genehmigungen erforderlich, so können diese bei der IHK oder Handwerkskammer im speziellen angefragt werden.[308]

Die Interessen der gewerblichen Wirtschaft in Deutschland werden von der **Industrie- und Handelskammer (IHK)** vertreten. Ihre Aufgabe ist die Beratung ihrer Mitglieder und Entscheidungsträger. Für gewerbliche Unternehmen besteht eine Zwangsmitgliedschaft.[309] Diese Mitgliedschaft ist zudem mit Kosten verbunden. Je nach Größe Ihres Unternehmens zahlen Sie zwischen 25 und 500 Euro pro Jahr. Allerdings sind Kleinunternehmer, deren Gewerbeertrag 5.200 Euro pro Jahr nicht überschreitet, beitragsfrei gestellt, und Existenzgründer haben in den ersten Jahren einen noch höheren Freibetrag. Die aktuellen Werte erfahren Sie bei der für Ihren Betrieb zuständigen Industrie- und Handelskammer.[310]

Auch ohne Mitgliedschaft bestehen viele Informationsmöglichkeiten wie bspw.:

- **Außenwirtschaft:** Die IHK erläutert die Besonderheiten der ausländischen Länder. Kenntnisse über Märkte, Zölle sowie Import-Export-Quoten können dort erworben werden. Es existieren Verzeichnisse und Sammlungen über Importeure und Exporteure sowie deren Absätze in ausländischen Ländern. Auch besteht die Möglichkeit, Informationen über Fördermittel im Ausland zu bekommen.[311]
- **Berufliche Aus- und Weiterbildung:** Ziel ist es, den gewerblichen Nachwuchs innerhalb der beruflichen Ausbildung zu unterstützen. Es werden Ausbildungsgänge und Inhalte überwacht und kontrolliert und auch Abschlussprüfungen abgenommen. Für Interessierte von Weiterbildungen werden Rahmenbedingungen und Organisationen vorgestellt und Beratungen zu individuellen Bildungsmöglichkeiten angeboten.[312]
- **Wirtschafts- und Konjunkturbeobachtungen:** Auch bietet die IHK Berichte und Dokumentationen für Existenzgründer zur wirtschaftlichen Entwicklung in verschiedenen Wirtschaftszweigen an.[313]

Die **IHK des Saarlandes** organisiert in regelmäßigen Abständen einen Infotag für Existenzgründer.[314] Außerdem können weitere Angebote und Seminare[315] für Gründer in Anspruch genommen werden wie z.B. ein Starterpaket für Existenzgründer, individuelle

Beratungen über rechtliche und betriebswirtschaftliche Aspekte, Unterstützung bei Marktanalysen oder Beratungen über Fördermittel und –anträge.[316] Weiterhin empfiehlt sich ein Besuch auf der Gründermesse im Saarland.[317] Die Gründermesse findet einmal jährlich statt und hat rund 30 Austeller. Ganztätig werden verschiedene Vorträge u.a. vom saarländischen Wirtschaftsminister gehalten. Die Austeller untergliedern sich nach den Bereichen Information, Qualifikation, Förderung, Finanzierung und Realisierung. Alle Bereiche bieten fachliche Unterstützungen zu technischen und betriebswirtschaftlichen Themen. Der Stand Marktplatz veranschaulicht beispielhaft erfolgreiche Selbstständige, die ihre Erfahrungen öffentlich darlegen.[318]

Handwerkskammer
Handelt es sich bei einem Unternehmen um einen Handwerksbetrieb, so ist das Unternehmen verpflichtet, der **Handwerkskammer** beizutreten. Die Handwerkskammer vertritt die Interessen der Handwerksbetriebe und fördert in Zusammenarbeit mit Innungen die Fortbildung von Meistern und Gesellen. Auch hier müssen Mitglieder gestaffelte Beiträge nach dem Gewinn bezahlt werden.[319] Nach der Handwerksordnung gibt es zulassungspflichtige, zulassungsfreie und handwerksähnliche Betriebe.

Ein **zulassungsfreies Handwerksunternehmen** dürfen Sie auch dann ausüben, wenn Sie kein Handwerksmeister sind. Als Inhaber einer zulassungsfreien Handwerksbetriebes (auch als Inhaber eines handwerksähnlichen Unternehmens) sind Sie derzeit nicht rentenversicherungspflichtig, sondern Sie können privat vorsorgen.[320] Beispiele für zulassungsfreie Handwerksbetriebe sind:

- Fliesenleger,
- Uhrmacher,
- Damen- und Herrenschneider,
- Schuhmacher,
- Brauer,
- Gebäudereiniger,
- Raumausstatter,
- Buchdrucker und Buchbinder usw.[321]

Eine vollständige Auflistung finden Sie in Anlage B, Abschnitt 1 der Handwerksordnung.

Zu den **handwerksähnlichen Gewerben** zählen nach Anlage B, Abschnitt 2 der Handwerksordnung bspw.:

- Bodenleger,
- Theater- und Ausstattungsmaler,
- Fahrzeugverwerter,
- Stoffmaler und Stricker,
- Speiseeishersteller,
- Kosmetiker,
- Maskenbildner,
- Bestatter oder
- Änderungsschneider.[322]

Wer einen **zulassungspflichtigen Handwerksbetrieb** eröffnen möchte, muss entweder die Meisterprüfung nachweisen oder nach der Gesellenprüfung mindestens 6 Jahre Berufserfahrung nachweisen, wovon mindestens vier Jahre in leitender Stellung gewesen sein müssen. Zu den zulassungspflichtigen Handwerksbetrieben zählen nach Anlage A der Handwerksordnung bspw.:

- Maurer,
- Dachdecker,
- Maler und Lackierer,
- Schornsteinfeger,
- Fahrzeugbauer,
- Klempner,
- Installateure und Heizungsbauer,
- Bäcker und Konditoren,
- Augenoptiker,
- Friseure,
- Zahntechniker und
- Elektrotechniker
- sowie zahlreiche weitere Handwerksberufe, die in der Handwerksordnung genannt sind.[323]

Die **Handwerkskammern (HWK)** vertreten nach § 90 Abs.1 HwO die Interessen von Handwerken und ähnlichen Gewerben in Deutschland. HWKs sind Körperschaften des öffentlichen Rechts, und dazu gehören die Inhaber eines Betriebes sowie alle Arbeitnehmer und Auszubildende.[324] Aufgaben der HWKs sind

- die Förderung der Interessen des Handwerks,
- die Behörden durch Anregungen zu unterstützen,
- die Berufsausbildungen zu regeln,
- Vorschriften zu erlassen und durchzusetzen,
- die technische Fortbildung der Meister und Gesellen leistungsfähiger zu machen und
- Sachverständige zur Erstattung von Gutachten, Leistungen sowie Produkten zu bestellen und zu prüfen.[325]

Auch die saarländische Handwerkskammer bietet einige Hilfestellungen für Existenzgründer an. Dazu gehören u.a. Beratungsangebote zu rechtlichen Aspekten und auch zu Fördermitteln. Aber auch Kurse zur Selbstständigkeit werden in regelmäßigen Abständen angeboten. Darin werden Themen wie die Buchführung, das Kostenrechnen, die Finanzierung, das Marketing usw. behandelt[326]

Ein Unternehmen muss immer entweder der IHK oder der Handwerkskammer angehören.

117. Welche Aufgaben übernimmt die Agentur für Arbeit?

Die Agentur für Arbeit übernimmt unterschiedliche Aufgaben hinsichtlich des Prozesses einer Unternehmensgründung. Zum einen ist sie für die Auszahlung eines Gründungszuschusses zuständig, zum anderen für die Belange der Sozialversicherungen. Selbstständige können sich freiwillig zur Arbeitslosenversicherung anmelden. Dies muss innerhalb der ersten drei Monate der Selbstständigkeit erfolgen. Um Mitarbeiter zur Sozialversicherung zu melden, muss bei der Agentur für Arbeit eine Betriebsnummer erfragt werden. Diese Beantragung kann schriftlich, telefonisch, per E-Mail oder auch per Fax erfolgen.[327]

Gründungszuschuss

Personen, die ein Unternehmen aus der Arbeitslosigkeit heraus gründen, können für sechs Monate einen Zuschuss in Höhe des zuletzt bezogenen Arbeitslosengeldes plus 300 Euro pro Monat zur sozialen Absicherung erhalten. Der Gründer kann im Anschluss daran weitere neun Monate einen Zuschuss in Höhe von 300 Euro pro Monat erhalten, wenn er seine Geschäftstätigkeit glaubhaft darlegen kann. Diesen Zuschuss kann nur erhalten, wer Entgeltersatzleistung nach SGB III bezieht (ALG I). Der Gründer muss somit arbeitslos sein und seine Arbeitslosigkeit durch die Selbstständigkeit beenden. Der Zuschuss kann nur gewährt werden, wenn eine „Fachkundige Stelle" über dies entschieden hat. Dies hat zur Folge, dass der Gründer entsprechende Fachkenntnisse und Fähigkeiten nachweisen muss.[328]

Einstiegsgeld

Einstiegsgeld erhalten Arbeitslose, die ALG II im Sinne des SGB II beziehen. Die Arbeitslosigkeit muss durch die Unternehmensgründung beendet, und die neue Existenz muss hauptberuflich ausgeführt werden. Der Zuschuss wird für eine Dauer von höchstens 24 Monaten gezahlt und richtet sich nach der Dauer der vorangegangen Arbeitslosigkeit und der Größe der Bedarfsgemeinschaft des Gründers. Neben dem Einstiegsgeld können auch Darlehen und weitere Zuschüsse auf Antrag genehmigt werden (maximal 5000 Euro).[329]

weitere Unterstützungen

Existenzgründer, die weitere Mitarbeiter einstellen möchten, können Zuschüsse erhalten, wenn sie Mitarbeiter einstellen, die als Langzeitarbeitslose gelten oder die schwerbehindert sind. Die Besonderheiten dieser Zuschüsse können bei der Agentur für Arbeit angefragt werden.

118. Welche Unterstützung bietet die Kreditanstalt für Wiederaufbau?

Die Kreditanstalt für Wiederaufbau (KFW) wurde 1948 gegründet mit dem Ziel, den Wiederaufbau der deutschen Wirtschaft zu finanzieren. Es handelt sich um eine Gesellschaft öffentlichen Rechts mit Sitz in Frankfurt am Main. Sie hat heute unter anderem die Aufgabe, „im staatlichen Auftrag Fördermaßnahmen, insbesondere Finanzierungen, im Bereich der Existenzgründung" durchzuführen.[330]

Gründercoaching
Neben den Förderungen zu Beratungen durch die Bundesländer gibt es deutschlandweit ein Projekt, das Existenzgründer durch Zuschüsse zu Beratungskosten unterstützt. Dabei wird ein Zuschuss zum Beitrag einer Beratung bei einem KfW-Berater aus der sog. „KFW-Beraterbörse" gewährt. Die Mittel stammen aus dem Europäischen Sozialfond (ESF) und können bis zu 5 Jahre nach der Gründung in Anspruch genommen werden. Der Zuschussanteil liegt zwischen bei 50% in den neuen bzw. 75% in den alten Bundesländern der Beraterkosten und ist auf 3000 Euro bzw. 4500 Euro begrenzt. Zunächst muss ein Coach aus der Beraterbörse ausgewählt und ein Antrag über den Zuschuss bei der KFW gestellt werden. Dieser wird dann bei einem Regionalpartner der KfW vorgestellt und geprüft. Nach der Zustimmung kann die Beratung durchgeführt und im Anschluss der Betrag bei der KfW abgerechnet werden.[331]

ERP-Kapital für Gründer
Existenzgründer und Unternehmensnachfolger, die die Selbstständigkeit als Haupterwerb angehen möchten, können mit dem ERP-Kapital für Gründer einen Kredit bis zu einer Höhe von 500.000 Euro erhalten. Zielsetzung ist die Einrichtung und der Betrieb eines Unternehmens, also unter anderem die Anschaffung von Anlagen und Maschinen, Grundstücken und Gebäuden, aber auch die Ersteinrichtung eines Warenlagers. Abhängig von dem Sitz des Unternehmens kann ein Gründer einen zinsgünstigen Kredit für 0,5% in den neuen Bundesländer und 0,75% in den alten Bundesländern für die ersten drei Jahre der Kreditlaufzeit und 2,5% bzw. 2,75% ab dem vierten Jahr der Kreditlaufzeit erhalten. Mit dem Kredit werden eine Laufzeit von 15 Jahren, eine tilgungsfreie Startphase von 7 Jahren und eine Zinsfestschreibung von 10 Jahren vereinbart. Der Kreditantrag muss über die Hausbank des Unternehmers bei der KfW gestellt werden. Nach der Prüfung und Freigabe durch die KfW wird der Betrag durch die Hausbank ausgezahlt. Auch alle Fragen bezüglich des Kredites können ebenfalls mit der Hausbank geklärt werden.[332]

ERP-Gründerkredit Startgeld
Auch der ERP-Gründerkredit Startgeld ist für Gründer gedacht, die die Selbstständigkeit als Haupterwerb angehen wollen. Er kann aber auch in einer vorübergehenden Phase des Nebenerwerbs genehmigt werden. Im Gegensatz zum ERP-Kapital für Gründer können mit diesem Kredit neben den Investitionen auch Betriebsmittel gefördert werden.[333] Über diesen Kredit können bis zu 100.000 Euro gewährt werden, davon 30.000 Euro für Betriebsmittel. Die Laufzeit des Kredits kann 5 oder 10 Jahre mit jeweils 1 bzw. 2 tilgungsfreien Jahren betragen. Die Zinsen liegen bei der 5jährigen Variante bei 2,65%, bei der 10jährigen bei 3,45%. Die Antragsstellung verläuft wie beim ERP-Kapital für Gründer auch über die Hausbank.

ERP-Gründungskredit universell
Der ERP-Gründungskredit universell ist für die gleiche Zielgruppe gedacht wie der ERP-Gründungskredit Startgeld. Es können Kredite bis zu 10 Mio. Euro pro Vorhaben gewährt werden. Dabei können Laufzeiten von 5, 10 oder 20 Jahren gewählt werden. Die Zinskonditionen richten sich individuell nach den wirtschaftlichen Verhältnissen und den Sicherheiten des Unternehmens.[334] Auch die Antragsstellung erfolgt wie beim bereits erwähnten ERP-Gründungskredit Startgeld.

ERP-Regionalförderprogramm

Durch das ERP-Regionalförderprogramm sollen kleine und mittlere Unternehmen in strukturschwächeren Regionen unterstützt werden. Ob ein Unternehmen in einem Fördergebiet liegt, kann über die Fördergebietssuche der KfW herausgefunden werden. Es wird dabei unterschieden zwischen Fördergebieten A bis D. Pro Vorhaben können 3 Mio. Euro gefördert werden, allerdings nur 50% bzw. 85% (alte bzw. neue Bundesländer) der anfallenden Investitionskosten. Der restliche Betrag muss über eine andere Quelle (Eigenmittel, zweite Finanzierung) bereitgestellt werden. Die Zinssätze liegen je nach Fördergebiet, Finanzierungszeitraum und Zinsbindung zwischen 1% und 6,7%.[335]

119. Welche Unterstützungen für Existenzgründer bieten Kreditinstitute?

Einen guten Beratungsservice für Existenzgründer bieten auch **Kreditinstitute**. Beispielsweise empfiehlt sich ein Gespräch mit dem Kundenbetreuer der entsprechenden Bank. Die Institute sind meist auf mittelständische Klienten eingestellt und stehen ihnen beratend zur Seite.[336]

Viele Kundenbetreuer der Bank kennen sich in Förderprogramm aus und stellen kostenlos Fachbroschüren zur Verfügung. Auch Informationen zu unterschiedlichen Branchen werden bereitgestellt. Die **Volksbanken** bieten den kostengünstigen Erwerb von Branchenbriefen an. Die ständig aktualisierten Daten der gewünschten Branche werden per Post an den Kunden verschickt. Auch bieten verschiedene Institute einen entsprechenden Download auf ihren Interseiten an.[337]

Die **Bank 1 Saar** hält regionale Hilfestellungen für Existenzgründer vor. An sechs Standorten im Saarland existieren Beratungszentren für Existenzgründer. Nach dem Einstieg auf dem Markt empfiehlt die Bank 1 Saar weiter, die Beratungsangebote und Servicestellen in Anspruch zu nehmen. Dieses Kreditinstitut bietet die Möglichkeit, vor Beginn der anstehenden Existenzgründung an einem **Gründerplanspiel** teilzunehmen. So sollen die Teilnehmer realistische Erfahrungen bekommen. Das Planspiel vermittelt ein erstes Gefühl für den Umgang mit den bevorstehenden Aufgaben und unterstützt die Teilnehmer bei Entscheidungen in der Vorbereitungsphase. Durch das Feedback nach Ablauf der Seminartage können viele Fehler ausgemerzt werden.[338]

Auch die **Sparkasse Saarbrücken** bietet vielfältige Unterstützungsprogramme hinsichtlich der Themen Versicherungen und Kredite an.[339]

Weitere Angebote finden Sie bei der **Saarländischen Investitionskreditbank (SIKB)**. Existenzgründer erhalten hier Hilfestellungen zu Finanzierungsfragen und Krediten.[340]

120. Wie können Existenzgründer die richtige Hausbank finden?

Als geeignete **Hausbank** für das Unternehmen empfiehlt sich natürlich als erste Adresse die der bisherigen Bank, denn dort sind die Gründer bereits bekannt, und dort kennt man sich mit den örtlichen Verhältnissen in der Regel am besten aus. Man sollte aber auch die Leistungen und Konditionen anderer Institute prüfen, denn es geht um das Geld des Gründers. Das Kreditinstitut sollte zum Vorhaben passen: Es kann durchaus von Vorteil sein, die in der Branche und bei den zukünftigen Geschäftspartnern üblichen Bankverbindungen zu nutzen. Das sorgt für mehr Vertrauen bei den Partnern.

Wer sich bei einer Bank neu vorstellt, sollte eine Mappe zusammenstellen, die möglichst folgende Schriftstücke enthält:

- Lebenslauf nebst Unterlagen zur fachlichen und beruflichen Qualifikation (Arbeits- und Prüfungszeugnisse),
- Angaben über die privaten Vermögens- und Schuldverhältnisse (Selbstauskunft) mit entsprechenden Nachweisen,
- Unternehmenskonzept (Beschreibung des Gründungsvorhabens/ der Produkt- oder Dienstleistungsidee, Rechtsform/Gesellschafterstruktur, Personalplanung, Branchen- und Marktanalyse, Standortanalyse, Marketing/Vertrieb, Konkurrenzanalyse),
- Investitionsplan (Kapitalbedarf), wenn möglich mit Kostenvoranschlägen,
- Detaillierte Umsatz- und Ertragsvorschau für mindestens 2 Jahre,
- Liquiditätsplan,
- Wirtschaftlich bedeutsame Verträge (Miet-, Pacht-, Leasing- und Franchiseverträge),
- Gesellschaftsvertrag (ggf. im Entwurf), aktueller Handelsregisterauszug,
- Aufstellung über Besicherungsmöglichkeiten (Angaben zu Haus- und Grundbesitz inkl. Verkehrswert und bestehenden Belastungen, Lebensversicherungen mit Angaben zu eventuellen Rückkaufswerten, Bürgschaften Dritter),
- ggf. Bericht über eine durchgeführte Existenzgründungsberatung bzw. Stellungnahme einer unabhängigen fachlich kompetenten Stelle,
- Übernahmevertrag/Vorvertrag oder entsprechende Vertragsentwürfe bei Betriebsübernahmen, Praxiserwerb oder Erwerb einer tätigen Beteiligung,
- Jahresabschlüsse der beiden letzten Jahre oder vergleichbare Unterlagen bei Betriebsübernahmen, Praxiserwerb oder Erwerb einer tätigen Beteiligung.

Bedenken Sie außerdem:

- Verhandeln Sie nie mit nur einer Bank.
- Vereinbaren Sie rechtzeitig Termine für die Finanzierungsgespräche. Das wirkt professionell.
- Verhandeln Sie frühzeitig mit den Banken, um gute Konditionen aushandeln zu können.
- Es ist vorteilhaft, wenn Sie bereits erste Kunden aufweisen können.
- Überlegen Sie, welche Förderprogramme Sie in Anspruch nehmen wollen. Die meisten Banken klären Sie diesbezüglich nur völlig unzureichend auf.
- Nehmen Sie zu den Gesprächen durchaus einen Berater (Sachkundigen) mit. Das stärkt Ihre Position.
- Unterschreiben Sie nie sofort.

- In jedem Angebot steckt ein Verhandlungsspielraum. Nutzen Sie diesen.
- Schaffen Sie Vertrauen, indem Sie alle notwendigen Informationen geben.
- Betrachten Sie sich nicht als Bittsteller, sondern sehen Sie das Kreditgespräch als Verhandlungsgespräch an.

121. Was ist beim Abschluss von Mietverträgen zu beachten?

Eine ebenso wichtige Aufgabe für Unternehmensgründer ist das Auffinden geeigneter **Räumlichkeiten** für den Firmensitz.

- **Technologie- und Innovationszentren** bieten häufig preiswerte Gewerbeflächen an.
- **Technologietransferstellen** sind dabei häufig den Hochschulen angegliedert,
- **Technologieagenturen** dagegen sind oftmals private oder öffentliche hochschulunabhängige Einrichtungen.

In vielen Landkreisen gibt es entsprechende Zentren. Alternativ dazu entstehen immer mehr **Gründerzentren**, die sich durch subventionierte Mieten für neue oder renovierte Gebäude auszeichnen. Die einzelnen Jungunternehmen teilen sich dabei meist einige Gemeinschaftsräume wie Besprechungszimmer, Telefonzentrale oder Empfang.

So bietet das **Starterzentrum** an der Universität des Saarlandes und an der Hochschule für Technik und Wirtschaft den Studierenden oder Hochschulmitarbeitern die Gelegenheit, sich nahe der Universität selbstständig zu machen.

Zu bedenken ist, dass im Gegensatz zu Verträgen für Wohnungen der Vermieter dem Mieter zusätzliche Pflichten in Form von kompletten Renovierungen oder Schönheitsreparaturen vertragsrechtlich auferlegen darf. Wer Reklameschilder anbringen will oder technische Anlagen einbauen muss, sollte die Erlaubnis dazu im Mietvertrag explizit festhalten.

122. Welche behördlichen Anmeldungen muss ein Existenzgründer vornehmen?

In Deutschland bestehen grundsätzlich bei Gründung eines Unternehmens die Pflicht zur Gewerbeanmeldung sowie die **Pflicht zum Erwerb eines Gewerbescheins**. Bei der Gründung eines Unternehmens und zu Beginn der Selbstständigkeit müssen einige Ämter, Behörden und Institutionen besucht werden. Wenn das Unternehmen angemeldet werden soll, zählen das Gewerbeamt, das Finanzamt, die IHK, das Handelsregister oder die Berufsgenossenschaft zu den wichtigsten Stellen, die zur Anmeldung eines Gewerbes zu kontaktieren sind. Sollte das Unternehmen auch Mitarbeiter haben und nicht allein geführt sein, steht auch die Bundesagentur für Arbeit auf dem Laufzettel bei der Anmeldung eines Gewerbes.[341] Für Freiberufler ist hingegen nicht das Gewerbeamt, sondern das Finanzamt erster Anlaufpunkt. Das Finanzamt schickt Ihnen einen

Fragebogen zur steuerlichen Erfassung zu. Einen Blick in den Fragebogen können Sie im Internet unter https://www.formulare-bfinv.de/ffw/content.do werfen. Wo das Unternehmen anzumelden ist, hängt von der Art der Tätigkeit und der gewählten Rechtsform ab.

Einzelunternehmen, GbR (Kleinunternehmen):
- Gewerbeanmeldung beim Gewerbeamt
- Das Finanzamt sendet in der Regel nach Anmeldung die Unterlagen.
- Sollten Angestellte beschäftigt werden, muss beim Arbeitsamt eine Betriebsnummer nach der Gewerbeanmeldung beantragt werden.
- Nach Anmeldung ist die Mitgliedschaft der Industrie- und Handelskammer nötig.
- Nach Anmeldung muss die Meldung bei der Berufsgenossenschaft erfolgen.
- Angestellte sind der entsprechenden Krankenkasse zu melden.

Kaufmann, OHG, GmbH, UG, AG, eG (Handelsunternehmen)
- Gewerbeanmeldung beim Gewerbeamt
- Finanzamt sendet in der Regel nach Anmeldung die Unterlagen zu.
- Sollten Angestellte beschäftigt werden, muss beim Arbeitsamt eine Betriebsnummer nach der Gewerbeanmeldung beantragt werden.
- Eintragung in Handelsregister ist zusätzlich Pflicht.
- Nach Anmeldung ist die Mitgliedschaft der Industrie- und Handelskammer Pflicht.
- Nach Anmeldung ist die Meldung bei der Berufsgenossenschaft Pflicht.
- Angestellte sind der entsprechenden Krankenkasse zu melden.
- Sofern es sich um eine Genossenschaft handelt, wird eine Anmeldung im Genossenschaftsregister benötigt.

Als Handwerker das Unternehmen anmelden
- Gewerbeanmeldung beim Gewerbeamt
- Finanzamt sendet in der Regel nach Anmeldung die Unterlagen zu.
- Sollten Angestellte beschäftigt werden, muss beim Arbeitsamt eine Betriebsnummer nach der Gewerbeanmeldung beantragt werden.
- Nach Anmeldung ist die Mitgliedschaft in der Handwerkskammer Pflicht.
- Nach Anmeldung ist die Meldung bei der Berufsgenossenschaft nötig.
- Angestellte sind der entsprechenden Krankenkasse zu melden.
- Sofern eine Kapitalgesellschaft gegründet wird, ist auch eine Anmeldung im Handelsregister erforderlich.

Als Freiberufler das Unternehmen anmelden
- Anmeldung beim Finanzamt
- Sollten Angestellte beschäftigt werden, muss beim Arbeitsamt eine beantragt werden.
- Nach Anmeldung ist die Meldung bei der Berufsgenossenschaft nötig.
- Angestellte sind der entsprechenden Krankenkasse zu melden.[342]

Anmeldung beim Gewerbeamt
Aufgrund der Gewerbefreiheit in Deutschland kann jeder ein Gewerbe gründen, sofern nicht Ausnahmen aufgrund von gesetzlichen Regelungen greifen. Eine behördliche Genehmigung ist in den meisten Fällen nicht erforderlich. Ein Gewerbeschein kann bei genehmigungsfreien Gewerben bereits mit Vorlage des Personalausweises oder

Reisepasses und der Mitteilung einiger Eckdaten (Adresse, Telefon, Rechtsform, evtl. Arbeitserlaubnis) ausgestellt werden.[343]

Anmeldung beim Finanzamt
Neben der Anmeldung beim Gewerbeamt ist auch die Anmeldung beim Finanzamt zwingend erforderlich. Das Finanzamt unterscheidet hier aber nicht nach Status des Unternehmens, und somit muss jeder Existenzgründer dem Amt mitteilen, ab wann es welche Tätigkeit mit welchem Umfang ausgeübt. Das Finanzamt sendet automatisch alle erforderlichen Dokumente zur Anmeldung. Hierzu erhält der Unternehmensgründer einen Fragebogen zur steuerlichen Erfassung. Die Antworten des Fragebogens sind für das Finanzamt vor allem interessant, da entschieden wird, ob das Unternehmen von der Umsatzsteuer nach §19UStG (Kleinunternehmer-Regelung) befreit werden kann. Mit Eintragung des Unternehmens beim Finanzamt erhält jedes Unternehmen eine Umsatzsteuernummer zugeteilt (Ausnahme Kleinunternehmer-Regelung). Mit Zuteilung der Umsatzsteuernummer muss diese auf allen Dokumenten und Webseiten sichtbar dargestellt werden. Sollte ein Unternehmen keine Umsatzsteuernummer erhalten, so erhält es eine normale Steuernummer, die aber nur zur Identifikation des Unternehmens beim Finanzamt anzugeben ist, nicht aber auf Dokumenten und Webseiten.[344]

Anmeldung bei Sozialversicherungsträgern
Wie auch bei Angestellten besteht für Selbstständige eine Pflicht zur Anmeldung einer Krankenversicherung. Jedoch ist die Anmeldung sehr einfach. Nach Anmeldung bei der Krankenkasse wird von dieser geprüft, ob es sich um eine haupt- oder nebenberufliche Tätigkeit handelt. Daraufhin wird die Beitragshöhe festlegt. Hierbei spielen unter anderem der zeitliche Rahmen und auch die voraussichtliche Höhe der Einnahmen eine Rolle.[345] Neben der Krankenversicherung besteht keine weitere Versicherungspflicht für Existenzgründer.[346]

123. Welche steuerlichen Pflichten bestehen gegenüber dem Finanzamt?

Der Unternehmensgründer hat eine Vielzahl von **Steuerarten** zu berücksichtigen, die an das Finanzamt abgeführt werden müssen. Nachstehend erhalten Sie einen ersten kurzen Einblick und einige Tipps. Auf jeden Fall sollten sich Unternehmensgründer aber mit einem Steuerberater in Verbindung setzen, der dabei behilflich sein wird, der Steuerpflicht ordnungsgemäß nachzukommen.

Die Umsatzsteuer

Die Umsatzsteuer müssen (fast) alle Unternehmer ihren Kunden in Rechnung stellen. Sie beträgt in Abhängigkeit des verkauften Produktes derzeit 7 Prozent oder 19 Prozent, wobei es auch einige wenige umsatzsteuerfreie Leistungen gibt. Die Umsatzsteuer, die ein Unternehmen an seine Lieferanten zahlt, kann als Vorsteuer gegengerechnet werden.

Wer ein Gewerbe bei der Kommune anmeldet, erhält vom Finanzamt einen Betriebserfassungsbogen, auf dem u.a. die Frage nach dem erwarteten Gewinn beantwortet werden muss. Dabei gilt es, eher zurückhaltend zu sein, da gerade in der Anfangszeit Gründer häufig Verluste machen.

Als *Kleingewerbetreibende* gelten Unternehmen, die nicht mehr als 50.000 Euro Gewinn erwirtschaften und einen Umsatz von 500.000 Euro nicht übertreffen; sie brauchen keine Bilanz zu erstellen, es genügt eine *Einnahmen-Überschussrechnung.* Selbstverständlich besteht die Möglichkeit, freiwillig Bücher zu führen.

Sobald die jährliche Umsatzsteuerschuld mehr als 1.000 Euro beträgt, muss man alle drei Monate eine **Umsatzsteuervoranmeldung** beim Finanzamt abgeben. Beträgt die jährliche Umsatzsteuerschuld mehr als 7.500 Euro, ist eine monatliche Umsatzsteuervoranmeldung notwendig. Diese gilt im Übrigen ganz von alleine als Rückerstattungsantrag, falls mehr Umsatzsteuer gezahlt wurde, als man hätte zahlen müssen. Grundsätzlich verlangt das Finanzamt in den ersten zwei Unternehmensjahren immer die monatliche Anmeldung.

Wer davon ausgehen kann, im ersten Jahr nicht mehr als 17.500 Euro Umsatz zu erzielen, muss keine Umsatzsteuererklärung abgeben. Man darf dann natürlich auch keine in Rechnung stellen. Ansonsten muss auf jeder Rechnung, die 150 Euro übersteigt, die Umsatzsteuer getrennt ausgewiesen werden. Bei Rechnungen bis 150 Euro genügt die Angabe des Umsatzsteuersatzes.

Die Gewerbesteuer

Alle Unternehmen, die mehr als 24.500 Euro Gewerbeertrag erzielen und nicht zu den Freiberuflern zählen (diese brauchen keine Gewerbesteuer zu zahlen, da Sie nicht zu den Gewerbetreibenden gehören), müssen **Gewerbesteuer** zahlen, Kapitalgesellschaften sogar ab dem ersten Euro.

Die Gewerbesteuer ist eine Steuer der Gemeinden und wird von diesen auch erhoben. Das Finanzamt ermittelt anhand des Gewerbeertrags den *Gewerbesteuermessbetrag*. Auf Basis dieser Größe und des von der Gemeinde festgelegten prozentualen Aufschlags (Hebesatz) wird dann die Höhe der Gewerbesteuer errechnet.

Die Körperschaftsteuer

Körperschaftsteuer ist nur von den Kapitalgesellschaften (GmbH, AG etc.) zu zahlen. Dabei werden die Unternehmensgewinne versteuert, von denen ein Freibetrag zu subtrahieren ist. Der Steuersatz beträgt derzeit 15% von der Gewinnhöhe. Auf die Körperschaftsteuer wird ebenso wie auf die Einkommensteuer ein Solidaritätszuschlag erhoben.[347]

124. Wann müssen Sie die Steuern an das Finanzamt zahlen?

Um die Frage beantworten zu können, wann Sie die Steuern an das Finanzamt zahlen müssen, sollten Sie die einzelnen Steuerarten getrennt voneinander betrachten:[348]

Umsatzsteuer (zahlbar von jedem Unternehmer mit entsprechenden Ausnahmen: z. B. Ärzte, Physiotherapeuten):
Der allgemeine Satz beträgt 19 %, der ermäßigte Satz 7 % (z.B. für Kunst- und Medienberufe). Prüfen Sie eine mögliche Befreiung von der Umsatzsteuer durch die Anwendung der Kleinunternehmerregelung nach § 19 Umsatzsteuergesetz. Die Umsatzsteuer ist in der Regel zum 10. des Folgemonats nach einem Vorauszahlungszeitraum (Monat oder Quartal) abzuführen. Durch beim Finanzamt beantragte Dauerfristverlängerungen kann sie auch einen Monat später fällig werden.

Einkommensteuer (zahlbar von jedem Unternehmer im Sinne einer natürlichen Person):
Für die Entrichtung der Einkommensteuer wird in der Regel eine vierteljährliche Vorauszahlung fällig. Durch die Abgabe einer Steuererklärung nach Ablauf des Kalenderjahres wird die tatsächliche Höhe der Steuer festgestellt.

Körperschaftsteuer (zahlbar von: GmbH, UG (haftungsbeschränkt), AG, Genossenschaft):
Die Körperschaftsteuer wird durch eine vierteljährliche Vorauszahlung beglichen. Auf Basis einer Steuererklärung nach Ablauf des Kalenderjahres wird die tatsächliche Steuerlast ermittelt.

Gewerbesteuer (zahlbar von allen Gewerbetreibenden aus Industrie, Handel, Handwerk, Dienstleistungen mit Ausnahme der Freien Berufe und der Landwirtschaft):
Auch die Gewerbesteuer ist vierteljährlich vorauszuzahlen, wobei die tatsächliche Steuerlast über eine Steuererklärung nach Ablauf des Kalenderjahres ermittelt wird.

Kirchensteuer (zahlbar von den erwerbstätigen Angehörigen der evangelischen oder katholischen Kirche):
Auch die Kirchensteuer wird über vierteljährliche Vorauszahlungen beglichen. Die Steuererklärung nach Ablauf des Kalenderjahres stellt die tatsächliche Belastung fest.

Vorsteuer abziehen kann jeder Unternehmer (Ausnahmen: z. B. Ärzte, Physiotherapeuten und Anwender der Kleinunternehmerregelung nach § 19), der auch Umsatzsteuer entrichtet. Der Abzug der Vorsteuer erfolgt bei der Entrichtung der Umsatzsteuer.

Lohnsteuer (zahlbar vom Arbeitgeber für den Arbeitnehmer)
Die Lohnsteuer wird vom Arbeitgeber vom Bruttoentgelt einbehalten und je nach Zeitraum der Lohnzahlung wöchentlich oder monatlich abgeführt.

125. Welchen Risiken sind Unternehmen ausgesetzt?

Unternehmen jeglicher Größe sind bestimmten Betriebsrisiken ausgesetzt.[349] Zu den wichtigsten Risiken zählen dabei:

- Ausfallrisiken
- Lieferantenrisiken
- Wechselkursrisiken
- Liquiditätsrisiken
- IT-Risiken
- Wechselkursrisiken[350]

Ein **Ausfallrisiko** besteht, falls ein Kunde eine größere Forderungszahlung nicht begleicht. Dies kann zu einer existentiellen Bedrohung für Ihr Unternehmen führen. Ein weiteres Risiko stellt das **Wechselkursrisiko** dar. Wenn Sie Geschäfte mit einem Vertragspartner aus einem anderen Land mit unterschiedlicher Währung machen, ist es empfehlenswert, dass Sie die Schwankungen bei den Wechselkursen bei der Kalkulation berücksichtigen.[351]

Des Weiteren stellt das Eintreten eines Schadens, der aus eigenen Finanzmitteln nicht bezahlt werden kann, für ein Unternehmen ein existenzbedrohendes Risiko dar.[352] Die Tätigkeit eines Unternehmens ist stets mit Risiken verbunden. Deshalb sollte sich ein Unternehmen über die Folgen des Eintretens eines Risikos bewusst sein.

Das Erkennen der jeweiligen Risiken kann Ihnen dabei helfen, dass Sie die entsprechenden Maßnahmen einleiten. Dies können auch präventive Maßnahmen sein, d.h. Sie agieren bereits, bevor das Risiko zur Realität wird. Das Eintreten eines bestimmten Risikos kann dadurch oft nicht (vollkommen) verhindert werden, jedoch hilft Ihnen das Erkennen der Risiken dabei, dass die Folgen des Risikofalls gemindert werden können.

Eine Erhebung der Allianz Global Corporate & Specialty AG befasste sich mit den wichtigsten Geschäftsrisiken für Unternehmen. Dabei wurden weltweit 843 Allianz-Risikomanager befragt.[353] Die folgende Abbildung zeigt die Antworten zu den wichtigsten Geschäftsrisiken für Unternehmen auf.

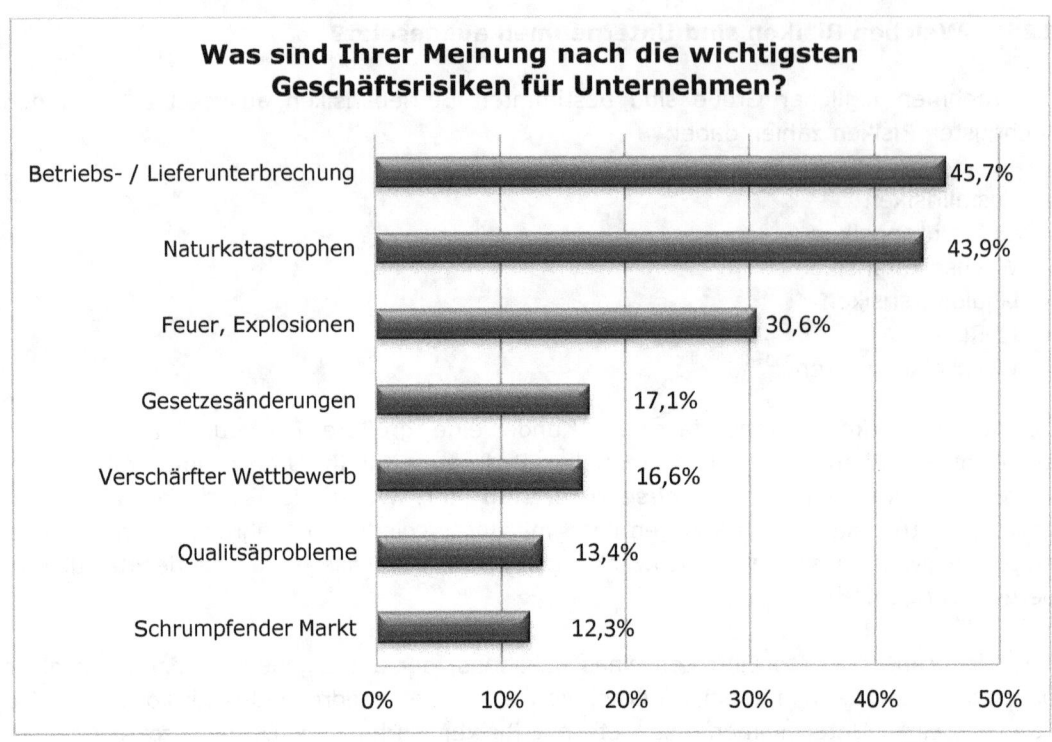

Abbildung 14: Die wichtigsten Geschäftsrisiken für Unternehmen[354]

Aus der Abbildung ist ersichtlich, dass für 45,7 % der Allianz-Risikomanager eine Betriebsunterbrechung ein signifikantes Geschäftsrisiko für ein Unternehmen darstellt. Für knapp ein Fünftel der Risikomanager ist eine Gesetzesänderung ein bedeutendes Risiko für ein Unternehmen. Und mit einem Anteil von 12,3 % wird ein schrumpfender Markt als wichtiges Geschäftsrisiko für Unternehmen erachtet.

Bei der Studie von der Corporate Trust Business Risk & Crisis Management GmbH wurden im Jahre 2009 insgesamt 456 mittelständische Unternehmen zu den Risiken für den deutschen Mittelstand befragt.[355] Die Ergebnisse der Studie sind in der folgenden Abbildung zusammengestellt.

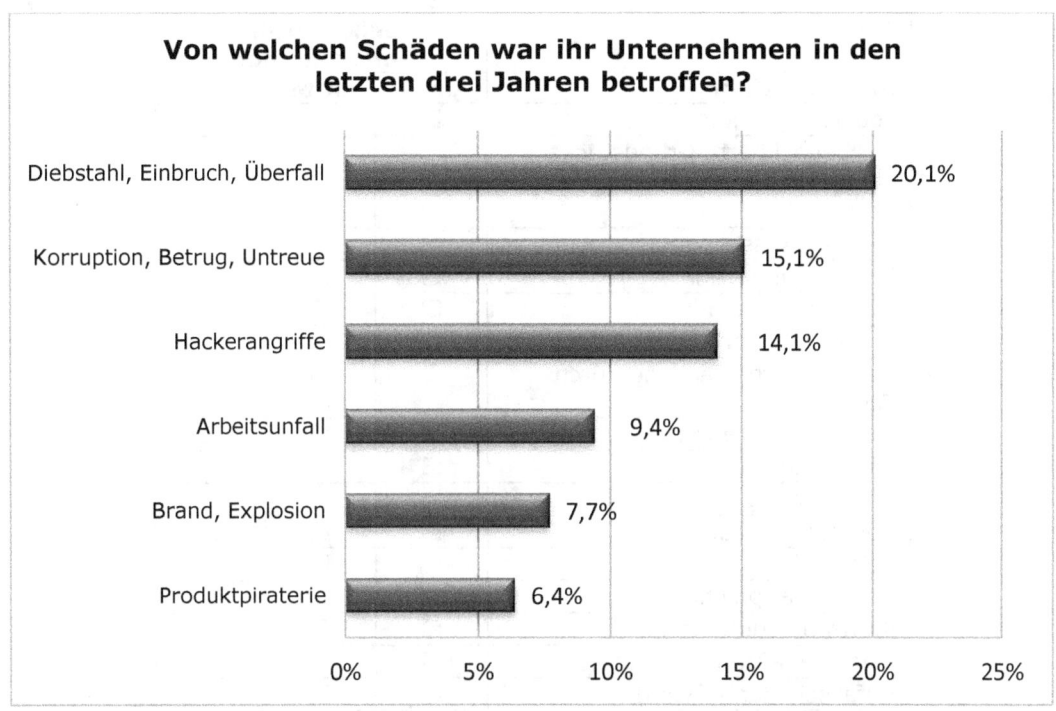

Abbildung 15: Gründe für Schäden bei mittelständischen Unternehmen[356]

Aus der obigen Abbildung ist ersichtlich, dass jedes fünfte befragte Unternehmen einen Schaden durch Diebstahl, Einbruch bzw. Überfall erlitten hat. 14,1 % der befragten Unternehmen sind durch Hackerangriffe geschädigt worden. Mit einem Anteil von 6,4 % wird Produktpiraterie als ein Schaden angegeben, dem die befragten Unternehmen zum Opfer gefallen sind.

Die folgende Tabelle beinhaltet eine Checkliste zur Risikoidentifikation, wie sie vom BMWi empfohlen wird. Unternehmen können hierbei das jeweilige Risiko mit groß, mittel oder klein bewerten.

Art der Gefahr	Risiko für das Unternehmen		
	groß	mittel	klein
Feuer, Explosion	☐	☐	☐
Auf benachbarte Grundstücke übergreifendes Feuer	☐	☐	☐
Sturm	☐	☐	☐
Leitungswasser	☐	☐	☐
Einbruchdiebstahl	☐	☐	☐
Maschinenbruch	☐	☐	☐
Warentransporte	☐	☐	☐
Betriebsunterbrechung durch Feuer	☐	☐	☐
Maschinenschaden		☐	☐
Energieausfall	☐	☐	☐
Verseuchung	☐	☐	☐
Computerausfall	☐	☐	☐
Betriebshaftpflicht	☐	☐	☐
Umwelthaftpflicht	☐	☐	☐
Kraftfahrzeughaftpflicht	☐	☐	☐
Eigene Kraftfahrzeugschäden	☐	☐	☐
Unfallschäden (Kasko)	☐	☐	☐
Beraubung, Sabotage, Unterschlagung	☐	☐	☐
Forderungsausfall	☐	☐	☐
Auslandsrisiken	☐	☐	☐

Tabelle 36: Checkliste zur Risikoidentifikation[357]

126. Wie können die Risiken klassifiziert werden, und wie können Sie den Risiken begegnen?

In der vorangehenden Frage wurde aufgezeigt, dass Unternehmen einer großen Zahl von Risiken ausgesetzt sind. Im Folgenden werden die verschiedenen Risiken bestimmten Risikogruppen zugeordnet, um auf die Risiken reagieren zu können.

Strategische Risiken	Operative Risiken	Finanzielle Risiken	Regulatorische Risiken
Länderrisiken (Fehleinschätzung des Marktes) **Produkte** (Auswahl der Produkte) **Standort** (Standortfaktoren, falsche Bewertung der Faktoren)	**Kapazität** (Engpässe, Überkapazitäten) **Markt** (Marktanteile, Kaufverhalten) **Lieferanten** (Abhängigkeiten von Lieferanten)	**Liquidität** (Insolvenz) **Wechselkurs** (Auslandsgeschäfte) **Zinsänderungen** (Erhöhung der Leitzinsen	**Umweltschutz** (Nichtbeachtung von Umweltschutzauflagen) **Arbeitsrecht** (Tarifrecht) **Arbeitsschutz** (Chemikaliengesetz, Strahlenschutz-verordnung

Tabelle 37: Risikoanalyse für das Unternehmen[358]

Aus der Tabelle ist beispielsweise ersichtlich, dass das Liquiditätsrisiko eines Unternehmens in die Gruppe der finanziellen Risiken einzuordnen ist. Eine zu geringe Liquidität kann im schlimmsten Falle zu einer Insolvenz führen. Zu den strategischen Risiken gehören beispielsweise die Länderrisiken, die Produktrisiken als auch das Standortrisiko.

Einem Risiko lässt sich grundsätzlich sehr unterschiedlich begegnen. Mögliche Handlungsalternativen sind die Risikovermeidung, die Risikostreuung, die Risikominderung, die Risikoabwälzung und die Risikoakzeptanz. Die vollständige Risikovermeidung geht häufig mit einem „Nicht-tun" einher, die Risikostreuung mindert kein Einzelrisiko, sondern ist darauf ausgerichtet, dass der Schaden eines einzelnen Risikofalls durch die Chancen anderer Fälle ausgeglichen wird. Bei der Risikominderung wird versucht, durch geeignete Maßnahmen entweder die Eintrittswahrscheinlichkeit zu reduzieren (Maßnahmen zum Brandschutz) oder das Schadensausmaß zu verringern (Anlegen eines Sicherheitsgurtes im Auto). Kleine Risiken werden häufig einfach akzeptiert. Die Risikoabwälzung lässt sich mittels verschiedener Versicherungen erreichen.[359]

127. Gibt es eine Versicherungspflicht für Unternehmen?

Für Unternehmen besteht bzgl. mancher Versicherungen tatsächlich eine Versicherungspflicht. Diese ergibt sich dann aufgrund gesetzlicher Regelungen.

Zwangsmitgliedschaft in der Berufsgenossenschaft
Die Berufsgenossenschaft wird als der Träger der gesetzlichen Unfallversicherung angesehen. Eine Anmeldung beim zuständigen Unfallversicherungsträger ist zwingend erforderlich. Dies sollte innerhalb weniger Tage nach Anmeldung des Gewerbes bzw. der selbständigen Tätigkeit erfolgen. Die Zuständigkeit für sämtliche Betriebe, Einrichtungen und Freiberufler liegt bei der Berufsgenossenschaft. Eine Ausnahme bilden die landwirtschaftliche Berufsgenossenschaft und der Unfallversicherungsträger der öffentlichen Hand.[360]

Weitere Aufgabenbereiche der Berufsgenossenschaft liegen in der Arbeitssicherheit und Arbeitsgesundheit. Auch die Bereitstellung von Informationsmaterial sowie die Überwachung und Beratung der Unternehmen obliegt der Verantwortung der Berufsgenossenschaften. Für ein Unternehmen ist die Mitgliedschaft in der Berufsgenossenschaft zwingend erforderlich und verpflichtend, sobald Arbeitnehmerinnen und Arbeitnehmer beschäftigt werden. Auf der Website der Deutschen Gesetzlichen Unfallversicherung (DGUV) kann in Erfahrung gebracht werden, welche Berufsgenossenschaft für das jeweilige Unternehmen verantwortlich ist.[361]

Die Beiträge für die gesetzliche Unfallversicherung werden ausschließlich vom Unternehmen getragen. Die Beitragstarife sind hierbei von folgenden Faktoren abhängig:[362]
- Löhne und Gehälter der Mitarbeiter (Bruttolohnsumme eines Unternehmens)
- Gefahrenklasse (Grad der Unfallgefahr)
- Beitragsfuß (Grundbeitrag in der Gefahrenklasse 1)

Ein hohes Unfallrisiko bei einem Unternehmen führt zu einem höheren Gefahrentarif. Unternehmen mit geringer Risikoklasse haben einen geringeren Gefahrentarif. Weiterhin kann ein niedriger Beitragssatz erreicht werden, wenn das Unternehmen in den Bereich der Arbeitssicherheit investiert.[363] Als Grundlage zur Berechnung der Beiträge für die Berufsgenossenschaft dienen der Finanzbedarf, die Arbeitsentgelte der Versicherten und die Gefahrenklasse. Mit dem Finanzbedarf – der auch als Umlagesoli bezeichnet wird – werden die Ausgaben der Berufsgenossenschaft im letzten Geschäftsjahr bezeichnet. Die Arbeitsentgelte bezeichnen die gezahlten Bruttoentgelte des jeweiligen Unternehmens an die Beschäftigten. Die Berechnung der Gefahrenklasse wird aus dem Verhältnis der von der Berufsgenossenschaft gezahlten Leistungen zu den Arbeitsentgelten des jeweiligen Gewerbezweiges berechnet. Die Berechnung des Beitragsfußes erfolgt durch die Division des Umlagesolis mit den Beitragseinheiten (Arbeitsentgelte und Gefahrenklasse).[364]

Betriebshaftpflicht-Versicherung für bestimmte Berufsgruppen

Der Abschluss einer Betriebshaftpflicht-Versicherung ist gesetzlich nicht vorgeschrieben. Eine Ausnahme bilden bestimmte Berufsgruppen und zwar Wirtschaftsprüfer, Steuerberater und Notare. Für diese Berufsgruppen ist eine Betriebshaftpflicht-Versicherung gesetzlich vorgeschrieben und damit zwingend erforderlich. [365]

128. Welche Kosten entstehen für die Mitgliedschaft in der Berufsgenossenschaft?

Die Beitragshöhe zur Mitgliedschaft in der Berufsgenossenschaft ist von der Höhe der Entgelte der Versicherten und der Ausgaben der Berufsgenossenschaft abhängig. Ein weiterer Aspekt bei der Berechnung ist das Unfallrisiko in der jeweiligen Gefahrtarifstelle. Diese Gefahrtarifstelle wird in eine Gefahrenklasse zugeordnet. Mit der Gefahrenklasse wird das Unfallrisiko eines Unternehmens ausgedrückt. Eine weitere wichtige Rechengröße ist der sogenannte Beitragsfuß. Dieser wird von der BGW jeweils abhängig vom Finanzbedarf eines Jahres berechnet. Im Jahre 2012 betrug der Beitragsfuß für gemeinnützige Einrichtungen 2,1. Für alle übrigen betrug er 2,2.[366]

Die Eingruppierung in die jeweilige Gefahrenklasse kann auf der Homepage der Berufsgenossenschaft für Gesundheitsdienst und Wohlfahrtspflege (BGW) eingesehen werden. [367] Nachfolgend finden Sie ein paar Beispielrechnungen. Sie wurden auf Basis der Informationen der Homepage der Berufsgenossenschaft für Gesundheitsdienst und Wohlfahrtspflege (BGW) erstellt.[368]

Kosten der Ärzte-Berufsgenossenschaft:

$$397{,}32\ \text{Euro} = \frac{84.000 \times 2{,}15 \times 2{,}2}{1000}$$

Der Jahresbeitrag für einen Arzt, bei einem Entgelt von 84.000 Euro, einem Beitragsfuß von 2,2 und einer Gefahrenklasse von 2,1 beträgt 397,32 Euro.

Kosten der Berufsgenossenschaft für eine Krankengymnastikpraxis:

$$436{,}08 \text{ Euro} = \frac{53.000 \times 3{,}74 \times 2{,}2}{1000}$$

Der Jahresbeitrag für eine Krankengymnastikpraxis mit zwei Mitarbeitern bei einer gesamten Jahresbruttolohnsumme von 53.000 Euro, einem Beitragsfuß von 2,2 und einer Gefahrenklasse von 3,74 beträgt 436,08 €.

Kosten der Berufsgenossenschaft für ein kirchliches Jugendwohnheim:

$$389{,}55 \text{ Euro} = \frac{53.000 \times 3{,}5 \times 2{,}2}{1000}$$

Der Jahresbeitrag für vier Mitarbeiter eines kirchlichen Jugendwohnheimes beträgt 389,55 Euro. Hierbei wurde mit einer Jahresbruttolohnsumme von 53.000 Euro, einem Beitragsfuß von 2,2 und einer Gefahrenklasse von 3,5 gerechnet.

129. Was kostet eine Produkthaftpflichtversicherung bzw. eine Maschinenversicherung?

Laut dem Produkthaftungsgesetz (ProdHaftG) haften Hersteller seit 1990 verschuldensunabhängig für Personen- und Sachschäden, die Endverbraucher erleiden. Die Kosten für die Produkthaftung liegen zwischen 0,6 und 8 Promille vom Umsatz, die mit dem Produkt erzielt werden. [369]

Mit einer Maschinenversicherung lassen sich Kosten, die aufgrund von Reparaturen auftreten können, absichern. Die Versicherungsunternehmen haben aber dabei zahlreiche Ausnahmebedingungen in den Verträgen, die sie vor einer außergewöhnlichen Anhäufung von Zahlungen für Reparaturen und Schäden schützen sollen. Bei Windkraftanlagen betragen die Kosten beispielsweise für die Maschinenversicherung 0,5 % des Ab-Werk-Preises. [370]

Ein weiteres Praxisbeispiel ist die Maschinenversicherung für Biogasanlagen. Mit ihr werden Schäden am Blockheizkraftwerk, dem Motor, dem Generator, dem Transformator als auch der gesamten Schalt- und Regeltechnik abgedeckt. Der jährliche Versicherungsbeitrag beträgt 4,00 bis 10,00 Euro pro 1000 Euro Versicherungssumme. [371]

130. Welche wichtigen persönlichen Versicherungen gibt es?

Notwendig ist eine **Krankenversicherung**, welche die Kosten bei Krankheit für die Behandlung übernimmt und einen Verdienstausfall in Form von Krankengeld als Lohnersatz zahlt. Unternehmer können sich einer gesetzlichen oder einer privaten Versicherung anschließen. Was günstiger ist, hängt u.a. vom Alter und von den Familienverhältnissen des Gründers ab.

Des Weiteren empfiehlt sich eine **Unfallversicherung** für Beruf und Freizeit. Die Berufsgenossenschaften bieten in der Regel Versicherungen für den Unternehmer und den mitarbeitenden Ehepartner an. Die gelten dann aber nur für beruflich bedingte Unfälle, beruflich bedingte Krankheiten oder Wegeunfälle. Private Unfallversicherungsverträge sichern darüber hinaus die Mitarbeiter und Familienangehörige auch im Freizeitbereich ab.

Zur Absicherung der Familie bietet es sich an, eine **Risikolebensversicherung** abzuschließen, die im Todesfall die Versicherungssumme an die Hinterbliebenen oder auch an Kreditgeber auszahlt. Eine private Kapitallebensversicherung trägt außerdem zur Altersvorsorge bei und sichert im Todesfall die Hinterbliebenen ab.

Die **Berufsunfähigkeitsversicherung** gewährt eine zusätzliche Rente, wenn der Gründer nach 6 Monaten Krankheit nicht mehr arbeiten kann.

Wichtig ist vor allem auch die Altersvorsorge. Als Selbstständiger muss man meist keine Pflichtbeiträge zur **Rentenversicherung** leisten. Allerdings ergeben sich daraus dann auch später keine Ansprüche haben.

131. Was kostet eine Berufsunfähigkeitsversicherung?

Für Selbständige ist eine längere Krankreit oft mit existentiellen Schwierigkeiten verbunden. Die Berufsunfähigkeitsversicherung ist somit ein wichtiger Baustein in der privaten Vorsorge eines Selbständigen. Sie unterstützt ihn, wenn er durch Berufsunfähigkeit ausfällt. Beispielsweise kostet ein Berufsunfähigkeitsschutz für einen 30-jährigen Selbständigen im Invaliditätsfall und einer Versicherungssumme von 50.000 Euro, die beim Todesfall fällig wird, monatlich ungefähr 160 Euro.[372]

Der monatliche Beitrag für einen 35-jährigen Büroangestellten beträgt 96 Euro im Monat. Hierfür erhält er eine Berufsunfähigkeitsrente von 2000 Euro. Ein gleichartiger Tischler, der eine Berufsunfähigkeitsrente von 1500 Euro erhalten will, muss mit einem Beitrag von 170 Euro im Monat rechnen.[373]

In der folgenden Abbildung ist die durchschnittliche Versicherungssumme für eine Berufsunfähigkeitsversicherung in Deutschland für die Jahre 2003 bis 2011 ersichtlich.

Abbildung 16: Versicherungssumme in der Berufsunfähigkeits-Versicherung[374]

Aus der Abbildung ist zu erkennen, dass im Jahre 2008 die durchschnittliche Versicherungssumme für eine Berufsunfähigkeitsversicherung knapp 120.000 Euro betrug. Seitdem konnte ein signifikanter Anstieg verzeichnet werden. Im Jahre 2011 lag die Versicherungssumme für eine Berufsunfähigkeits-Versicherung bei durchschnittlich fast 135.000 Euro.

132. Was kostet eine private Unfallversicherung?

Eine private Unfallversicherung gilt als essentiell für einen Selbständigen. Mit dieser Versicherung werden Unfälle im privaten Leben als auch im Berufsleben abgedeckt. Die Beitragshöhe ist von der Versicherungssumme und dem Grad der Invalidität abhängig. Beispielsweise kostet eine Unfallversicherung mit einer Invaliditätssumme von 100.000 Euro bei einem Rechtsanwalt ungefähr 170 Euro im Jahr. Begründet mit einem höheren Unfallrisiko beläuft sich der Beitrag für einen Dachdecker auf ungefähr 280 Euro.[375] Im Jahre 2012 betrug der Vertragsbestand für die private Unfallversicherung 26,8 Millionen. Seit dem Jahre 2000 konnte ein kontinuierlicher Rückgang am Vertragsbestand für die private Unfallversicherung verzeichnet werden. Damals betrug er noch 29,1 Millionen.[376]

133. Was kosten Kranken- und Rentenversicherung für Selbständige?

Für Mitglieder der **gesetzlichen Krankenversicherung** beträgt der einheitliche bundesweite Beitragssatz zurzeit 15,5% des beitragspflichtigen Einkommens. Dieser Beitragssatz gilt für Arbeitnehmer. Dabei übernimmt der Arbeitnehmer einen Anteil von 8,2 %. Der Anteil des Arbeitgebers liegt demnach bei 7,3 %. Die Beitragsbemessungsgrenze liegt im Jahre 2014 bei 48.600 Euro im Jahr.[377]

Der bundesweite Beitragssatz bei Selbständigen beträgt 14,9% bei einem Mindestbeitrag von 308,99 Euro pro Monat. Der monatliche Höchstbeitrag ist zurzeit auf 603,45 Euro festgelegt.[378] Als Berechnungsgrundlage für den Beitrag dient das Einkommen aus dem Steuerbescheid. Der Steuerbescheid aus dem Vorjahr bestimmt somit den Beitrag für das Folgejahr. Bei starken Umsatzeinbrüchen kann eine entsprechend niedrige Einstufung beantragt werden.[379]

Die Kosten für eine **private Krankenversicherung** für einen 40-järigen Selbständigen fangen ab 120,73 Euro monatlich an. Der monatliche Beitrag für einen Selbständigen, der 50 Jahre alt ist, liegt bei mindestens 173,75 Euro. Für eine Frau, die 40 Jahre alt ist, fängt der Beitrag ab 172,28 Euro im Monat an.[380]

Der Beitragssatz für Selbständige in der **gesetzlichen Rentenversicherung** liegt im Jahr 2014 bei 18,9 %.[381] Die Beiträge für die Rentenversicherung richten sich bei Selbständigen nach einem einheitlichen Regelbeitrag. Selbständige können dabei zwischen drei Möglichkeiten bei ihrer Beitragszahlung auswählen. Bei der ersten Möglichkeit kann für die ersten drei Jahre der Selbständigkeit der halbe Regelbeitrag bezahlt werden. Dieser beträgt im Jahre 2013 in den alten Bundesländern 254,68 Euro pro Monat. In den neuen Bundesländern sind 214,99 Euro monatlich als Beitrag fällig. Bei der zweiten Möglichkeit kann unabhängig vom Einkommen der volle Regelbeitrag gezahlt werden. Dieser belief sich im Jahre 2013 in den alten Bundesländern auf 509,36 Euro im Monat und 429,98 Euro in den neuen Bundesländern.[382] Die dritte Möglichkeit ist der einkommensgerechte Beitrag. Als Grundlage dient das Arbeitseinkommen aus dem letzten Einkommensteuerbescheid. Unter dem Arbeitseinkommen wird der Gewinn aus der selbständigen Tätigkeit gemäß dem Einkommensteuerrecht verstanden.[383]

Beispiel: Ein Friseurmeister erzielte im Jahre 2011 ein Arbeitseinkommen laut Einkommensteuerbescheid in Höhe von 22.000 Euro. Der maßgebende Dynamisierungsfaktor im Jahre 2013 betrug 1,0614. Der Beitragssatz beträgt 18,9 %.[384]

$$(\text{Arbeitseinkommen} \times \text{Dynamisierungsfaktor} \times \text{Beitragssatz})/12 = \text{Monatsbeitrag}$$
$$(22.000 \times 1,0614 \times 18,9)/12 = 367,78 \text{ Euro}$$

Der monatliche Rentenversicherungsbeitrag für den Friseurmeister beläuft sich bei einem Arbeitseinkommen von 22.000 Euro, einem Beitragssatz von 18,9 % und einem Dynamisierungsfaktor von 1,0614 somit auf 367,78 Euro im Monat.

Die Deutsche Rentenversicherung bietet auf ihrer Homepage eine Übersicht über den entsprechenden Dynamisierungsfaktor an.[385]

134. Welche Versicherungen halten Selbstständige für besonders wichtig?

Das Marktforschungsinstitut YouGov befragte 506 Selbständige zu der Thematik der Absicherung von Unternehmen.[386] Aus der nachstehenden Abbildung sind die Ergebnisse der nach Meinung der Befragten wichtigsten Versicherungen im Falle eines Schadens ersichtlich.

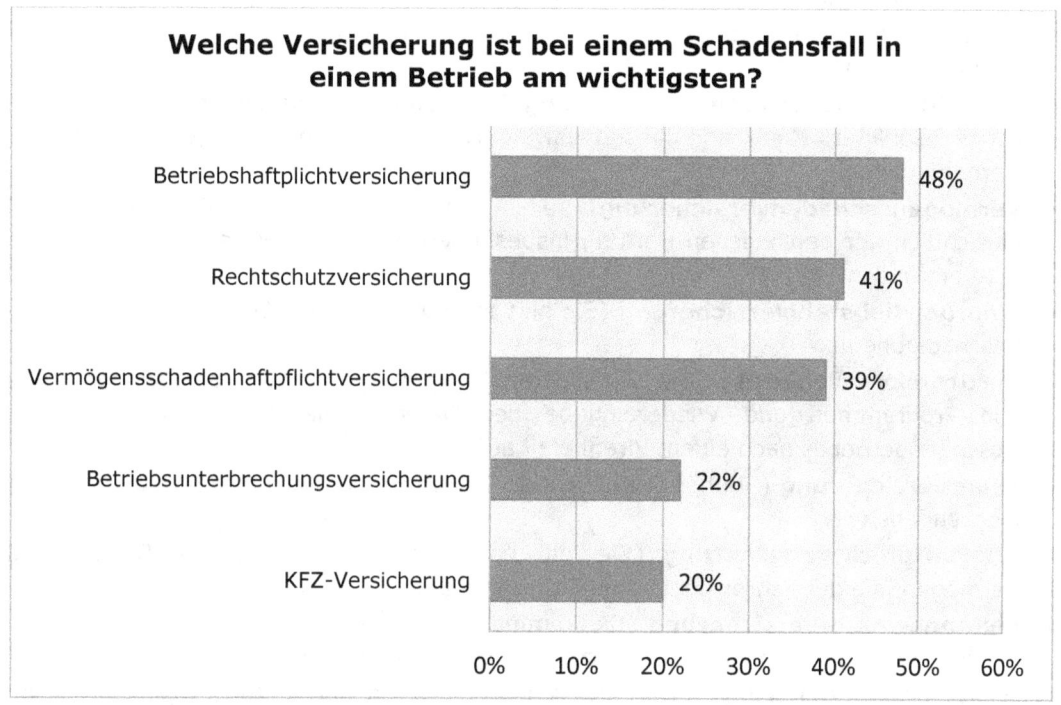

Abbildung 17: Wichtige Versicherungen bei einem Schadensfall[387]

Aus der Abbildung ist ersichtlich, dass die Betriebshaftpflichtversicherung mit 48 % als die wichtigste Versicherung bei einem Schadensfall von den Befragten angesehen wird. Eine große Rolle spielen auch die Rechtschutzversicherung und die Vermögensschadenhaftpflichtversicherung.

135. Welche wichtigen geschäftlichen Versicherungen gibt es?

Zu den gängigsten betrieblichen Versicherungen zählen diejenigen gegen Feuer, Einbruchdiebstahl, Raub, Vandalismus, Leitungswasser, Sturm und Hagel oder Betriebsunterbrechungen aufgrund Gefahren.

Des Weiteren existieren Versicherungen für Glas und Elektronik. Zu beachten sind auch die Betriebs-, Umwelt-, Produkt- oder Vermögenshaftpflichtversicherungen. Auch Rechtschutzversicherungen haben einen hohen Stellenwert.

Das Bundesministerium für Wirtschaft und Energie hat folgende alphabetisch sortierte Liste von Versicherungen auf seiner Homepage zusammengestellt:[388]

- **Betriebs-Haftpflichtversicherung** (Sie hilft bei Schadenersatzansprüchen Dritter, z. B. von Kunden, Lieferanten, Besuchern oder Mitarbeitern.)
- **Berufs-Haftpflichtversicherung** (sinnvoll für Dienstleistungsunternehmen und Freiberufler. Die Versicherung schützt vor den finanziellen Folgen eines Berufsversehens, wie bspw. bei falscher Beratung des Kunden und falscher Begutachtung.)
- **Betriebs-Unterbrechungsversicherung** (Sie kommt für die laufenden Kosten wie Löhne, Gehälter, Miete und Zinsen usw. auf, solange keine Erträge erwirtschaftet werden können.)
- **Vermögensschadenversicherung** für Unternehmensleiter (Die ist sinnvoll hinsichtlich der persönlichen Haftung insbesondere von GmbH-Geschäftsführern und AG-Vorständen.)
- **Einbruchdiebstahlversicherung** (Sie hilft bei Schäden durch Diebstahl, Zerstörung, Beschädigung usw.)
- **Elektronikversicherung** (Die Versicherung kommt für Kosten zum Wiedereinsatz von Programmen und Wiedereingabe der Daten sowie Aufrechterhaltung des Geschäftsbetriebes nach einem Virenbefall auf.)
- **Feuerversicherung** (Sie haftet bei Schäden durch Brand, Blitzschlag, Explosion oder Flugzeugabsturz.)
- **Kfz-Haftpflichtversicherung** (Sie hilft bei Schäden an Personen, Sachen und Vermögen, die der Fahrer gegenüber Dritten verursacht hat.)
- **Leitungswasserversicherung** (Sie kommt für Schäden durch austretendes Wasser aus Wasserleitungen oder Wasser- bzw. Heizungsanlagen auf.)
- **Maschinenversicherung** (Die Versicherung ist gedacht für Reparaturen an stationären und fahrbaren Maschinen, die durch menschliches Versagen, Bedienungsfehler, Fahrlässigkeit usw. entstehen.)
- **Produkt-Haftpflichtversicherung** (Diese wichtige Versicherung kommt für Schäden auf, die Dritte durch fehlerhafte Produkte erleiden.)
- **Sturmversicherung** (Sie zahlt für Sturmschäden an Gebäuden und beweglichen Sachen.)
- **Umwelthaftpflichtversicherung** (Diese Versicherung deckt Schadenersatzansprüche ab, wenn durch den Betrieb Boden, Wasser oder Luft verunreinigt werden.)
- **Vertrauensschadenversicherung** (Diese Versicherung deckt die Kosten ab, die durch Unterschlagung, Veruntreuung, Diebstahl, Fälschung, Betrug und andere Vermögensdelikte entstehen.)

136. Welche freiwilligen Versicherungen können wichtig sein?

Bei einer Vielzahl von Versicherungen für Unternehmen besteht keine Versicherungspflicht. An dieser Stelle finden Sie ein paar Basisinformationen zu einer Auswahl von Versicherungen.

Betriebshaftpflicht-Versicherung
Auch wenn eine Betriebshaftpflicht-Versicherung nicht für alle Berufsgruppen zwingend erforderlich ist, sollte diese jedoch unbedingt abgeschlossen werden. Mit ihr werden Personen- und Sachschäden, die bei der Ausübung der betrieblichen Tätigkeit entstehen, abgedeckt.[389] Laut einem Artikel des Handelsblatts aus dem Jahre 2013 besitzen einer Umfrage zufolge 88 % der mittelständischen Unternehmen eine Betriebshaftpflicht-Versicherung.[390]

Betriebsunterbrechungs-Versicherung
Aus unterschiedlichsten Gründen kann der Betriebslauf eines Unternehmens für eine bestimme Zeit stillstehen. Gründe hierfür sind Feuer, Einbruch oder Diebstahl, ein kompletter Maschinenausfall oder auch ein EDV-Ausfall. Für ein Unternehmen kann ein solcher Zwischenfall bedeuten, dass für eine gewisse Zeit keine Erträge erwirtschaftet werden können. Dann ist eine Betriebsunterbrechungs-Versicherung unentbehrlich. Für den Zeitraum, in dem das Unternehmen keine Erträge erwirtschaften kann, übernimmt diese Versicherung die laufenden Kosten des Betriebes. Zu den laufenden Kosten eines Betriebes zählen beispielsweise Löhne, Gehälter und Mietzahlungen.[391]

Produkthaftpflicht-Versicherung
Der Produkthaftpflicht-Versicherung wird eine immer wichtiger. Grundsätzlich haften Hersteller, Zulieferer als auch Händler für Schäden, die durch ihr fehlerhaftes Produkt verursacht wurden.[392] Eine Produkthaftpflicht-Versicherung übernimmt die Entschädigungszahlungen bei einem mangelhaften Produkt, das an den Kunden geliefert wurde. Weiterhin trägt sie die Kosten für die Klärung der Schuld- und Haftungsfrage.[393]

Maschinen-Versicherung
Maschinenschäden, die aufgrund eines Bedienungsfehlers, Ungeschicklichkeit oder Fahrlässigkeit entstehen, können mittels einer Maschinenversicherung abgesichert werden.[394]

Umwelthaftpflicht-Versicherung
Die Umwelthaftpflicht-Versicherung haftet für Schäden, die einem Dritten durch Umwelteinwirkungen entstanden sind. Die Verwendung von Öltanks, Gastanks als auch von Heizungsanlagen birgt ein gewisses Risiko der Umweltverschmutzung. Bei diesen Fällen ist eine Umwelthaftpflicht-Versicherung für das Unternehmen empfehlenswert.[395]

Einbruchdiebstahl-Versicherung
Mittels einer Einbruchdiebstahl-Versicherung sind sämtliche Schäden abgedeckt, die durch einen Diebstahl entstanden sind. Die Versicherung erstattet die Höhe der entwendeten Gegenstände. Weiterhin werden Beschädigungen, die am Grundstück, Gebäude als auch an der Geschäftsausstattung entstanden sind, erstattet.[396]

Feuer-Versicherung / Elektronik-Versicherung
Mit einer Feuer-Versicherung werden Schäden aufgrund von Brand, Blitzschlag, oder Explosionen abgesichert. Mit der Elektronik-Versicherung werden Schäden, die an der EDV-Anlage sowie an allen bürotechnischen Anlagen entstanden sind, erstattet.[397]

Transport-Versicherung
Mit der Transport-Versicherung können Schäden, die durch Verlust oder Beschädigungen der versicherten Güter während der Transportdauer entstanden sind, abgesichert werden.[398]

Glas-Versicherung
Die Beschädigungen an Glasscheiben, Schaufenster- oder Türscheiben, Glasbausteinen und Wandspiegeln können mit einer Glas-Versicherung abgedeckt werden. Dabei wird das Einsetzen einer neuen Verglasung von der Versicherung übernommen.[399]

137. Was kostet eine Betriebsunterbrechungsversicherung?

Betriebsunterbrechungsversicherungen gibt es in großer Zahl und mit vielen Gestaltungsmerkmalen. Betrachten Sie das folgende Beispiel: Es wird eine Betriebsunterbrechungsversicherung für eine kommerziell betriebene Energieerzeugungsanlage auf Basis von Windkraft abgeschlossen. Mit dieser Versicherung lassen sich Einnahmeausfälle in Stillzeiten der Anlage abdecken, beispielsweise aufgrund eines technischen Defektes der Windkraft-Anlage. Die Betreiber der Anlage müssen in diesem Fall für eine Betriebsunterbrechungsversicherung mit Kosten von 0,5 % der Jahreseinnahmen aus dem Stromverkauf rechnen.[400]

Ein konkretes Praxisbeispiel für die Sinnhaftigkeit einer solchen Versicherung betrifft den Eurotunnel zwischen Frankreich und Großbritannien. Die Eurotunnel S.A. ist die Betreibergesellschaft des Eurotunnels. Am 11. September 2008 kam es im Eurotunnel, der im Jahre 1994 eröffnet wurde, zu einem Brand. Dabei kam es zu einem Schaden von insgesamt 253 Millionen Euro, wovon unter anderem 152 Millionen auf die Kosten der Betriebsunterbrechung entfielen. Die Kosten für die Reparatur des Tunnelbauwerks und der Bahnanlagen beliefen sich auf 57 Millionen Euro. Weitere 36 Millionen mussten für rollendes Bahnmaterial verwendet werden. Die restlichen 6 Millionen Euro waren sonstige Kosten.[401] Begründet mit der intensiven Nutzung des Eurotunnels durch die Hochgeschwindigkeitszüge als auch durch einen umfangreichen Lastkraftwagenverkehr im Eurotunnel, gewinnt die Betriebsunterbrechungsversicherung an Bedeutung. Seit dem Brand von 2008 wurden umfangreiche Anstrengungen unternommen, die das Ziel verfolgt haben, dass mögliche Schäden aus zukünftigen Feuerkatastrophen auf ein Minimum begrenzt werden können. Diese Anstrengungen wurden mit einer Prämiensenkung vom Versicherer des Eurotunnels für die Betriebsunterbrechungsversicherung und der Versicherung für Sachschäden gewürdigt. Aktuell beträgt die jährliche Versicherungsprämie für die Eurotunnel S.A. rund 10 Millionen Euro.[402]

138. Was sollten Sie hinsichtlich Ihrer privaten Vorsorge beachten?

Mit dem Beginn der selbständigen Tätigkeit sollten Sie über Ihre soziale Absicherung nachdenken. Im Fokus steht hierbei die Fragestellung des Abschlusses wesentlicher Versicherungen, die sowohl dem Selbständigen als auch den Angehörigen einen umfassenden Schutz bei Krankheit, Berufsunfähigkeit und der Rente bieten.

Laut Gesetz ist der Selbständige verpflichtet, eine Krankenversicherung abzuschließen. Selbständige können sich hierbei entweder privat krankenversichern, oder sie können an der gesetzlichen Krankenversicherung teilhaben.[403] Allerdings: Für den Selbständigen ist die Entscheidung für die gesetzliche Krankenversicherung nur möglich, wenn er auch davor gesetzlich krankenversichert war.[404]

Der Selbständige kann weiterhin mit seiner Versicherung ein Krankentagegeld vereinbaren. Mit diesem lassen sich Einkommenseinbußen für die Dauer der Krankheit zu einem gewissen Teil ausgleichen. Dies ist wichtig, denn der Selbständige erhält für die Dauer seiner Krankheit keine sechswöchige Lohnfortzahlung, wie es bei Angestellten üblich ist. Weiterhin bieten private Krankenversicherer jungen Menschen relativ günstige Beiträge an. Bei diesen sind allerdings zahlreiche Leistungen gekürzt. Weiterhin sollte beim Krankentagegeld eine gewisse Karenzzeit vereinbart werden. Dabei beginnt der Leistungsbeginn je nach Absprache zwei, drei oder mehr Wochen nach Beginn der Arbeitsunfähigkeit. Ein essentieller Vorteil bei Vereinbarung einer Karenzzeit ist, dass die Beiträge für solche Tarife niedriger sind als mit einem sofort beginnenden Leistungsbeginn.[405]

Der Abschluss einer **gesetzlichen Rentenversicherung** ist für Selbständige nicht verpflichtend. Davon ausgeschlossen sind unter anderem selbständige Lehrer und Erzieher als auch freiberufliche Hebammen. Diese Berufsgruppen sind rentenversicherungspflichtig.[406]

Im Durchschnitt gab jeder Deutsche im Jahre 2011 monatlich 109 Euro für die Altersvorsorge aus. Dabei investierten die 30- bis 44-jährigen monatlich 140 Euro für ihre Altersvorsorge.[407] Zur privaten Altersvorsorge gibt es eine Vielzahl von Angeboten. Die wesentlichsten sind die private Rentenversicherung, die Kapitallebensversicherung als auch die staatlich geförderte Riester-Rente. Bei einem Abschluss dieser Produkte ist es ratsam, dass die Aspekte Sicherheit, Rentabilität und Liquidität berücksichtigt werden. Weiterhin sollte auf eine angemessene Mischung und Streuung der Kapitalanlagen ein hoher Wert gelegt werden.[408]

Das Spektrum der Angebote für eine private Altersvorsorge ist vielfältig. Beispielsweise kann beim Abschluss einer privaten Altersvorsorge eine Rentengarantiezeit vereinbart werden. In diesem Fall erfolgt eine weitere Auszahlung der Rente – für eine vorher festgelegte Anzahl von Jahren – selbst nach dem Tod des Versicherten. Eine ähnliche Absicherung bietet die Hinterbliebenenrente. Hierbei kann der Ehepartner des Verstorbenen mit einer lebenslangen Rente abgesichert werden.[409]

Weiterhin ist es ratsam, dass eine **private Berufsunfähigkeits-Versicherung** abgeschlossen wird. Ein wesentlicher Aspekt für den Abschluss dieser Versicherung liegt darin begründet, dass ein Ausfall des Selbständigen das Unternehmen gefährden kann. Dies kann für den Selbständigen ein Risiko für seine berufliche Existenz darstellen.[410]

Die private Berufsunfähigkeits-Versicherung wird als eine der bedeutendsten Versicherungen angesehen. Im Rahmen einer Studie der Gothaer Versicherungsbank VVaG wurden im Februar 2012 insgesamt 1.002 Berufstätige im Alter zwischen 16 und 60 zu ihrer Einstellung bezüglich der privaten Berufsunfähigkeits-Versicherung befragt.[411] Aus der Untersuchung geht hervor, dass für 70 % der Männer und für 64 % der Frauen die Absicherung der eigenen Person bei einer privaten Berufsunfähigkeits-Versicherung ein wichtiger Aspekt ist. Für 62 % der Männer als auch für 59 % der Frauen sind günstige Beiträge bei einer privaten Berufsunfähigkeitsversicherung relevant. Der Abschluss einer Berufsunfähigkeits-Versicherung – vor allem für Selbständige – wird als eine der essenziellsten Versicherungen angesehen.[412]

139. Welche Formalitäten sind bei Behörden zu erledigen?

Mit der Gründung eines Unternehmens sind vielfältige **Anmeldeformalitäten** verbunden. Nachfolgend soll Ihnen ein Überblick über alle wichtigen Vorschriften gewährt werden:

Gewerbebetriebe (nicht die Freiberufler) müssen stets beim zuständigen **Gewerbeamt** angemeldet werden. Dazu müssen **alle** Gründer ihren Personalausweis mitbringen und bei erlaubnis- bzw. genehmigungspflichtigen Tätigkeiten die erforderlichen Genehmigungen vorlegen. Die Kosten der Gewerbeanmeldung sind von Gemeinde zu Gemeinde unterschiedlich und betragen in der Regel zwischen 30 und 60 Euro. Das Gewerbeamt informiert von sich aus

- das Finanzamt (Erteilung der Steuernummer, Fragebogen zur Aufnahme einer gewerblichen Tätigkeit),
- die Berufsgenossenschaft (Als gesetzliche Unfallversicherung für die Folgen von Arbeitsunfällen oder Berufskrankheiten, Prämie beträgt etwa 1,4% des gezahlten Bruttolohns),
- das Statistische Landesamt,
- das Amtsgericht (Handelsregister),
- die Industrie- und Handelskammer (automatische Mitgliedschaft, wenn der Unternehmensgründer kein Mitglied der Handwerkskammer ist) und
- die Handwerkskammer (Mitgliedschaft als Handwerker).

Gründer sollten sich jedoch unabhängig vom Gewerbeamt sicherheitshalber mit den jeweiligen Behörden in Verbindung setzen.

Vom Finanzamt wird den Gründern eine **Steuernummer mitgeteilt**. Sie erhalten dann einen Fragebogen, auf dem sie u.a. ihre zu erwartenden Umsätze und Gewinne angeben müssen. Gründer geben vorsichtige (niedrige) Schätzwerte an, da das Finanzamt daraus die Höhe ihrer Einkommen- und Gewerbesteuerschätzung ableitet.

Sollten Gründer Mitarbeiter beschäftigen, ist die Mitgliedschaft bei der für sie zuständigen **Berufsgenossenschaft** Pflicht. In diesem Fall müssen sie etwa 1,4% des Bruttolohns, den sie ihren Mitarbeitern zahlen, an die Berufsgenossenschaft abführen. In einer Reihe von Berufsgenossenschaften sind Gründer übrigens auch als Unternehmer pflichtversichert, ansonsten können sie sich freiwillig versichern.

Wer Mitarbeiter beschäftigt, muss seinen Betrieb beim **Arbeitsamt** anmelden. Dieses teilt dem Gründer eine **Betriebsnummer** mit, die er in die Versicherungsausweise seiner Mitarbeiter eintragen muss. Außerdem erhalten die Gründer ein "Schlüsselverzeichnis" über versicherungspflichtige Tätigkeiten. Sie benötigen dieses Verzeichnis zur Anmeldung bei der Berufsgenossenschaft. Des Weiteren müssen sie ihre versicherungspflichtigen Arbeitnehmer bei einer **Krankenkasse** anmelden. Auch von dieser wird dann eine Betriebsnummer zugeteilt.

Auch mit den zuständigen **Versorgungsunternehmen** sollten die Gründer Kontakt aufnehmen, um Lieferverträge für Wasser, Strom, Gas etc. abschließen zu können. Entsprechendes gilt auch für die Müllentsorgung.

Gründer müssen sich außerdem als **Handwerksbetrieb** bei der zuständigen Handwerkskammer in die **Handwerksrolle** eintragen lassen.

Für bestimmte Bereiche des **Handels** benötigen die Gründer besondere **Sachkundenachweise** (z.B. beim Handel mit Arznei- oder Pflanzenschutzmitteln).

Im Bereich der **Dienstleistungen** ist folgendes von Bedeutung:

Wer eine **Gaststätte** oder ein **Hotel** gründen will, benötigt eine Konzession, die man nach einer eintägigen Unterweisung bei der IHK erhalten kann. Diese Konzession ist u.a. von einer mehrstündigen Unterrichtung der IHK über lebensmittelrechtliche Vorschriften abhängig.

Wer Personen mit **Omnibussen**, **Mietwagen** oder **Taxen** befördern will, muss bei der zuständigen Behörde eine Konzession beantragen.

Für **Makler und Vermittler** gilt, dass diese sich einer Überprüfung der persönlichen und wirtschaftlichen Verhältnisse bei der Stadt- oder Gemeindeverwaltung unterziehen müssen.

Wer ein Unternehmen des **Reisegewerbes** gründet, benötigt eine Reisegewerbekarte, die das Gewerbeamt der Gemeinde ausstellt.

Für ein Unternehmen des **Bewachungsgewerbes** benötigt man eine Erlaubnis des Gewerbeamtes, die an die persönliche Zuverlässigkeit, den Nachweis der erforderlichen Mittel und eine 40-stündige Unterrichtung durch die IHK gebunden ist.

Die "geregelten" freien Berufe wie Ärzte, Rechtsanwälte oder Steuerberater sind mit einer **Pflichtmitgliedschaft** in der jeweils **zuständigen Kammer** verbunden.

140. Was will das Finanzamt von Ihnen wissen?

Vom Finanzamt erhalten Sie einen Fragebogen zu steuerlichen Erfassung. Darauf müssen Sie den Namen, die Anschrift und die Art der Tätigkeit angeben. Darüber hinaus will das Finanzamt aber noch Folgendes von Ihnen wissen:[413]

- Wie hoch schätzen Sie den Gewinn des ersten und zweiten Geschäftsjahres ein? (Hinweis: Auf dieser Basis werden Steuervorauszahlungen berechnet, also lieber etwas vorsichtiger schätzen.)
- Haben Sie auch noch andere Einkünfte, z.B. aus nichtselbständiger Arbeit?
- Werden Sie den Gewinn per Bilanz und Gewinn- und Verlustrechnungen oder per Einnahme-Überschuss-Rechnung (nur für Freiberufler und Kleingewerbetreibende) erstellen?
- Werden Sie in der nächsten Zeit eventuell Mitarbeiter einstellen?
- Können Sie Ihren Umsatz in den ersten beiden Jahren schätzen?
- Kommt für Sie die Kleinunternehmerregelung in Frage?
- Benötigen Sie für Geschäftsbeziehungen in anderen EU-Ländern eine Umsatzsteuer-Identifikationsnummer?
- Haben Sie die Wahl zwischen der Ist-Besteuerung und der Soll-Besteuerung? (Hinweis: Bei der Ist-Besteuerung müssen Sie die Umsatzsteuer erst dann abführen, wenn Sie einen Zahlungseingang vorweisen können und nicht schon bei Rechnungsstellung, wie es bei der Soll-Besteuerung der Fall ist. Für Unternehmen mit einem Umsatz über 500.000 Euro in den alten und 250.000 Euro in den neuen Bundesländern gilt zwingend die Soll-Besteuerung.)

Lutz und Luck sprechen darüber hinaus die Empfehlung aus, gleich eine **Dauerfristverlängerung** zu beantragen, um einen Monat mehr Zeit zu gewinnen, um die Steuervoranmeldungen abgeben zu können. Ergänzend empfehlen Sie, als Wirtschaftsjahr das Kalenderjahr zu wählen, da nur bei bestimmten Berufen (wie etwa Skilehrern) eine Abweichung davon sinnvoll sei.[414]

Der laufende Geschäftsbetrieb

Von Beginn Ihrer unternehmerischen Tätigkeit an stoßen Sie auf viele Fragen, die mit dem laufenden Geschäftsbetrieb zusammenhängen. Wie sieht eine richtige Rechnung aus? Wie lange müssen Sie eine Rechnung aufbewahren? Was passiert, wenn der Kunde nicht zahlt? Brauchen Sie eigentlich eine Buchführung oder ein Forderungsmanagement? Die Liste der Fragen lässt sich beliebig erweitern und führt von der Unternehmensgründung letztlich zur Unternehmensführung.

141. Welche Archivierungspflichten sind einzuhalten?

Unabhängig von der Größe eines Unternehmens besteht für Unternehmen grundsätzlich eine Archivierungs- bzw. Aufbewahrungspflicht. Seit 2002 dürfen die zu archivierenden Dokumente auch digital archiviert werden.

Entsprechend § 147 AO (Abgabenordnung) müssen die folgenden Dokumente archiviert werden:

1. Bücher, Aufzeichnungen, Inventare, Jahresabschlüsse, Lageberichte, Eröffnungsbilanz sowie die zu ihrem Verständnis erforderlichen Arbeitsanweisungen und sonstigen Organisationsunterlagen
2. empfangene Handels- oder Geschäftsbriefe
3. abgesandte Handels- oder Geschäftsbriefe
4. Buchungsbelege
5. Unterlagen, die einer mit Mitteln der Datenverarbeitung abgegebenen Zollanmeldung nach Artikel 77 Abs. 1 in Verbindung mit Artikel 62 Abs. 2 Zollkodex beizufügen sind, sofern die Zollbehörden nach Artikel 77 Abs. 2 Satz 1 Zollkodex auf ihre Vorlage verzichtet oder sie nach erfolgter Vorlage zurückgegeben haben
6. sonstige Unterlagen, soweit sie für die Besteuerung von Bedeutung sind

Der Archivierungszeitraum wird ebenfalls in § 147 AO gesetzlich festgeschrieben: Alle oben genannten Dokumente sind grundsätzlich 10 Jahre zu archivieren, mit Ausnahme der unter 6. genannten Dokumente, für die lediglich eine Frist von 6 Jahren gilt. Grundsätzlich beginnt die Aufbewahrungsfrist mit dem Ende des Kalenderjahres, in dem der letzte Eintrag im entsprechenden Dokument gemacht wurde. Beispiel: Erfolgte die letzte Eintragung in eine Inventarliste am 05.04.2014, würde die Frist zum 31.12.2014 starten, und die entsprechende Inventarliste müsste für 10 Jahre bis zum 31.12.2024 aufbewahrt werden.[415]

Eine Auflistung der Aufbewahrungsfristen finden Sie auch bei Elter, C.: Freiberufler. Fit fürs Finanzamt, Weinheim 2013, S. 198f.

142. Wann ist eine Rechnung korrekt?

Bei der Erstellung einer korrekten Rechnung ist eine ganze Reihe von Charakteristika zu beachten, die nachfolgend zusammengestellt sind:[416]

- Der **Name**, die Firma und die **Anschrift des Rechnungsstellers** müssen vollständig und korrekt angegeben werden.
- Die **Adresse des Kunden** muss vollständig und korrekt angegeben werden.
- Bei größeren Unternehmen sollte der **Auftraggeber** auf der Rechnung vermerkt sein.
- Die **Rechnung** muss als solche (als Rechnung) gekennzeichnet sein.
- Die Rechnung benötigt ein korrektes **Ausstellungsdatum** (Rechnungsdatum).
- Die Rechnung muss **fortlaufend nummeriert** sein; jede Nummer darf nur einmal vergeben werden.
- Die Steuernummer bzw. die **Umsatzsteuer-Identifikationsnummer** müssen korrekt angegeben werden.
- Die **Bankverbindung** (mit IBAN und BIC) muss korrekt auf der Rechnung angegeben werden.
- Der **Zeitpunkt der Leistungserstellung** ist korrekt zu benennen.
- **Umfang und Art der Leistung** sind korrekt anzugeben.
- Der **korrekte Umsatzsteuersatz** (7% bzw. 19%) muss ausgewiesen werden, bzw.: Ist der Rechnungsteller von der Umsatzsteuer befreit, darf keine ausgewiesen werden; stattdessen ist ein Hinweis auf die **Kleinunternehmerregelung** zu ergänzen.

Darüber hinaus sollten Sie bei Rechnungsstellung prüfen:[417]

- Entspricht die Rechnungssumme vorherigen Vereinbarungen?
- Sind im Voraus vereinbarte Rabatte, Boni oder Skonti korrekt und berücksichtigt?
- Ist ein Fälligkeitshinweis angeben (bis wann muss gezahlt werden?)?

143. Müssen Existenzgründer Kundenmanagement betreiben?

Kundenmanagement ist für alle Unternehmen, und damit auch für Existenzgründer, unverzichtbar. Sie sollten jederzeit im Blick haben, wen Sie schon als Kunde angesprochen oder gewonnen haben, wer Ihnen abgesagt hat und warum er das getan hat.[418] Folgende Eckdaten sollten Sie zumindest in einer Tabelle abspeichern:

- Name des Kunden (des Unternehmens),
- bei Unternehmenskontakten: Ansprechpartner des Unternehmens,
- Direktkontaktdaten (Adresse, Telefonnummer, Faxnummer, E-Mail-Adresse),
- Informationen zur Website des Kunden,
- Informationen zum Kontakt (wo und wann bzw. in welchem Zusammenhang haben Sie den Kunden kennengelernt),
- Erfahrungen mit dem Kunden (Absage mit/ohne Begründung, persönliche Wünsche),
- bisheriges Auftragsvolumen,
- Auftragshäufigkeit.

144. Was gehört in die Allgemeinen Geschäftsbedingungen?

Die Allgemeinen Geschäftsbedingungen (AGB) regeln die Grundlagen des Handelns zwischen Geschäftspartnern, unabhängig davon, ob es sich beim Kunden um ein Unternehmen oder um eine Privatperson handelt. Die AGB sind insbesondere dann von Bedeutung, wenn Sie in Ihrem Unternehmen Leistungen erbringen, die sich auf einen Kundenauftrag stützen. Wünschenswert wäre, dass Sie Ihre AGB inhaltlich klar und formal gut lesbar formulieren, so dass man als Leser den Inhalt schnell und unstrittig erfassen kann. Sehr häufig gliedern sich die AGB in folgende Bestandteile:[419]

- Allgemeine Hinweise,
- Erläuterungen zu Vergütungen oder zu Nutzungsrechten,
- Abnahme und Fälligkeit der Vergütung,
- Eigentumsvorbehalt,
- Bestimmungen zur Gewährleistung und zur Haftung,
- bei künstlerischen Berufen: Bestimmungen zur Gestaltungsfreiheit,
- Schlussbestimmungen.

Generell unterscheidet sich der Aufbau der AGB von Branche zu Branche. Am besten, Sie recherchieren einmal im Internet nach AGB aus Ihrer Branche.

145. Was sollten Sie in Ihrer geschäftlichen Zukunft wissen?

Nachfolgend erhalten Sie einige Hinweise, die im Laufe der Geschäftstätigkeit wichtig sind. So können Sie nachlesen,

- warum Sie eine Buchhaltung brauchen,
- wie ein Forderungsmanagement bzw. Mahnwesen aufgebaut sein kann,
- welche Aussagen die Gewinn- und Verlustrechnung enthält und
- wie eine Bilanz aufgebaut ist.
- Außerdem sollten Sie wissen, welche Steuern Sie zu zahlen haben und
- wann eine Insolvenz eintritt.

146. Sind Sie buchführungspflichtig?

Für Existenzgründer beginnt mit der Aufnahme der betrieblichen Tätigkeit die Pflicht, bestimmte Bücher oder Aufzeichnungen zu führen. Die Pflicht zur Buchführung ergibt sich aus den §§ 238ff des Handelsgesetzbuches und betrifft alle Kaufleute. Für alle anderen Personen (Privatpersonen, Land- und Forstwirte, Freiberufler, Kleingewerbetreibende) besteht diese Pflicht (zunächst) nicht, allerdings entsteht nach § 141 der Abgabenordnung auch für bestimmte Land- und Forstwirte eine Buchführungspflicht. Freiberufler sind zwar nicht buchführungspflichtig, müssen aber, um die Umsatzsteuer ermitteln zu können, ebenfalls (vereinfachte) Aufzeichnungen führen.[420]

Zur Durchführung der Buchführung existieren zahlreiche Formvorschriften, darunter die Ordnungsregeln mit dem Zwang zur Vollständigkeit, zur Richtigkeit, zur Zeitgerechtigkeit und zum sachlichen und zeitlichen Geordnetsein.[421]

Gerade ohne entsprechende Buchführungskenntnisse empfiehlt es sich deshalb, zumindest bei Aufnahme der selbständigen Tätigkeit einen Steuerberater zu konsultieren.

147. Wie funktioniert ein einfaches Forderungsmanagement?

Noch bevor Sie ein Mahnwesen einrichten, sollten Sie sich zunächst um ein einfaches Forderungsmanagement bemühen:

Häufig räumen Unternehmen ihren Kunden Zahlungsziele ein und werden damit zum Kreditgeber, indem Sie Lieferantenkredite gewähren. Es entstehen sogenannte Forderungen. Zur Sicherung des wirtschaftlichen Erfolgs eines Unternehmens ist es bedeutsam, diese Forderungen als wichtige Ansprüche zu verstehen. Beachten Sie deshalb die folgenden Regeln:

- Prüfen Sie die Bonität (Kreditwürdigkeit) Ihrer Kunden, denen Sie Zahlungsziele einräumen. Auskünfte hierzu erteilen Wirtschaftsauskunfteien wie die Schufa, die Bürgel Wirtschaftsdienste oder z.B. die Creditreform.
- Gewähren Sie keine Zahlungsziele, die für die Branche unüblich sind. Stattdessen sollten Sie Anreize setzen, dass Ihre Kunden zügig bezahlen, z.B. durch die Gewährung von Skonto. Dann sollten Sie aber auch Ihre eigenen Kosten, die Ihnen durch den Lieferantenkredit entstehen, in den Angebotspreis einkalkulieren, denn Sie haben nichts zu verschenken.
- Sie sollten Ihre Rechnungen grundsätzlich zügig stellen. Achten Sie dabei auf die Regeln der korrekten Rechnungsstellung, um dem Kunden keinen Anlass zu geben, die Rechnung anzuzweifeln.
- Überwachen Sie die Zahlungstermine und die Zahlungsbeträge regelmäßig und genau, um sicherzustellen, dass Ihr Kunde den vollständigen Betrag rechtzeitig bezahlt.
- Organisieren Sie Ihr Mahnwesen: Das Gesetz zur Beschleunigung fälliger Zahlungen sieht vor, dass Schuldner auch ohne Mahnung bereits 30 Tage nach Rechnungserhalt in Verzug geraten.
- Planen Sie Ihre erwarteten Ein- und Auszahlungen sorgfältig und berücksichtigen Sie dabei, dass nicht alle Kundenforderungen pünktlich beglichen werden.
- Informieren Sie sich (bei Ihrer Hausbank) über Möglichkeiten, wie Sie mögliche Außenstände finanzieren können, um Liquiditätsengpässe, die Ihnen vielleicht aufgrund eines verzögerten Zahlungseingangs Ihrer Kunden entstehen, zu vermeiden.
- Nutzen Sie (in kritischen Situationen) die Möglichkeit des Factoring, d.h. treten Sie Ihre Forderungen an ein anderes Unternehmen (den Factor) ab. Allerdings: Der Factor übernimmt das Bonitäts- und Insolvenzrisiko des Kunden und lässt sich das

von Ihnen bezahlen, indem er einen teilweise nicht unerheblichen Abschlag der offenen Forderung einbehält.
- Wenn Ihr Kunde Ihrer Rechnung gar nicht nachkommt und Ihre Mahnungen ignoriert, ist es an der Zeit, ein Inkassoinstitut mit der Realisierung Ihrer Forderung zu beauftragen.

148. Wie funktioniert ein Mahnwesen?

Der Kunde erwartet zwar die pünktliche Lieferung seiner Bestellung, dennoch darf man nicht unbedingt die pünktliche Begleichung der Rechnung erwarten.[422]

Das Mahnwesen kann in insgesamt sechs Schritte gegliedert werden:

1. Die Zahlungserinnerung:
Läuft die vereinbarte Zahlungsfrist (oftmals 30 Tage) ab, ohne dass ein Kunde die Rechnung beglichen hat, so schickt man ihm zunächst eine freundliche Erinnerung und setzt ihm eine neue Frist. Jeder kann einmal vergessen, eine Rechnung zu bezahlen. Deshalb ist man zunächst (noch) sehr höflich.

2. Die erste Mahnung:
Wenn auch das Erinnerungsschreiben ohne Erfolg bleibt, muss man eine erste Mahnung versenden. Dazu schreibt man deutlich den Begriff MAHNUNG in den Betreff. Dem Kunden ist mitzuteilen, um welchen Auftrag es sich handelt, wie das Lieferdatum, die Rechnungsnummer und der ursprüngliche Zahlungstermin lautet. Außerdem sollte man sich auch auf das Erinnerungsschreiben beziehen und eine neue Frist (meist 14 Tage) setzen, bis wann die Rechnung bezahlt sein soll. Dabei ist darauf zu achten, dass es sich um einen Werktag handelt, damit der Kunde die Frist auch einhalten kann.

3. Die zweite Mahnung:
Wenn der Kunde auch auf die erste Mahnung nicht reagiert, muss man ihm eine zweite schicken. Erneut ist eine Frist zu setzen, die angibt, bis wann die Rechnung bezahlt werden soll (meist 10 Tage). Dabei ist auch jetzt darauf zu achten, dass es sich um einen Werktag handelt, damit der Kunde die Frist auch einhalten kann.

4. Die dritte Mahnung:
Jetzt sollte man, abgesehen von einer weiteren kurzen Frist (7 Tage), die man dem Kunden einräumt, Konsequenzen androhen, z.B. der Gang zu einem Inkassounternehmen, zum Amtsgericht oder zum Rechtsanwalt.

Die erste Mahnung muss stets kostenfrei verschickt werden (Ausnahme: Handwerksbetrieb). Für jeden weiteren Schritt darf man sich jedoch den Verzugsschaden ersetzen lassen.

Die Außenstände betreffend, gibt es 3 Möglichkeiten der Vorgehensweise:

- Erwirken eines Mahnbescheid beim Amtsgericht,

- Einschalten eines Rechtsanwalt,
- Beauftragen ein Inkassounternehmen.

5. Gerichtlicher Mahnbescheid:
Einen Vordruck "für das maschinelle Mahnverfahren" (inkl. der Hilfsstellung zum Ausfüllen des Vordrucks) kann man im Schreibwarenhandel erwerben. Die Gebühren für den Mahnbescheid orientieren sich an der Forderungshöhe: Bis zu einer Höhe von 300 Euro betragen die Gebühren etwa 13 Euro, bis zu einer Höhe von 600 Euro betragen sie etwa 18 Euro, bis zu 2.500 Euro etwa 40 Euro.

6. Der Vollstreckungsbescheid:
Wenn der Kunde nicht auf den Mahnbescheid reagieren sollte, dann stellt ihm das Amtsgericht einen Vollstreckungsbescheid zu, gegen den der Kunde Widerspruch einlegen darf. Wenn Zahlung und Widerspruch ausbleiben, wird der Gerichtsvollzieher beim Kunden eine Pfändung durchführen.

Im Übrigen kann der Kunde vor Gericht ziehen, wenn er gegen den gerichtlichen Mahnbescheid Widerspruch einlegt. Zur gerichtlichen Auseinandersetzung kommt es jedoch nur dann, wenn mindestens einer der beiden Parteien diesbezüglich die Initiative ergreift.

Wer ein Inkassoinstitut damit beauftragt, die Forderungen einzutreiben, muss als Auftraggeber mit einer Gebührenpauschale von etwa 20 bis 30 Euro rechnen. Des Weiteren fällt eine Erfolgsprovision in Höhe von bis zu 10 Prozent der Forderungssumme an.

149. Was sagt die Gewinn- und Verlustrechnung aus?

Die Gewinn- und Verlustrechnung (GuV) ist die Gegenüberstellung von Aufwendungen und Erträgen eines Geschäftsjahres. Sie ist Pflichtbestandteil des Jahresabschlusses (§ 242 III HGB) kann nach dem Umsatzkosten- oder dem Gesamtkostenverfahren aufgebaut werden. Aufgrund der Komplexität und Wichtigkeit der GuV sollte man bei der Erstellung auf jeden Fall auf Expertenwissen zurückgreifen. Meist wird der Steuerberater dem Gründer diese Aufgabe abnehmen. Zur Buchführung nach dem Steuerrecht verpflichtet sind alle Unternehmen, die mindestens eine der folgenden Voraussetzungen erfüllen:

- Die Umsätze im Kalenderjahr betragen mehr als 500.000 Euro.
- Der Gewinn beträgt mehr als 50.000 Euro pro Jahr.

In allen anderen Fällen genügt die Einnahmen-Überschuss-Rechnung zu Ermittlung des Gewinns. Nach dem Handelsgesetzbuch sind alle Kaufleute zur Buchführung verpflichtet, deren Unternehmen nach Art und Umfang einen in kaufmännischer Weise eingerichteten Geschäftsbetrieb erfordert. Vereinfacht ermittelt sich der Bilanzgewinn über folgende Rechnung:[423]

Umsatz – Wareneinsatz = Rohgewinn I (Wertschöpfung)
Rohgewinn I – Personalkosten = Rohgewinn II
Rohgewinn II – alle weiteren Kosten = Bilanzgewinn.

Zu der Position alle weiteren Kosten gehören: Miete, Pacht und Heizung, Gas, Strom und Wasser, Versicherungen, Beiträge und Steuern, Fahrzeugkosten, Werbung, Reisekosten und Repräsentationskosten, Instandhaltung Maschinen und Geräte, sonstige Kosten, Zinsen und Abschreibungen.[424]

Mit dieser Rechnung erhält man Informationen zur Höhe des erzielten Gewinns, zu den Kostenschwerpunkten und ggf. durch eine Gegenüberstellung von Plan- und Ist-Zahlen zur Planerreichung.

150. Welche Informationen liefert die Bilanz?

Als Bilanz bezeichnet man die Gegenüberstellung des Vermögens und des Kapitals eines Unternehmens zu einem konkreten Zeitpunkt.[425] Die Wertansätze für die Bilanz ergeben sich gemäß den Grundsätzen ordnungsmäßiger Buchführung und Bilanzierung.

Auf der Passivseite, der Seite des Kapitals, gibt die Bilanz Auskunft darüber, wie sich das Unternehmenskapital zusammensetzt und drückt damit aus, wie das Unternehmen finanziert wurde (insbesondere Unterscheidung zwischen Eigen- und Fremdkapital, wobei der Begriff Fremdkapital selbst in der Bilanz gar nicht vorkommt. Stattdessen werden in der Bilanz die Begriffe Rückstellungen und Verbindlichkeiten genannt).

Die Aktivseite (Vermögensseite) gibt Auskunft über die Verwendung des Kapitals. Hier wird zwischen Anlagevermögen (immaterielles Anlagevermögen, Sachanlagen, Finanzanlagen) und Umlaufvermögen (Vorräte, Forderungen, kurzfristige Wertpapiere, Kasse/Bank) unterschieden.

Die Aufstellung einer Bilanz ist derart komplex, dass Gründer sich dafür meist externe Hilfe, oft in Form eines Steuerberaters, nehmen sollten. Des Weiteren sollte der Gründer zumindest einige wenige Kennzahlen der statischen Finanzkontrolle berechnen (lassen). Dazu gehören Kennzahlen zur Beurteilung der

- Liquidität (Liquiditätsgrad 1, 2 und 3),
- Vermögensstruktur (Anlageintensität, Umlaufintensität),
- Kapitalstruktur (Verschuldungsgrad, Eigenkapitalquote),
- Anlagendeckung (Einhaltung der Finanzregeln),
- Rentabilität (Eigenkapitalrentabilität, Return On Investment, Cash Flow).

151. Welche Steuern müssen Sie zahlen?

Ihre unternehmerische Tätigkeit führt entweder zu Einnahmen aus selbständiger Tätigkeit (z.B. bei Freiberuflern) oder zu Einnahmen aus Gewerbebetrieb. Zusammen mit den anderen Einkunftsarten (z.B. Einkünfte aus nichtselbständiger Tätigkeit, Einkünfte aus Kapitalvermögen, Einkünfte aus Vermietung und Verpachtung) unterliegen Sie der **Einkommensteuer**, zu der auch der **Solidaritätszuschlag** (in Höhe von 5,5% der Einkommensteuer) gehört. Wenn Sie zudem einer christlichen Kirche angehören, wird auch noch **Kirchensteuer** fällig (in Höhe von 8 bzw. 9 % der Einkommensteuer). Die tatsächliche Höhe der Steuer hängt neben dem Familienstand vor allem von der Höhe des steuerpflichtigen Einkommens ab. Als Selbständiger müssen Sie regelmäßige Vorauszahlungen auf die Einkommensteuer leisten, die dann mit der letztlichen Jahreseinkommensteuerschuld verrechnet werden.

Unabhängig von den monatlichen oder quartalsweisen Umsatzsteuervoranmeldungen müssen Sie auch einmal im Jahr eine **Umsatzsteuerjahreserklärung** abgeben. Dabei kann es auch zu Nachzahlungen kommen, wenn Sie gewisse Betriebsvermögenswerte (z.B. Betriebsfahrzeuge) privat genutzt haben, die jetzt nachversteuert werden. Die Umsatzsteuer ist grundsätzlich ein durchlaufender Posten: Umsatzsteuer, die Sie von Ihren Kunden eingenommen haben, wird ans Finanzamt abgeführt; Umsatzsteuer, die Sie im Rahmen der Beschaffung schon bezahlt haben, wird Ihnen als Vorsteuer erstattet. Natürlich führt nicht jeder Geschäftsvorfall zu einer Zahlung ans oder vom Finanzamt, sondern letztlich wird die Differenz aus der Summe aller Umsatzsteuereinnahmen oder der Summe aller Vorsteuerzahlungen gebildet und nur diese Differenz muss ausgeglichen werden.

Im Unterschied zu Freiberuflern müssen Gewerbetreibende auch eine **Gewerbesteuererklärung** abgeben, selbst dann wenn sich daraus keine Gewerbesteuerschuld ergibt, weil Sie vielleicht als Einzelunternehmen in Teilzeit weniger als 24.500 Euro Gewerbeertrag erzielt haben. Freiberufler sind in Deutschland von der Gewerbesteuerzahlung grundsätzlich befreit. Kapitalgesellschaften haben dagegen keinen Gewerbesteuerfreibetrag: bereits der erste Euro Gewerbeertrag unterliegt der Gewerbesteuerpflicht. Dafür mindert bei Kapitalgesellschaften das Geschäftsführergehalt den Gewinn, wohingegen Einzelunternehmer und die Inhaber von Personengesellschaften statt eines gewinnmindernden Geschäftsführergehalts ihren Lebensunterhalt aus dem Gewinn des Unternehmens entnehmen müssen.

152. Wann sind Sie insolvent?

Eine Unternehmensinsolvenz kann zwei Formen haben: (auch eine drohende) Zahlungsunfähigkeit oder Überschuldung.

Ihr Unternehmen ist zahlungsunfähig, wenn Sie Rechnungen nicht mehr begleichen können oder Gehälter nicht mehr bezahlen können.[426] Auf keinen Fall sollten Sie die Zahlung der Lohn- oder Umsatzsteuer oder die Zahlung der Sozialversicherungsbeiträge einstellen. Auch dürfen Sie keine Vermögenswerte retten, indem Sie diese noch schnell auf Verwandte übertragen. Wenn Sie Kenntnisse von der Insolvenz Ihres Unternehmens haben und dennoch keinen Antrag auf Eröffnung des Insolvenzverfahrens stellen, kann der Straftatbestand der Insolvenzverschleppung festgestellt werden.

Von Überschuldung wird gesprochen, wenn die Verbindlichkeiten Ihres Unternehmens größer sind als die Vermögenswerte.

Die Eröffnung eines Insolvenzverfahrens bedeutet nicht zwingend das Ende Ihres Unternehmens. Insolvenzverwalter sind heute darum bemüht, marktfähige Teile Ihres Unternehmens zu erhalten.

Der Abschluss dieses Buches

Kein Buch zur Existenzgründung ist vollständig. Es stellen sich immer wieder neue Fragen, die beantwortet werden müssen. So wird es auch bei diesem Buch und bei Ihrer Existenzgründung sein. Und vielleicht schauen Sie auch mal auf www.bwl-gründung.de vorbei. Die Website befindet sich zum Stand der Drucklegung noch im Aufbau, wird aber schrittweise um weitere Informationen zur Existenzgründung ergänzt. Vielleicht sind Sie aber auch so auf Ihre Idee und Ihren Business Plan fokussiert, dass Sie an einem Business Plan Wettbewerb teilnehmen wollen. Dann kann Ihnen die nachfolgende Liste helfen, den für Sie geeigneten Wettbewerb zu finden.

153. Welche Business Plan Wettbewerbe gibt es in Deutschland?

Die folgende Übersicht ist http://www.foerderland.de/news/wettbewerbe/alle/awards/ entnommen. Dort können Sie auch weitere Detailinformationen zu den jeweiligen Wettbewerben erhalten. Beachten Sie, dass nicht alle Wettbewerbe jährlich stattfinden.

1,2,3 Go
Art: Einstufiger, branchenoffener Wettbewerb, Region: Großregion (Saarland, Trier, Belgien, Lothringen, Luxemburg)

5-Euro-Business
Art: Hochschulwettbewerb, Region: mehrere Hochschulen innerhalb und außerhalb Bayerns

AC² - der gründungswettbewerb
Art: Zweistufiger, branchenoffener Wettbewerb, Region: Wirtschaftsregion Aachen, Düren, Euskirchen, Heinsberg

Belladonna Gründerinnenpreis
Art: Gründerinnen sind gefragt, Region: Bremen

Benchmark Award
Art: Einstufiger Wettbewerb für die Medizin-/ Gesundheitswirtschaft, Region: NRW

Berliner Unternehmerin des Jahres
Art: Einstufiger Wettbewerb, Region: Berlin

Bio-Gründer Wettbewerb
Art: Ideenwettbewerb, Region: bundesweit

BPW IdeenReich
Art: Einstufiger, branchenoffener Wettbewerb, Region: Teilnehmer in Niederbayern sowie Mühldorf und Altötting

BPW Promotion Nordhessen
Art: Themenoffener, technologieorientierter Wettbewerb, Region: Deutschland mit Schwerpunkt Nordhessen

BPW Schwaben
Art: Einstufiger, branchenoffener Wettbewerb, Region: Bayerisch Schwaben

Businessplan Wettbewerb Medizinwirtschaft
Art: Zweistufiger Wettbewerb für die Medizin-/ Gesundheitswirtschaft, Region: bundesweit

Businessplan-Wettbewerb Berlin-Brandenburg
Art: Dreistufiger, branchenoffener Wettbewerb, Region: Berlin-Brandenburg

Businessplan-Wettbewerb Nordbayern
Art: Dreistufiger, branchenoffener Wettbewerb, Region: Nordbayern

Businessplanwettbewerb Sachsen-Anhalt
Art: Dreistufiger, branchenoffener Wettbewerb, Region: Sachsen-Anhalt

CyberChampions Award
Art: Einstufiger Wettbewerb, Region: TechnologieRegion Karlsruhe

CyberOne
Art: Einstufiger, technologie-orientierter Wettbewerb, Region: Baden-Württemberg

Detecon Mobile Award
Art: Internet-Planspiel zum Thema Mobile Business, Region: bundesweit

Deutscher eLearning-Innovations- und Nachwuchs-Award D-ELINA 2012
Art: Einstufiger Wettbewerb, Region: bundesweit

Deutscher Gründerpreis
Art: Preise werden in vier Kategorien vergeben: Schüler, StartUp, Aufsteiger und Lebenswerk, Region: bundesweit

Deutscher Gründerpreis für Schüler
Art: Existenzgründer-Planspiel, Region: bundesweit

DMMA OnlineStar
Art: Wettbewerb für innovative Online- und Offline-Anwendungen, Region: bundesweit

enable2start
Art: Einstufiger Wettbewerb, Region: bundesweit

Entrepreneur des Jahres
Art: Erfolgreiche Unternehmerpersönlichkeiten gesucht, Region: bundesweit

ETHICS IN BUSINESS
Art: Einstufiger Wettbewerb, Region: bundesweit

Forum KIEDRICH Gründermarkt
Art: Bundesweite Initiative, die sich an Start-Ups im Bereich innovativer Technologien richtet, Region: bundesweit

Frankfurter Gründerpreis
Art: Herausragende Gründungen gesucht, Region: Frankfurt am Main

futureSAX
Art: Einstufiger, branchenoffener Wettbewerb, Region: Sachsen

GENERATION D. Ideen für Deutschland. Gemeinsam Anpacken.
Art: Ideenwettbewerb für Studierende, Region: bundesweit

Großer Preis des Mittelstandes
Art: Einstufiger, branchenoffener Wettbewerb, Region: bundesweit

Gründercampus Niedersachsen
Art: Förderprogramm, Region: Niedersachsen

GründerChampions
Art: Einstufiger, branchenoffener Wettbewerb, Region: bundesweit

GründerCup Kiel Region
Art: Zweistufiger Wettbewerb, Region: Kiel, Rendsburg-Eckernförde, Plön

Gründerpreis Bremerhaven
Art: Dreistufiger, branchenoffener Wettbewerb, Region: Region Bremerhaven

Gründerpreis Thüringen
Art: branchenoffener Wettbewerb, Region: Thüringen

Gründerwettbewerb – IKT innovativ
Art: Wettbewerb mit Schwerpunkt IKT, Region: bundesweit

Gründungswettbewerb start2grow
Art: Zweistufiger Gründungswettbewerb, Region: bundesweit

Hamburger INNOTECH-Preis
Art: Initiative im Raum Hamburg, Region: Hamburg

Hessen-Champions
Art: Einstufiger Wettbewerb, Region: Hessen

Hochschul-Gründer-Preis
Art: Regionaler Businessplan-Wettbewerb, Region: Nordbayern

IDEE-Förderpreis
Art: Gesucht werden die "Macherinnen" unter Deutschlands Frauen, Region: bundesweit

Ideenwettbewerb "Idee"
Art: Einstufiger, branchenoffener Wettbewerb, Region: Braunschweig

IHK Forschungs- und Innovationspreis
Art: Einstufiger Wettbewerb, Region: Mittlerer Niederrhein

IHK-Gründerpreis Mittelfranken
Art: Einstufiger, regionaler Wettbewerb, Region: Mittelfranken

INDUSTRIEPREIS 2012
Art: Einstufiger Wettbewerb für Unternehmen aus der Industrie, Region: bundesweit

Initiativpreis Aus- und Weiterbildung
Art: Einstufiger, branchenoffener Wettbewerb, Region: bundesweit

Innovationspreis der deutschen Wirtschaft
Art: Innovationen gesucht!, Region: bundesweit

Innovationspreis Münsterland
Art: Einstufiger Wettbewerb, Region: Münsterland

Innovationspreis Thüringen
Art: Innovationswettbewerb, Region: Thüringen

Innovationspreis Weiterbildung Region Stuttgart
Art: Prämiert werden Unternehmen, die im betrieblichen Bildungswesen beispielhafte Initiativen ergriffen haben, Region: Region Stuttgart

INNOVATIONSPREIS-IT
Art: Einstufiger Wettbewerb, Region: Deutschland, Schweiz und Österreich

Innovators' Pitch 2013
Art: Einstufiger Wettbewerb, Region: Bundesweit

IQ Innovationspreis Mitteldeutschland
Art: Dreistufiger, clusterorientierter Wettbewerb, Region: Bundesweit

ISUS Preis 2014
Art: Einstufiger Wettbewerb, Region: Bundesweit

Jugend gründet
Art: Zweistufiger Online-Wettbewerb (Businessplan und Planspiel), Region: bundesweit

JUNIOR-Projekt
Art: Schülerwettbewerb, Region: bundesweit

Landespreis für junge Unternehmer
Art: Einstufiger Wettbewerb, Region: Baden-Württemberg

Lausitzer Existenzgründer Wettbewerb
Art: Einstufiger, branchenoffener Wettbewerb, Region: Brandenburgische und sächsische Lausitz

MediaAward
Art: Einstufiger Wettbewerb, Region: bundesweit

MicroMountains start & more
Art: einstufiger Businessplan-Wettbewerb, Region: Baden-Württemberg, Schwarzwald-Baar-Heuberg

Mittelstandspreis für soziale Verantwortung in Baden-Württemberg
Art: Leistung - Engagement – Anerkennung, Region: Baden-Württemberg

Mittelstandsprogramm
Art: Einstufiger Wettbewerb, Region: bundesweit

Münchener Business Plan Wettbewerb
Art: Dreistufiger, branchenoffener Wettbewerb, Region: Südbayern

netSTART-Award
Art: Zweistufiger Wettbewerb für alle Branchen, Region: bundesweit

NUK-Businessplan-Wettbewerb
Art: Dreistufiger, branchenoffener Wettbewerb, Region: Rheinland

Pioniergeist: Ihr Konzept - unser Gründerpreis
Art: Einstufiger, branchenoffener Wettbewerb, Region: Rheinland-Pfalz

Play the Market
Art: Unternehmensplanspiel, Region: Bayern

Plug & Work, der Gründungs- und Ansiedlungswettbewerb für Zukunftsbranchen
Art: Gründungs- und Ansiedlungswettbewerb, Region: bundesweit

Prix Veuve Clicquot für die Unternehmerin des Jahres
Art: Gesucht wird die Unternehmerin des Jahres, Region: bundesweit

Ruhr@venture
Art: Einstufiger Businessplanwettbewerb, Region: Bochum

Science4Life Venture Cup
Art: Dreistufiger Wettbewerb mit Schwerpunkt Life Sciences und Chemie, Region: bundesweit

Senkrechtstarter - der Gründungswettbewerb
Art: Zweiphasiger Wettbewerb für Gründungen in allen Branchen, Region: bundesweit

Startsocial - Hilfe für Helfer
Art: Wettbewerb zur Förderung sozialer Projekte und Ideen, Region: bundesweit

StartUp-Impuls - Der Wettbewerb für Ihre Gründungsidee
Art: Einstufiger, branchenoffener Wettbewerb, Region: Hannover

Test your Ideas!
Art: Regionaler Hochschulwettbewerb, Region: Baden-Württemberg

Thüringer Elevator Pitch
Art: Kurzpräsentationen sind gefragt, Region: bundesweit

TOP 100
Art: Mehrstufiger Wettbewerb, Region: bundesweit

TOP JOB
Art: mehrstufiger Wettbewerb, Region: bundesweit

VR-InnovationsPreis Mittelstand
Art: Gesucht werden ideen- und erfolgreiche UnternehmerInnen, Region: Baden-Württemberg

WECONOMY
Art: Einstufiger, branchenoffener Wettbewerb, Region: bundesweit

WirtschaftsWoche-Gründerwettbewerb
Art: Einstufiger Gründerwettbewerb, Region: bundesweit

Eine weitere Auflistung von bundesweiten und regionalen Business Plan Wettbewerben erhalten Sie unter:
http://www.fuer-gruender.de/beratung/termine/businessplanwettbewerb/.

154. Brauchen Sie eine Unternehmensberatung?

Unternehmensberatungen sind externe Dienstleister, die Unternehmen vor allem hinsichtlich deren Strukturen und Prozessen beraten. Eine zentrale Zielsetzung der Beratungsgesellschaften liegt meist darin, Strategien zur Erfolgssicherung des Unternehmens und zur Optimierung der Wirtschaftlichkeit und Rentabilität ihrer Kunden zu generieren. Dabei konzentriert sich die Beratungsgesellschaft sowohl auf Fragen der Gegenwart (Wo weist das Unternehmen derzeit seine größten Schwächen auf?) als auch der Zukunft (Welche Chancen und Risiken sind aufgrund sich verändernder Marktbedingungen zu erwarten?). Um diese Fragen beantworten zu können, analysiert die Unternehmensberatung neben dem Auftrag gebenden Unternehmen auch das jeweilige Marktumfeld des Auftraggebers. Der große Vorteil der Unternehmensberatung liegt darin, dass sie eine erweiterte Betrachtungsweise der innerbetrieblichen Sichtweisen von außen gewährleistet.[427]

155. Suchen Sie das passende Existenzgründungsseminar?

Möglicherweise haben Sie sich nach Durchsicht dieses Buches dazu entschlossen, ein Existenzgründungsseminar zu besuchen. Das Angebot an solchen Seminaren ist sehr vielfältig und kostet häufig gar nicht sehr viel Geld. Neben den Kammern und Verbänden bieten auch viele Hochschulen entsprechende Kurse an. Darüber hinaus finden Sie regionale Angebote unter:
http://www.unternehmenswelt.de/existenzgruenderseminare.html.

Quellen- und Endnotenverzeichnis

Buchquellen:

- Arnold, Jürgen: Existenzgründung: Businessplan & Chancen, Burgrieden 2013
- Bundesministerium für Wirtschaft und Technologie, BMWI: Starthilfe – Der erfolgreiche Weg in die Selbstständigkeit, Paderborn 2013
- Collrepp, Friedrich von: Handbuch Existenzgründung: Sicher in die dauerhaft erfolgreiche Selbstständigkeit, 6. Auflage, Stuttgart 2011
- Emge, Hans: Wie werde ich Unternehmer?, Wuppertal 2007
- Grosjean, René Klaus: Umgang mit Banken - Erfolgreich mit der Bank verhandeln, Geldanlagen, Kredite, Zahlungsverkehr, 1995
- Hahn, Christopher: Finanzierung und Besteuerung von Start-up-Unternehmen: Praxisbuch für erfolgreiche Gründer, Wiesbaden 2014
- Hau, Erich: Windkraftanlagen. Grundlagen, Technik, Einsatz, Wirtschaftlichkeit, 4. Auflage, Berlin/Heidelberg 2008, S. 840.
- Hebig, Michael: Existenzgründungsberatung, 6. Auflage, Berlin 2014
- Hering, Thomas/Vincenti, Aurelio J.F.: Unternehmensgründung, München 2005
- Hofert, Svenja: Praxisbuch Existenzgründung, 7. Auflage, Offenbach 2014
- Impulse: Sonderheft 1/97 "Take off in die Selbstständigkeit", 1997
- Janson, Simone: 10 Schritte zur erfolgreichen Existenzgründung. Von der Anmeldung über die Finanzierung bis zum ersten Marketing, 3. Auflage, München 2011
- KfW: Gründungsmonitor, Frankfurt am Main 2013
- Kirschbaum, Günter/Naujoks, Wilfried: Erfolgreich in die berufliche Selbstständigkeit. München 2004
- Klandt, Heinz: Gründungsmanagement: Der integrierte Unternehmensplan, München 2003
- Klandt, Heinz: Gründungsmanagement: Der integrierte Unternehmensplan, 2. Auflage, München 2006
- Kollmann, Tobias: E-Entrepreneurship: Grundlagen der Unternehmensgründung in der Net Economy, 4. Auflage, Wiesbaden 2011
- Kollmann, Tobias et al.: Gabler Kompakt-Lexikon – Unternehmensgründung, Wiesbaden 2009
- Linke, Marco W.: Erfolgreich selbstständig! Handbuch für Freelancer und Existenzgründer, 2. Auflage, Norderstedt 2014
- Lutz, Andreas/Bussler, Christian: Die Businessplan-Mappe. 40 Beispiele aus der Praxis, 3. Auflage, Wien 2010
- Lutz, Andreas/Luck, Nadine: Selbstständig in Teilzeit. Als Kleinunternehmer zum großen Erfolg, 2. Auflage, Wien 2013
- Maikranz, Frank C.: Das Existenzgründungskompendium, Berlin Heidelberg 2002
- Massow, Martin: Freiberufler Atlas, Berlin 2012
- Nagl, Anna: Der Business Plan: Geschäftspläne professionell erstellen. Mit Checklisten und Fallbeispielen, 7. Auflage, Wiesbaden 2014
- Opoczynski, Michael/ Fausten, Willi: WISO. Existenzgründung, Wien/Frankfurt 1998.
- Ottersbach, Jörg H.: Der Business Plan. Praxisbeispiele für Unternehmensgründer und Unternehmer, 2. Auflage, München 2012
- Pott, Oliver: Entrepreneurship: Unternehmensgründung, Unternehmerisches Handeln und Rechtliche Aspekte, Berlin Heidelberg 2012
- Reichle Heidi: Finanzierungsentscheidung bei Existenzgründung unter Berücksichtigung der Besteuerung: Eine betriebswirtschaftliche Vorteilhaftigkeitsanalyse, Wiesbaden 2011
- Schön, Carmen: Bin ich ein Unternehmertyp? : Eigene Fähigkeiten einschätzen, nutzen, optimieren, Offenbach 2008

- Schultz, Christian: Die Finanzierung technologieorientierter Unternehmen in Deutschland: Empirische Analysen der Kapitalverwendung und -herkunft in den Unternehmensphasen, Wiesbaden 2010
- Vogelsang, Eva: Existenzgründung und Businessplan, Göttingen 2012
- Waider, Christina: Crowdfunding als alternatives Filminvestitionsmodell: Ist Crowdfunding und Crowdinvesting ein zukunftsfähiges Filmfinanzierungsmittel?, Hamburg 2013
- Wanzke, Claudia: Starthilfe für Freiberufler. Erfolgreich durch das erste Jahr, München 2010

Internetquellen:
(Hinweis: Das Internet ist ein dynamisches Medium. Alle genutzten Links wurden im September 2014 noch einmal überprüft, die meisten davon sind noch gültig. Solche, die nicht mehr zur Verfügung stehen, wurden entsprechend gekennzeichnet. Allerdings kann es durchaus sein, dass in Zukunft weitere genutzte Links nicht mehr erreichbar sind.)

- Absolventa: Karriereguide, abgerufen unter: http://www.absolventa.de/karriereguide/gehalt/
- AOK Baden-Württemberg: Informationen zu den Beitragssätzen, abgerufen unter: http://www.aok.de/baden-wuerttemberg/beitraege-tarife/informationen-beitragssaetze-38456.php#38460
- Bank 1 Saar: Existenzgründung, abgerufen unter: https://www.bank1saar.de/existenzgruendung.html
- Bank 1 Saar: GründerPlanspiel Saar, abgerufen unter: https://www.bank1saar.de/existenzgruendung/gruenderplanspiel-saar.html (inzwischen offline)
- Berliner Volksbank: Ihr Schlüssel zum Erfolg, abgerufen unter: http://www.berliner-volksbank.de/firmen_und_gruender/existenzgruendung/branchenbriefe.html (inzwischen offline)
- Bersch, Johannes/Höwer, Daniel (Zentrum für Europäische Wirtschaftsforschung GmbH): Unternehmensgründungen in Deutschland. Weiterer Einbruch der Gründungstätigkeit, Gründungsreport Nr. 1 2013, abgerufen unter: http://ftp.zew.de/pub/zew-docs/grep/Grep0113.pdf, S.1.
- Berufsgenossenschaft für Gesundheitsdienst und Wohlfahrtspflege (BGW): Beitragssystem & Berechnung, abgerufen unter: http://www.bgw-online.de/DE/Leistungen-Beitrag/Beitrag/Beitragssystem/Beitragssystem_node.html
- Berufsgenossenschaft für Gesundheitsdienst und Wohlfahrtspflege (BGW): Stabil und sicher. 4. Gefahrtarif der BGW, abgerufen unter: http://www.bgw-online.de/SharedDocs/Downloads/DE/Leistungen_und_Beitrag/Beitraege/Gefahrtarif_Download.pdf?__blob=publicationFile
- Berufsgenossenschaft Holz und Metall, abgerufen unter: http://www.bghm.de/unternehmer/mitgliedschaft/
- Bundesagentur für Arbeit: Existenzgründung, abgerufen unter: http://www.arbeitsagentur.de/web/content/DE/BuergerinnenUndBuerger/ArbeitundBeruf/Existenzgruendung/index.htm
- Bundesamt für Wirtschaft und Ausfuhrkontrolle: Beratungs- und Schulungsförderung, abgerufen unter: http://www.beratungsfoerderung.info/beratungsfoerderung/downloads/zielgruppenbefragungen/wirtschaft_unternehmensberatungen_erfolgskontrolle_eg.pdf
- Bundesministerium für Arbeit und Soziales: Gründungsförderung, abgerufen unter: https://www.bmas.de/DE/Themen/Arbeitsmarkt/Gruendungsfoerderung/gruendungsfoerderung.html
- Bundesministerium der Justiz und für Verbraucherschutz - juris GmbH: Gesetze im Internet, abgerufen unter: http://www.gesetze-im-internet.de/index.html

- Bundesministerium für Justiz und Verbraucherschutz: § 147 Ordnungsvorschriften für die Aufbewahrung von Unterlagen, abgerufen unter: http://www.gesetze-im-internet.de/ao_1977/__147.html
- Bundesministerium für Wirtschaft und Energie: Agentur für Arbeit, abgerufen unter: http://www.existenzgruender.de/selbstaendigkeit/vorbereitung/gruendungswissen/formalitaeten/05175/index.php
- Bundesministerium für Wirtschaft und Energie: Betriebliche Versicherungen, abgerufen unter: http://www.existenzgruender.de/selbstaendigkeit/vorbereitung/gruendungswissen/versicherung/02474/index.php
- Bundesministerium für Wirtschaft und Energie: Business Angels, abgerufen unter: http://www.existenzgruender.de/selbstaendigkeit/finanzierung/wissen/00114/
- Bundesministerium für Wirtschaft und Energie: Existenzgründerportal des BMWi, abgerufen unter: https://www.existenzgruender.de/
- Bundesministerium für Wirtschaft und Energie: Check: Versicherungen "Was soll ich versichern?" - Kennen Sie die Risiken in Ihrem Betrieb?, abgerufen unter: https://www.existenzgruender.de/imperia/md/content/pdf/publikationen/uebersichten/steuern_versicherungen_formalitaeten/06_check.pdf
- Bundesministerium für Wirtschaft und Energie: Förderdatenbank, abgerufen unter: www.foerderdatenbank.de
- Bundesministeriums für Wirtschaft und Energie, abgerufen unter: http://www.existenzgruender.de/selbstaendigkeit/vorbereitung/gruendungswissen/freieberufe/index.php
- Bundesministerium für Wirtschaft und Energie: Gründerzeiten 06: Existenzgründungsfinanzierung, abgerufen unter: http://www.existenzgruender.de/imperia/md/content/pdf/publikationen/gruenderzeiten/gz_06.pdf
- Bundesministerium für Wirtschaft und Energie: Existenzgründungsportal des BMWi, abgerufen unter: http://www.existenzgruender.de/selbstaendigkeit/entscheidung/branchen_zielgruppen/handwerk/index.php
- Bundesministerium für Wirtschaft und Energie – EXIST: Existenzgründungen aus der Wissenschaft, abgerufen unter: http://www.exist.de/exist/index.php
- Bundesministerium für Wirtschaft und Energie: Gründer- und Unternehmerlexikon, abgerufen unter: https://www.existenzgruender.de/gruendungswerkstatt/lexikon/index.php?l=t#tatigebeteiligung
- Bundesministerium für Wirtschaft und Energie: Krankenversicherung, abgerufen unter: http://www.existenzgruender.de/selbstaendigkeit/vorbereitung/gruendungswissen/versicherung/03425/index.php
- Bundesministerium für Wirtschaft und Energie: Lohn und Gehalt, abgerufen unter: http://www.existenzgruender.de/selbstaendigkeit/vorbereitung/gruendungswissen/personal/11/index.php
- Bundesministerium für Wirtschaft und Energie: Steuern, abgerufen unter: http://www.existenzgruender.de/selbstaendigkeit/vorbereitung/gruendungswissen/steuern/index.php
- Bundesministerium für Wirtschaft und Technologie: Berufsgenossenschaften, abgerufen unter: http://www.existenzgruender.de/selbstaendigkeit/vorbereitung/gruendungswissen/formalitaeten/05176/index.php
- Bundesministerium für Wirtschaft und Technologie: Dreh- und Angelpunkt: Die Gründerperson, abgerufen unter: http://www.existenzgruender.de/imperia/md/content/pdf/publikationen/uebersichten/vorbereitung_beratung/07_check.pdf

- Bundesministerium für Wirtschaft und Technologie: Förderdatenbank, abgerufen unter: http://www.foerderdatenbank.de/Bundesministerium für Wirtschaft und Energie, abgerufen unter: http://www.existenzgruender.de/selbstaendigkeit/vorbereitung/gruendungswissen/formalitaeten/05178/index.php
- Bundesministerium für Wirtschaft und Technologie: Starthilfe. Der erfolgreiche Weg in die Selbständigkeit, abgerufen unter: http://www.existenzgruender.de/imperia/md/content/pdf/publikationen/broschueren/starthilfe.pdf
- Bundesministerium für Wirtschaft und Technologie: Starthilfe. Der erfolgreiche Weg in die Selbständigkeit, abgerufen unter: http://www.ihk-ostbrandenburg.de/file/6832-br-starthilfe.pdf
- Bundesministerium für Wirtschaft und Technologie. „Roter Faden" für die Gründungsplanung, abgerufen unter: http://www.existenzgruender.de/imperia/md/content/pdf/publikationen/uebersichten/vorbereitung_beratung/01_uebersicht.pdf
- Bundesverband Deutscher Kapitalgesellschaften e.V.: Jahresstatistik 2013, abgerufen unter: http://www.bvkap.de/media/file/501.20140224_BVK-Statistik_Das_Jahr_in_Zahlen2013_final.pdf, inzwischen offline
- Bund versicherter Unternehmer e. V.: Existenzgründertipps, abgerufen unter http://www.bvuev.de/existenzgruendertipps.php#3 (inzwischen offline)
- Business Angels Netzwerk Deutschland e.V.: Wie finanzieren Business Angels, abgerufen unter: http://www.business-angels.de/start-ups/wie-finanzieren-business-angels/
- Business Angels Netzwerk Saarland, abgerufen unter: http://www.business-angels.saarland.de/
- Buzer.de: Gesetze aktuell, abgerufen unter: http://www.buzer.de/s1.htm?g=Entgeltbescheinigungsverordnung&f=1
- Corporate Trust Business Risk & Crisis Management GmbH: Studie: Gefahrenbarometer 2010. Sicherheitsrisiken für den deutschen Mittelstand, abgerufen unter: http://www.corporate-trust.de/studie/Gefahrenbarometer2010.pdf
- Dejure.org: Bürgerliches Gesetzbuch, abgerufen unter: http://dejure.org/gesetze/BGB/614.html
- Deutscher Familienverband (Landesverband NRW): Finanzielle Hilfen für Familien, abgerufen unter: http://www.familienratgeber.dfv-nrw.de/index.php?id=192
- Deutsche Gesetzliche Unfallversicherung, abgerufen unter: http://www.dguv.de/de/Berufsgenossenschaften-Unfallkassen-Landesverb%C3%A4nde/BGen/index.jsp
- Deutsche Gesetzliche Unfallversicherung e.V. (DGUV): Kein Buch mit sieben Siegeln: Die Beitragsberechnung, abgerufen unter: http://www.dguv.de/de/Ihr-Partner/Arbeitgeber-Unternehmer/Die-Beitragsberechnung/index.jsp
- Deutscher Industrie und Handelskammertag: Gründungsfinanzierung in schwierigen Zeiten – Wissen, worauf es ankommt, abgerufen unter: http://www.dihk.de/presse/meldungen/meldung012140, pdf
- Deutsche Rentenversicherung: Selbständig – wie die Rentenversicherung Sie schützt, abgerufen unter: http://www.deutsche-rentenversicherung.de/cae/servlet/contentblob/232692/publicationFile/55042/selbstaendig_wie_rv_schuetzt_aktuell.pdf
- Deutsche startups: Corporate Venture Capital (CVC), abgerufen unter: http://www.deutsche-startups.de/lexikon/corporate-venture-capital-cvc/
- Deutsche Startups: Investitionsphasen, abgerufen unter: http://www.deutsche-startups.de/lexikon/investitionsphasen/
- DLG-Mitteilungen, Heft 5/2006, Seite 40-43: Wenn die Anlage steht. Das Betreiben von Biogasanlagen verläuft in der Praxis nicht immer ohne Probleme. Wie Sie sich vor Schäden und ihren Folgen schützen können, abgerufen unter: http://www.wiso-

net.de/webcgi?START=A60&DOKV_DB=ZECO&DOKV_NO=DLGM532D32D18A27F8F0D76DBFFDAB537C88&DOKV_HS=0&PP=1
- Eikelmeier, Andreas: Sozialversicherungsbeiträge, abgerufen unter: http://www.sozialversicherungsbeitraege.sozialversicherung-online24.de/
- Existenzgründerportal des BMWi: GründerZeiten 05. Versicherungen. Mit Netz und doppeltem Boden, abgerufen unter: http://www.existenzgruender.de/imperia/md/content/pdf/publikationen/gruenderzeiten/gz_05.pdf
- Förderland: Wissen für Gründer und Unternehmer, abgerufen unter: http://www.foerderland.de/news/wettbewerbe/alle/awards/
- FranchisePortal: Existenzgründung mit Franchising und Lizenzen, abgerufen unter: www.franchiseportal.de
- FranchisePortal: Der FranchisePortal-Selbst-Check, abgerufen unter: http://www.franchiseportal.de/checklisten/selbst-check.pdf
- FranchisePortal: Statistiken, abgerufen unter: www.franchiseportal.de/statistiken/top-20-gesamtzahl-betriebe.html (Abrufdatum: 27.10.2013, inzwischen offline).
- Fritsch, Michael et al: Unternehmensgründungen nehmen zu, wenn die Konjunktur abflaut, in: DIW Wochenbericht 12/2013, abgerufen unter: http://www.diw.de/documents/publikationen/73/diw_01.c.417653.de/13-12.pdf
- Für-Gründer.de: Der passende Gründerwettbewerb, abgerufen unter: http://www.fuer-gruender.de/beratung/termine/businessplanwettbewerb/
- Für-Gründer.de: Crowdfunding-Monitor: Daten, Zahlen und Fakten zum Markt, abgerufen unter: http://www.fuer-gruender.de/kapital/eigenkapital/crowd-funding/monitor
- Für-Gründer.de: Finanzierung für Start-ups, abgerufen unter: http://www.fuer-gruender.de/kapital/eigenkapital/crowd-investing.
- Für-Gründer.de: IHK Mitgliedschaft für Existenzgründer und Selbstständige, abgerufen unter: http://www.fuer-gruender.de/wissen/unternehmen-gruenden/unternehmen-anmelden/ihk/
- Für-Gründer.de: Inkubator: Kapital und Unterstützung für Start-ups, abgerufen unter: http://www.fuer-gruender.de/kapital/eigenkapital/inkubator/
- Für-Gründer.de: Unternehmensberatung für die Gründung, Wachstum & Krise, abgerufen unter: http://www.fuer-gruender.de/wissen/unternehmen-fuehren/unternehmensberatung/
- Für-Gründer.de: Weitere VC-Geber für Start-ups im Überblick, abgerufen unter: http://www.fuer-gruender.de/kapital/eigenkapital/venture-capital/weitere-vc-gesellschaften/
- Für-Gründer.de: Wo müssen Sie als Gründer das Unternehmen anmelden?, abgerufen unter: http://www.fuer-gruender.de/wissen/unternehmen-gruenden/unternehmen-anmelden/
- Gabler Wirtschaftslexikon: Handelsregister, abgerufen unter: http://wirtschaftslexikon.gabler.de/Archiv/2497/handelsregister-v11.html
- Generali Versicherung AG: Betriebs- bzw. Berufshaftpflichtversicherung als wichtigste Firmenversicherung, abgerufen unter: http://www.generali.de/online/portal/geninternet/content/826716/47080/news/880262
- Gesamtverband der Deutschen Versicherungswirtschaft e.V.: Neue Broschüre. „Versicherungen für Selbstständige – Mehr Sicherheit für Betriebe und Freiberufler", abgerufen unter: http://www.gdv.de/2011/02/neue-broschuere-versicherungen-fuer-selbststaendige-mehr-sicherheit-fuer-betriebe-und-freiberufler/
- Gesamtverband der Deutschen Versicherungswirtschaft e.V.: Statistisches Taschenbuch der Versicherungswirtschaft 2013, abgerufen unter: http://www.gdv.de/wp-content/uploads/2013/09/GDV-Statistisches-Taschenbuch-2013.pdf

- Gothaer Versicherungsbank VVaG: RISIKO & VORSORGE IM FOKUS. Berufsunfähigkeit 2012 – das unterschätzte Risiko. Wie Berufstätige Risiken absichern – eine Studie, abgerufen unter: http://www.gothaer.de/app/notes/gothaer/presse.nsf/0/8BE20AE02F6C7628C12579C900289655/$File/GOTHAER_Berufsunfaehigkeit-Studie_13032012_Druckversion.pdf?OpenElement
- Gründerportal Oberfranken: Eignung, abgerufen unter: http://www.gruenderportal.de/xist4c/web/Unternehmerische-Eignung_id_504_.htm;jsessionid=1D29FD690934AD30360447B9DAD07FA2
- Gründerportal Oberfranken: Selbständigkeit, abgerufen unter: http://www.gruenderportal.de/xist4c/web/Existenzgruendung_id_349_.htm;jsessionid=AE5C39452E30D9A72F398A5BFD760958
- Gründerportal Oberfranken: Unternehmensübernahme, abgerufen unter: http://www.gruenderportal.de/xist4c/web/Unternehmensuebernahme_id_350_.htm
- Gründerportal Oberfranken, abgerufen unter: http://www.gruenderportal.de/xist4c/web/Unternehmensuebernahme_id_350_.htm
- Gründerszene: Existenzgründung: Gewerbe- und Finanzamt, abgerufen unter: http://www.gruenderszene.de/finanzen/finanzamt-gewerbeamt-existenzgrundung
- Handelsblatt Online: Mittelstand. Desinteresse an Vorsorge für Mitarbeiter, abgerufen unter: http://www.handelsblatt.com/unternehmen/mittelstand/mittelstand-desinteresse-an-vorsorge-fuer-mitarbeiter/8342446.html
- Imacc.de: Ratgeber für Finanzen, Steuer, Lohn & Gehalt, abgerufen unter: http://www.imacc.de/lohnabrechnunggehaltsabrechnung/sozialabgabenarbeitgeber/rentenversicherung/
- Imacc.de: Ratgeber für Finanzen, Steuer, Lohn & Gehalt, abgerufen unter: http://imacc.de/lohnabrechnunggehaltsabrechnung/lhstberechnung/lohnsteuertabelle/
- Industrie- und Handelskammern in Bayern: „Ich mache mich selbständig", abgerufen unter: https://www.muenchen.ihk.de/de/starthilfe/Anhaenge/GruendungsbroschuereBIHK2009.pdf
- Industrie- und Handelskammer Berlin: Bankgespräche erfolgreich führen, abgerufen unter: http://www.ihk-berlin.de/existenzgruendung_und_unternehmensfoerderung/Existenzgruendung/2825270/819318/bankvorbhtml.html
- Industrie- und Handelskammer Berlin, abgerufen unter: http://www.ihk-berlin.de/branchen/Kreativwirtschaft/Foerderung_%26_Finanzierung/1801948.html.
- Industrie- und Handelskammer Frankfurt am Main: http://www.frankfurt-main.ihk.de/existenzgruendung/prozessstruktur/geschaeftsidee/person/
- Industrie- und Handelskammer Heilbronn-Franken: Versicherungen für Existenzgründer, abgerufen unter: http://www.heilbronn.ihk.de/ihkhnstuexistenzgruendunginfosteuernversicherung/infothek.aspx?idIT=1913
- Industrie- und Handelskammer München und Oberbayern: Berufsgenossenschaften, abgerufen unter http://www.muenchen.ihk.de/de/starthilfe/Unternehmensfoerderung/Versicherungsschutz/Berufsgenossenschaften
- Industrie- und Handelskammer München und Oberbayern, abgerufen unter:https://www.muenchen.ihk.de/de/starthilfe/Unternehmensgruendung/Businessplan/Businessplan.html
- Industrie- und Handelskammer München und Oberbayern: Merkblatt Venture Capital, abgerufen unter: https://www.muenchen.ihk.de/de/starthilfe/Anhaenge/Venture-Capital.pdf
- Industrie- und Handelskammer für Oberfranken Bayreuth: Fragebogen zur Überprüfung eines Franchise-Vorhabens, abgerufen unter:

http://www.google.de/url?sa=t&rct=j&q=&esrc=s&source=web&cd=1&ved=0CCIQFjAA&url=http%3A%2F%2Fwww.gruenderportal.de%2Fxist4c%2Fdownload%2Fweb%2FFrabo_Franchise_upId_1487__coId_1042_.doc&ei=Vy3OU-rSIMffOP3JgIgN&usg=AFQjCNFypYgaz4GQRjWSJjStiVkFkjJfjQ&sig2=uC4WsS8oPqMIUJ8AbEoYCg&bvm=bv.71198958,d.ZWU&cad=rja

- IHK Saarland: Gründerreport 2012, abgerufen unter: http://cms.ihksaarland.de/p/Gr%C3%BCnderReport_2012-17-8876.html (Abrufdatum: 07.04.2014, inzwischen offline)
- Industrie- und Handelskammer Saarland: Infotage für Existenzgründer, abgerufen unter: http://www.saarland.ihk.de/ihk-saarland/Integrale?SID=99943C3AE60B16830999B84481D46B59&MODULE=Frontend.Media&ACTION=ViewMediaObject&Media.PK=1011&Media.Object.ObjectType=full
- Industrie- und Handelskammer Trier: Merkblatt: Versicherungen für Existenzgründerinnen und Existenzgründer, abgerufen unter: http://www.ihk-trier.de/ihk-trier/Integrale?SID=CRAWLER&MODULE=Frontend.Media&ACTION=ViewMediaObject&Media.PK=10479&Media.Object.ObjectType=full
- Industrie- und Handelskammer Ulm: Existenzgründung und Unternehmensförderung. Risikomanagement. Checkliste - Risikomanagement in KMU-Unternehmen, abgerufen unter http://www.ulm.ihk24.de/linkableblob/ulihk24/starthilfe/Unternehmensfoerderung/Risikomanagement/691850/.7./data/Checkliste_Risikomanagement_in_KMU_Unternehmen-data.pdf
- Industrie- und Handelskammer zu Dortmund: IHK-Merkblatt: Betriebliche Versicherungen für Existenzgründer, abgerufen unter: http://www.dortmund.ihk24.de/linkableblob/doihk24/starthilfe/downloads/1047304/.3./data/BetrieblicheVersicherungenExGr-data.pdf
- Institut für Mittelstandforschung Bonn, abgerufen unter: http://www.ifm-bonn.org/assets/documents/SQ-EU_2000-2010_EU-27_USA_Japan_und_andere.pdf (abgerufen am 03.04.2014, inzwischen offline)
- Institut für Mittelstandsforschung Bonn. Gründungen und Unternehmensschließungen, http://www.ifm-bonn.org/fileadmin/data/redaktion/statistik/unternehmensbestand/dokumente/vergleich_verschiedener_gruendungsstatistiken.pdf
- IWK Business Studio: Eigenkapitalhilfe, abgerufen unter: http://www.iwk-svk-dresden.de/Demo/BwLex/html/E/Eigenkapitalhilfe.htm
- Jobagent.ch: Bin ich ein Unternehmertyp?, abgerufen unter: https://content.jobagent.ch/Karriere/unternehmereignung_checkliste.pdf
- Kammer Existenzgründungs- Information KEI, abgerufen unter: http://www.kei-online.de/show.php?session_id=d86a9f8e25c054002d7ff08de87e4e64&menu=4601&fkt=get_textrepr&fkt_param=4384&cell=special&cell_fkt=get_textrepr&cell_fkt_param=4774
- KfW Bankengruppe: ERP-Gründerkredit-StartGeld, abgerufen unter: https://www.kfw.de/inlandsfoerderung/Unternehmen/Gr%C3%BCnden-Erweitern/Finanzierungsangebote/ERP-Gr%C3%BCnderkredit-Startgeld-%28067%29/index.html
- KfW Bankengruppe: ERP-Gründerkredit-StartGeld, abgerufen unter: https://www.kfw.de/Download-Center/F%C3%B6rderprogramme-%28Inlandsf%C3%B6rderung%29/PDF-Dokumente/6000002258-Merkblatt-ERP-Gr%C3%BCnderkredit-067.pdf
- KfW Bankengruppe: ERP-Gründerkredit Universell, abgerufen unter: https://www.kfw.de/Download-Center/F%C3%B6rderprogramme-%28Inlandsf%C3%B6rderung%29/PDF-Dokumente/6000002259-Merkblatt-ERP-Gr%C3%BCnderkredit-068.pdf

- KfW Bankengruppe: Konditionsübersicht für Endkreditnehmer des ERP-Gründerkredit-StartGeld, abgerufen unter: https://www.kfw.de/inlandsfoerderung/Unternehmen/Gr%C3%BCnden-Erweitern/Finanzierungsangebote/ERP-Gr%C3%BCnderkredit-Startgeld-%28067%29/index.html#2
- KfW Bankengruppe : KfW-Themen, abgerufen unter: https://www.kfw.de/KfW-Konzern/%C3%9Cber-die-KfW/Identit%C3%A4t/Geschichte-der-KfW/Themenfelder/
- KfW Bankengruppe: ERP-Regionalförderprogramm, abgerufen unter: https://www.kfw.de/Download-Center/F%C3%B6rderprogramme-%28Inlandsf%C3%B6rderung%29/PDF-Dokumente/6000000186-M-ERP-Regional-062-072.pdf
- KfW Bankengruppe: ERP-Gründerkredit-Universell, abgerufen unter: https://www.kfw.de/inlandsfoerderung/Partner-der-KfW/Bankberater/Relevante-F%C3%B6rderprodukte/068.html
- KfW Bankengruppe: Gründungsförderung, abgerufen unter: https://www.kfw.de/inlandsfoerderung/Unternehmen/Gründen-Erweitern/Finanzierungsangebote/ERP-Kapital-für-Gründung, inzwischen offline
- KfW Bankengruppe: Konditionsübersicht für Endkreditnehmer des ERP-Gründerkredits-Universell, abgerufen unter: https://www.kfw-formularsammlung.de/KonditionenanzeigerINet/KonditionenAnzeiger?ProgrammNameNr=068
- KfW Bankengruppe : Merkblatt Beratungsförderung, abgerufen unter : https://www.kfw.de/Download-Center/F%C3%B6rderprogramme-%28Inlandsf%C3%B6rderung%29/PDF-Dokumente/6000000103-Merkblatt-GCD.pdf
- KfW Bankengruppe: Merkblatt Gründen, abgerufen unter : https://www.kfw.de/Download-Center/F%C3%B6rderprogramme-%28Inlandsf%C3%B6rderung%29/PDF-Dokumente/6000000213-Merkblatt-058.pdf
- KfW Bankengruppe: Risikogerechtes Zinssystem - Anlage zur Konditionsübersicht für Endkreditnehmer, abgerufen unter: https://www.kfw.de/Download-Center/Förderprogramme-Inlandsförderung/PDF-Dokumente/6000000038-Anlage-risikogerechtes-Zinssystem-EKN.pdf, (inzwischen offline)
- KfW Bankengruppe: Guter Start in eine erfolgreiche Zukunft, abgerufen unter: https://www.kfw.de/inlandsfoerderung/Privatpersonen/Gr%C3%BCnden-Erweitern/
- KfW Bankengruppe: Wir födern Ihre Maßnahmen für Wachstum und Stabilität, abgerufen unter: https://www.kfw.de/inlandsfoerderung/Unternehmen/Unternehmen-erweitern-festigen/F%C3%B6rderratgeber/index.html
- KfW Research: KfW-Gründungsmonitor 2013, abgerufen unter: KfW Research: KfW-Gründungsmonitor 2013, abgerufen unter: https://www.kfw.de/PDF/Download-Center/Konzernthemen/Research/PDF-Dokumente-Gr%C3%BCndungsmonitor/Gr%C3%BCndungsmonitor-2013.pdf
- KfW Research: KfW-Gründungsmonitor 2013, abgerufen unter: https://www.kfw.de/KfW-Konzern/KfW-Research/Economic-Research/Publikationen/KfW-Gr%C3%BCndungsmonitor/
- Kommission der Europäischen Gemeinschaften: Die Finanzierung des Wachstums von KMU – Der besondere Beitrag Europas, abgerufen unter: http://eur-lex.europa.eu/LexUriServ/LexUriServ.do?uri=COM:2006:0349:FIN:DE:PDF
- Landeshauptstadt Saarbrücken : Rund ums Gewerbe, abgerufen unter: http://www.saarbruecken.de/de/rathaus/buergerservice/gewerbeangelegenheiten
- Ministerium für Wirtschaft, Arbeit, Energie und Verkehr: Saarland, abgerufen unter: http://www.saarland.de/sog-berater-shop.htm
- Ministerium für Finanzen und Wirtschaft Baden-Württemberg, abgerufen unter: http://www.gruendung-bw.de/BERATUNG/BEGLEITENDEGRUENDUNGSBERATUNG/Seiten/AnbietervonBeratungsgutscheinen.aspx

- Neder, Johannes: Im Fall des Falles lebensrettend, abgerufen unter: http://www.neder24.de/fileadmin/data/Ofr.Wirtschaft_BHV_Unternehmensversicherung_Artikel.pdf
- Nettoeinkommen.de: Kirchensteuersätze, abgerufen unter: http://www.nettoeinkommen.de/kirche.htm
- PricewaterhouseCoopers: Risiken für Unternehmen werden immer vielfältiger, abgerufen unter http://www.pwc.de/de/risiko-management/risiken-fuer-unternehmen-werden-immer-vielfaeltiger.jhtml
- Private Krankversicherung für Selbstständige: Was kostet eine private Krankenversicherung für Selbstständige?, abgerufen unter: http://pkvselbstaendige.de/14-was-kostet-pkv.html
- Rink, Anke/Seiwert, Ines/Opfermann, Reiner (Statistische Bundesamt): Unternehmensdemografie: methodischer Ansatz und Ergebnisse 2005 bis 2010, abgerufen unter: https://www.destatis.de/DE/Publikationen/WirtschaftStatistik/UnternehmenGewerbeanzeigen/Unternehmensdemografie_62013.pdf?__blob=publicationFile
- Saarland Offensive für Gründer: Einstellungen sind Investitionen, abgerufen unter: http://www.gruenden.saarland.de/160.htm
- Saarland Offensive für Gründer: Faktoren Ihres Erfolges, abgerufen unter: http://www.gruenden.saarland.de/marktanalyse.htm
- Saarland Offensive für Gründer: Klarheit durch Beratung, abgerufen unter: http://www.gruenden.saarland.de/148.htm
- Saarland Offensive für Gründer: Lernen Sie Ihre Kundschaft kennen, abgerufen unter: http://www.gruenden.saarland.de/kundenanalyse.htm
- Saarland Offensive für Gründer: Weiterkommen, Firma gründen, abgerufen unter: http://www.gruenden.saarland.de/1331.htm
- Saarländische Investitionskreditbank: Startkapital-Programm des Saarlandes, abgerufen unter: http://www.sikb.de/sites/default/files/documents/Existenzgruendung/BANNER_Merkblaetter_Existenzgruendung/Startkapitalprogramm.pdf
- Saarländische Investitionskreditbank: Gründungs- und Wachstumsfinanzierung - Saarland (GuW Saarland), abgerufen unter: http://www.sikb.de/sites/default/files/documents/Unternehmen/BANNER_Merkblaetter_Unternehmen/Gr%C3%BCndungs-%20und%20Wachstumsfinanzierung.pdf
- Saarländische Investitionskreditbank AG: Existenzgründung, abgerufen unter: http://www.sikb.de/programme_existenzgruender
- Schneck, Stefan/May-Strobl, Eva (Institut für Mittelstandsforschung Bonn): Wohlstandseffekte des Gründungsgeschehens. IfM Materialien Nr. 223, abgerufen unter: http://www.ifm-bonn.org//uploads/tx_ifmstudies/IfM-Materialien-223.pdf
- Schweizer Versicherung: Monatsmagazin für Finanz und Assekuranz, abgerufen unter: http://wiso-net.de/webcgi?START=A60&DOKV_DB=ZGEN&DOKV_NO=SVER90284842&DOKV_HS=0&PP=1
- Sparkasse Saarbrücken: Existenzgründung, abgerufen unter: https://www.sparkasse-saarbruecken.de/firmenkunden/gruendung_und_nachfolge/index.php?n=%2Ffirmenkunden%2Fgruendung_und_nachfolge%2F
- Spiegel online: Selbständige in der Altersfalle, abgerufen unter: http://www.spiegel.de/karriere/berufsleben/was-existenzgruender-bei-rente-und-sozialversicherungen-beachten-sollten-a-832338.html
- Spiegel Online: Berufsunfähigkeit: So versichern Sie sich richtig, abgerufen unter: http://www.spiegel.de/wirtschaft/service/berufsunfaehigkeit-so-versichern-sie-sich-richtig-a-782100.html
- Stadt Coburg: Haben Sie als Existenzgründer die richtige Eignung?, abgerufen unter: http://www.coburg.de/Subportale/Existenzgruenderportal/Vorbereitung/Eignung.aspx

- Stadt Köln: Gewerbeanmeldung, abgerufen unter: http://www.deutsch-werden.de/sites/default/files/gewerbe-formular.jpg
- Stahlecker, Thomas/Lo, Vivien: Gestaltungsmöglichkeiten von Gründerräumen und Inkubatoren an der Hochschule. Fraunhofer-Institut für Systemtechnik und Innovationsforschung, 2004, abgerufen unter: https://www.exist.de/imperia/md/content/studien/inkubatoren_gestaltung.pdf
- Statista: Berufsunfähigkeitsversicherung, abgerufen unter: http://de.statista.com/statistik/daten/studie/6609/umfrage/versicherungssumme-in-der-berufsunfaehigkeitsversicherung/
- Statista: Was sind Ihrer Meinung nach die wichtigsten Geschäftsrisiken für Unternehmen, abgerufen unter: http://de.statista.com/statistik/daten/studie/252051/umfrage/umfrage-zu-den-wichtigsten-geschaeftsrisiken-fuer-unternehmen/
- Statista: Schäden der Unternehmen, abgerufen unter: http://de.statista.com/statistik/daten/studie/71254/umfrage/schaeden-von-denen-unternehmen-betroffen-waren/
- Statista: Wichtige Versicherungen für Unternehmer und Selbstständige 2013. Welche Versicherung ist bei einem Schadenfall in einem Betrieb am wichtigsten?, abgerufen unter: http://de.statista.com/statistik/daten/studie/259332/umfrage/wichtige-versicherungen-fuer-unternehmer-und-selbststaendige/
- Statistisches Landesamt Baden-Württemberg: Selbstständigenquote, abgerufen unter: http://www.statistik-portal.de/ArbeitsmErwerb/Indikatoren/ET_selbststQuote.asp
- Steuerfreibetrag.biz: Grundfreibetrag, abgerufen unter: http://steuerfreibetrag.biz/Grundfreibetrag.php
- Steuerlinks Steuern im Blick: Solidaritätszuschlag, abgerufen unter: http://www.steuerlinks.de/steuerlexikon/lexikon/solidarittszuschlag.html
- T-Online: Gewerbeanmeldung: So bekommen Sie den Gewerbeschein, abgerufen unter: http://www.t-online.de/ratgeber/finanzen/job-karriere/id_46908632/gewerbeanmeldung-so-bekommen-sie-den-gewerbeschein.html
- Unternehmenswelt.de: Existenzgründerseminare in Ihrer Nähe, abgerufen unter: http://www.unternehmenswelt.de/existenzgruenderseminare.html
- Unternehmerinfo.de: Warum selbständig?, abgerufen unter: http://www.unternehmerinfo.de/Gruendung/Allgemein/Existenzgruendung_warum.htm
- Vericon: Selbstständigkeit. Was müssen Sie mitbringen, abgerufen unter: http://westensee.org/download/wirtschaft/selbpdf.pdf
- Versicherungskammer Bayern: Produkthaftpflichtversicherung, abgerufen unter: https://www.vkb.de/web/html/gk/versicherungen/haftpflicht/produkthaftpflicht/detail/
- Volksbank eG Braunschweig Wolfsburg. Das Bankengespräch - "Gründungsfinanzierung aus Bankensicht", abgerufen unter: http://www.beratungsnetz-salzgitter.de/fileadmin/user_upload/downloads/veranstaltungen/2014_gruendertag/010sparkasse_bankgespraech_gp.pdf, S.7-10. (Inzwischen offline)
- Wirtschaftsförderungsgesellschaft St. Wendeler Land GmbH: Einstellungszuschuss bei Neugründungen, abgerufen unter: http://www.wifoe-gmbh.de/website.php?ID=101
- Witt, Peter: Gründungsfinanzierung, 2011, abgerufen unter: http://www.wiso.tu-dortmund.de/wiso/igm-save/Medienpool/Veranstaltungsunterlagen/WS1011_GF_V_komplett.pdf
- Zentralverband des Deutschen Handwerks: Handwerksorganisation, abgerufen unter: http://www.zdh.de/handwerksorganisationen/handwerkskammern.html

Endnotenübersicht

[1] Hebig, Michael: Existenzgründungsberatung, 6. Auflage, Berlin 2014, S. 17.

[2] Aus Gründen der besseren Lesbarkeit wird stets nur der männliche Begriff genutzt. Selbstverständlich dürfen und sollen sich auch alle Gründerinnen angesprochen fühlen.

[3] Pott, Oliver: Entrepreneurship: Unternehmensgründung, Unternehmerisches Handeln und Rechtliche Aspekte, 2012, S. 3

[4] Pott, Oliver: Entrepreneurship: Unternehmensgründung, Unternehmerisches Handeln und Rechtliche Aspekte, 2012, S. 3

[5] Kollmann, Tobias et al.: Gabler Kompakt-Lexikon – Unternehmensgründung, Wiesbaden 2009, S. 404.

[6] In Anlehnung an Kollmann, Tobias et al.: Gabler Kompakt-Lexikon – Unternehmensgründung, Wiesbaden 2009, S. 406.

[7] Kollmann, Tobias et al.: Gabler Kompakt-Lexikon – Unternehmensgründung, Wiesbaden 2009, S. 406.

[8] Kollmann, Tobias et al.: Gabler Kompakt-Lexikon – Unternehmensgründung, Wiesbaden 2009, S. 406.

[9] Collrepp, Friedrich von: Handbuch Existenzgründung: Sicher in die dauerhaft erfolgreiche Selbstständigkeit, 6. Auflage, 2011, S. 2 und 3.

[10] Vogelsang, Eva: Existenzgründung und Businessplan, Göttingen 2012, S. 19.

[11] Vogelsang, Eva: Existenzgründung und Businessplan, Göttingen 2012, S. 19f.

[12] Vogelsang, Eva: Existenzgründung und Businessplan, Göttingen 2012, S. 20f.

[13] Vogelsang, Eva: Existenzgründung und Businessplan, Göttingen 2012, S. 21.

[14] Maikranz, Frank C.: Das Existenzgründungskompendium, Berlin Heidelberg 2002, S. 10ff.

[15] http://www.existenzgruender.de/selbstaendigkeit/entscheidung/gruendungsarten/nachfolge/index.php

[16] Bundesministerium für Wirtschaft und Technologie, BMWI: Starthilfe – Der erfolgreiche Weg in die Selbstständigkeit, Paderborn 2013, S.6.

[17] KfW Research: KfW-Gründungsmonitor 2013, abgerufen unter: https://www.kfw.de/KfW-Konzern/KfW-Research/Economic-Research/Publikationen/KfW-Gr%C3%BCndungsmonitor/

[18] KfW Research: KfW-Gründungsmonitor 2013, abgerufen unter: https://www.kfw.de/PDF/Download-Center/Konzernthemen/Research/PDF-Dokumente-Gr%C3%BCndungsmonitor/Gr%C3%BCndungsmonitor-2013.pdf, S. 2

[19] KfW Research: KfW-Gründungsmonitor 2013, abgerufen unter: https://www.kfw.de/PDF/Download-Center/Konzernthemen/Research/PDF-Dokumente-Gr%C3%BCndungsmonitor/Gr%C3%BCndungsmonitor-2013.pdf, S.1.

[20] Bundesministerium für Wirtschaft und Technologie: Starthilfe – Der erfolgreiche Weg in die Selbstständigkeit, Paderborn 2013

[21] Kirschbaum, Günter/Naujoks, Wilfried: Erfolgreich in die berufliche Selbstständigkeit. München 2004, S. 9.

[22] Kirschbaum, Günter/Naujoks, Wilfried: Erfolgreich in die berufliche Selbstständigkeit. München 2004, S. 9f.

[23] Kirschbaum, Günter/Naujoks, Wilfried: Erfolgreich in die berufliche Selbstständigkeit. München 2004, S. 9f.

[24] Collrepp, Friedrich von: Handbuch Existenzgründung: Sicher in die dauerhaft erfolgreiche Selbstständigkeit, 6. Auflage, 2011, S. 5.

[25] Collrepp, Friedrich von: Handbuch Existenzgründung: Sicher in die dauerhaft erfolgreiche Selbstständigkeit, 6. Auflage, 2011, S. 4.

[26] Die Informationen zu dieser Frage stammen aus: Lutz, Andreas/Luck, Nadine: Selbstständig in Teilzeit. Als Kleinunternehmer zum großen Erfolg, 2. Auflage, Wien 2013, S. 11ff.

[27] Lutz, Andreas/Luck, Nadine: Selbstständig in Teilzeit. Als Kleinunternehmer zum großen Erfolg, 2. Auflage, Wien 2013, S. 15f.

[28] KFW Research: KfW-Gründungsmonitor 2012, zitiert nach: Lutz, Andreas/Luck, Nadine: Selbstständig in Teilzeit. Als Kleinunternehmer zum großen Erfolg, 2. Auflage, Wien 2013, S. 35.

[29] Schneck, Stefan/May-Strobl, Eva (Institut für Mittelstandsforschung Bonn): Wohlstandseffekte des Gründungsgeschehens. IfM Materialien Nr. 223, abgerufen unter: http://www.ifm-bonn.org//uploads/tx_ifmstudies/IfM-Materialien-223.pdf, S. 8.

[30] Schneck, Stefan/May-Strobl, Eva (Institut für Mittelstandsforschung Bonn): Wohlstandseffekte des Gründungsgeschehens. IfM Materialien Nr. 223, abgerufen unter: http://www.ifm-bonn.org//uploads/tx_ifmstudies/IfM-Materialien-223.pdf, S. 8.

[31] Schneck, Stefan/May-Strobl, Eva (Institut für Mittelstandsforschung Bonn): Wohlstandseffekte des Gründungsgeschehens. IfM Materialien Nr. 223, abgerufen unter: http://www.ifm-bonn.org//uploads/tx_ifmstudies/IfM-Materialien-223.pdf, S. 10.

[32] Schneck, Stefan/May-Strobl, Eva (Institut für Mittelstandsforschung Bonn): Wohlstandseffekte des Gründungsgeschehens. IfM Materialien Nr. 223, abgerufen unter: http://www.ifm-bonn.org//uploads/tx_ifmstudies/IfM-Materialien-223.pdf, S. 42.

[33] A Rink, Anke/Seiwert, Ines/Opfermann, Reiner (Statistische Bundesamt): Unternehmensdemografie: methodischer Ansatz und Ergebnisse 2005 bis 2010, abgerufen unter: https://www.destatis.de/DE/Publikationen/WirtschaftStatistik/UnternehmenGewerbeanzeigen/Unternehmensdemografie_62013.pdf?__blob=publicationFile, S. 430.

[34] Rink, Anke/Seiwert, Ines/Opfermann, Reiner (Statistische Bundesamt): Unternehmensdemografie: methodischer Ansatz und Ergebnisse 2005 bis 2010, abgerufen unter: https://www.destatis.de/DE/Publikationen/WirtschaftStatistik/UnternehmenGewerbeanzeigen/Unternehmensdemografie_62013.pdf?__blob=publicationFile, S. 431.

[35] Rink, Anke/Seiwert, Ines/Opfermann, Reiner (Statistische Bundesamt): Unternehmensdemografie: methodischer Ansatz und Ergebnisse 2005 bis 2010, abgerufen unter: https://www.destatis.de/DE/Publikationen/WirtschaftStatistik/UnternehmenGewerbeanzeigen/Unternehmensdemografie_62013.pdf?__blob=publicationFile, S. 430.

[36] Schneck, Stefan/May-Strobl, Eva (Institut für Mittelstandsforschung Bonn): Wohlstandseffekte des Gründungsgeschehens. IfM Materialien Nr. 223, abgerufen unter: http://www.ifm-bonn.org//uploads/tx_ifmstudies/IfM-Materialien-223.pdf, S. 8.

[37] Institut für Mittelstandsforschung IfM Bonn. Gründungen und Unternehmensschließungen, http://www.ifm-bonn.org/fileadmin/data/redaktion/statistik/unternehmensbestand/dokumente/vergleich_verschiedener_gruendungsstatistiken.pdf, S.8-9.

[38] Institut für Mittelstandsforschung IfM Bonn. Gründungen und Unternehmensschließungen, http://www.ifm-bonn.org/fileadmin/data/redaktion/statistik/unternehmensbestand/dokumente/vergleich_verschiedener_gruendungsstatistiken.pdf, S.1.

[39] vgl. Definition: "Anteil der Gründer (12-Monats-Konzept) im Alter zwischen 18 und 65 Jahren an der Bevölkerung im selben Alter" aus KfW: Gründungsmonitor 2013, abgerufen unter: https://www.kfw.de/Presse-Newsroom/Pressetermine/Dokumente-2013/Gründungsmonitor-2013/Gründungsmonitor_2013_Tabellen-und-Methodenband.pdf.

[40] KfW Research: KfW- Gründungsmonitor 2013, abgerufen unter: https://www.kfw.de/Presse-Newsroom/Pressetermine/Dokumente-2013/Gründungsmonitor-2013/Gründungsmonitor_2013_Tabellen-und-Methodenband.pdf, S.2.

[41] KfW Research: KfW-Gründungsmonitor 2013, abgerufen unter: https://www.kfw.de/Presse-Newsroom/Pressetermine/Dokumente-2013/Gründungsmonitor-2013/Gründungsmonitor_2013_Tabellen-und-Methodenband.pdf, S.2.

[42] KfW Research: KfW-Gründungsmonitor 2013, abgerufen unter: https://www.kfw.de/Presse-Newsroom/Pressetermine/Dokumente-2013/Gründungsmonitor-2013/Gründungsmonitor_2013_Tabellen-und-Methodenband.pdf, S.3.

[43] KfW Research: KfW-Gründungsmonitor 2013, abgerufen unter: https://www.kfw.de/Presse-Newsroom/Pressetermine/Dokumente-2013/Gründungsmonitor-2013/Gründungsmonitor_2013_Tabellen-und-Methodenband.pdf, S.12.

[44] Fritsch, Michael et al: Unternehmensgründungen nehmen zu, wenn die Konjunktur abflaut, in: DIW Wochenbericht 12/2013, abgerufen unter: http://www.diw.de/documents/publikationen/73/diw_01.c.417653.de/13-12.pdf, S.7.

[45] Bersch, Johannes/Höwer, Daniel (Zentrum für Europäische Wirtschaftsforschung GmbH): Unternehmensgründungen in Deutschland. Weiterer Einbruch der Gründungstätigkeit, Gründungsreport Nr. 1 2013, abgerufen unter: http://ftp.zew.de/pub/zew-docs/grep/Grep0113.pdf, S.1.

[46] KfW Research: KfW-Gründungsmonitor 2013, abgerufen unter: https://www.kfw.de/Presse-Newsroom/Pressetermine/Dokumente-2013/Gründungsmonitor-2013/Gründungsmonitor_2013_Tabellen-und-Methodenband.pdf, S.1.

[47] Anmerkung: Die regionalen Gründerquoten wurden aus den kumulierten Gründerzahlen der Jahre 2007 bis 2012 berechnet, um statistisch belastbare Ergebnisse zu erhalten. Die Gesamtgründerquote ergibt sich aus der Summe der Gründerquoten im Voll- und Nebenerwerb.
[48] KfW Research: KfW-Gründungsmonitor 2013, abgerufen unter: https://www.kfw.de/Presse-Newsroom/Pressetermine/Dokumente-2013/Gründungsmonitor-2013/Gründungsmonitor_2013_Tabellen-und-Methodenband.pdf, S.3
[49] KfW Research: KfW-Gründungsmonitor 2013, abgerufen unter: https://www.kfw.de/Presse-Newsroom/Pressetermine/Dokumente-2013/Gründungsmonitor-2013/Gründungsmonitor_2013_Tabellen-und-Methodenband.pdf, S.3.
[50] IHK Saarland: Gründerreport 2012, abgerufen unter: http://cms.ihksaarland.de/p/Gr%C3%BCnderReport_2012-17-8876.html, S.4 (Abrufdatum 07.04.2014, inzwischen offline)
[51] Opoczynski, Michael/ Fausten, Willi: WISO. Existenzgründung, Wien/Frankfurt 1998., S. 53f.
[52] Hebig, Michael: Existenzgründungsberatung, 6. Auflage, Berlin 2014, S. 20.
[53] Wanzke, Claudia: Starthilfe für Freiberufler. Erfolgreich durch das erste Jahr, München 2010, S. 7.
[54] Unternehmerinfo.de: Warum selbständig?, abgerufen unter: http://www.unternehmerinfo.de/Gruendung/Allgemein/Existenzgruendung_warum.htm
[55] Statistisches Landesamt Baden-Württemberg: Selbstständigenquote, abgerufen unter: http://www.statistik-portal.de/ArbeitsmErwerb/Indikatoren/ET_selbststQuote.asp
[56] Institut für Mittelstandforschung Bonn, abgerufen unter: http://www.ifm-bonn.org/assets/documents/SQ-EU_2000-2010_EU-27_USA_Japan_und_andere.pdf (abgerufen am 03.04.2014, inzwischen offline)
[57] Bundesamt für Wirtschaft und Ausfuhrkontrolle: Beratungs- und Schulungsförderung, abgerufen unter: http://www.beratungsfoerderung.info/beratungsfoerderung/downloads/zielgruppenbefragungen/wirtschaft_unternehmensberatungen_erfolgskontrolle_eg.pdf
[58] Janson, Simone: 10 Schritte zur erfolgreichen Existenzgründung. Von der Anmeldung über die Finanzierung bis zum ersten Marketing, 3. Auflage, München 2011, S. 20f.
[59] Wanzke, Claudia: Starthilfe für Freiberufler. Erfolgreich durch das erste Jahr, München 2010, S. 12 und Kammer Existenzgründungs- Information KEI: http://www.kei-online.de/show.php?session_id=d86a9f8e25c054002d7ff08de87e4e64&menu=4601&fkt=get_textrepr&fkt_param=4384&cell=special&cell_fkt=get_textrepr&cell_fkt_param=4774
[60] Industrie- und Handelskammer Frankfurt am Main, abgerufen unter: http://www.frankfurt-main.ihk.de/existenzgruendung/prozessstruktur/geschaeftsidee/person/
[61] Emge, Hans: Wie werde ich Unternehmer?, Wuppertal 2007, S. 18ff.
[62] Bundesministerium für Wirtschaft und Energie: Existenzgründungsportal des BMWi, abgerufen unter: http://www.existenzgruender.de/selbstaendigkeit/entscheidung/branchen_zielgruppen/handwerk/index.php
[63] Massow, Martin: Freiberufler Atlas, Berlin 2012, S. 185ff.
[64] Schön, Carmen: Bin ich ein Unternehmertyp?: Eigene Fähigkeiten einschätzen, nutzen, optimieren, Offenbach 2008, S.59 und die darauf folgenden Kapitel zur detaillierten Beschreibung der Eigenschaften.
[65] Gründerportal Oberfranken: Eignung, abgerufen unter: http://www.gruenderportal.de/xist4c/web/Unternehmerische-Eignung_id_504_.htm;jsessionid=1D29FD690934AD30360447B9DAD07FA2
[66] Vericon: Selbstständigkeit. Was müssen Sie mitbringen, abgerufen unter: http://westensee.org/download/wirtschaft/selbpdf.pdf
[67] FranchisePortal: Der FranchisePortal-Selbst-Check, abgerufen unter: http://www.franchiseportal.de/checklisten/selbst-check.pdf
[68] Jobagent.ch: Bin ich ein Unternehmertyp?, abgerufen unter: https://content.jobagent.ch/Karriere/unternehmereignung_checkliste.pdf
[69] Stadt Coburg: Haben Sie als Existenzgründer die richtige Eignung?, abgerufen unter: http://www.coburg.de/Suboortale/Existenzgruenderportal/Vorbereitung/Eignung.aspx
[70] Bundesministerium für Wirtschaft und Technologie: Dreh- und Angelpunkt: Die Gründerperson, abgerufen unter: http://www.existenzgruender.de/imperia/md/content/pdf/publikationen/uebersichten/vorbereitung_beratung/07_check.pdf
[71] Hofert, Svenja: Praxisbuch Existenzgründung, 7. Auflage, Offenbach 2014, S. 50-54.

[72] Gründerportal Oberfranken: Selbständigkeit, abgerufen unter: http://www.gruenderportal.de/xist4c/web/Existenzgruendung_id_349_.htm;jsessionid=AE5C39452E30D9A72F398A5BFD760958

[73] Gründerportal Oberfranken: Unternehmensübernahme, abgerufen unter: http://www.gruenderportal.de/xist4c/web/Unternehmensuebernahme_id_350_.htm

[74] Gründerportal Oberfranken: Unternehmensübernahme, abgerufen unter: http://www.gruenderportal.de/xist4c/web/Unternehmensuebernahme_id_350_.htm

[75] Maikranz, Frank C.: Das Existenzgründungskompendium, Berlin Heidelberg 2002

[76] Janson, Simone: 10 Schritte zur erfolgreichen Existenzgründung. Von der Anmeldung über die Finanzierung bis zum ersten Marketing, 3. Auflage, München 2012, S. 97.

[77] Janson, Simone: 10 Schritte zur erfolgreichen Existenzgründung. Von der Anmeldung über die Finanzierung bis zum ersten Marketing, 3. Auflage, München 2011, S. 102.

[78] Hebig, Michael:: Existenzgründungsberatung, 3. Auflage, 1994, S. 93f.

[79] Janson, Simone: 10 Schritte zur erfolgreichen Existenzgründung. Von der Anmeldung über die Finanzierung bis zum ersten Marketing, 3. Auflage, München 2011, S. 99.

[80] Massow, Martin: Freiberufler Atlas, Berlin 2012, S. 121ff.

[81] Massow, Martin: Freiberufler Atlas, Berlin 2012, S. 164ff.

[82] Die folgenden Ausführungen beziehen sich auf die Website des Bundesministeriums für Wirtschaft und Energie: http://www.existenzgruender.de/selbstaendigkeit/vorbereitung/gruendungswissen/freieberufe/index.php

[83] Wanzke, Claudia: Starthilfe für Freiberufler. Erfolgreich durch das erste Jahr, München 2010, S. 20f.

[84] Massow, M.: Freiberufler Atlas, Berlin 2012, S. 177.

[85] FranchisePortal: Existenzgründung mit Franchising und Lizenzen, abgerufen unter: www.franchiseportal.de

[86] FranchisePortal: Statistiken, abgerufen unter: www.franchiseportal.de/statistiken/top-20-gesamtzahl-betriebe.html (Abrufdatum: 27.10.2013, inzwischen offline).

[87] Industrie- und Handelskammer für Oberfranken Bayreuth: Fragebogen zur Überprüfung eines Franchise-Vorhabens, abgerufen unter: http://www.google.de/url?sa=t&rct=j&q=&esrc=s&source=web&cd=1&ved=0CCIQFjAA&url=http%3A%2F%2Fwww.gruenderportal.de%2Fxist4c%2Fdownload%2Fweb%2FFrabo_Franchise_uplId_1487__coId_1042_.doc&ei=Vy3OU-rSIMffOP3JgIgN&usg=AFQjCNFypYgaz4GQRjWSJjStiVkFkjJfjQ&sig2=uC4WsS8oPqMIUJ8AbEoYCg&bvm=bv.71198958,d.ZWU&cad=rja

[88] Die folgenden Hinweise zu dieser Frage können Sie nachlesen unter: Bundesministerium für Wirtschaft und Technologie. „Roter Faden" für die Gründungsplanung, abgerufen unter: http://www.existenzgruender.de/imperia/md/content/pdf/publikationen/uebersichten/vorbereitung_beratung/01_uebersicht.pdf

[89] Klandt, Heinz: Gründungsmanagement: Der integrierte Unternehmensplan, 2. Auflage, München 2006, S.53f.

[90] Industrie- und Handelskammern in Bayern: „Ich mache mich selbständig", abgerufen unter: https://www.muenchen.ihk.de/de/starthilfe/Anhaenge/GruendungsbroschuereBIHK2009.pdf

[91] Bundesministerium für Wirtschaft und Technologie: Starthilfe. Der erfolgreiche Weg in die Selbständigkeit, abgerufen unter: http://www.ihk-ostbrandenburg.de/file/6832-br-starthilfe.pdf

[92] Bundesministerium für Wirtschaft und Technologie: Starthilfe. Der erfolgreiche Weg in die Selbständigkeit, abgerufen unter: http://www.existenzgruender.de/imperia/md/content/pdf/publikationen/broschueren/starthilfe.pdf, S.12.

[93] www.existenzgruender.de/selbstaendigkeit/entscheidung/qualifikation/06348/index.php

[94] Industrie- und Handelskammern in Bayern: „Ich mache mich selbständig", abgerufen unter: https://www.muenchen.ihk.de/de/starthilfe/Anhaenge/GruendungsbroschuereBIHK2009.pdf, S.4.

[95] Industrie- und Handelskammern in Bayern: „Ich mache mich selbständig", abgerufen unter: https://www.muenchen.ihk.de/de/starthilfe/Anhaenge/GruendungsbroschuereBIHK2009.pdf, S.8ff.

[96] Bundesministerium für Wirtschaft und Energie, abgerufen unter: http://www.existenzgruender.de/selbstaendigkeit/vorbereitung/gruendungswissen/formalitaeten/05178/index.php

[97] Bundesministerium für Wirtschaft und Technologie: Starthilfe. Der erfolgreiche Weg in die Selbständigkeit, abgerufen unter:
http://www.existenzgruender.de/imperia/md/content/pdf/publikationen/broschueren/starthilfe.pdf, S.31f.
[98] Bundesministerium für Wirtschaft und Technologie: Starthilfe. Der erfolgreiche Weg in die Selbständigkeit, abgerufen unter:
http://www.existenzgruender.de/imperia/md/content/pdf/publikationen/broschueren/starthilfe.pdf, S.31
[99] Klandt, Heinz: Gründungsmanagement: Der integrierte Unternehmensplan, 2. Auflage, München 2006, S.54f.
[100] Hofert, Svenja: Praxisbuch Existenzgründung, 7. Auflage, Offenbach 2014, S. 10f.
[101] Janson, Simone: 10 Schritte zur erfolgreichen Existenzgründung. Von der Anmeldung über die Finanzierung bis zum ersten Marketing, 3. Auflage, München 2012, S. 26.
[102] Ottersbach, Jörg H.: Der Business Plan. Praxisbeispiele für Unternehmensgründer und Unternehmer, 2. Auflage, München 2012, S. 19ff.
[103] Nagl, Anna: Der Business Plan: Geschäftspläne professionell erstellen. Mit Checklisten und Fallbeispielen, 7. Auflage, Wiesbaden 2014, S. 6.
[104] Arnold, Jürgen: Existenzgründung: Businessplan & Chancen, Burgrieden 2013, S. 22.
[105] Janson, Simone: 10 Schritte zur erfolgreichen Existenzgründung. Von der Anmeldung über die Finanzierung bis zum ersten Marketing, 3. Auflage, München 2012, S. 27.
[106] Lutz, Andreas/Bussler, Christian: Die Businessplan-Mappe. 40 Beispiele aus der Praxis, 3. Auflage, Wien 2010, S. 40f.
[107] Lutz, Aandreas/Bussler, Christian: Die Businessplan-Mappe. 40 Beispiele aus der Praxis, 3. Auflage, Wien 2010, S. 19.
[108] Ottersbach, Jörg H.: Der Business Plan. Praxisbeispiele für Unternehmensgründer und Unternehmer, 2. Auflage, München 2012, S. 51.
[109] Janson, Simone: 10 Schritte zur erfolgreichen Existenzgründung. Von der Anmeldung über die Finanzierung bis zum ersten Marketing, 3. Auflage, München 2012, S. 103.
[110] Janson, Simone: 10 Schritte zur erfolgreichen Existenzgründung. Von der Anmeldung über die Finanzierung bis zum ersten Marketing, 3. Auflage, München 2012, S. 104.; Massow, Martin: Freiberufler Atlas, Berlin 2012, S. 172.
[111] Lutz, Andreas/Bussler, Christian: Die Businessplan-Mappe. 40 Beispiele aus der Praxis, 3. Auflage, Wien 2010, S. 48.
[112] Janson, Simone: 10 Schritte zur erfolgreichen Existenzgründung. Von der Anmeldung über die Finanzierung bis zum ersten Marketing, 3. Auflage, München 2012, S. 105f.; Massow, Martin: Freiberufler Atlas, Berlin 2012, S. 173f.
[113] Nagl, Anna: Der Business Plan: Geschäftspläne professionell erstellen. Mit Checklisten und Fallbeispielen, 7. Auflage, Wiesbaden 2014, S. 9f.
[114] Hebig, Michael: Existenzgründungsberatung, 6. Auflage 2014, S. 25.
[115] Ministerium für Finanzen und Wirtschaft Baden-Württemberg, abgerufen unter: http://www.gruendung-bw.de/BERATUNG/BEGLEITENDEGRUENDUNGSBERATUNG/Seiten/AnbietervonBeratungsgutscheinen.aspx
[116] Zu diesen und den folgenden Förderprogrammen der Länder finden Sie die Informationen unter http://www.foerderdatenbank.de/ (Bundesministerium für Wirtschaft und Energie: Förderdatenbank)
[117] Siehe hierzu auch: Saarland Offensive für Gründer: Faktoren Ihres Erfolges, abgerufen unter: http://www.gruenden.saarland.de/marktanalyse.htm
[118] Kammer Existenzgründungs- Information KEI, abgerufen unter: http://www.kei-online.de
[119] Wanzke, Claudia: Starthilfe für Freiberufler. Erfolgreich durch das erste Jahr, München 2010, S. 27.
[120] Wanzke, Claudia: Starthilfe für Freiberufler. Erfolgreich durch das erste Jahr, München 2010, S. 27.
[121] Saarland Offensive für Gründer: Lernen Sie Ihre Kundschaft kennen, abgerufen unter: http://www.gruenden.saarland.de/kundenanalyse.htm
[122] Kammer Existenzgründungs- Information KEI, abgerufen unter: http://www.kei-online.de
[123] Kammer Existenzgründungs- Information KEI, abgerufen unter: http://www.kei-online.de
[124] Saarland Offensive für Gründer: Klarheit durch Beratung, abgerufen unter: http://www.gruenden.saarland.de/148.htm
[125] Lutz, Andreas/Luck, Nadine: Selbstständig in Teilzeit. Als Kleinunternehmer zum großen Erfolg, 2. Auflage, Wien 2013, S. 88.

[126] Informationen zu den Rechtsformen finden Sie z.B. unter Saarland Offensive für Gründer: Klarheit durch Beratung, abgerufen unter: http://www.gruenden.saarland.de/148.htm
[127] Lutz, Andreas/Luck, Nadine: Selbstständig in Teilzeit. Als Kleinunternehmer zum großen Erfolg, 2. Auflage, Wien 2013, S. 89.
[128] Lutz, Andreas/Luck, Nadine: Selbstständig in Teilzeit. Als Kleinunternehmer zum großen Erfolg, 2. Auflage, Wien 2013, S. 90-92.
[129] Hebig, Michael: Existenzgründungsberatung, 6. Auflage 2014, S. 83.
[130] Hebig, Michael: Existenzgründungsberatung, 6. Auflage 2014, S. 84.
[131] Hebig, Michael: Existenzgründungsberatung, 6. Auflage 2014, S. 85.
[132] Saarland Offensive für Gründer: Einstellungen sind Investitionen, abgerufen unter: http://www.gruenden.saarland.de/160.htm
[133] Lutz, Andreas/Bussler, Christian: Die Businessplan-Mappe. 40 Beispiele aus der Praxis, 3. Auflage, Wien 2010, S. 142f.
[134] Emge, Hans: Wie werde ich Unternehmer?, Wuppertal 2007, S. 59f.
[135] Janson, Simone: 10 Schritte zur erfolgreichen Existenzgründung. Von der Anmeldung über die Finanzierung bis zum ersten Marketing, 3. Auflage, München 2012, S. 45f.
[136] Die Investitionsformen werden in den Fragen zur Investitionsplanung näher beleuchtet.
[137] Janson, Simone: 10 Schritte zur erfolgreichen Existenzgründung. Von der Anmeldung über die Finanzierung bis zum ersten Marketing, 3. Auflage, München 2012, S. 45. Janson verweist an dieser Stelle recht unspezifisch auf Informationen der Industrie- und Handelskammern.
[138] Arnold, Jürgen: Existenzgründung: Businessplan & Chancen, Burgrieden 2013, S. 104.
[139] Hahn, Christopher: Finanzierung und Besteuerung von Start-up-Unternehmen: Praxisbuch für erfolgreiche Gründer. Wiesbaden 2014, S. 27 ff.
[140] Hahn, Christopher: Finanzierung und Besteuerung von Start-up-Unternehmen: Praxisbuch für erfolgreiche Gründer. Wiesbaden 2014, S. 28.
[141] Schultz, Christian: Die Finanzierung technologieorientierter Unternehmen in Deutschland: Empirische Analysen der Kapitalverwendung und -herkunft in den Unternehmensphasen, Wiesbaden 2010, S. 54.
[142] Hahn, Christopher: Finanzierung und Besteuerung von Start-up-Unternehmen: Praxisbuch für erfolgreiche Gründer. Wiesbaden 2014, S. 29.
[143] Deutsche Startups: Investitionsphasen, abgerufen unter: http://www.deutsche-startups.de/lexikon/investitionsphasen/
[144] Deutsche Startups: Investitionsphasen, abgerufen unter: http://www.deutsche-startups.de/lexikon/investitionsphasen/
[145] Hahn, Christopher: Finanzierung und Besteuerung von Start-up-Unternehmen: Praxisbuch für erfolgreiche Gründer, Wiesbaden 2014, S.27
[146] Hahn, Christopher: Finanzierung und Besteuerung von Start-up-Unternehmen: Praxisbuch für erfolgreiche Gründer, Wiesbaden 2014, S.34
[147] Hahn, Christopher: Finanzierung und Besteuerung von Start-up-Unternehmen: Praxisbuch für erfolgreiche Gründer. Wiesbaden 2014,, S. 35.
[148] Hahn, Christopher: Finanzierung und Besteuerung von Start-up-Unternehmen: Praxisbuch für erfolgreiche Gründer. Wiesbaden 2014,, S. 36.
[149] Hahn, Christopher: Finanzierung und Besteuerung von Start-up-Unternehmen: Praxisbuch für erfolgreiche Gründer. Wiesbaden 2014, S. 29.
[150] Hahn, Christopher: Finanzierung und Besteuerung von Start-up-Unternehmen: Praxisbuch für erfolgreiche Gründer, Wiesbaden 2014, S.78
[151] Kollmann, Tobias: E-Entrepreneurship: Grundlagen der Unternehmensgründung in der Net Economy, 4. Auflage, Wiesbaden 2011, S.111.
[152] Bundesministerium für Wirtschaft und Energie. Gründerzeiten 06: Existenzgründungsfinanzierung, http://www.existenzgruender.de/imperia/md/content/pdf/publikationen/gruenderzeiten/gz_06.pdf, S.6
[153] Kollmann, Tobias: E-Entrepreneurship: Grundlagen der Unternehmensgründung in der Net Economy, 4. Auflage, Wiesbaden 2011, S.111.
[154] KfW Research: KfW-Gründungsmonitor 2013, abgerufen unter: KfW Research: KfW-Gründungsmonitor 2013, abgerufen unter: https://www.kfw.de/PDF/Download-Center/Konzernthemen/Research/PDF-Dokumente-Gr%C3%BCndungsmonitor/Gr%C3%BCndungsmonitor-2013.pdf, S.18.

[155] Janson, Simone: 10 Schritte zur erfolgreichen Existenzgründung. Von der Anmeldung über die Finanzierung bis zum ersten Marketing, 3. Auflage, München 2012, S. 56.
[156] IWK Business Studio: Eigenkapitalhilfe, abgerufen unter: http://www.iwk-svk-dresden.de/Demo/BwLex/html/E/Eigenkapitalhilfe.htm
[157] Reichle, Heidi: Finanzierungsentscheidung bei Existenzgründung unter Berücksichtigung der Besteuerung: Eine betriebswirtschaftliche Vorteilhaftigkeitsanalyse, Wiesbaden 2011, S. 56.
[158] Hering, Thomas/Vincenti, Aurelio J.F.: Unternehmensgründung, München 2005, S. 208f.
[159] Kollmann, T.: E-Entrepreneurship: Grundlagen der Unternehmensgründung in der Net Economy. 4. Auflage, Wiesbaden 2011, S.169.
[160] Kollmann, Tobias: E-Entrepreneurship: Grundlagen der Unternehmensgründung in der Net Economy, 4. Auflage, Wiesbaden 201, S. 164.
[161] Kollmann, Tobias: E-Entrepreneurship: Grundlagen der Unternehmensgründung in der Net Economy, 4. Auflage, Wiesbaden 201, S. 169.
[162] Für-Gründer.de: Inkubator: Kapital und Unterstützung für Start-ups, abgerufen unter: http://www.fuer-gruender.de/kapital/eigenkapital/inkubator/
[163] Stahlecker, Thomas/Lo, Vivien: Gestaltungsmöglichkeiten von Gründerräumen und Inkubatoren an der Hochschule. Fraunhofer-Institut für Systemtechnik und Innovationsforschung, 2004, abgerufen unter: https://www.exist.de/imperia/md/content/studien/inkubatoren_gestaltung.pdf, S.2.
[164] Stahlecker, Thomas/Lo, Vivien: Gestaltungsmöglichkeiten von Gründerräumen und Inkubatoren an der Hochschule. Fraunhofer-Institut für Systemtechnik und Innovationsforschung, 2004, abgerufen unter: https://www.exist.de/imperia/md/content/studien/inkubatoren_gestaltung.pdf, S. 2f.
[165] Stahlecker, Thomas/Lo, Vivien: Gestaltungsmöglichkeiten von Gründerräumen und Inkubatoren an der Hochschule. Fraunhofer-Institut für Systemtechnik und Innovationsforschung, 2004, abgerufen unter: https://www.exist.de/imperia/md/content/studien/inkubatoren_gestaltung.pdf, S.4/5.
[166] Für-Gründer.de: Inkubator: Kapital und Unterstützung für Start-ups, abgerufen unter: http://www.fuer-gruender.de/kapital/eigenkapital/inkubator/
[167] Witt, Peter: Gründungsfinanzierung, 2011, abgerufen unter: http://www.wiso.tu-dortmund.de/wiso/igm-save/Medienpool/Veranstaltungsunterlagen/WS1011_GF_V_komplett.pdf, S.23.
[168] Bundesministerium für Wirtschaft und Energie: Business Angels, abgerufen unter: http://www.existenzgruender.de/selbstaendigkeit/finanzierung/wissen/00114/
[169] Schultz, Christian: Die Finanzierung technologieorientierter Unternehmen in Deutschland: Empirische Analysen der Kapitalverwendung und -herkunft in den Unternehmensphasen, Wiesbaden 2011, S. 116.
[170] Schultz, Christian: Die Finanzierung technologieorientierter Unternehmen in Deutschland: Empirische Analysen der Kapitalverwendung und -herkunft in den Unternehmensphasen, Wiesbaden 2011, S. 117.
[171] Kommission der Europäischen Gemeinschaften: Die Finanzierung des Wachstums von KMU – Der besondere Beitrag Europas, abgerufen unter: http://eur-lex.europa.eu/LexUriServ/LexUriServ.do?uri=COM:2006:0349:FIN:DE:PDF, S. 4.
[172] Business Angels Netzwerk Saarland, abgerufen unter: http://www.business-angels.saarland.de/
[173] Business Angels Netzwerk Deutschland e.V.: Wie finanzieren Business Angels, abgerufen unter: http://www.business-angels.de/start-ups/wie-finanzieren-business-angels/
[174] Industrie- und Handelskammer für München und Oberbayern: Merkblatt Venture Capital, abgerufen unter: https://www.muenchen.ihk.de/de/starthilfe/Anhaenge/Venture-Capital.pdf
[175] Industrie- und Handelskammer für München und Oberbayern: Merkblatt Venture Capital, abgerufen unter: https://www.muenchen.ihk.de/de/starthilfe/Anhaenge/Venture-Capital.pdf
[176] Hahn, Christopher: Finanzierung und Besteuerung von Start-up-Unternehmen: Praxisbuch für erfolgreiche Gründer, Wiesbaden 2014, S. 58.
[177] Bundesverband Deutscher Kapitalgesellschaften e.V.: Jahresstatistik 2013, abgerufen unter: http://www.bvkap.de/media/file/501.20140224_BVK-Statistik_Das_Jahr_in_Zahlen2013_final.pdf, S.8. (inzwischen offline)
[178] Bundesverband Deutscher Kapitalgesellschaften e.V.: Jahresstatistik 2013, abgerufen unter: http://www.bvkap.de/media/file/501.20140224_BVKStatistik_Das_Jahr_in_Zahlen2013_final.pdf, S.13 (inzwischen offline)

[179] Bundesverband Deutscher Kapitalgesellschaften e.V.: Jahresstatistik 2013, abgerufen unter: http://www.bvkap.de/media/file/501.20140224_BVKStatistik_Das_Jahr_in_Zahlen2013_final.pdf, S.15 (inzwischen offline)
[180] Industrie- und Handelskammer für München und Oberbayern: Merkblatt Venture Capital, abgerufen unter: https://www.muenchen.ihk.de/de/starthilfe/Anhaenge/Venture-Capital.pdf, S.3.
[181] Hahn, Christopher: Finanzierung und Besteuerung von Start-up-Unternehmen: Praxisbuch für erfolgreiche Gründer, Wiesbaden 2014, S. 59.
[182] Hahn, Christopher: Finanzierung und Besteuerung von Start-up-Unternehmen: Praxisbuch für erfolgreiche Gründer, Wiesbaden 2014, S. 60.
[183] Hahn, Christopher: Finanzierung und Besteuerung von Start-up-Unternehmen: Praxisbuch für erfolgreiche Gründer, Wiesbaden 2014, S. 60.
[184] Deutsche startups: Corporate Venture Capital (CVC), abgerufen unter: http://www.deutsche-startups.de/lexikon/corporate-venture-capital-cvc/
[185] Für-Gründer.de: Weitere VC-Geber für Start-ups im Überblick, abgerufen unter: http://www.fuer-gruender.de/kapital/eigenkapital/venture-capital/weitere-vc-gesellschaften/
[186] Für-Gründer.de: Finanzierung für Start-ups, abgerufen unter: http://www.fuer-gruender.de/kapital/eigenkapital/crowd-investing.
[187] Industrie- und Handelskammer Berlin, abgerufen unter: http://www.ihk-berlin.de/branchen/Kreativwirtschaft/Foerderung_%26_Finanzierung/1801948.html.
[188] Waider, Christina: Crowdfunding als alternatives Filminvestitionsmodell: Ist Crowdfunding und Crowdinvesting ein zukunftsfähiges Filmfinanzierungsmittel?, Hamburg 2013, S.52.
[189] Waider, Christina: Crowdfunding als alternatives Filminvestitionsmodell: Ist Crowdfunding und Crowdinvesting ein zukunftsfähiges Filmfinanzierungsmittel?, Hamburg 2013, S.53
[190] Für-Gründer.de: Finanzierung für Start-ups, abgerufen unter: http://www.fuer-gruender.de/kapital/eigenkapital/crowd-investing.
[191] Für-Gründer.de: Crowdfunding-Monitor: Daten, Zahlen und Fakten zum Markt, abgerufen unter: http://www.fuer-gruender.de/kapital/eigenkapital/crowd-funding/monitor
[192] Hahn, Christopher: Finanzierung und Besteuerung von Start-up-Unternehmen: Praxisbuch für erfolgreiche Gründer, Wiesbaden 2014, S. 207.
[193] Hahn, Christopher: Finanzierung und Besteuerung von Start-up-Unternehmen: Praxisbuch für erfolgreiche Gründer, Wiesbaden 2014, S. 208.
[194] Hahn, Christopher: Finanzierung und Besteuerung von Start-up-Unternehmen: Praxisbuch für erfolgreiche Gründer, Wiesbaden 2014, S. 208.
[195] Grosjean, René Klaus: Umgang mit Banken - Erfolgreich mit der Bank verhandeln, Geldanlagen, Kredite, Zahlungsverkehr, 1995, zitiert nach: Hebig, Michael: Existenzgründungsberatung, 4. Auflage, 2014, S. 47.
[196] Schultz, Christian: Die Finanzierung technologieorientierter Unternehmen in Deutschland: Empirische Analysen der Kapitalverwendung und -herkunft in den Unternehmensphasen, Wiesbaden 2011, S. 119.
[197] Schultz, Christian: Die Finanzierung technologieorientierter Unternehmen in Deutschland: Empirische Analysen der Kapitalverwendung und -herkunft in den Unternehmensphasen, Wiesbaden 2011, S. 118.
[198] Schultz, Christian: Die Finanzierung technologieorientierter Unternehmen in Deutschland: Empirische Analysen der Kapitalverwendung und -herkunft in den Unternehmensphasen, Wiesbaden 2011, S. 119.
[199] Schultz, Christian: Die Finanzierung technologieorientierter Unternehmen in Deutschland: Empirische Analysen der Kapitalverwendung und -herkunft in den Unternehmensphasen, Wiesbaden 2011, S. 119.
[200] KfW Bankengruppe: ERP-Gründerkredit-StartGeld, abgerufen unter: https://www.kfw.de/inlandsfoerderung/Unternehmen/Gr%C3%BCnden-Erweitern/Finanzierungsangebote/ERP-Gr%C3%BCnderkredit-Startgeld-%28067%29/index.html.
[201] KfW Bankengruppe: ERP-Gründerkredit-StartGeld, abgerufen unter: https://www.kfw.de/inlandsfoerderung/Unternehmen/Gr%C3%BCnden-Erweitern/Finanzierungsangebote/ERP-Gr%C3%BCnderkredit-Startgeld-%28067%29/index.html
[202] vgl. Definition tätige Beteiligung siehe Gründer- und Unternehmerlexikon des BMWI: „Eine tätige Beteiligung bezeichnet ein finanzielles und aktives unternehmerisches Engagement an einem fremden Unternehmen. Ein Antragsteller, der Förderprogramme für eine tätige Beteiligung in Anspruch nehmen möchte, muss durch seine Beteiligung eine selbständige unternehmerische Vollexistenz gründen. Der unternehmerische Einfluss des Antragstellers muss hinreichend groß sein.", abgerufen unter:

Bundesministerium für Wirtschaft und Energie: Gründer- und Unternehmerlexikon, https://www.existenzgruender.de/gruendungswerkstatt/lexikon/index.php?l=t#tatigebeteiligung

[203] KfW Bankengruppe: ERP-Gründerkredit-StartGeld, abgerufen unter: https://www.kfw.de/inlandsfoerderung/Unternehmen/Gr%C3%BCnden-Erweitern/Finanzierungsangebote/ERP-Gr%C3%BCnderkredit-Startgeld-%28067%29/index.html

[204] KfW Bankengruppe: ERP-Gründerkredit-StartGeld, abgerufen unter: https://www.kfw.de/inlandsfoerderung/Unternehmen/Gr%C3%BCnden-Erweitern/Finanzierungsangebote/ERP-Gr%C3%BCnderkredit-Startgeld-%28067%29/index.html

[205] KfW Bankengruppe: ERP-Gründerkredit-StartGeld, abgerufen unter: https://www.kfw.de/inlandsfoerderung/Unternehmen/Gr%C3%BCnden-Erweitern/Finanzierungsangebote/ERP-Gr%C3%BCnderkredit-Startgeld-%28067%29/index.html

[206] KfW Bankengruppe: ERP-Gründerkredit-StartGeld, abgerufen unter: https://www.kfw.de/inlandsfoerderung/Unternehmen/Gr%C3%BCnden-Erweitern/Finanzierungsangebote/ERP-Gr%C3%BCnderkredit-Startgeld-%28067%29/index.html

[207] KfW Bankengruppe: ERP-Gründerkredit-StartGeld, abgerufen unter: https://www.kfw.de/inlandsfoerderung/Unternehmen/Gr%C3%BCnden-Erweitern/Finanzierungsangebote/ERP-Gr%C3%BCnderkredit-Startgeld-%28067%29/index.html

[208] Der Effektivzinssatz hat unter der Voraussetzung Gültigkeit, dass in dem jeweiligen Kreditprogramm tagegenau die maximal möglichen Laufzeitjahre ab dem 30.12. des laufenden Kalenderjahres, die maximal mögliche Anzahl tilgungsfreier Anlaufjahre und der maximal mögliche Zinsbindungszeitraum in Anspruch genommen werden.

[209] KfW Bankengruppe: Konditionsübersicht für Endkreditnehmer des ERP-Gründerkredit-StartGeld, abgerufen unter: https://www.kfw.de/inlandsfoerderung/Unternehmen/Gr%C3%BCnden-Erweitern/Finanzierungsangebote/ERP-Gr%C3%BCnderkredit-Startgeld-%28067%29/index.html#2

[210] KfW Bankengruppe: Konditionsübersicht für Endkreditnehmer des ERP-Gründerkredit-StartGeld, abgerufen unter: https://www.kfw.de/inlandsfoerderung/Unternehmen/Gr%C3%BCnden-Erweitern/Finanzierungsangebote/ERP-Gr%C3%BCnderkredit-Startgeld-%28067%29/index.html#2

[211] Bundesministerium für Wirtschaft und Energie: Gründerzeiten 06: Existenzgründungsfinanzierung, abgerufen unter: http://www.existenzgruender.de/imperia/md/content/pdf/publikationen/gruenderzeiten/gz_06.pdf, S.5.

[212] KfW Bankengruppe. ERP-Gründerkredit-StartGeld, abgerufen unter: https://www.kfw.de/inlandsfoerderung/Unternehmen/Gr%C3%BCnden-Erweitern/Finanzierungsangebote/ERP-Gr%C3%BCnderkredit-Startgeld-%28067%29/index.html

213 KfW Bankengruppe. ERP-Gründerkredit-StartGeld, abgerufen unter: https://www.kfw.de/inlandsfoerderung/Unternehmen/Gr%C3%BCnden-Erweitern/Finanzierungsangebote/ERP-Gr%C3%BCnderkredit-Startgeld-%28067%29/index.html

[214] KfW Bankengruppe. ERP-Gründerkredit-StartGeld, abgerufen unter: https://www.kfw.de/inlandsfoerderung/Unternehmen/Gr%C3%BCnden-Erweitern/Finanzierungsangebote/ERP-Gr%C3%BCnderkredit-Startgeld-%28067%29/index.html

[215] KfW Bankengruppe: ERP-Gründerkredit-Universell, abgerufen unter: https://www.kfw.de/inlandsfoerderung/Partner-der-KfW/Bankberater/Relevante-F%C3%B6rderprodukte/068.html

[216] KfW Bankengruppe: ERP-Gründerkredit-Universell, abgerufen unter: https://www.kfw.de/inlandsfoerderung/Partner-der-KfW/Bankberater/Relevante-F%C3%B6rderprodukte/068.html

[217] KfW Bankengruppe: ERP-Gründerkredit-Universell, abgerufen unter: https://www.kfw.de/inlandsfoerderung/Partner-der-KfW/Bankberater/Relevante-F%C3%B6rderprodukte/068.html

[218] KfW Bankengruppe: ERP-Gründerkredit-Universell, abgerufen unter: https://www.kfw.de/inlandsfoerderung/Partner-der-KfW/Bankberater/Relevante-F%C3%B6rderprodukte/068.html

[219] KfW Bankengruppe: ERP-Gründerkredit-Universell, abgerufen unter: https://www.kfw.de/inlandsfoerderung/Partner-der-KfW/Bankberater/Relevante-F%C3%B6rderprodukte/068.html

[220] KfW Bankengruppe: ERP-Gründerkredit-Universell, abgerufen unter: https://www.kfw.de/inlandsfoerderung/Partner-der-KfW/Bankberater/Relevante-F%C3%B6rderprodukte/068.html

[221] KfW Bankengruppe: ERP-Gründerkredit-Universell, abgerufen unter: https://www.kfw.de/inlandsfoerderung/Partner-der-KfW/Bankberater/Relevante-F%C3%B6rderprodukte/068.html

[222] KfW Bankengruppe: Risikogerechtes Zinssystem - Anlage zur Konditionsübersicht für Endkreditnehmer, abgerufen unter: https://www.kfw.de/Download-Center/Förderprogramme-Inlandsförderung/PDF-Dokumente/6000000038-Anlage-risikogerechtes-Zinssystem-EKN.pdf, S.1 (inzwischen offline)

[223] KfW Bankengruppe: Risikogerechtes Zinssystem - Anlage zur Konditionsübersicht für Endkreditnehmer, abgerufen unter: https://www.kfw.de/Download-Center/Förderprogramme-Inlandsförderung/PDF-Dokumente/6000000038-Anlage-risikogerechtes-Zinssystem-EKN.pdf, S.1 (inzwischen offline)

[224] KfW Bankengruppe: Risikogerechtes Zinssystem - Anlage zur Konditionsübersicht für Endkreditnehmer, abgerufen unter: https://www.kfw.de/Download-Center/F%C3%B6rderprogramme-%28Inlandsf%C3%B6rderung%29/PDF-Dokumente/6000000038-Anlage-risikogerechtes-Zinssystem-EKN.pdf, S.1.

[225] KfW Bankengruppe: Risikogerechtes Zinssystem - Anlage zur Konditionsübersicht für Endkreditnehmer, abgerufen unter: https://www.kfw.de/Download-Center/Förderprogramme-Inlandsförderung/PDF-Dokumente/6000000038-Anlage-risikogerechtes-Zinssystem-EKN.pdf, S.1 (inzwischen offline)

[226] KfW Bankengruppe: Risikogerechtes Zinssystem - Anlage zur Konditionsübersicht für Endkreditnehmer, abgerufen unter: https://www.kfw.de/Download-Center/Förderprogramme-Inlandsförderung/PDF-Dokumente/6000000038-Anlage-risikogerechtes-Zinssystem-EKN.pdf, S.2 (inzwischen offline)

[227] KfW Bankengruppe: Konditionsübersicht für Endkreditnehmer des ERP-Gründerkredits-Universell, abgerufen unter: https://www.kfw-formularsammlung.de/KonditionenanzeigerINet/KonditionenAnzeiger?ProgrammNameNr=068

[228] Bundesministerium für Wirtschaft und Energie: Gründerzeiten 06: Existenzgründungsfinanzierung, abgerufen unter: http://www.existenzgruender.de/imperia/md/content/pdf/publikationen/gruenderzeiten/gz_06.pdf, S.5.

[229] KfW Bankengruppe: ERP-Gründerkredit-Universell, abgerufen unter: https://www.kfw.de/inlandsfoerderung/Partner-der-KfW/Bankberater/Relevante-F%C3%B6rderprodukte/068.html

[230] https://www.kfw.de/inlandsfoerderung/Unternehmen/Gründen-Erweitern/Finanzierungsangebote/ERP-Gründerkredit-Universell-068/#4

[231] KfW Bankengruppe: ERP-Gründerkredit-Universell, abgerufen unter: https://www.kfw.de/inlandsfoerderung/Partner-der-KfW/Bankberater/Relevante-F%C3%B6rderprodukte/068.html

[232] KfW Bankengruppe: ERP-Gründerkredit-Universell, abgerufen unter: https://www.kfw.de/inlandsfoerderung/Partner-der-KfW/Bankberater/Relevante-F%C3%B6rderprodukte/068.html

[233] KfW Bankengruppe: ERP-Gründerkredit-Universell, abgerufen unter: https://www.kfw.de/inlandsfoerderung/Partner-der-KfW/Bankberater/Relevante-F%C3%B6rderprodukte/068.html

[234] KfW Bankengruppe: ERP-Gründerkredit-Universell, abgerufen unter: https://www.kfw.de/inlandsfoerderung/Partner-der-KfW/Bankberater/Relevante-F%C3%B6rderprodukte/068.html

[235] KfW Bankengruppe: ERP-Gründerkredit-Universell, abgerufen unter: https://www.kfw.de/inlandsfoerderung/Partner-der-KfW/Bankberater/Relevante-F%C3%B6rderprodukte/068.html

[236] KfW Bankengruppe: ERP-Gründerkredit-Universell, abgerufen unter: https://www.kfw.de/inlandsfoerderung/Partner-der-KfW/Bankberater/Relevante-F%C3%B6rderprodukte/068.html

[237] KfW Bankengruppe: ERP-Gründerkredit-Universell, abgerufen unter: https://www.kfw.de/inlandsfoerderung/Partner-der-KfW/Bankberater/Relevante-F%C3%B6rderprodukte/068.html

[238] KfW Bankengruppe: ERP-Gründerkredit-Universell, abgerufen unter: https://www.kfw.de/inlandsfoerderung/Partner-der-KfW/Bankberater/Relevante-F%C3%B6rderprodukte/068.html

[239] KfW Bankengruppe: ERP-Gründerkredit-Universell, abgerufen unter: https://www.kfw.de/inlandsfoerderung/Partner-der-KfW/Bankberater/Relevante-F%C3%B6rderprodukte/068.html

[240] KfW Bankengruppe: ERP-Gründerkredit-Universell, abgerufen unter: https://www.kfw.de/inlandsfoerderung/Partner-der-KfW/Bankberater/Relevante-F%C3%B6rderprodukte/068.html

[241] KfW Bankengruppe: Wir fördern Ihre Maßnahmen für Wachstum und Stabilität, abgerufen unter: https://www.kfw.de/inlandsfoerderung/Unternehmen/Unternehmen-erweitern-festigen/F%C3%B6rderratgeber/index.html

[242] https://www.kfw.de/inlandsfoerderung/Unternehmen/Gründen-Erweitern/Finanzierungsangebote/ERP-Kapital-für-Gründung-058/#4

[243] KfW Bankengruppe: ERP-Gründerkredit-Universell, abgerufen unter: https://www.kfw.de/inlandsfoerderung/Partner-der-KfW/Bankberater/Relevante-F%C3%B6rderprodukte/068.html

[244] KfW Bankengruppe: Gründungsförderung, abgerufen unter: https://www.kfw.de/inlandsfoerderung/Unternehmen/Gründen-Erweitern/Finanzierungsangebote/ERP-Kapital-für-Gründung, inzwischen offline

[245] Saarländische Investitionskreditbank: Startkapital-Programm des Saarlandes, abgerufen unter: http://www.sikb.de/sites/default/files/documents/Existenzgruendung/BANNER_Merkblaetter_Existenzgruendung/Startkapitalprogramm.pdf, S.1.

[246] Saarländische Investitionskreditbank: Startkapital-Programm des Saarlandes, abgerufen unter: http://www.sikb.de/sites/default/files/documents/Existenzgruendung/BANNER_Merkblaetter_Existenzgruendung/Startkapitalprogramm.pdf, S.2.

[247] Saarländische Investitionskreditbank: Startkapital-Programm des Saarlandes, abgerufen unter: http://www.sikb.de/sites/default/files/documents/Existenzgruendung/BANNER_Merkblaetter_Existenzgruendung/Startkapitalprogramm.pdf, S.3.

[248] Saarländische Investitionskreditbank: Startkapital-Programm des Saarlandes, abgerufen unter: http://www.sikb.de/sites/default/files/documents/Existenzgruendung/BANNER_Merkblaetter_Existenzgruendung/Startkapitalprogramm.pdf, S.3.

[249] Saarländische Investitionskreditbank: Startkapital-Programm des Saarlandes, abgerufen unter: http://www.sikb.de/sites/default/files/documents/Existenzgruendung/BANNER_Merkblaetter_Existenzgruendung/Startkapitalprogramm.pdf, S.2f.

[250] Saarländische Investitionskreditbank: Startkapital-Programm des Saarlandes, abgerufen unter: http://www.sikb.de/sites/default/files/documents/Existenzgruendung/BANNER_Merkblaetter_Existenzgruendung/Startkapitalprogramm.pdf, S.4.

[251] Saarländische Investitionskreditbank: Gründungs- und Wachstumsfinanzierung - Saarland (GuW Saarland), abgerufen unter: http://www.sikb.de/sites/default/files/documents/Unternehmen/BANNER_Merkblaetter_Unternehmen/Gr%C3%BCndungs-%20und%20Wachstumsfinanzierung.pdf, S.1.

[252] Saarländische Investitionskreditbank: Gründungs- und Wachstumsfinanzierung - Saarland (GuW Saarland), abgerufen unter: http://www.sikb.de/sites/default/files/documents/Unternehmen/BANNER_Merkblaetter_Unternehmen/Gr%C3%BCndungs-%20und%20Wachstumsfinanzierung.pdf, S.2.

[253] Saarländische Investitionskreditbank: Gründungs- und Wachstumsfinanzierung - Saarland (GuW Saarland), abgerufen unter:

http://www.sikb.de/sites/default/files/documents/Unternehmen/BANNER_Merkblaetter_Unternehmen/Gr%C3%BCndungs-%20und%20Wachstumsfinanzierung.pdf, S.2.

[254] Saarländische Investitionskreditbank: Gründungs- und Wachstumsfinanzierung - Saarland (GuW Saarland), abgerufen unter: http://www.sikb.de/sites/default/files/documents/Unternehmen/BANNER_Merkblaetter_Unternehmen/Gr%C3%BCndungs-%20und%20Wachstumsfinanzierung.pdf, S.3.

[255] Saarländische Investitionskreditbank: Gründungs- und Wachstumsfinanzierung - Saarland (GuW Saarland), abgerufen unter: http://www.sikb.de/sites/default/files/documents/Unternehmen/BANNER_Merkblaetter_Unternehmen/Gr%C3%BCndungs-%20und%20Wachstumsfinanzierung.pdf, S.3.

[256] Saarländische Investitionskreditbank: Gründungs- und Wachstumsfinanzierung - Saarland (GuW Saarland), abgerufen unter: http://www.sikb.de/sites/default/files/documents/Unternehmen/BANNER_Merkblaetter_Unternehmen/Gr%C3%BCndungs-%20und%20Wachstumsfinanzierung.pdf, S.4.

[257] Deutscher Industrie und Handelskammertag: Gründungsfinanzierung in schwirigen Zeiten – Wissen, worauf es ankommt, abgerufen unter: http://www.dihk.de/presse/meldungen/meldung012140, pdf S. 2.

[258] Deutscher Industrie und Handelskammertag: Gründungsfinanzierung in schwirigen Zeiten – Wissen, worauf es ankommt, abgerufen unter: http://www.dihk.de/presse/meldungen/meldung012140, pdf S. 2.

[259] Bundesministerium für Wirtschaft und Technologie: Starthilfe. Der erfolgreiche Weg in die Selbständigkeit, abgerufen unter: http://www.bmwi.de/Dateien/BMWi/PDF/foerderdatenbank/br-starthilfe,property=pdf,bereich=bmwi2012,sprache=de,rwb=true.pdf.

[260] Volksbank eG Braunschweig Wolfsburg: Das Bankengespräch – „Gründungsfinanzierung aus Bankensicht", abgerufen unter: http://www.beratungsnetz-salzgitter.de/fileadmin/user_upload/downloads/veranstaltungen/2014_gruendertag/010 sparkasse_bankgespraech_gp.pdf, S.7-10 (inzwischen offline).

[261] Industrie- und Handelskammer Berlin: Bankgespräche erfolgreich führen, abgerufen unter: http://www.ihk-berlin.de/existenzgruendung_und_unternehmensfoerderung/Existenzgruendung/2825270/819318/bankvorbhtml.html

[262] Volksbank eG Braunschweig Wolfsburg: Das Bankengespräch – „Gründungsfinanzierung aus Bankensicht", abgerufen unter: http://www.beratungsnetz-salzgitter.de/fileadmin/user_upload/downloads/veranstaltungen/2014_gruendertag/010 sparkasse_bankgespraech_gp.pdf, S.7-10. (inzwischen offline)

[263] Industrie- und Handelskammer Berlin: Bankgespräche erfolgreich führen, abgerufen unter: http://www.ihk-berlin.de/existenzgruendung_und_unternehmensfoerderung/Existenzgruendung/2825270/819318/bankvorbhtml.html

[264] Volksbank eG Braunschweig Wolfsburg: Das Bankengespräch – „Gründungsfinanzierung aus Bankensicht", abgerufen unter: http://www.beratungsnetz-salzgitter.de/fileadmin/user_upload/downloads/veranstaltungen/2014_gruendertag/010 sparkasse_bankgespraech_gp.pdf, S.7-10 (inzwischen offline).

[265] Hebig, Michael: Existenzgründungsberatung, 6. Auflage, Berlin 2014, S. 198f.

[266] Janson, Simone: 10 Schritte zur erfolgreichen Existenzgründung. Von der Anmeldung über die Finanzierung bis zum ersten Marketing, 3. Auflage, München 2012, S. 67.

[267] Wirtschaftsförderungsgesellschaft St. Wendeler Land GmbH: Einstellungszuschuss bei Neugründungen, abgerufen unter: http://www.wifoe-gmbh.de/website.php?ID=101

[268] Hebig, Michael: Existenzgründungsberatung, 6. Auflage 2014, S. 192.

[269] Hebig, Michael: Existenzgründungsberatung, 6. Auflage 2014, S. 193.

[270] Lutz, Andreas/Luck, Nadine: Selbstständig in Teilzeit. Als Kleinunternehmer zum großen Erfolg, 2. Auflage, Wien 2013, S. 81f.

[271] https://www.kfw.de/inlandsfoerderung/Unternehmen/Gr%C3%BCnden-Erweitern/Finanzierungsangebote/Gr%C3%BCndercoaching-Deutschland-%28GCD%29/#3

[272] Arnold, Jürgen: Existenzgründung. Businessplan & Chancen, Burgrieden 2013, S. 88f.

[273] Hebig, Michael: Existenzgründungsberatung, 6. Auflage, Berlin 2014, S. 248.

[274] Absolventa: Karriereguide, abgerufen unter: http://www.absolventa.de/karriereguide/gehalt/

[275] Die nachfolgenden Informationen können Sie nachlesen unter: Bundesministerium für Wirtschaft und Energie: Lohn und Gehalt, abgerufen unter: http://www.existenzgruender.de/selbstaendigkeit/vorbereitung/gruendungswissen/personal/11/index.php nachlesen.
[276] Maikranz, Frank C.: Das Existenzgründungskompendium, Berlin Heidelberg 2002, S. 37f.
[277] Maikranz, Frank C.: Das Existenzgründungskompendium, Berlin Heidelberg 2002, S. 38f.
[278] Buzer.de: Gesetze aktuell, abgerufen unter: http://www.buzer.de/s1.htm?g=Entgeltbescheinigungsverordnung&f=1
[279] Dejure.org: Bürgerliches Gesetzbuch, abgerufen unter: http://dejure.org/gesetze/BGB/614.html
[280] Steuerfreibetrag.biz: Grundfreibetrag, abgerufen unter: http://steuerfreibetrag.biz/Grundfreibetrag.php
[281] Imacc.de: Ratgeber für Finanzen, Steuer, Lohn & Gehalt, abgerufen unter: http://imacc.de/lohnabrechnunggehaltsabrechnung/lhstberechnung/lohnsteuertabelle/
[282] Nettoeinkommen.de: Kirchensteuersätze, abgerufen unter: http://www.nettoeinkommen.de/kirche.htm
[283] Steuerlinks Steuern im Blick: Solidaritätszuschlag, abgerufen unter: http://www.steuerlinks.de/steuerlexikon/lexikon/solidarittszuschlag.html
[284] Deutscher Familienverband (Landesverband NRW): Finanzielle Hilfen für Familien, abgerufen unter: http://www.familienratgeber.dfv-nrw.de/index.php?id=192
[285] Eikelmeier, Andreas: Sozialversicherungsbeiträge, abgerufen unter: http://www.sozialversicherungsbeitraege.sozialversicherung-online24.de/
[286] Massow, Martin: Freiberufler Atlas, Berlin 2012, S. 218f.
[287] Siehe dazu auch das Rechenbeispiel bei Maikranz, Frank C.: Das Existenzgründungskompendium, Springer Verlag, 2002, S. 92
[288] Lutz, Andreas/Bussler, Christian: Die Businessplan-Mappe. 40 Beispiele aus der Praxis, 3. Auflage, Wien 2010, S. 166.
[289] Maikranz, Frank C.: Das Existenzgründungskompendium, Berlin Heidelberg 2002, S. 82.
[290] Eine Beispielquelle hierfür ist: Janson, Simone: 10 Schritte zur erfolgreichen Existenzgründung. Von der Anmeldung über die Finanzierung bis zum ersten Marketing, 3. Auflage, München 2012, S. 48f.
[291] Lutz, Andreas/Luck, Nadine: Selbstständig in Teilzeit. Als Kleinunternehmer zum großen Erfolg, 2. Auflage, Wien 2013, S. 151.
[292] Nagl, Anna: Der Business Plan: Geschäftspläne professionell erstellen. Mit Checklisten und Fallbeispielen, 7. Auflage, Wiesbaden 2014, S. 47.
[293] Z.B. für die Landeshauptstadt Saarbrücken: Rund ums Gewerbe, abgerufen unter: http://www.saarbruecken.de/de/rathaus/buergerservice/gewerbeangelegenheiten
[294] Stadt Köln: Gewerbeanmeldung, abgerufen unter: http://www.deutsch-werden.de/sites/default/files/gewerbe-formular.jpg
[295] Janson, Simone: 10 Schritte zur erfolgreichen Existenzgründung. Von der Anmeldung über die Finanzierung bis zum ersten Marketing, 3. Auflage, München 2012, S. 111.
[296] Gabler Wirtschaftslexikon: Handelsregister, abgerufen unter: http://wirtschaftslexikon.gabler.de/Archiv/2497/handelsregister-v11.html
[297] Bank 1 Saar: Existenzgründer, abgerufen unter: https://www.bank1saar.de/existenzgruendung.html
[298] Bundesministerium für Wirtschaft und Energie: Existenzgründerportal des BMWi, abgerufen unter: https://www.existenzgruender.de/
[299] Bundesministerium für Wirtschaft und Energie: EXIST: Existenzgründungen aus der Wissenschaft, abgerufen unter: http://www.exist.de/exist/index.php
[300] Bundesministerium für Arbeit und Soziales: Gründungsförderung, abgerufen unter: https://www.bmas.de/DE/Themen/Arbeitsmarkt/Gruendungsfoerderung/gruendungsfoerderung.html
[301] Bundesministerium der Justiz und für Verbraucherschutz - juris GmbH: Gesetze im Internet, abgerufen unter: http://www.gesetze-im-internet.de/index.html
[302] KfW Bankengruppe: Guter Start in eine erfolgreiche Zukunft, abgerufen unter: https://www.kfw.de/inlandsfoerderung/Privatpersonen/Gr%C3%BCnden-Erweitern/
[303] Saarland Offensive für Gründer: Weiterkommen, Firma gründen, abgerufen unter: http://www.gruenden.saarland.de/1331.htm
[304] Ministerium für Wirtschaft, Arbeit, Energie und Verkehr: Saarland, abgerufen unter: http://www.saarland.de/sog-berater-shop.htm.

[305] Bundesagentur für Arbeit: Existenzgründung, abgerufen unter: http://www.arbeitsagentur.de/web/content/DE/BuergerinnenUndBuerger/ArbeitundBeruf/Existenzgruendung/index.htm

[306] Berufsgenossenschaft Holz und Metall, abgerufen unter: http://www.bghm.de/unternehmer/mitgliedschaft/

[307] Deutsche Gesetzliche Unfallversicherung, abgerufen unter: http://www.dguv.de/de/Berufsgenossenschaften-Unfallkassen-Landesverb%C3%A4nde/BGen/index.jsp

[308] Für-Gründer.de: IHK Mitgliedschaft für Existenzgründer und Selbstständige, abgerufen unter: http://www.fuer-gruender.de/wissen/unternehmen-gruenden/unternehmen-anmelden/ihk/

[309] Collrepp, Friedrich von: Handbuch Existenzgründung: Sicher in die dauerhaft erfolgreiche Selbstständigkeit, Stuttgart 2011, S. 42

[310] Janson, Simone: 10 Schritte zur erfolgreichen Existenzgründung. Von der Anmeldung über die Finanzierung bis zum ersten Marketing, 3. Auflage, München 2012, S. 105.

[311] Collrepp, Friedrich von: Handbuch Existenzgründung: Sicher in die dauerhaft erfolgreiche Selbstständigkeit, Stuttgart 2011, S. 43.

[312] Collrepp, Friedrich von: Handbuch Existenzgründung: Sicher in die dauerhaft erfolgreiche Selbstständigkeit, Stuttgart 2011, S. 42f.

[313] Collrepp, Friedrich von: Handbuch Existenzgründung: Sicher in die dauerhaft erfolgreiche Selbstständigkeit, . Stuttgart 2011, S. 45.

[314] Industrie- und Handelskammer Saarland: Infotage für Existenzgründer, abgerufen unter: http://www.saarland.ihk.de/ihk-saarland/Integrale?SID=99943C3AE60B16830999B84481D46B59&MODULE=Frontend.Media&ACTION=ViewMediaObject&Media.PK=1011&Media.Object.ObjectType=full

[315] Industrie- und Handelskammer Saarland: Seminartage für Existenzgründer, abgerufen unter: http://www.saarland.ihk.de/ihk-saarland/Integrale?SID=99943C3AE60B16830999B84481D46B59&MODULE=Frontend.Media&ACTION=ViewMediaObject&Media.PK=1011&Media.Object.ObjectType=full

[316] Industrie- und Handelskammer Saarland: IHK - Gründerzentrum: Erste Anlaufstelle für Existenzgründung, abgerufen unter: http://www.saarland.ihk.de/p/IHKGr%C3%BCnderzentrum_Erste_Anlaufstelle_f%C3%BCr_Existenzgr%C3%BCndung-9-735.html

[317] Industrie- und Handelskammer Saarland: SOG - Gründermesse am 24. März auf dem Messegelände Saarbrücken, abgerufen unter: http://www.saarland.ihk.de/p/SOGGr%C3%BCndermesse_am_24._M%C3%A4rz_auf_dem_Messegel%C3%A4nde_Saarbr%C3%BCcken-17-8447.html

[318] Saarland Offensive für Gründer: Weiterkommen Firma Gründen - Mehr als 2.000 kamen zur SOG-Gründermesse 2013, abgerufen unter: http://www.gruenden.saarland.de/1281.htm.

[319] Zentralverband des Deutschen Handwerks: Handwerksorganisation, abgerufen unter: http://www.zdh.de/handwerksorganisationen/handwerkskammern.html

[320] Janson, Simone: 10 Schritte zur erfolgreichen Existenzgründung. Von der Anmeldung über die Finanzierung bis zum ersten Marketing, 3. Auflage, München 2012, S. 107.

[321] Janson, Simone: 10 Schritte zur erfolgreichen Existenzgründung. Von der Anmeldung über die Finanzierung bis zum ersten Marketing, 3. Auflage, München 2012, S. 108.

[322] Janson, Simone: 10 Schritte zur erfolgreichen Existenzgründung. Von der Anmeldung über die Finanzierung bis zum ersten Marketing, 3. Auflage, München 2012, S. 108f.

[323] Janson, Simone: 10 Schritte zur erfolgreichen Existenzgründung. Von der Anmeldung über die Finanzierung bis zum ersten Marketing, 3. Auflage, München 2012, S. 109.

[324] Collrepp, Friedrich von: Handbuch Existenzgründung. Stuttgart 2011, S. 45.

[325] Collrepp, Friedrich von: Handbuch Existenzgründung. Stuttgart 2011, S. 45.

[326] Handwerkskammer des Saarlandes: Existenzgründung, abgerufen unter: http://www.hwk-saarland.de/beratung/existenzgruendung

[327] Bundesministerium für Wirtschaft und Technologie: Agentur für Arbeit, abgerufen unter: http://www.existenzgruender.de/selbstaendigkeit/vorbereitung/gruendungswissen/formalitaeten/05175/index.php

[328] Bundesministerium für Wirtschaft und Technologie: Förderdatenbank, abgerufen unter: http://www.foerderdatenbank.de/
[329] Bundesministerium für Wirtschaft und Technologie: Förderdatenbank, abgerufen unter: http://www.foerderdatenbank.de/
[330] KfW Bankengruppe: KfW-Themen, abgerufen unter: https://www.kfw.de/KfW-Konzern/%C3%9Cber-die-KfW/Identit%C3%A4t/Geschichte-der-KfW/Themenfelder/
[331] KfW Bankengruppe: Merkblatt Beratungsförderung, abgerufen unter: https://www.kfw.de/Download-Center/F%C3%B6rderprogramme-%28Inlandsf%C3%B6rderung%29/PDF-Dokumente/6000000103-Merkblatt-GCD.pdf
[332] KfW Bankengruppe: Merkblatt Gründen, abgerufen unter: https://www.kfw.de/Download-Center/F%C3%B6rderprogramme-%28Inlandsf%C3%B6rderung%29/PDF-Dokumente/6000000213-Merkblatt-058.pdf
[333] KfW Bankengruppe: ERP-Gründerkredit-StartGeld, abgerufen unter: https://www.kfw.de/Download-Center/F%C3%B6rderprogramme-%28Inlandsf%C3%B6rderung%29/PDF-Dokumente/6000002258-Merkblatt-ERP-Gr%C3%BCnderkredit-067.pdf
[334] KfW Bankengruppe: ERP-Gründerkredit Universell, abgerufen unter: https://www.kfw.de/Download-Center/F%C3%B6rderprogramme-%28Inlandsf%C3%B6rderung%29/PDF-Dokumente/6000002259-Merkblatt-ERP-Gr%C3%BCnderkredit-068.pdf
[335] KfW Bankengruppe: ERP-Regionalförderprogramm, abgerufen unter: https://www.kfw.de/Download-Center/F%C3%B6rderprogramme-%28Inlandsf%C3%B6rderung%29/PDF-Dokumente/6000000186-M-ERP-Regional-062-072.pdf
[336] Collrepp, Friedrich von: Handbuch Existenzgründung. Stuttgart 2011, S. 48.
[337] Berliner Volksbank: Ihr Schlüssel zum Erfolg, abgerufen unter: http://www.berliner-volksbank.de/firmen_und_gruender/existenzgruendung/branchenbriefe.html (inzwischen offline)
[338] Bank 1 Saar: GründerPlanspiel Saar, abgerufen unter: https://www.bank1saar.de/existenzgruendung/gruenderplanspiel-saar.html (inzwischen offline)
[339] Sparkasse Saarbrücken: Existenzgründung, abgerufen unter: https://www.sparkasse-saarbruecken.de/firmenkunden/gruendung_und_nachfolge/index.php?n=%2Ffirmenkunden%2Fgruendung_und_nachfolge%2F
[340] Saarländische Investitionskreditbank AG: Existenzgründung, abgerufen unter: http://www.sikb.de/programme_existenzgruender
[341] T-Online: Gewerbeanmeldung: So bekommen Sie den Gewerbeschein, abgerufen unter: http://www.t-online.de/ratgeber/finanzen/job-karriere/id_46908632/gewerbeanmeldung-so-bekommen-sie-den-gewerbeschein.html
[342] Für-Gründer.de: Wo müssen Sie als Gründer das Unternehmen anmelden?, abgerufen unter: http://www.fuer-gruender.de/wissen/unternehmen-gruenden/unternehmen-anmelden/
[343] Gründerszene: Existenzgründung: Gewerbe- und Finanzamt, abgerufen unter: http://www.gruenderszene.de/finanzen/finanzamt-gewerbeamt-existenzgrundung
[344] Gründerszene: Existenzgründung: Gewerbe- und Finanzamt, abgerufen unter: http://www.gruenderszene.de/finanzen/finanzamt-gewerbeamt-existenzgrundung
[345] Bundesministerium für Wirtschaft und Energie: Krankenversicherung, abgerufen unter: http://www.existenzgruender.de/selbstaendigkeit/vorbereitung/gruendungswissen/versicherung/03425/index.php
[346] Spiegel online: Selbständige in der Altersfalle, abgerufen unter: http://www.spiegel.de/karriere/berufsleben/was-existenzgruender-bei-rente-und-sozialversicherungen-beachten-sollten-a-832338.html
[347] Janson, Simone: 10 Schritte zur erfolgreichen Existenzgründung. Von der Anmeldung über die Finanzierung bis zum ersten Marketing, 3. Auflage, München 2012, S. 117.
[348] Siehe hierzu auch: Bundesministerium für Wirtschaft und Energie: Steuern, abgerufen unter: http://www.existenzgruender.de/selbstaendigkeit/vorbereitung/gruendungswissen/steuern/index.php
[349] Industrie- und Handelskammer für München und Oberbayern: Berufsgenossenschaften, abgerufen unter http://www.muenchen.ihk.de/de/starthilfe/Unternehmensfoerderung/Versicherungsschutz/Berufsgenossenschaften

[350] PricewaterhouseCoopers: Risiken für Unternehmen werden immer vielfältiger, abgerufen unter http://www.pwc.de/de/risiko-management/risiken-fuer-unternehmen-werden-immer-vielfaeltiger.jhtml

[351] PricewaterhouseCoopers: Risiken für Unternehmen werden immer vielfältiger, abgerufen unter http://www.pwc.de/de/risiko-management/risiken-fuer-unternehmen-werden-immer-vielfaeltiger.jhtml

[352] Bund versicherter Unternehmer e. V.: Existenzgründertipps, abgerufen unter http://www.bvuev.de/existenzgruendertipps.php#3 (inzwischen offline)

[353] Statista: Was sind Ihrer Meinung nach die wichtigsten Geschäftsrisiken für Unternehmen, abgerufen unter: http://de.statista.com/statistik/daten/studie/252051/umfrage/umfrage-zu-den-wichtigsten-geschaeftsrisiken-fuer-unternehmen/

[354] Statista: Was sind Ihrer Meinung nach die wichtigsten Geschäftsrisiken für Unternehmen, abgerufen unter: http://de.statista.com/statistik/daten/studie/252051/umfrage/umfrage-zu-den-wichtigsten-geschaeftsrisiken-fuer-unternehmen/

[355] Corporate Trust Business Risk & Crisis Management GmbH: Studie: Gefahrenbarometer 2010. Sicherheitsrisiken für den deutschen Mittelstand, abgerufen unter: http://www.corporate-trust.de/studie/Gefahrenbarometer2010.pdf

[356] Statista: Schäden der Unternehmen, abgerufen unter: http://de.statista.com/statistik/daten/studie/71254/umfrage/schaeden-von-denen-unternehmen-betroffen-waren/

[357] Bundesministerium für Wirtschaft und Energie: Check: Versicherungen "Was soll ich versichern?" - Kennen Sie die Risiken in Ihrem Betrieb?, abgerufen unter: https://www.existenzgruender.de/imperia/md/content/pdf/publikationen/uebersichten/steuern_versicherungen_formalitaeten/06_check.pdf

[358] Industrie- und Handelskammer Ulm: Checkliste - Risikomanagement in KMU-Unternehmen, abgerufen unter http://www.ulm.ihk24.de/linkableblob/ulihk24/starthilfe/Unternehmensfoerderung/Risikomanagement/691850/.7./data/Checkliste_Risikomanagement_in_KMU_Unternehmen-data.pdf

[359] Industrie- und Handelskammer Ulm: Existenzgründung und Unternehmensförderung. Risikomanagement. Checkliste - Risikomanagement in KMU-Unternehmen, abgerufen unter http://www.ulm.ihk24.de/linkableblob/ulihk24/starthilfe/Unternehmensfoerderung/Risikomanagement/691850/.7./data/Checkliste_Risikomanagement_in_KMU_Unternehmen-data.pdf

[360] Bundesministerium für Wirtschaft und Technologie: Berufsgenossenschaften, abgerufen unter: http://www.existenzgruender.de/selbstaendigkeit/vorbereitung/gruendungswissen/formalitaeten/05176/index.php

[361] Bundesministerium für Wirtschaft und Technologie: Berufsgenossenschaften, abgerufen unter: http://www.existenzgruender.de/selbstaendigkeit/vorbereitung/gruendungswissen/formalitaeten/05176/index.php

[362] Bundesministerium für Wirtschaft und Technologie: Berufsgenossenschaften, abgerufen unter: http://www.existenzgruender.de/selbstaendigkeit/vorbereitung/gruendungswissen/formalitaeten/05176/index.php

[363] Bundesministerium für Wirtschaft und Technologie: Berufsgenossenschaften, abgerufen unter: http://www.existenzgruender.de/selbstaendigkeit/vorbereitung/gruendungswissen/formalitaeten/05176/index.php

[364] Deutsche Gesetzliche Unfallversicherung e.V. (DGUV): Kein Buch mit sieben Siegeln: Die Beitragsberechnung, abgerufen unter: http://www.dguv.de/de/Ihr-Partner/Arbeitgeber-Unternehmer/Die-Beitragsberechnung/index.jsp

[365] Industrie und Handelskammer Heilbronn-Franken: Versicherungen für Existenzgründer, abgerufen unter: http://www.heilbronn.ihk.de/ihkhnstuexistenzgruendunginfosteuernversicherung/infothek.aspx?idIT=1913

[366] Berufsgenossenschaft für Gesundheitsdienst und Wohlfahrtspflege (BGW): Beitragssystem & Berechnung, abgerufen unter: http://www.bgw-online.de/DE/Leistungen-Beitrag/Beitrag/Beitragssystem/Beitragssystem_node.html

[367] Berufsgenossenschaft für Gesundheitsdienst und Wohlfahrtspflege (BGW): Stabil und sicher. 4. Gefahrtarif der BGW, abgerufen unter: http://www.bgw-online.de/SharedDocs/Downloads/DE/Leistungen_und_Beitrag/Beitraege/Gefahrtarif_Download.pdf?__blob=publicationFile

[368] Berufsgenossenschaft für Gesundheitsdienst und Wohlfahrtspflege (BGW): Beitragssystem & Berechnung, abgerufen unter: http://www.bgw-online.de/DE/Leistungen-Beitrag/Beitrag/Beitragssystem/Beitragssystem_node.html

[369] Neder, Johannes: Im Fall des Falles lebensrettend, abgerufen unter: http://www.neder24.de/fileadmin/data/Ofr.Wirtschaft_BHV_Unternehmensversicherung_Artikel.pdf

[370] Hau, Erich: Windkraftanlagen. Grundlagen, Technik, Einsatz, Wirtschaftlichkeit, 4. Auflage, Berlin/Heidelberg 2008, S. 840.

[371] DLG-Mitteilungen, Heft 5/2006, Seite 40-43: Wenn die Anlage steht. Das Betreiben von Biogasanlagen verläuft in der Praxis nicht immer ohne Probleme. Wie Sie sich vor Schäden und ihren Folgen schützen können, abgerufen unter: http://www.wiso-net.de/webcgi?START=A60&DOKV_DB=ZECO&DOKV_NO=DLGM532D32D18A27F8F0D76DBFFDAB537C88&DOKV_HS=0&PP=1

[372] Gesamtverband der Deutschen Versicherungswirtschaft e.V.: Neue Broschüre. „Versicherungen für Selbstständige – Mehr Sicherheit für Betriebe und Freiberufler", abgerufen unter: http://www.gdv.de/2011/02/neue-broschuere-versicherungen-fuer-selbststaendige-mehr-sicherheit-fuer-betriebe-und-freiberufler/

[373] Spiegel Online: Berufsunfähigkeit: So versichern Sie sich richtig, abgerufen unter: http://www.spiegel.de/wirtschaft/service/berufsunfaehigkeit-so-versichern-sie-sich-richtig-a-782100.html

[374] Statista: Berufsunfähigkeitsversicherung, abgerufen unter: http://de.statista.com/statistik/daten/studie/6609/umfrage/versicherungssumme-in-der-berufsunfaehigkeitsversicherung/

[375] Gesamtverband der Deutschen Versicherungswirtschaft e.V.: Neue Broschüre. „Versicherungen für Selbstständige – Mehr Sicherheit für Betriebe und Freiberufler", abgerufen unter: http://www.gdv.de/2011/02/neue-broschuere-versicherungen-fuer-selbststaendige-mehr-sicherheit-fuer-betriebe-und-freiberufler/

[376] Gesamtverband der Deutschen Versicherungswirtschaft e.V.: Neue Broschüre. „Versicherungen für Selbstständige – Mehr Sicherheit für Betriebe und Freiberufler", abgerufen unter: http://www.gdv.de/2011/02/neue-broschuere-versicherungen-fuer-selbststaendige-mehr-sicherheit-fuer-betriebe-und-freiberufler/

[377] AOK Baden-Württemberg: Informationen zu den Beitragssätzen, abgerufen unter: http://www.aok.de/baden-wuerttemberg/beitraege-tarife/informationen-beitragssaetze-38456.php#38460

[378] AOK Baden-Württemberg: Informationen zu den Beitragssätzen, abgerufen unter: http://www.aok.de/baden-wuerttemberg/beitraege-tarife/informationen-beitragssaetze-38456.php#38460

[379] Gesamtverband der Deutschen Versicherungswirtschaft e.V.: Neue Broschüre. „Versicherungen für Selbstständige – Mehr Sicherheit für Betriebe und Freiberufler", abgerufen unter: http://www.gdv.de/2011/02/neue-broschuere-versicherungen-fuer-selbststaendige-mehr-sicherheit-fuer-betriebe-und-freiberufler/

[380] Private Krankversicherung für Selbstständige: Was kostet eine private Krankenversicherung für Selbstständige?, abgerufen unter: http://pkvselbstaendige.de/14-was-kostet-pkv.html

[381] Imacc.de: Ratgeber für Finanzen, Steuer, Lohn & Gehalt, abgerufen unter: http://www.imacc.de/lohnabrechnunggehaltsabrechnung/sozialabgabenarbeitgeber/rentenversicherung/

[382] Deutsche Rentenversicherung: Selbständig – wie die Rentenversicherung Sie schützt, abgerufen unter: http://www.deutsche-rentenversicherung.de/cae/servlet/contentblob/232692/publicationFile/55042/selbstaendig_wie_rv_schuetzt_aktuell.pdf, S. 24.

[383] Deutsche Rentenversicherung: Selbständig – wie die Rentenversicherung Sie schützt, abgerufen unter: http://www.deutsche-rentenversicherung.de/cae/servlet/contentblob/232692/publicationFile/55042/selbstaendig_wie_rv_schuetzt_aktuell.pdf, S. 25.

[384] Deutsche Rentenversicherung: Selbständig – wie die Rentenversicherung Sie schützt, abgerufen unter: http://www.deutsche-rentenversicherung.de/cae/servlet/contentblob/232692/publicationFile/55042/selbstaendig_wie_rv_schuetzt_aktuell.pdf, S. 26.

[385] Deutsche Rentenversicherung: Selbständig – wie die Rentenversicherung Sie schützt, abgerufen unter: http://www.deutsche-rentenversicherung.de/cae/servlet/contentblob/232692/publicationFile/55042/selbstaendig_wie_rv_schuetzt_aktuell.pdf.
[386] Generali Versicherung AG: Betriebs- bzw. Berufshaftpflichtversicherung als wichtigste Firmenversicherung, abgerufen unter: http://www.generali.de/online/portal/geninternet/content/826716/47080/news/880262
[387] Statista: Wichtige Versicherungen für Unternehmer und Selbstständige 2013. Welche Versicherung ist bei einem Schadenfall in einem Betrieb am wichtigsten?, abgerufen unter: http://de.statista.com/statistik/daten/studie/259332/umfrage/wichtige-versicherungen-fuer-unternehmer-und-selbststaendige/
[388] Bundesministerium für Wirtschaft und Energie: Betriebliche Versicherungen, abgerufen unter: http://www.existenzgruender.de/selbstaendigkeit/vorbereitung/gruendungswissen/versicherung/02474/index.php
[389] Industrie- und Handelskammer Heilbronn-Franken. Versicherungen für Existenzgründer, abgerufen unter: http://www.heilbronn.ihk.de/ihkhnstuexistenzgruendunginfosteuernversicherung/infothek.aspx?idIT=1913
[390] Handelsblatt Online: Mittelstand. Desinteresse an Vorsorge für Mitarbeiter, abgerufen unter: http://www.handelsblatt.com/unternehmen/mittelstand/mittelstand-desinteresse-an-vorsorge-fuer-mitarbeiter/8342446.html
[391] Existenzgründerportal des BMWi: GründerZeiten 05. Versicherungen. Mit Netz und doppeltem Boden, abgerufen unter: http://www.existenzgruender.de/imperia/md/content/pdf/publikationen/gruenderzeiten/gz_05.pdf
[392] Industrie und Handelskammer Heilbronn-Franken: Versicherungen für Existenzgründer, abgerufen unter: http://www.heilbronn.ihk.de/ihkhnstuexistenzgruendunginfosteuernversicherung/infothek.aspx?idIT=1913
[393] Versicherungskammer Bayern: Produkthaftpflichtversicherung, abgerufen unter: https://www.vkb.de/web/html/gk/versicherungen/haftpflicht/produkthaftpflicht/detail/
[394] Existenzgründerportal des BMWi: GründerZeiten 05. Versicherungen. Mit Netz und doppeltem Boden, abgerufen unter: http://www.existenzgruender.de/imperia/md/content/pdf/publikationen/gruenderzeiten/gz_05.pdf
[395] Existenzgründerportal des BMWi: GründerZeiten 05. Versicherungen. Mit Netz und doppeltem Boden, abgerufen unter: http://www.existenzgruender.de/imperia/md/content/pdf/publikationen/gruenderzeiten/gz_05.pdf
[396] Industrie und Handelskammer Heilbronn-Franken: Versicherungen für Existenzgründer, abgerufen unter: http://www.heilbronn.ihk.de/ihkhnstuexistenzgruendunginfosteuernversicherung/infothek.aspx?idIT=1913
[397] Industrie- und Handelskammer zu Dortmund: IHK-Merkblatt: Betriebliche Versicherungen für Existenzgründer, abgerufen unter: http://www.dortmund.ihk24.de/linkableblob/doihk24/starthilfe/downloads/1047304/.3./data/BetrieblicheVersicherungenExGr-data.pdf
[398] Existenzgründerportal des BMWi: GründerZeiten 05. Versicherungen. Mit Netz und doppeltem Boden, abgerufen unter: http://www.existenzgruender.de/imperia/md/content/pdf/publikationen/gruenderzeiten/gz_05.pdf
[399] Existenzgründerportal des BMWi: GründerZeiten 05. Versicherungen. Mit Netz und doppeltem Boden, abgerufen unter: http://www.existenzgruender.de/imperia/md/content/pdf/publikationen/gruenderzeiten/gz_05.pdf
[400] Hau, Erich: Windkraftanlagen. Grundlagen, Technik, Einsatz, Wirtschaftlichkeit, 4. Auflage, Berlin/Heidelberg 2008, S. 840.
[401] Schweizer Versicherung: Monatsmagazin für Finanz und Assekuranz, abgerufen unter: http://wiso-net.de/webcgi?START=A60&DOKV_DB=ZGEN&DOKV_NO=SVER90284842&DOKV_HS=0&PP=1, S. 19.
[402] Schweizer Versicherung: Monatsmagazin für Finanz und Assekuranz, abgerufen unter: http://wiso-net.de/webcgi?START=A60&DOKV_DB=ZGEN&DOKV_NO=SVER90284842&DOKV_HS=0&PP=1, S. 19.
[403] Gesamtverband der Deutschen Versicherungswirtschaft e.V.: Statistisches Taschenbuch der Versicherungswirtschaft 2013, abgerufen unter: http://www.gdv.de/wp-content/uploads/2013/09/GDV-Statistisches-Taschenbuch-2013.pdf, S. 21.
[404] Industrie- und Handelskammer Trier: Merkblatt: Versicherungen für Existenzgründerinnen und Existenzgründer, abgerufen unter: http://www.ihk-trier.de/ihk-

trier/Integrale?SID=CRAWLER&MODULE=Frontend.Media&ACTION=ViewMediaObject&Media.PK=10479&Media.Object.ObjectType=full, S. 3.

[405] Bundesministerium für Wirtschaft und Technologie (BMWi): Publikationen. GründerZeiten Nr. 05: Versicherungen. Mit Netz und doppeltem Boden, abgerufen unter: http://www.bmwi-unternehmensportal.de/mediendb/content/gruenderzeiten/gz_05.pdf, S. 4f.

[406] Gesamtverband der Deutschen Versicherungswirtschaft e.V.: Statistisches Taschenbuch der Versicherungswirtschaft 2013, abgerufen unter: http://www.gdv.de/wp-content/uploads/2013/09/GDV-Statistisches-Taschenbuch-2013.pdf, S. 21ff.

[407] Gesamtverband der Deutschen Versicherungswirtschaft e.V.: Statistisches Taschenbuch der Versicherungswirtschaft 2013, abgerufen unter: http://www.gdv.de/wp-content/uploads/2013/09/GDV-Statistisches-Taschenbuch-2013.pdf, S. 10.

[408] Gesamtverband der Deutschen Versicherungswirtschaft e.V.: Statistisches Taschenbuch der Versicherungswirtschaft 2013, abgerufen unter: http://www.gdv.de/wp-content/uploads/2013/09/GDV-Statistisches-Taschenbuch-2013.pdf, S. 24f.

[409] Gesamtverband der Deutschen Versicherungswirtschaft e.V.: Statistisches Taschenbuch der Versicherungswirtschaft 2013, abgerufen unter: http://www.gdv.de/wp-content/uploads/2013/09/GDV-Statistisches-Taschenbuch-2013.pdf, S. 24f.

[410] IHK Trier: Merkblatt: Versicherungen für Existenzgründerinnen und Existenzgründer, abgerufen unter: http://www.ihk-trier.de/ihk-trier/Integrale?SID=CRAWLER&MODULE=Frontend.Media&ACTION=ViewMediaObject&Media.PK=10479&Media.Object.ObjectType=full, S. 3.

[411] Gothaer Versicherungsbank VVaG: RISIKO & VORSORGE IM FOKUS. Berufsunfähigkeit 2012 – das unterschätzte Risiko. Wie Berufstätige Risiken absichern – eine Studie, abgerufen unter: http://www.gothaer.de/app/notes/gothaer/presse.nsf/0/8BE20AE02F6C7628C12579C900289655/$File/GOTHAER_Berufsunfaehigkeit-Studie_13032012_Druckversion.pdf?OpenElement, S. 3.

[412] Industrie- und Handelskammer Heilbronn-Franken: Versicherungen für Existenzgründer, abgerufen unter: http://www.heilbronn.ihk.de/ihkhnstuexistenzgruendunginfosteuernversicherung/infothek.aspx?idIT=1913

[413] Wanzke, Claudia: Starthilfe für Freiberufler. Erfolgreich durch das erste Jahr, München 2010, S. 19 und S. 22.

[414] Lutz, Andreas/Luck, Nadine: Selbstständig in Teilzeit. Als Kleinunternehmer zum großen Erfolg, Wien 2013, S. 96.

[415] Bundesministerium für Justiz und Verbraucherschutz: § 147 Ordnungsvorschriften für die Aufbewahrung von Unterlagen, abgerufen unter: http://www.gesetze-im-internet.de/ao_1977/__147.html

[416] Wanzke, Claudia: Starthilfe für Freiberufler. Erfolgreich durch das erste Jahr, München 2010, Umschlag 2. Seite innen

[417] Wanzke, Claudia: Starthilfe für Freiberufler. Erfolgreich durch das erste Jahr, München 2010, Umschlag 2. Seite innen

[418] Linke, Marco W.: Erfolgreich selbstständig! Handbuch für Freelancer und Existenzgründer, 2. Auflage, Norderstedt 2014, S. 81.

[419] Linke, Marco W.: Erfolgreich selbstständig! Handbuch für Freelancer und Existenzgründer, 2. Auflage, Norderstedt 2014, S. 128f.

[420] Hebig, Michael: Existenzgründungsberatung, 6. Auflage, Berlin 2014, S. 206f.

[421] § 239 Absatz 2 Handelsgesetzbuch

[422] Informationen zum Mahnwesen finden Sie bspw. bei Massow, Martin: Freiberufler Atlas, Berlin 2012, S. 272ff.

[423] Maikranz, Frank C.: Das Existenzgründungskompendium, Berlin Heidelberg 2002, S. 99.

[424] Maikranz, Frank C.: Das Existenzgründungskompendium, Berlin Heidelberg 2002, S. 99.

[425] Eine kurze Einführung zum Aufbau der Bilanz finden Sie z.B. bei Maikranz, Frank C.: Das Existenzgründungskompendium, Berlin Heidelberg 2002, S. 96f.

[426] Siehe zu diesem Abschnitt auch Hebig, Michael: Existenzgründungsberatung, 6. Auflage, Berlin 2014, S. 232f.

[427] http://www.fuer-gruender.de/wissen/unternehmen-fuehren/unternehmensberatung/

www.ingramcontent.com/pod-product-compliance
Lightning Source LLC
Chambersburg PA
CBHW081112170526
45165CB00008B/2423